"이런 책을 기다렸다. 소녀들의 발달을 깊이 염려하는 우리 모두를 모닝콜처럼 깨워주는 책이다. 지은이는 친구 때문에 날마다 괴로워하는 소녀들의 목소리를 들려주고, 어른들이 보지 못하는 곳에서 펼쳐지는 은밀한 공격의 세계를 들췄다."
―수전 웰먼Susan Wellman(오필리아 프로젝트 회장)

"열정적이고 아름다운 책이다. 소녀들의 심리를 이해하는 데 의미 있는 기여를 했다."
―마이클 톰슨Michael Thompson(《카인 키우기(Raising Cain)》 공동 저자)

"소녀들과 어머니들의 필독서."
―보스턴 글로브The Boston Globe

"'착한 소녀'의 신화를 깨부수는 담대한 작업."
―시애틀 위클리Seatle Weekly

"소녀들로 구성된 사회의 표면적인 미소를 걷고 어두운 비밀을 폭로한다. 비밀은 바로 중학교와 고등학교의 복도에서 날마다 일어나는 잔인한 심리전."
―샌프란시스코 크로니클San Francisco Chronicle

"심리학자 메리 파이퍼가 1994년에 쓴 베스트셀러 《오필리아 살리기(Reviving Ophelia)》에서 거식증과 자살 희생자의 이야기들을 기록한 이래 소녀들에 대한 관심은 그다지 많지 않았다."
―워싱턴 포스트The Washington Post

"드디어 시먼스가 해냈다. 사람들은 소녀들의 은밀한 공격을 일컫는 이름, 따돌림에 대해 깨닫기 시작했다. 시먼스나 다른 사람들이 저술한 책들에서 영감을 받아, 소녀들과 따돌림을 주제로 비통하지만 전례 없는 공개 토론이 진행 중이다. ……이 같은 갑작스런 개방은 20년 전 여성들이 가정 폭력에 대해 처음 입을 열던 때를 떠오르게 한다."
―로스앤젤레스 타임스Los Angeles Times

"소녀들 사이에서 벌어지는 괴롭힘을 그린 매혹적인 이야기."
―샌프란시스코 베이 가디언San Francisco Bay Guardian

"여학생, 학부모, 교사, 심지어 학교 행정가들에게 주는 충고를 곁들인 《소녀들의 심리학》은 모든 여성이 오래 전에 나왔어야 한다고 입을 모을 획기적인 저작이다."
―디모인 비즈니스 레코드Des Moines Business Record

"소녀들이 분노나 질투를 느낄 때 소문을 퍼뜨리기보다 서로 말하라고 격려하라."
—시카고 트리뷴Chicago Tribune

"소녀들 사이의 교묘한 비방과 공격에 대한 침묵을 깨다."
—포틀랜드 오리거니언Portland Oregonian

"도발적이며……동반자를 만들고 싶은 모든 십대와 부모에게 카타르시스가 된다."
—디트로이트 프리 프레스Detroit Free Press

"눈을 번쩍 뜨게 하고 마음을 뒤흔든다."
—더 카메라(볼더)The Camera(Boulder)

"지끈거리는 머리에 정확히 못을 내리친다."
—이스트 베이 익스프레스East Bay Express

"참혹한 초상."
—타임스 웨스트 버지니언Times West Virginian

"소녀들의 삶과 우정을 관통하는 복잡한 공격의 층위를 이해하고 다루는 새로운 언어를 제안한다."
—전미 고등학교 운동코치협회National High School Athletic Coaches Association

"감동적이다."
—퍼블리셔스 위클리Publishers Weekly

"소녀들이 십대의 시기를 이겨내도록 도우려는 어른들에게 매우 값진 책이다."
—북리스트Booklist

"소녀들의 은밀한 공격을 예상하고 방지하는 구체적인 방법들을 제안한다."
—라이브러리 저널Library Journal

"소녀들의 공격성이 갖는 특징인 확산적이며 파괴적이고 특유한 양상을 파헤친다."
—북 뉴스Book News

소녀들의 **심리학**

옮긴이 정연희

서울대학교 영어교육과를 졸업하고 펜실베이니아 대학교에서 석사 학위를 받았다. 전문 번역가로 활동하고 있으며, 옮긴 책으로 《인문학의 즐거움》《죽음과의 약속》 《비둘기 재앙》 들이 있다.

소녀들의 심리학

1판 1쇄 2011년 2월 28일   1판 18쇄 2024년 11월 5일

글쓴이	레이철 시먼스		펴낸곳	(주)양철북출판사
옮긴이	정연희		등록	2001년 11월 21일
펴낸이	조재은			제25100-2002-380호
편집	임중혁, 조현나, 김인정,		주소	서울시 영등포구 양산로 91
	김지훈, 이단비			리드원센터 1303호
디자인	나무디자인 정계수, 여수정		전화	02-335-6407
마케팅	조희정, 이준경		팩스	0505-335-6408
관리	정영주		전자우편	tindrum@tindrum.co.kr
			ISBN	978-89-6372-037-1 03180
			값	18,000원

ODD GIRL OUT
: The Hidden Culture of Aggression in
Girls by Rachel Simmons

Copyright © 2002 by Rachel Simmons
All rights reserved.
This Korean edition was published by
Tindrum Publishing Ltd. in 2011 by
special arrangement with Houghton
Mifflin Harcourt Publishing Co.
Massachusetts through KCC(Korea
Copyright Center Inc.), Seoul.

이 책은 (주)한국저작권센터(KCC)를
통해 저작권자와 독점 계약하여
(주)양철북출판사에서 펴냈습니다.
저작권법에 따라 한국 내에서
보호를 받는 저작물이므로 무단
전재와 복제를 금합니다.

잘못된 책은 바꾸어 드립니다.

소녀들의 **심리학**

레이철 시먼스 | 정연희 옮김

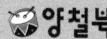

일러두기 미국은 K-12라고 해서 1학년~12학년으로 된 학제를 따른다. 보통 초등학교는 1~5학년 혹은 1~6학년, 중학교는 6~8학년 혹은 7~8학년, 고등학교는 9~12학년으로 되어 있다. 하지만 사립학교의 학년 명칭은 학교마다 다르고, 고등학교 1학년은 freshman, 2학년은 sophomore, 3학년은 junior, 4학년은 senior로 부르기도 한다. 새 학년도 9월에 시작하므로 3월에 시작하는 우리의 학제와는 일치하지 않는다. 책은 원서의 학년과 학제 표기를 그대로 따르는 것을 원칙으로 하되, 착오가 생길 수 있는 곳은 문맥에 따라 알기 쉽도록 바꿔 옮겼다.

차 례

들어가며 6

소녀들의 은밀한 공격 문화 19

친밀한 적 53

진실은 아파요 91

자기가 최고인 줄 아는 아이 139

거울 속의 가해자 177

인기를 얻는 법 213

저항 245

부모와 교사 281

앞으로 나아갈 길 321

마치며 361

주석 374

들어가며

여덟 살 때 나는 한 친구로부터 따돌림을 당했다. 구체적으로는 잘 기억이 나지 않는다. 시간의 흐름과 잊으려는 의지가 기억에 균열을 일으킨 모양이다. 당시 나는 초등학교 3학년이었는데, 머리는 양 갈래로 땋아 묶었고 혀짤배기소리를 했다. 선생님들은 나를 "덤벙이"라고 불렀다. 나눗셈 문제나 지도 문제를 허둥지둥 푸느라 맞힐 수 있는 답까지 틀렸기 때문이다. 그래도 나는 제일 먼저 끝내는 것이 좋았다.

애비 역시 그랬다. 그 애는 인기가 많은 친구였지만 나와 특별히 친하지는 않았다. 애비는 나와 가장 친한 친구에게 뭐라고 속닥거렸고, 그 뒤부터 내 친구는 다른 아이들과 어울리기 시작했다. 수업이 끝난 후 지역주민센터에서 운영하는 무용 수업을 들으러 갔을 때, 애비는 내 친구들을 모조리 불러놓고 나와 놀지 말라고 설득했다. 나는 그 애들을 따라 헐레벌떡 미친 듯이 센터 극장으로 뛰어 들어갔는데, 갑자기 어둑한 공간에 들어서자 사물이 뚜렷이 분간되지 않았다. 객석 의자들 사이를 뚫고 무대 위로 올라갔지만 멀어지는 발소리와 희미한 웃음소리만 들릴 뿐이었다. 애비가 왜 그랬는지 아직도 모르겠다.

나는 날마다 텅 비고 어두컴컴한 복도와 계단, 주차장을 서성였다. 이 모든 장소에서 혼자 있는 내 모습이 지금도 떠오른다. 집에 돌아가면 저녁 준비를 하고 있는 어머니에게 달려가 울었다. 슬픔을 감당할 수 없었고 이런 일을 당하는 사람은 나 혼자뿐이라고 확신했다. 내가 기억하는 것은 바로 여기까지다.

그로부터 16년이 흘러 잉글랜드에서 대학원에 다니고 있을 때였다. 그날은 비가 내리고 있었고, 나는 어린 시절의 따돌림에 대한 답을 찾기 위해 자전거를 타고 도서관으로 향했다. 무엇이 나를 이끌었는지는 정확히 모르겠다. 기억 속의 뭔가가 내 마음을 지독히 흔들었던 것 같기도 하다. 구체적으로 기억나지는 않았지만, 애비의 행동 때문에 친구들이 나를 버린 것과 가장 친한 친구마저 나를 떠난 사실에 대한 분노는 여전히 생생했다. 그 사건은 내 유년기의 기억과 더불어 결코 가볍게 사라질 수 있는 것이 아니었다. 나는 그 기억의 빈칸을 채우고 싶었고, 꼭 채워야 할 것만 같았다.

그날 밤 늦게 대학원 친구들과 야식을 먹다가 그 이야기를 꺼냈다. 그리고 우리 여섯 명 모두의 기억 속에 애비 같은 아이가 살고 있다는 사실을 알게 됐다. 우리가 같은 시련을 겪었다는 사실은 놀라우면서도 한편으로는 짜릿했다. 다들 나처럼 자기만 그런 괴로움을 겪었다고 믿으면서 살아왔던 것이다.

이러한 사실을 깨닫자, 소녀들이 서로를 따돌리는 방법과 이유를 설명하는 책이 많을 것 같다는 확신이 들었다. 자전거를 타고 나는 다시 미끄러운 길을 조심조심 달려갔다. 하지만 컴퓨터로 몇 차례 검색해도 마땅한 자료가 나오지 않았다. 검색 실력이 녹슬었거나 너무 허둥댔기 때문이라고 생각했다. 그래서 사서에게 도움을 요청했다. 그런데 결론은, 내 탓이 아니었다.

소년들의 공격과 따돌림을 다룬 논문은 넘쳐났지만 소녀들에 대한 논문은 손가락으로 헤아릴 정도였다. 책은 전혀 없었다. 부모를 위한 안내서도 없었다. 아이들을 위한 생존 지침서 또한 없었다. 논문을 읽어보았지만 대부분의 연구자들이 설명하는 따돌림에서는 애비와 나의 모습을 찾을 수 없었다. 처음에는 놀랐고, 곧이어 실망했다.

나는 내가 알고 있는 모두 이들에게 이메일을 보내면서 되도록 많은 여자들에게 메일을 전해달라고 부탁했다. 이메일은 간단한 몇 가지 질문으로 구성했다. "어린 시절에 다른 여자 친구들로부터 괴롭힘이나 놀림을 당한 적이 있나요? 그 경험을 말해주세요. 그 경험이 현재의 당신에게 어떤 영향을 미쳤나요?" 며칠이 지나지 않아 전국에서 답장이 날아들었다. 여성들은 억누를 수 없는 격렬한 감정에 휩싸여 사이버 공간에 자신들의 경험을 풀어놓았고, 내 메일함에는 답장이 쌓여갔다. 컴퓨터 화면으로 읽었을 뿐인데도 그들의 고통이 나 자신의 고통처럼 생생했고, 마치 답을 알지 못하는 질문처럼 느껴지기도 했다. 얼굴도 모르는 사람들이 자신의 이야기를 처음으로 들어준 사람이 나라고 했는데, 그 이유를 한참 뒤에야 깨달았다. 그 문제에 대해 처음으로 물어본 사람이 나였기 때문이다.

침묵은 여자들의 경험 깊숙이 침투해 있다. 여자라서 겪을 수 있는 일들, 예컨대 강간이나 근친상간, 가정 폭력, 여성 건강 등을 공개적으로 거론하기 시작한 것은 겨우 30년 전부터이다. 문제들이야 늘 있었지만 시대가 변하면서 대중의 양심, 정책, 인식에 변화가 일어났고, 그제야 우리 문화에서 이러한 문제들을 다루게 된 것이다.

그리고 이제 또 한 번 침묵을 깰 시간이다. 바로 소녀들의 은밀한 공격 문화에 대해서다. 이 공격 문화에서는 따돌림이 확산되고 특유하면서도 파괴적이다. 주로 소년들이 사용하는 직접적인 신체적, 언어적 공격 행위는 이 문화의 특징이라고 할 수 없다. 일반적으로 우리 문화는 소녀들이 갈등을 공개하는 것을 가로막고, 공격의 형태도 비육체적이고 간접적이며 은밀할 것을 요구한다. 소녀들은 뒤에서 흉보기, 따돌리기, 소문내기, 욕하기, 조종하기 등을 통해 표적으로 삼은 대상에게 심리적 고통을 준다. 소년들은 조금 아는 사람이나 잘 모르는 사람을 따돌리지만, 소녀들의 공격은 흔히 친구들로 구성된 긴밀한 관계망 속에서 이루어진다. 따라서 소녀들의 공격은 알아내기가 어렵고, 희생자가 입는 상처도 훨씬 깊다. 소녀들은 은밀한 공격 문화 속에서 주먹이나 칼 대신 몸짓언어나 관계를 이용하여 싸운다. 우정은 무기가 되고, 화를 내는 것은 하루 종일 침묵하는 것에 비하면 그 고통이 훨씬 약하다. 등을 돌리는 것보다 더 충격적인 몸짓은 없다.

은밀한 공격 문화에서 분노는 뚜렷하게 표현되는 경우가 드물고 매일의 학교생활은 예고 없이 달라지는 새로운 사회적 지뢰밭과도 같다. 갈등의 시기에 소녀들은 그들만의 언어와 정의감에 따라 서로를 공격한다. 여성적 친밀함의 이면에는 은밀하고, 분노를 특징으로 하는, 침묵 속에서 자라고 있는 영역이 존재한다.

내가 여러분을 초대하려고 하는 곳이 바로 여기이다. 왁자지껄한 풍경 안에서 한 소녀가 다른 소녀를 노려보고, 이어서 그 소녀의 친구를 향해 은근하게 웃는다. 다음 날 주모자는 다른 소녀들에게 몰래 탄원서를 돌려 표적으로 삼은 소녀의 싫은 점에 대해 쓰라고 한다. 그다음 날 따돌림을 당한 소녀는 머리를 푹 숙이고 어깨를 잔뜩 움츠린 채 남학생들 옆으로 가서 가만히 앉는다. 이들의 따돌림은 깔끔하고 조용하며, 가해자도 피해자도 드러나지 않는다.

근래에 청소년 총기 폭력의 비극이 증가하면서 따돌림에 대한 사회적 인식도 커졌다. 하지만 따돌림에 대한 대중적인 논의는 대체로 소년들과 그들의 공격에 집중되어 있다. 따돌림을 좁은 의미로 정의하면서 신체적이고 직접적인 폭력 행위에만 초점을 맞춘다. 하지만 소녀들의 공격은 대개는 은밀하고 간접적이며 비신체적이어서 탐구의 대상이 되지 않는다. 심지어 공격이라는 이름으로 불리지도 않고 그저 "소녀들의 짓거리(What girls do)"가 된다.

하지만 여자들은 나이에 관계없이 다 알고 있다. 그들 대부분이 거의 방관자, 희생자, 혹은 가해자였기 때문이다. 많은 여자들이 말없이 고통을 겪었으며 잊으려고 애를 썼다. 그것은 소녀 시절의 어둡고 추악한 비밀 중 하나였고, 거의 대부분이 이런 이야기를 직접 경험했거나 알고 있다. 그리고 이제 침묵을 깰 시간이 되었다.

나는 따돌림이 정점에 달하는 열 살과 열네 살 사이의 소녀들을 인터뷰하기로 했다. 첫날에는 미국 동부 해안에 위치한 어느 남녀공학 사립학교의 9학년생들로 구성된 몇 개 집단을 만났다. 준비한 질문 목록에 따라 편안한 토론을 유도하는 것이 내 계획이었다. 아이들 앞에서 자기소개를 한 뒤 따돌림에 관한 나 자신의 경험을 들려주고 우리가 토론할 주제에 대해 말했다. 그러자 되묻지 않는 아이들이 없었다. "무슨 이야기를 한다고요?" "교실에서요?" 빈정거리고 속닥거리는 소리가 들렸다.

나는 늘 같은 질문으로 시작했다. "남학생들의 괴롭힘과 여학생들의 괴롭힘 사이에는 어떤 차이가 있을까?" 속닥거림이 멈췄다. 여기저기에서 손이 올라왔다. 별안간 아이들이 웅성웅성 대답하기 시작했고 농담 같은 말들이 교실 안에서 전류처럼 흘렀다. 아이들은 야유하고 소리 지르고 웃고 코웃음 치면서 개인적인 이야기들을 꺼냈다. 쪽지들이 돌아다녔고 날카로운 눈길들이 오갔다. 뭔지 다 안다는 눈빛이었다.

고된 작업이었다. 열심히 준비한 질문들은 빛도 보지 못했다.

그날 한 집단의 토의도 제대로 진행되지 않았는데, 결과적으로 보면 잘된 일이었다. 준비한 틀에 아이들의 목소리를 맞추면 아이들은 나를 권위적인 사람으로 생각할 테고, 그런 것은 나도 원하지 않았다. 권위는 아이들에게 주어져야 했다. 어쨌거나 내가 머리로 이해하려 하는 것을 아이들은 생활 속에서 체험하고 있었다. 지략이 아니라 본능으로 아는 문제였다.

소녀들은 모두 같은 반응을 보였다. 이어지는 몇 달 동안 우리는 이메일과 메신저로 가수들이나 새 구두, 여름방학 계획, 누가 누구한테 반했다는 등에 대한 이야기를 나누었다. 아이들은 교사나 부모는 모르고 있는 사실을 내게 알려주었다. 더러 주제에서 벗어나 학교와 가정에서 받는 압력에 대해 말하기도 했다.

그런데 시간이 지나면서 우리가 서로 편하게 느낀 이유가 또 있다는 것을 깨달았다. 아이들에게 따돌림에 대해 타이르는 사람들은 하나같이 이렇게 말한다. "그러지 말아라. 서로 잘 지내야지." 나는 반대의 입장에서 출발했다. 소녀들이 서로 괴롭혀서는 안 된다고 가정하지 않았고, 괴롭힘을 기정사실로 받아들였다. 소녀들이 얌전해야 한다고 가정하지 않았고, 얌전하지 않음을 기정사실로 받아들였다. 하지 말라고 막기 위해서가 아니라 아이들이 대처하는 방법을 찾을 수 있도록 도와주고 싶었다. "집단 토의에 참여하고 싶으면 하면 된다. 싫으면 가만히 있으면 된다. 단, 참여하는 사람을 방해하면 안 된다." 어느 쪽이 되었든 고마움의 뜻으로 과자를 주기로 했다.

토의하는 중에 자기가 따돌림의 희생양이 된 이야기를 털어놓는 아이도 제법 있었다. 반 친구의 이야기에 반응하다가 느닷없이 눈물을 글썽이며 자신의 고통을 떠올린 아이도 있었다. 연구를 목적으로 학교에 간 것이었지만 아이들을 보호하고 싶은 감정이 강하게 솟구쳤.

이러한 이유로 나는 아이들이 원하는 장소에서 편안하게 토의하는 형식을 선택했다. 내가 인터넷을 통해 만난 여자들처럼 아이들도 이런 질문을 받아본 적이 없었다. 내가 그랬던 것처럼, 그들 또한 혼자이며 자기만 이런 경험을 했다고 느끼는 것 같았다. 나는 나 자신의 눈높이에서 아이들의 슬픔을 만났다. 그들은 자기 이야기를 들어줄 사람으로 나를 선택했고, 나는 그들의 목소리를 존중하고 싶었다. 아이들이 이런 일은 그들뿐 아니라 내게도, 또한 다른 많은 사람들에게도 일어났다는 것을 깨닫기 바랐다. 그 고통스런 이야기를 끄집어내기 위해 목록에 있는 질문을 따라가는 것이 비인간적으로 느껴졌다. 준비한 질문을 모두 할 때도 있었고, 그러지 못할 때도 있었다. 혹시 내가 한 일이 문제가 된다면 그 책임은 전적으로 내게 있으며, 기꺼이 책임을 질 것이다.

이 기간에 나는 심리학자 린 미켈 브라운(Lyn Mikel Brown)과 캐럴 길리건(Carol Gilligan)의 연구를 참조했는데, 소녀들과 함께한 그들의 선구적인 연구는 큰 도움이 되었다. 브라운과 길리건은 소녀들과 인터뷰를 할 때 활용할 "경청 지침"을 개발했다.[1] 그 지침에서는 인터뷰 대상과의 유연성과 조화를 강조하고, 의례적인 인터뷰 형식은 피할 것을 권장한다. 오히려 연구자들이 "소녀들이 이끄는 곳으로 이동"해야 한다. 이 방법은 인터뷰하는 사람이 목적을 가지고 질문할 때 입을 다물어버리는 소녀들에게 특히 유용하다. 브라운과 길리건에 의하면, 인터뷰하는 사람은 자기 목소리를 강조하기보다는 소녀들의 목소리에 머물러야 한다. 그렇게 하여 "소녀들이 자기와 자기 감정과 자기 욕망에 대한 깨달음을 얻고, 그것을 유지하고 회복할 수 있게 돕는다." "소녀들을 진지하게 받아들이면, 그들은 스스로 자기 생각과 감정과 경험을 진지하게 받아들이고 그 지식을 보유하며 심지어 잃어버린 지식까지 되찾을 수 있다." 여학생 따돌림 같은 정서적 문제를 다룰 때는 이런 방법이 더 적절한 듯하다.

연구를 도와줄 학교를 찾으면서 나는 학교 행정가들로부터 엇갈리는 답변을 받았다. 대부분은 내가 학생들과 대화하는 것에 거부감을 보이지 않았다. 그들은 소녀들이 서로에게 얼마만큼 분노하는지 잘 몰랐고, 그저 주변에서 벌어지는 일을 당혹스럽고 무거운 마음으로 관망하고 있었다. 작은 타운이나 일부 사립학교는 덜 반기는 분위기였다. 반기지 않는 이유를 설명해주지는 않았지만 학생들에 대한 진실, 즉 아이들은 얼마든지 비열해질 수 있다는 사실이 밝혀지는 것을 두려워하는 것 같았다. 소녀들은 사랑스럽고 "얌전"해야 한다고 사회화하는 사회에서 그러한 사실이 밝혀졌을 때 그 여파를 얕잡아보기는 어려울 것이다.

토의의 민감한 속성 때문에 나는 또 다른 결정을 내려야 했다. 여학생 따돌림 문제를 좀 더 포괄적으로 보기 위해 애초에는 되도록 많은 도시를 찾아가려고 했었다. 하지만 소녀들과 몇 차례 강도 높은 토의를 한 끝에 그것이 불가능하다는 것을 깨달았다. 아이들의 믿음과 교사와 부모의 신뢰를 얻으려면 내가 그 사회의 일부가 되어야 했다. 이런 이유로 시간을 넉넉히 잡고 세 지역에 머물면서 인터뷰를 진행하기로 했다. 많은 학교가 거의 무조건적인 접촉을 허락함으로써 나를 지지해주었다. 심지어 두 학교는 연구자들을 학교에 받아들이지 않는다는 방침을 바꾸면서까지 나를 받아주었다.

관대한 배려에 대한 보답으로 나는 학생과 직원, 학교의 이름을 바꾸기로 약속했다. 각각의 학교에 대해서도 경제적인 조건이나 인종과 관련된 정보 외에 다른 정보는 제공하지 않기로 했다. 그렇게 1년이 넘는 기간 동안 모두 10개 학교와 작업했다. 대서양 중부 연안의 어느 큰 도시에서는 세 학교를 찾아갔다. 린던 학교는 대부분 중산층 학생들이 다니는 사립학교로 25퍼센트의 학생이 소수민족이다. 메리마운트 학교는 사립 여학교로 중산층이 주를 이루며 대략 20퍼센트가 유색인이다. 새클러데이 학교는 교외에 위치하며 주로 중산층 유대인이 다닌다. 북동부의 또 다른 도시에서는 대안학교인 클라라바턴 고등학교와 마틴루서킹 초등학교에 갔다. 두 학교 모두 흑인과 푸에르토리코계, 도미니카계가 주를 이루었다. 아든 학교도 찾아갔는데, 대부분이 중산층이고 20퍼센트가 소수민족인 실험학교였다. 대부분 흑인과 라틴계로 구성된 여학교인 소저너트루스 학교도 찾아갔다. 마지막으로 미시시피 주 북동부에 위치한 작은 타운 리지우드에서 초등학교, 중학교, 고등학교를 찾아다니며 몇 주를 보냈다.(미국은 K-12라고 해서 1학년~12학년으로 된 학제를 따른다. 보통 초등학교는 1~5학년 혹은 1~6학년, 중학교는 6~8학년 혹은 7~8학년, 고등학교는 9~12학년으로 되어 있다. 하지만 사립학교의 학년 명칭은 학교마다 다르고, 고등학교 1학년은 freshman, 2학년은 sophomore, 3학년은 junior, 4학년은 senior로 부르기도 한다. 새 학년도 9월에 시작하므로 3월에 시작하는 우리의 학제와는 일치하지 않는다―옮긴이)

각 학교에서 학생, 관심 있는 교사와 부모를 대상으로 개인 혹은 집단 인터뷰를 실시했다. 어떤 학교에서는 서너 시간 동안 인터뷰를 진행했고, 시간이 제한된 학교에서는 더 짧게 했다. 도시에 위치한 두 학교에서 인터뷰를 진행할 때에는 일부 학생들, 부모들과 접촉하는 데 애를 먹었다. 대부분 집안 형편이 가난했고 심지어 전화가 없는 가정도 있었다. 물론 내가 중산층 백인 여자였기 때문에 애당초 나를 멀리한 사람도 많았을 것이다. 일부 학생과 부모가 관심을 보였지만 전화하지 않거나 약속한 시간에 나타나지 않았다. 딸이 다른 아이를 따돌린 경우는 어느 부모의 참여도 없어서 실망을 했지만 놀라지는 않았다.

소녀들과 그 부모들 외에도 대략 50명의 성인 여성을 전화로 혹은 직접 만나서 인터뷰했다. 세월의 힘과 치료에 힘입어 그들은 각자의 시련을 바라보는 더 넓고 풍부한 관점을 지닐 수 있었는데 이러한 그들의 이야기 또한 포함시켰다. 이들의 목소리는 어린 희생자와 가해자의 이야기와는 뚜렷이 대조된다.

브라운과 길리건의 방법에서 도움을 받기는 했지만 이 책은 공식 연구의 산물이라고 할 수는 없다. 이 책에는 소녀와 공격에 대한 통계 자료나 과학적 결론 혹은 소년에 대한 정보는 없다. 소년들이 분노를 표현하는 방법이 더 폭넓다고 주장할 사람은 많지 않을 것이다. 하지만 많은 소녀들은 직접적인 공격을 하지 못하도록 완전히 차단된다.

《소녀들의 심리학》은 소녀들과 비신체적 갈등에만 초점을 둔 최초의 책이며, 우리가 "대체공격(alternative aggression)"이라고 부르는 것의 가해자와 희생자에 대해 이야기하는 책이다.

물론 소녀들만이 이런 방식으로 행동한다는 말은 아니다. 소년들 또한 대체공격에 관여하지만 좀 더 후반기에 나타난다고 한다. 모든 소녀들이 그렇다는 말도 아니다. 이 책에서는 소녀들의 은밀한 공격 문화에 대해 살펴보겠지만, 분명한 것은 모든 백인 중산층 소녀들이 관계에서 갈등을 봉쇄하지는 않는다는 사실이다. 이 주제에 몰두하느라 분노와 갈등의 상황에서도 편안하게 느끼는 소녀들에 대해서는 소홀히 했는데, 이 점이 아쉬움으로 남는다.

이 책의 전반에서 대체공격 행위를 일컫는 용어로 "여학생 따돌림"을 쓸 것이다. 하지만 소녀들이 소년들과는 근본적으로 다른 방식으로 분노를 느낀다는 주장은 아니고, 많은 소녀들이 분노를 다른 방식으로 표출한다는 말을 하려는 것이다. 소녀들의 공격은 은밀하고 관계적이며, 때로는 상실이나 고립에 대한 두려움이 그 원인이 된다. 그렇다고 해서 여학생들이 남학생들만큼 권력을 원하지 않거나 공격의 욕구를 덜 느낀다는 말은 아니다.

《아이들의 숨겨진 삶(Best Friends, Worst Enemies: Understanding the Social Lives of Children)》이라는 책에서 마이클 톰프슨(Michael Thompson)과 그의 동료들은 모든 아동이 삶에서 세 가지를 원한다고 지적한다. 바로 관계, 인정, 권력이다. 관계에 대한 욕망 때문에 친구를 사귀고 인정과 권력에 대한 욕구 때문에 갈등하고 경쟁한다. 내가 말하고 싶은 것은, 모든 아동이 그런 욕망과 욕구가 있다면 소년과 소녀는 문화적 관점, 즉 남자와 여자가 어떻게 행동해야 하는가에 따라 그것을 성취하는 방법을 다르게 학습한다는 것이다.

  3년 전에 처음 이 일에 뛰어들었을 때, 나는 따돌림에 희생된 소녀들이 이 책을 통해 자기 혼자만 따돌림을 당한 것이 아니라고 깨닫기 바랐다. 하지만 아이들과 더 많은 시간을 보내면서, 내가 혼자가 아니었음을 알기 위해 이 책을 쓴다는 사실을 깨달았다. 내가 3학년 때 견뎌낸 따돌림은 빙산의 일각에 불과했다. 내 유년기의 많은 관계들 속에 고통과 혼란이 존재하고 있었다.

  여러 소녀들을 만나면서 나 혼자만 그렇게 느낀 것이 아니었음을 깨달았다. 우리가 비슷한 기억과 감정을 공유한다는 사실, 우리의 가슴속에 있는 것을 다른 누군가가 이해한다는 사실이 놀라웠다. 그 위로가 마음 깊이 와닿았고, 그것은 우리가 함께 들어갈 수 있는 예상치 못한 문을 열어주었다. 따돌림의 기억이 이 책의 시작이었다면, 우리가 살고 있는 문화와, 소녀들이 서로 어떻게 대하는지와, 늘 혼자라고 상상했던 우리 자신에 대한 더 많은 질문과 대답으로 이 책을 마무리했다.

  아이들이 무슨 말이든 편하게 하기를 바랐기 때문에 교사들은 인터뷰에 거의 참여하지 못하게 했다. 그런데 한 여교사가 끈질기게 요구하기에 교실 뒤쪽에 앉게 했다. 30분 동안 여학생들이 서로 어떤 방법으로 괴롭히는지 열띤 토론을 벌일 때 그녀는 뻣뻣이 앉아 있었고 얼굴은 점점 분노로 일그러져갔다. 마침내 그녀가 손을 들었다.

  "여자애들이 전부 못된 것은 아니잖아요. 정말 착한 아이도 있어요!"

그녀가 말했다. "아이들에게 가장 소중한 친구는 여자 친구들일 거예요. 나쁜 측면만 말하면 불공평하잖아요." 나도 깊이 공감하는 바였고, 그 말이 내 마음에서 떠나지 않았다. 이 책을 소녀들이나 여성들을 비난하기 위해 썼다고 생각하면 큰 오산이다. 이는 전혀 사실이 아니다.

우리 문화는 오랫동안 여자의 "좋은 면"을 칭송해왔다. 따라서 일부 독자들은 이 책의 내용이 불편하게 느껴질 수도 있다. 여기서 소녀들의 공격을 다루는 것은 이들을 폄하하기 위해서가 아니다. 이 책을 쓰면서 인터뷰한 대상은 자신을 가해자나 피해자로 여기고 있는 소녀들로 제한했다. 모든 소녀들이 따돌림에 가담하는 것은 아니고, 모두 심각한 방식으로 상처를 입히지도 않는다.

내가 한 걸음씩 나아갈 수 있었던 것은 소녀들과 여성들에 대한 깊은 애정이 있었기 때문이다. 소녀들과 여성들의 힘과 지혜와 관심이 내 삶에 큰 힘이 되었다. 내가 이룬 업적을 멘토가 되어준 선배 여성들에게 돌린다. 이 책이 세상에 나오기까지 더없이 귀중한 도움을 준 이들이다. 그들이 도와주지 않았다면 이 책에서 나눈 많은 개인적 통찰을 감히 얻지 못했을 것이다.

이 책을 쓰면서 내 삶이 바뀌었다. 관계에 대한 나의 두려움과 의문들이 이 소녀들의 이야기 안에서 얼마나 많이 메아리치는지 깨닫고 나는 깜짝 놀랐다. 그들의 이야기를 들으면서 갈등에 대한 나의 두려움과, 특히 "착한 여자"가 되고 싶어 하는 내 욕구가 분명히 보였다. 이 책을 읽는 여러분도 스스로 두려움에 직면하고 의문을 제기해보기 바란다. 과거를 돌아보는 것은 분명 쉬운 일이 아니지만, 떠날 가치가 충분히 있는 여행이 될 것이라 믿는다.

소녀들의 은밀한 공격 문화

린던 학교의 교정은 도시의 시끌벅적함을 외면하며 경기장 뒤편에 조용히 자리 잡고 있다. 월요일 아침, 상급반 학생들이 하나둘 모여들었다. 몇몇 학생들은 무릎을 세우고 교실 바닥에 앉아 공책을 넘기며 벼락치기 공부를 하고 있었다. 차림새는 최신 유행을 따르는 복장부터 반항적이라고 할 수밖에 없는 복장까지 다양했다. 가만히 보고 있으면 이 학교가 지역 명문이고 이 아이들이 우수한 학생들이라는 사실을 까먹기 쉽다. 그래서 나는 린던이 좋아졌다. 린던은 학문적 엄격함과 학생들의 다양성을 똑같이 중시한다. 9학년생들로 구성된 여덟 개 집단을 하루 동안 면담하면서 나는 새 집단을 만날 때마다 같은 질문을 했다. "남학생들의 괴롭힘과 여학생들의 괴롭힘 사이에는 어떤 차이가 있을까?"

첫 번째 집단에서 여덟 번째 집단까지 대답은 한결같았다. "여자애들은 걸핏하면 삐쳐요." 한 아이가 말했다. "여자애들은 속닥거리는 걸 좋아해요." 또 한 아이가 말했다. "여자애들은 째려봐요." 대답하는 목소리가 점점 커졌다.

"비밀스러워요."

"마음을 할퀴어요."

"조종하려고 해요."

"남자애들에게는 없는 악마 같은 면이 있어요."

"상대방의 가장 취약한 곳을 노려요."

"주로 뒤에서 수작을 부려요."

"뭔가를 계획하거나 꾸며요."

"남자애들이랑 있으면 내가 어떻게 해야 되는지 알 것 같아요."

"남자애들이랑 있으면 훨씬 안전한 느낌이 들어요."

분명하고 담담한 목소리로 소녀들은 자신들에 대해 신의 없고 믿을 수 없으며 교활하다고 말했다. 여자아이들은 친하다는 것을 빌미로 다른 사람들을 조종하고 힘을 행사한다고 주장했다. 사회적 위계질서의 사다리를 오르려고 서로 이용하는 위선자라고 말했다. 용서할 줄 모르고 영악하며, 복수의 순간을 위해 희생자가 무방비 상태로 있을 때를 노리고, 눈에는 눈이라는 식의 잔인한 보복 심리로 "내가 느낀 대로 그 애도 당하게 한다"고 했다.

갈등에 대한 소녀들의 이야기는 일상적이며 때로는 자기혐오로 가득하다. 집단 인터뷰를 할 때마다 거의 빠짐없이, 남자아이들은 "싸우면 그걸로 끝"이라서 남자로 태어나는 것이 더 좋았을 거라고 말하는 소녀들이 있었다.

소녀들은 그들의 행동이 공격으로 정의되지 않는 문화에서 경험하는 분노에 대해 이야기했다. 결과적으로 그들의 이야기는 여성 본연의 이중성에 얽힌 파괴적인 신화들로 가득하다. 시인이자 수필가인 에이드리엔 리치(Adrienne Rich)는 말한다.[2] "우리는 일반적으로 변덕스럽고, 속임수를 잘 쓰며, 모호하고, 마음을 쉽게 바꾸는 사람으로 묘사된다."

유사 이래 여성과 소녀는 질투가 심하고 비밀스러우며 배신과 불복종, 비밀주의의 성향이 강하다고 묘사되어왔다. 소녀들의 비신체적 공격에 대해서는 공개적으로 인정되는 독자성이나 설명할 언어가 없기 때문에 "심술궂다", "간교하다", "사악하다", "교활하다"고 말한다. 이러한 공격은 연구나 비판적 사고의 대상이 되지 못하고 이러한 행동은 소녀들의 발달에서 자연스러운 단계로 여겨진다. 그 결과 학교는 소녀들의 갈등을 통과의례나 단순히 "소녀들의 짓거리"로 치부한다.

소녀들의 공격에 이름을 붙이는 것이 어떤 의미를 지닐까? 그리고 신화와 고정관념이 우리 사회에서 오랫동안 유용한 역할을 해온 이유는 무엇일까?

공격은 우리 사회의 가치를 나타내는 강력한 지표다. 사회학자 앤 캠벨(Anne Campbell)에 의하면 공격에 대한 태도는 성역할 혹은 우리가 성별의 차이 때문에 남성과 여성에게 각기 다른 책임을 기대한다는 생각을 고착시킨다.[3] 강경파 여권론자와 여자 축구팀의 등장에도 불구하고 서구 사회는 여전히 소년에게는 가족을 부양하는 가장을, 소녀에게는 양육자나 어머니를 기대한다. 공격은 남성성의 표시다. 남자들은 공격으로 환경과 생계를 통제하며, 좋든 나쁘든 소년들은 마음껏 싸우고 뒹굴어도 괜찮다. 이런 관계성은 일찍부터 시작되는데, 소년들의 인기는 대체로 얼마나 거칠게 노는지에 따라 결정된다. 운동 잘하고 용맹스럽고, 권위에 저항하며 거칠게 행동하고, 문제를 일으키며 지배적이고, 냉정하고 자신만만하면 또래의 인정을 받는다.

한편 여성은 양육자로서 성장할 것이 기대되는데, 이는 공격과는 전혀 어울리지 않는 역할이다. "좋은 어머니"의 이상적인 모습을 생각해 보자. 좋은 어머니는 가족에게 무조건적인 사랑과 관심을 베풀며, 가족의 건강과 일상의 관리가 일차적인 목표가 된다. 딸에게는 "상냥함, 활발함 등 온갖 좋은 것"의 모습이 기대된다. 딸은 상냥하고 보살필 줄 알며 사랑스럽고 부드러운 사람이 되어야 한다.

그리고 "착한 소녀들"에게는 친구가 있다. 그것도 많아야 한다. 아홉 살짜리 누라는 심리학자 린 미켈 브라운과 캐럴 길리건에게 완벽한 소녀는 "완벽한 관계"를 형성한다고 말했다.[4] 이런 아이들은 훈련 중인 양육자라고 할 수 있다. 그들은 "싸우지도 않고…… 늘 붙어 지내고…… 말다툼도 하지 않고, 늘 '아, 그렇구나. 나도 같은 생각이야'" 하며 맞장구를 친다. 누라는 침울한 관계에 대해서도 말했다. "누구를 정말 질투하고 괴롭히기 시작하면…… 두 사람의 진정한 우정이 깨져버려요."

기자인 페기 오렌스타인(Peggy Orenstein)은 《여학생(Schoolgirls)》에서 "착한 소녀는 다른 무엇보다, 예컨대 열정적이고 영리하고 심지어 정직한 것에 앞서 친절한 소녀"라고 말한다. 그녀는 "완벽한 소녀"를 이렇게 묘사했다.

> 나쁜 생각을 하지 않고 나쁜 감정을 느끼지 않는 소녀, 모두가 같이 있고 싶어 하는 사람…… 조용히 침착하게 말하고, 늘 친절하고 상냥하며, 남을 괴롭히거나 으스대는 일이 없다. ……이런 인물상은 젊은 여성들

에게 진짜 자기 감정을 말하기보다는 침묵을 지키라고 요구한다. 그들은 진짜 감정이란 "어리석고" "이기적이고" "무례하며" 혹은 부적절하다고 생각한다.[5]

"착한 소녀"는 분노하면 안 된다. 공격은 관계를 위험에 빠뜨리고 소녀의 능력인 보살핌과 "착함"을 위태롭게 한다. 공격은 바람직하게 여겨지는 소녀들의 모습을 훼손한다.

따라서 소녀들의 분노를 분노라고 부른다면 "착한 소녀"에 대해 우리가 품고 있는 가장 기본적인 가정에 도전하는 것이다. "착한"이 무슨 의미인지 정의해보면 문화가 소녀들에게 무엇을 하지 못하게 가로막고 있는지 알 수 있다. 착하다는 것은 공격하지 않는 것, 화내지 않는 것, 갈등 관계를 형성하지 않는 것을 뜻한다.

연구 결과를 봐도 교사나 부모는 여자아이들의 신체적이고 직접적인 공격은 일찍부터 억누르지만, 남자아이들이 싸움을 하면 격려하거나 방관한다.[6] 예를 들어 1999년 미시간 대학교에서 실시한 연구에 의하면 남자아이들이 더 크게 떠드는데도 여자아이들이 조용히 하라, 부드럽게 말하라, "더 상냥한" 목소리로 말하라는 말을 세 배는 더 많이 듣는다고 한다. 취학연령에 이르면 남녀의 차이는 더 확실해져서 여자아이들은 상냥함이라는 특성을, 남자아이들은 거친 특성을 더 높이 평가하는 사회집단을 형성한다.

소녀들의 공격은 우리 사회에서 여성적이지 않다고 멸시받는다. "재수 없는 계집애", "레즈비언", "얼음장 같다", "머슴애 같다" 등은 자기주장이 강한 여자아이들이 주로 듣는 말이다. 표현 하나하나가 규정된 양육자의 역할을 위반했음을 보여준다. 재수 없는 계집애는 아무도 좋아하지 않고 좋아해주는 사람도 없다. 레즈비언은 남자나 아기를 사랑하지 않고 다른 여자를 사랑하는 사람을 말한다. 얼음장 같은 여자는 차갑고 성적으로 반응이 없고, 머슴애 같은 여자는 무뚝뚝해서 사랑을 하기도 받기도 어렵다.

한편 소녀들은 문화의 이중 잣대를 예민하게 인식한다. 지금이 후기 페미니즘 시대나 여권 시대라고 믿을 만큼 순진하지는 않다. 소년들에게는 다른 규칙이 적용되며, 그 사실을 소녀들도 알고 있다. 소녀들이 노골적으로 공격하면 사회적 거부라는 처벌을 받는다.

새클러데이 학교로 찾아갔을 때 나는 6학년 여학생들과 함께 점심을 먹으면서 교사들이 그들에게 기대하는 행동에 대해 이야기를 나누었다. 조그만 코에 은테 안경을 쓴 애슐리가 손을 들었다. 표정이 매우 심각했다.

"우리가 19세기 소녀처럼 행동하기를 바라요." 애슐리는 분한 듯이 말했다. 모두가 키득거렸다.

"무슨 말이니?" 내가 물었다.

"뭐랄까, 이런 식이죠. 서로 존중해야 한다, 자신이 대접받고 싶은 방식으로 남을 대하라. 하지만 인생은 그런 게 아니잖아요. 누구나 이따금 못된 행동을 할 수도 있는 건데, 선생님들은 그걸 모르나 봐요. 선생님들은 모두에게 아주 친절하면 아주 근사한 사람이 되는 줄 알아요. '모두에게 친절하렴!'" 애슐리가 흉내를 냈다. 갑자기 커진 목소리가 냉소적인 느낌 이상으로 다가왔다.

"하지만 그건 불가능하잖아요." 니콜이 말했다. 교실은 조용했다.

"또 말할 사람?" 내가 물었다.

"선생님들은 우리가 완벽하기를 바라요. 얌전하게 행동하고요. 남자애들이 나쁜 짓을 하면 당연하다고 생각하지만 여자애들이 그러면 야단쳐요." 디나가 말했다.

"선생님들은 여자애들은 정말 착해야 하고, 서로 사이좋게 지내고, 싸움은 시작도 하면 안 된다고 생각해요. 선생님들은 그런 걸 실제보다 더 나쁘게 보는 것 같아요." 시라가 말했다.

"선생님들은 우리가 완벽한 천사가 되기를 바라지만, 우리는 완벽한 천사가 되기 싫을 때가 있어요." 로라가 말했다.

"선생님들은 좋은 일을 하면 보상을 받는다고 하는데, 꼭 그래야 한다고 강요하는 것 같아요. 엄마나 아빠, 여동생에게 못된 행동을 하지 않으려고 애쓰지만, 다음 날 일어나면 또 그렇게 되는걸요. 나는 천사가 아니거든요. 착한 딸이 되려고 무지 노력하지만 다음 날 일어나면 또 짜증을 내는걸요." 애슐리가 말했다.

리지우드에서도 6학년생들에게 교사들이 무엇을 기대하는지 물었다. 헤더가 손을 들었다.

"선생님들은……." 그리고 말을 멈추었다. 아무도 끼어들지 않았다.

"선생님들은?" 내가 재촉했다.

"우리가 당연히 착하기를 바라지만……."

"그렇지만 뭐?"

"우린 아니에요."

"늘 얌전한 척하면서 살 수는 없어요." 태미가 말했다.

"얌전한 척한다는 게 무슨 뜻이니?" 내가 물었다.

"이런 자세로 앉아 있는 거요." 태미가 다리를 꼬고 손을 포개 무릎 위에 다소곳이 내려놓았다. "하루 종일 이렇게요."

"그리고 착해야 해요. 수업 시간에 떠들지 않고." 토리가 말했다.

"너희는 늘 착한 것 같니?" 내가 물었다.

"그럴 리가요!" 몇 명이 동시에 외쳤다.

"그러면?"

"꼭 이런 기분이에요. 나쁜 부분이 내 몸을 통제하는 느낌이요." 태미가 말했다. "착하게 행동하려고 하지만 동시에 나쁜 행동이 하고 싶어져요. 나쁜 부분이 나를 부추기는 거예요. 그러면 이렇게 생각해요." 태미는 얼굴을 찡그리며 이를 악물었다. "난 착해야 해."

"입 닥치라고 말하고 싶었어요! 밀쳐서 넘어뜨리고 싶었어요." 브리트니가 말했다. "작년에 그 아이에게 500번은 더 그러고 싶었어요. 하지만 밀칠 수는 없으니까 멀리 떨어져서 가만히 분을 삭이려고 애를 썼어요."

대부분의 소녀들 또한 참으려고 노력은 하지만 인간이라면 누구나 경험하는 분노를 표출하고 싶은 자연스러운 충동이 있다. 그러나 공격에 대한 초기 연구는 "착하고" 공격적이지 않은 소녀라는 신화를 사실로 만들어버렸다. 공격에 대한 최초의 실험은 거의 여성의 참여 없이 실시되었다. 남자들은 직접적으로 공격하는 경향이 있으므로, 연구자들은 공격을 오로지 직접적으로 표현되는 것으로 보았다. 다른 형태의 공격이 관찰되면 특이한 것으로 여기거나 무시했다.

따돌림에 대한 연구도 이러한 초기 연구의 결함을 물려받았다. 대부분의 심리학자들은 연구 대상으로 주먹질, 협박, 놀림 같은 직접적인 공격 행동을 찾았다. 연구자들은 또한 간접적인 행동을 거의 관찰할 수 없는 환경에서 공격성을 측정했다. 연구자들의 눈으로 보면 소녀들의 사회생활은 호수처럼 잔잔하고 고요했다. 1992년이 되어서야 사람들은 호수의 수면 아래에 무엇이 있는지 의문을 품기 시작했다.

1992년 노르웨이 연구팀이 청소년기 소녀들에 대한 전례 없는 연구를 발표했다. 그들은 소녀들이 공격을 전혀 싫어하지 않고, 비관습적인 방식으로 분노를 표출한다는 사실을 발견했다. 그들은 "가해자는 이런저런 이유로 표적을 (몸이나 말로) 공격할 수 없으면 다른 방법을 찾아야 한다"는 가설을 세웠다. 연구 결과는 문화적 규범에 의해 공개적인 공격이 금지되면 소녀들은 다른 형태로 비신체적인 공격을 하게 된다는 사실을 증명했다. 연구자들은 결론에서 청소년기 소녀들의 상냥한 이미지에 도전하면서 그들의 사회가 "무자비하고" "공격적이며" "잔인하다"고 역설했다.[7]

이후 미네소타 대학교의 심리학자 몇 명이 이 결과에 근거하여 공격적인 행동을 세 가지 범주로 규정했다. 바로 관계적, 간접적, 사회적 공격이다. 관계적 공격은 "관계나 수용, 우정, 소속감의 느낌을 훼손(혹은 훼손하겠다고 위협)하여 타인을 해치는" 행동을 포함한다.[8] 관계적인 공격 행동은 누군가를 벌하거나 자기 멋대로 하려고 상대를 무시하는 것, 보복하기 위해 누군가를 사회적으로 배제하는 것, 부정적인 신체언어나 표정을 사용하는 것, 누군가의 관계를 방해하거나 부탁을 들어주지 않으면 관계를 끝내겠다고 협박하는 것이다. 이때 가해자는 피해자와의 우정을 무기로 사용한다.

관계적 공격과 비슷한 것으로 간접적 공격과 사회적 공격이 있다. 간접적으로 공격하면 가해자는 표적과 정면으로 부딪치지 않을 수 있다. 가해자는 희생자를 다치게 할 의도가 전혀 없다는 듯 자기 행동을 감춘다. 간접적 공격의 한 가지 방법은 표적에게 고통을 가하는 장치로 타인을 이용하는 것인데, 예컨대 소문내기가 있다. 사회적 공격은 자존감이나 집단 내의 사회적 지위를 훼손하는 것이 목적으로, 소문내기나 사회적 배제 등 간접적 공격이 일부 포함된다. 이 책 전반에서 나는 이러한 행동들을 뭉뚱그려 대체공격이라고 부를 것이다.

감시망을 피해서

●   마거릿 애트우드(Margaret Atwood)의 소설 《고양이 눈(Cat's Eye)》에서 어린 주인공 일레인은 겁에 잔뜩 질린 채 얼어붙은 듯 창턱에 앉아 있다. 가장 친한 친구가 일레인더러 무슨 잘못을 했는지 알아낼 때까지 조용히 거기에 앉아 있으라고 했다. 그때 일레인의 아버지가 방에 들어와서 아이들에게 퍼레이드가 재미있는지 묻는다.

코델리아는 자기 쪽 창턱에서 뛰어내려 내 옆에 바싹 붙어 앉는다.
"아주 재미있어요. 정말 고맙습니다." 어른들에게 쓰는 공손한 말투다. 부모님은 코델리아의 태도가 훌륭하다고 생각한다. 그녀는 내 어깨를 감싸고 살짝 힘을 준다. 공모하자는 의미다. 일종의 지시다. 내가 얌전히 앉아서 아무 말도 하지 않는 한, 아무것도 폭로하지 않는 한 다 괜찮을 것이다. ……아버지가 나가자마자 코델리아는 나를 돌아본다. ……"내가 왜 이러는지 알지? 안됐지만 넌 벌을 받아야 해."

친구를 따돌리는 많은 소녀들처럼 코델리아도 착한 소녀의 허울을 쓰고 분노를 조용히 처리한다. 그녀는 일레인의 자존감을 천천히 손상하느라 정신적 에너지를 쓰고, 어른들에게 착하게 보이기 위해 또 그만큼의 정신적 에너지를 쓴다.

어떤 대체공격은 어른들의 눈에는 보이지 않는다. 소녀들은 사회적 반감을 교묘히 피하기 위해 표면적인 상냥함 밑에 숨어서 몰래 서로를 다치게 한다. 은밀한 시선과 쪽지를 교환하고, 시간을 두고 암암리에 조종한다. 복도에서 구석으로 몰고, 등을 돌리고, 속닥거리며 웃는다. 들키거나 처벌받지 않으려고 하는 이러한 행동들은 여성성의 규칙이 가장 엄격한 중산층 환경에서 제일 흔하다.

코델리아가 쓴 전략은 소녀들의 갈등이 공개되지 못하게 막는 사회에서는 보편적이며, 종종 작전 전체가 소리 없이 진행된다. 아스트리드는 화난 친구들이 조용히, 조직적으로, 끈질기게 자기를 괴롭혔던 일을 회상했다. "쪽지 전쟁이었어요. 내가 읽지 않으면 내 책상 가까이에 있는 백과사전 표지나 다른 책상에 휘갈겨 썼어요. 여기저기에 쪽지를 남겼고 교장실에 불려가는 명단에 나를 끼워 넣었어요." 이런 공격은 감시망을 피할 수 있도록 계획된다.

작전은 대개 성공한다. 검사 폴라 존스턴은 딸 수지와 딸을 암암리에 괴롭히는 여학생을 떼어 앉혀달라고 요구했다가 교사가 이 사실에 대해 전혀 모른다는 것에 어안이 벙벙했다. "(수지의 선생님이) 이러더군요.

'둘이 단짝인데요!'" 폴라는 기가 차다는 듯 말했다. "자리를 옮겨달라고 하니까 한 명은 앞에, 다른 한 명은 뒤에 앉혔어요! 그러면서 이러더군요. '잘 지내고 있어요. 수지는 정말 사랑스럽지요.' 수지는 도서관에 숨어서 지내는데 말이에요."

새클러데이 학교의 어느 6학년생은 자기를 괴롭히는 아이에 대해 담임교사에게 이르려고 한 일을 떠올렸다. "(선생님이) 이러셨어요. '이런! 너희 싸웠니? 어쩌다 그랬어!'" 어떤 학교든 소녀들의 비열한 행동에 이런 식으로 단순하게 반응하는 교사들이 있었다. "싸웠어? 다시는 그러지 않을 거야!" "그럴 리가 없어!" "둘이 단짝인걸!"

은밀한 공격은 단지 들키지 않는 것만이 목적은 아니다. 누군가를 괴롭히지 않는 것처럼 보이는 데서 오는 이점도 크다. 상냥하고 활발한 이미지는 중요하며, 소녀들도 그 사실을 알고 있다. 그런 이미지로 보여야 교사와 부모의 감시망에 걸리지 않을 수 있다. 소녀들에게 비밀의 세계, 즉 "지하 세계"는 무의식의 영역이 아니다.[9] 브라운과 길리건은 그 세계를 소녀들이 진정한 감정을 표현하는 곳이라고 말했다. 영화 〈사랑보다 아름다운 유혹(Cruel Intentions)〉에서 캐서린은 자신의 분노를 시럽 같은 달콤함 속에 숨긴다. 곤경에 처하자 그녀는 다른 학생을 모함하기로 결심한다. "모두 나를 사랑하고, 앞으로도 계속 그래야 해." 나중에 십자가 목걸이에 넣은 코카인을 몰래 흡입하며 캐서린은 못마땅한 듯 중얼거린다. "내가 요조숙녀로 보이는 게 좋아서 일주일에 7일, 하루 24시간, 메리 선샤인(〈시카고〉에 나오는 정 많은 기자로 모두에게서 좋은 점을 찾으려고 하는 인물—옮긴이)처럼 행동하는 줄 알아? 나는 어퍼이스트사이드의 빌어먹을 마샤 브래디(〈브래디 번치〉의 등장인물로 남자가 하는 일은 무엇이든 하는 소녀―옮긴이)야. 가끔은 나 자신을 죽이고 싶어."

집단 토의에서 소녀들은 의도적으로 공격을 감추는 것에 대해 털어놓았다. 리지우드에서는 9학년생들이 어떤 책략을 쓰는지 신나게 늘어놓았고, 모두들 책상 앞에 엎어질 듯 몸을 숙이고 앉아 귀를 기울였다. 형광등이 켜진 흰색의 실험실 여기저기에서 "그래, 맞아!", "정말 그래!" 하며 진지하게 공감하는 소리들이 터져 나왔다.

누가 통로를 지나가면서 누구와 부딪친다! 교사는 그저 한눈팔다가 그런 줄 안다. 누가 책상에 놓인 책을 쳐서 떨어뜨린다! 교사는 실수로 떨어진 줄 안다. 익명으로 쪽지를 보낸다! 치사한 그림을 그린다! 눈을 흘긴다! 아이디를 바꾸어 메신저로 비방한다! 남자친구를 뺏는다! 소문을 퍼뜨린다! 시험 칠 때 부정행위를 했다고 교사에게 이른다!

"발을 밟고 나서, '어머! 미안해!'라고 해요." 제시가 나긋나긋 노래하는 듯한 목소리로 말했다.

"일부러 부딪쳐놓고 '어딜 보고 다니는 거니!' 이런다니까요." 다 안다는 의미의 웃음이 여기저기에서 터져 나왔다.

"선생님은 일부러 그런 건 아닐 거라고 해요. 어쩌다 부딪친 거라면서요." 멜라니가 설명했다. "하지만 여자아이들은 뭔지 알아요. 걸핏하면 일어나는 일인걸요."

"여자애들은 정말 비열해요." 케이샤가 말했다.

"비, 열, 해, 요!" 레이시가 또박또박 강조해서 말했다.

그다음 날 리지우드에서 6학년생들을 만났다. 착한 소녀가 되어야 한다는 부담이 아직 그들을 무겁게 내리누르고 있어서, 9학년생들의 왁자지껄한 활력이나 빈정거림 같은 것은 없었다. 아이들은 망설이고 머뭇거렸다. 그때 에이미가 용감하게 나섰다.

"선생님들은 아무 말도 하지 않아요. 짐작 같은 것도 하지 않고요. 우리가 암암리에 뭔가 한다는 생각을 못 하는 것 같아요. 그런데……." 에이미가 말을 멈추었다.

"그런데, 뭐?" 내가 물었다. 아이들이 중간에 말을 멈추어도 이제는 익숙했다.

에이미는 침묵했다.

"선생님들은 여자애들이 더 바르게 행동한다고 생각해요." 엘리자베스가 대신 말했다.

"그런 생각과 실제로 일어나는 문제는 어떤 상관이 있을까?" 내가 물었다.

"서로 욕했다고 해도 선생님은 믿지 않아요. 누가 이런 욕을 했다고 이르면 선생님은 '아닐 거야'라고 하세요. 특히 선생님이 총애하는 아이에 대해 '그 애가 저한테 욕했어요'라고 하면, 선생님은 '아니야, 그 애는 그런 짓을 할 리가 없어'라고 하세요."

리가 말했다. "어떤 애들은 선생님이 있을 때는 정말 착해요. 그런 애들은 나쁜 짓을 해도 선생님들이 본 적이 없으니까 안 믿는 거예요."

"남자애들은 서로 문제가 생겨도 신경 쓰지 않아요. 그게 나쁘다는 건 알지만 그 애들은 걱정 같은 건 안 해요. 남자애들에게는 그뿐이지만, 여자애들은 누가 아는 걸 싫어해요."

마우라가 말했다. "여자애들은 어떻게 보일지 신경 쓰거든요. 남자애들보다 신경계가 더 발달한 것 같아요." 아이들이 킥킥거렸다.

티나가 손을 들었다. "우리 반의 어떤 애는 쪽지를 돌려서 한 번도 걸린 적이 없어요. 선생님이 있을 때는 늘 얌전하게 굴거든요."

"쪽지를 안 쓰는 애들은 없어요." 세라 베스가 거들었다. "선생님들이 순진한 거죠. 그걸 몰라요. 훤히 보이는데요. 얼마나 쉬운데요."

킴이 말했다. "애들이 수업 중에 쪽지를 돌리면 선생님도 아실걸요. 하지만 총애하는 학생이 그러니까 뭐라고 안 그러는 거죠. 여자애들은 대부분 수업 시간에 얌전하지만 남자애들은 그렇지 않아요."

토리가 의자에서 등을 떼고 무릎에 팔꿈치를 올렸다. "여자애들은 속닥거리긴 해도 주먹질은 하지 않으니까 선생님들이 봐주는 것 같아요. 주먹질을 하면 불려가거든요. 선생님들은 여자애들이 싸우면 다치는 사람이 없다고 생각해요." 토리는 조심스럽게 친구들을 둘러보았다. "하지만 다치거든요."

문득 나는 아이들 눈에만 유령이 보이는 공포영화가 생각났다. 영화에서 어른들은 같은 공간을 지나다니고 같은 순간을 살지만 그들 주변에서 어떤 일이 일어나는지 까맣게 모른다. 마찬가지로 은밀히 공격하는 소녀들이 모인 교실에서는 교사가 몇 걸음 떨어지지 않은 곳에 있어도 희생자는 완전히 혼자가 된다.

6교시가 끝나가고 있었다. 벽에 걸린 시계가 재깍거릴 때마다 제니는 배 속이 점점 심하게 뒤틀렸다. 제니는 공부를 잘했고 그것이 자랑스러웠지만, 수업이 끝나기 5분 전부터 집중할 수가 없었다. 1시 58분, 심장이 심하게 벌렁거렸다. 59분, 숨이 가빴다.

갈색 머리카락 사이로 다른 7학년생들이 일어나는 것이 보였다. 제니는 늘 그렇듯이 다른 생각에 몰두한 듯 느릿느릿 움직였다. 금속의 서

늘한 기운이 느껴지는 서랍 속에 연필 따위를 집어넣으면서 시간을 벌었다. '조금 더 있다가 일어나자.'

제니는 두 달 전에 샌디에이고에서 메이슨으로 왔다. 제니가 오자 메이슨 중학교의 인기파 소녀들은 두 가지 사항을 분명히 했다. 하나는 제니가 그들의 지위에 위협적인 인물이라는 것, 또 하나는 제니의 삶을 망쳐놓겠다는 것이었다.

제니가 가족과 함께 어쩔 수 없이 와이오밍 주에 있는 작은 농장 지역으로 이사 온 것은 6학년을 마치고 나흘 뒤였다. 샌디에이고에서는 대도시에 위치한 학교에 다녔고, 친구들은 대부분 멕시코 출신이었다. 제니는 스페인어가 유창했고 멕시코 문화의 따뜻한 우정이 좋았다. 제니 혼자 백인이었지만 그다지 신경 쓰지 않았다.

이곳 메이슨은 모든 것이 다르다는 말로는 모자랐다. 타운 전체에 백인 800명이 살고 있었다. 모두 서로 무슨 일을 하는지 알았고 외부인은 반기지 않았다. 예전에 제니의 가족이 이곳 메이슨에서 살았지만, 브라이아나와 매켄지는 그런 사실에는 아랑곳하지 않았다. 제니가 여름방학 때 이곳에서 시의원인 할아버지와 함께 트랙터를 타고 가족농장을 돌아다녔어도 마치 우주선에서 태어난 사람 취급을 받았다.

브라이아나와 매켄지는 여왕벌 같은 존재였고, 7학년 전체에서 최고였다. 브라이아나는 얼굴이 가장 예뻤고 매켄지는 운동을 가장 잘했다. 공통된 취미는 남자친구 사귀기였다. 제니는 남자에게 딱히 관심은 없었지만 어울려 노는 것을 좋아했다. 수업이 끝나면 대개 축구나 야구를 즐겼다. 화장과 미니스커트보다 청바지와 티셔츠가 더 좋았다.

제니가 미처 아이들과 친해지기도 전에 브라이아나와 매켄지는 제니에게 '털북숭이 창녀'라는 별명을 붙였다. 제니가 축구장 뒤쪽 숲속에서 남자애들과 그렇고 그런 짓을 한다는 말을 퍼뜨렸다. 어디에 가든 그런 말이 가장 끔찍하다는 것은 제니도 잘 알고 있었다. 하지만 제니는 키스 한번 해보지 못했다. 이 상황은 최악 중의 최악이었다.

브라이아나와 매켄지는 '털북숭이 창녀를 미워하는 사람들'이라는 모임도 만들었다. 관심 없는 두 명을 빼고 모두 회원이 되었다. 그들은 복도에서 제니를 지나칠 때마다 "우-우-우……" 하고 야유했다. 제니도 자기를 놀린다는 건 알고 있었다. 대체로 두세 명이 야유한 뒤에 서로 눈을 맞추며 깔깔거렸다. 가끔은 심하게 웃느라 말도 제대로 못 했다.

이어서 브라이아나가 복도에서 제니와 부딪치는 아이디어를 냈다. 아이들도 따라 했다. 쉬는 시간에 제니는 가는 곳마다 누가 부딪쳐 와서 책을 떨어뜨리든가 넘어지든가 했다. 아이들은 보는 사람이 있으면 실수인 것처럼 행동했다. 제니는 키가 150센티미터라서 또래에 비해 작은 체구였지만, 자기가 먼저 부딪치면 아이들이 그만둘 거라고 생각했다. 하지만 아니었다. 제니는 멍만 잔뜩 들었고 소지품도 잃어버렸다. 수업 종이 언제 울릴지 예측하는 기묘한 능력까지 생겼다. 그런데 그 장면을 목격한 교사는 아무도 없었다.

처음 며칠은 제니도 그냥 넘어가려고 했다. 하지만 한 주가 끝날 무렵에는 수치심과 공포가 밀려왔다. '내가 뭘 잘못했지?' 매켄지와 브라이아나는 제니의 삶을 망치는 것을 목표로 삼은 것 같았다. 예전에는 이런 일이 없었다. 샌디에이고에서는 친한 친구가 세 명 있었다. 제니는 뭐든 다 잘했지만, 쉬워서 잘하는 건 아니었다. 무슨 일에든 성공하기 위해 최선을 다했다. 머릿속에서 아버지의 목소리가 들리는 것 같았다.

"열심히 노력하면 뭐든 할 수 있다." 이번이 제니에게는 첫 번째 좌절이었다.

제니는 자기가 뭔가 잘못한 것만 같았다. 남학생의 몸 같은 건 만지지도 않았지만 자기에게 뭐가 잘못이 있다고 생각했다. 7학년에는 전학 온 여학생이 두 명 더 있었지만 모두 잘 지내는 것 같았다. 그 둘은 노력한 만큼 무리 없이 아이들과 어울렸다. 다른 아이들과 비슷한 옷을 사 입었고 같은 음악을 들었다.

제니는 그런 건 딱 싫었다. 그 둘은 매켄지와 브라이아나와 다른 아이들이 뭐라고 하든 그냥 내버려두었는데, 제니는 무슨 일이 있어도 그러고 싶지 않았다. 마음대로 하고 싶었다. 제니는 캘리포니아에서 입던 옷도 멕시코풍의 수놓은 셔츠도 좋았다. 7학년 아이들이 하듯이 기를 쓰고 따라가는 건 정말 싫었다. 아버지의 말이 맞았다.

방에서 혼자 울기 시작한 지 얼마 되지 않아 제니는 이 고통이 끝나지 않으리라는 것을 깨달았다. 간신히 숙제를 끝내고 베개에 얼굴을 파묻었다. 언제나처럼 소리 없이 흐느꼈다. 어머니에게 말할 생각은 추호도 없었고, 아버지는 말할 것도 없었다. 따돌림을 당한다고 말한다는 생각만으로도 속이 울렁거렸다.

하루하루가 끝나지 않는 전투였다. 울지 않으려고 애쓰는 것이, 부딪힐 때마다 몸이 얼어붙는 것이, 날마다 혼자 점심을 먹는 것이 지긋지긋했다. 학생 수가 많지도 않은데 모두 제니를 따돌렸다. 같은 학년에서 친구가 될 사람은 아무도 없었다. 한 학년 위인 사촌이 제니를 안쓰럽게 여겨 이따금 제니를 데리고 친구들과 어울렸다. 이들이 8학년에서 인기파라는 사실이 그나마 위안이 되었다. 브라이아나와 매켄지는 그래서 더 화가 난 것 같았다.

어느날 밤 제니는 깊은 슬픔에 빠져 두려운 마음도 잊고 수화기를 들었다. 제니는 브라이아나와 매켄지, 그리고 다른 여자아이들에게 전화를 돌렸다. 그리고 물었다. "나를 왜 미워하는 거니?" 그들은 하나같이 아니라고 딱 잡아뗐다. "하지만 '털북숭이 창녀를 미워하는 사람들' 모임 같은 건 왜 만들었어?" 제니가 애절하게 물었다.

그들의 목소리는 명랑하고 다정했다. "그런 모임은 없어!" 지구는 둥글다는 말처럼 또렷했다. 어찌나 목소리가 다정다감한지 제니를 괴롭히는 아이들과 동일인물이라는 사실을 잠시 잊을 정도였다. 제니는 가슴이 벅차오르는 것 같았다. 진심으로 다음 날 아침을 기다렸다. 이제부터 달라질 테니까.

그리고 학교로 갔다.

"우우우……!" 쾅당!

제니는 눈물을 거두고 입을 앙다물었다. 예상하지 못했다는 것이 분했다. 짐작했어야 했다. 익숙한 일인데도 이번에는 가슴이 찢어지는 것 같았다. 브라이아나와 매켄지는 통화할 때만 해도 더없이 천진했다. 그래서 바보 같은 제니는 카페테리아에서 그들과 함께 점심을 먹는 상상도 했던 것이다. "바보, 바보, 바보." 제니는 이를 갈며 중얼거렸고, 책을 들어 방패 삼으며 교실로 갔다.

몇 달 뒤 제니는 교실에서 종이가 돌아다니는 것을 보았고 여기저기 책상 서랍을 뒤져 그 종이를 찾아냈다. "나 매켄지는 털북숭이 창녀를 영원히 미워할 것을 맹세한다"라고 쓰여 있었고, 반 여자애들 전부가 그 종이에 서명했다. 제니를 미워하는 이유도 줄줄이 나열되어 있었다. 제니는 글자들이 아물거릴 때까지 뚫어져라 쳐다보았다. 아뜩했다. 분노를 참을 수 없었다. 더는 참기가 어려웠다. 세상이 와르르 무너지는 것 같았다. 그래서 교장실로 갔다.

윌리엄스 교장은 브라이아나와 매켄지를 포함하여 여학생 몇 명을 불렀다. 몇 주 동안 그 애들은 제니를 노려보았지만, 말은 한마디도 하지 않았다. 야유는 금지되었다.

제니는 7학년을 외로이 버텼다. 반 친구들의 못된 짓은 겉으로 드러나지 않았고, 그것을 눈치채거나 제니의 문제에 개입한 교사도 없었다. 제니는 전학생이라서 행동이나 성격에 변화가 있어도 알아차리기 힘들었다. 부모가 낌새를 채고 학교생활이 어떤지 물었더라도 제니는 그저 "잘 지내요" 하고 대답했을 것이다.

야유하는 소리는 그쳤고, 제니도 그 뒤로는 잘 적응했다. 소프트볼부 주장과 응원단 단장까지 했다. 상처는 겉으로 봐선 멀쩡해 보였지만 속으로는 여전히 생생했다. 제니는 복수의 순간을 끈기 있게 기다렸다.

제니를 괴롭힌 주범인 브라이아나가 샤이엔 고등학교 5학년생 중에서 가장 인기 있는 남학생과 사귀기 시작했다. 제니는 나에게 이곳에서 이성 친구를 사귀는 방식에 대해 말해주었다. "보통 열 살이나 열한 살이 되면 누구랑 사귈지 정하는데, 와이오밍을 떠날 때까지 그 애랑 계속 사귀어요." 에릭은 농구부 주장이었고 샤이엔 고등학교에서 중요한 자리는 모두 그의 차지였다. 브라이아나는 에릭과 처음 성관계를 가졌고, 그와 결혼하고 싶어 했다.

제니는 고등학교 3학년 가을에 남학생 농구부의 응원을 부탁받았고, 드디어 기회가 찾아왔다. 제니는 에릭과 금세 친구가 되었다. "목표는 에릭을 빼앗는 거였어요. 그리고 성공했죠." 제니가 말했다. "누구든 상관없었어요. 브라이아나가 소중히 여기는 걸 빼앗기만 하면 됐으니까." 제니와 에릭은 한 달 동안 몰래 만났고, 제니는 에릭을 자기 방으로 데려갔다. 그리고 거기서 브라이아나에게 전화하게 했다. 브라이아나와 에릭은 헤어졌다. 나는 제니에게 기분이 어땠냐고 물었다.

"승리감을 느꼈죠. 그 애를 밟아주고 싶었거든요. 복수했다고 생각하니 정말 뿌듯했어요." 제니가 말을 이었다. "그래요, 슬프기도 했어요. 하지만 아직도 그 애가 밉고, 여전히 상처를 주고 싶어요." 제니는 지금 서른둘이지만, 부끄러움도 양심의 가책도 느끼지 않는다. 20년이 지난 지금도 여전히 분노는 남아 있다.

관계와 상실

● 　　　　　　　　 같이 점심을 먹지 못한다, 파티에 가지 못한다, 둘 사이에 누워 자지 못한다, 속닥거리는 무리에 끼지 못한다. 이런 이야기들이 처음에는 유치하게 들릴 것이다. 하지만 캐럴 길리건이 밝힌 것처럼, 관계는 소녀들의 사회적 발달에 특히 중요한 역할을 한다. 길리건은 청소년을 대상으로 한 어느 연구에서 소녀들에게 삶의 위험은 고립, 특히 무리에서 눈에 띄면 버려질 거라고 느끼는 데서 비롯되는 두려움이라는 사실을 알아냈다. 한편 소년들은 위험을 함정에 빠지는 것에 대한 두려움 같은 것이라고 말한다. 길리건은 이 차이에 대해 이렇게 주장한다. "여성의 발달은 교체와 분리 대신 연속성과 변화를 강조하며, 인간 애착에 대한 또 다른 역사를 보여준다. 여성의

삶에서 관계와 애착이 우선한다는 말은 그들이 상실에 대해 다른 경험과 다른 반응을 한다는 의미다."[10] 소녀들의 삶이 관계 중심이라는 것은 이들의 공격과 괴롭힘이 전혀 다른 양상을 띤다는 말인데, 그 특징을 알기 위해서는 별도의 연구가 필요하다.

소녀들의 갈등을 이해하려면 이들의 친밀감을 이해해야 한다. 친밀감과 분노는 흔히 뒤엉켜 있다. 소녀들의 공격을 분석하려면 이들이 형성하는 관계의 강렬함을 알아야 한다. 소녀들은 남자를 사랑하기 전에 서로를 사랑하고, 그것도 엄청난 열정으로 사랑한다.

소녀들은 친밀감을 거리낌 없이 나눈다. 소년들은 어머니와 떨어져서 감정의 억제라는 남성적인 태도를 보여야 하지만, 딸들은 어머니의 양육적인 행동을 익히도록 격려된다. 소녀들은 아동기에 서로 돌보고 보살피는 연습을 한다. 친밀감과 관계의 즐거움을 처음 발견하는 것은 단짝 여자 친구들을 통해서다.

하지만 우리 문화는 여자 친구들끼리의 친밀함을 소홀히 여겨왔다. 많은 사람들은 소녀들이 진정한 감정을 남자를 위해 아껴두었다가, 그 보살핌의 마음을 훗날 남편과 아이들에게 쏟아야 한다고 믿는다. 그 시기에 이르기까지 겪는 모든 것을 그저 별것 아닌 연습쯤으로 여긴다.[11]

사실 소녀들의 공격의 특징은 대부분 관계에 대한 소녀들의 깊은 지식과 가까운 친구들에게 쏟는 열정과 관련이 있다. 가장 고통스러운 공격은 대체로 가까운 우정 안에서 일어나며, 비밀과 한때 교환한 약점을 악용하여 더욱 과격해진다.

더구나 관계 자체가 종종 소녀들의 무기가 된다. 공격하지 않도록 사회화되고 "완벽한 관계"를 맺는 착한 여자로 키워지므로, 소녀들은 갈등이 있을 때 타협하는 방법을 모른다. 그 결과 사소한 다툼 때문에 관계 자체가 의문에 빠진다.

이는 무슨 뜻일까? 보통의 갈등에서 두 사람은 말, 목소리, 주먹을 써서 갈등을 해결하려고 한다. 두 사람의 관계는 해결할 문제에 비하면 부차적인 것이다. 하지만 분노를 소리 내어 말할 수 없으면, 그리고 갈등을 다루는 기술이 없으면 구체적인 문제를 다룰 수 없다. 두 소녀 중 어느 쪽도 "착하지 않은 소녀"가 되기를 바라지 않는다면, 문제는 관계 자체로 확장된다. 갈등에서 사용할 다른 도구가 없으므로 관계 자체가 무기가 되는 것이다.

엄밀히 말해서 착하고 "완벽한" 여자는 관계를 잘 형성하는 여자이기 때문에 관계의 상실, 그로 말미암은 고립은 소녀들의 은밀한 공격 문화에서는 가장 가슴 아픈 무기일 수 있다.

사회학자 앤 캠벨은 성인들과의 인터뷰를 통해, 남자는 공격을 환경과 정직성을 통제하는 수단으로 여기지만 여자는 공격을 관계를 끝내는 것으로 생각한다는 사실을 알아냈다.[12] 소녀들과 대화를 나누면서 나 역시 동일한 태도를 발견했다. 과격한 공격 분출 행동은 말할 것도 없이, 일상적인 행동 때문에 갈등을 일으켜 가장 아끼는 사람들을 잃을 수 있다는 두려움을 표현하면서, 그들은 가장 기본적인 행동조차 갈등의 씨앗이 될 것 같으면 억눌렀다. 그들의 계산은 간단했다. 갈등은 곧 상실이다. 시계의 태엽 장치가 돌아가듯 소녀들은 다음의 이야기를 20여 가지의 다른 형태로 들려주었다. "내가 어떻게 느끼는지 말할 수 없어요. 나랑 더는 친구 하기 싫다고 하면 어떡해요." 당연히 이런 말이 성립된다. "누구에게도 직접 상처를 주고 싶지는 않아요. 모두와 친구가 되고 싶으니까요."

 고독에 대한 두려움이 지배적인 것이다. 실제로 따돌림의 희생자들은 외로움을 가장 많이 떠올렸다. 치사한 이메일, 익명의 쪽지, 수군거림, 책상과 벽과 사물함에 휘갈겨진 욕설, 모욕과 조롱 등 잔인한 일들이 많았지만 그들이 가장 크게 느낀 것은 외로움이었다. 옆에서 소곤거리고 마음을 나눌 육체적 존재가 없다는 사실은 소녀들의 마음에 자기 존재가 소멸되는 것 같은 슬픔과 두려움을 일으켰다.

 소녀들은 학대적인 우정을 포함해서 어떤 희생을 치르더라도 혼자 있지 않으려고 한다. "쉬는 시간에 혼자 돌아다니고 싶지 않아요." 왜 나쁜 친구 곁에 머무는지 묻자 어느 6학년생이 이렇게 설명했다. "비밀 이야기를 누구한테 할 수 있을까요? 누가 나를 도와줄 수 있을까요?" 어느 8학년생이 텔레비전 다큐멘터리를 떠올리며 애잔하게 말했다. "암사자는 혼자 있으면 죽어요. 그러니까 무리의 일부가 되어야 해요."

 성장기의 소녀들에게 자기가 혼자 있는 것을 들킨다는 생각은 무척이나 두려운 것이다. "완벽한 소녀"는 "완벽한 관계"를 맺어야 한다. "복도를 지나갈 때 모두 자기를 쳐다보는 기분이 들면 정말 괴로워요." 린던 학교의 9학년생이 말했다. "혼자 다니면 사람들이 불쌍하게 보는데, 그런 눈길은 아무도 바라지 않잖아요. 그런 애들은 따돌림을 당하는 애들이니까요. 뭔가 문제가 있는 애들이에요. 외톨이로 보이는 것은 정말 두려운 일이에요." 따돌림이 두려워서 소녀들은 학교생활이라는 출렁이는 바다에서 친구들을 구명보트처럼 붙잡는다. 외톨이가 되는 것은 최악의 공포라고 생각한다.

 어떤 아이든 수용과 관계에 대한 욕구가 있다. 이는 남자나 여자나 마찬가지다. 남자아이들도 대부분 혼자 있는 것을 싫어하거나 견디기 힘들어한다. 그런데 여자아이들은 성장하면서 우정을 숨 쉬는 것만큼 중요하게 여기므로 외로움이라는 벌을 더 극적으로 묘사한다. "굉장히 우울했어요. 친구 하나 없이 교실에 앉아 있었거든요. 내가 아끼는 것이 죄다 허물어졌어요." 세라가 말했다. 어느 5학년생은 고독에 대해 이렇게 언급했다. "마음이 깨지는 것 같았어요."

다 지나가는 시기란다

● 셰리는 열세 살인데, 갑자기 친구들이 셰리에게 말을 걸지 않았다. 셰리의 아버지는 슬퍼하는 딸을 염려하여 한 친구의 어머니에게 대체 무슨 일인지 물었다. 그 어머니는 아무렇지 않은 듯 말했다. "여자애들은 다 그래요." 걱정할 것 없는, 전형적인 여자애들의 행동, 여자애들이라면 누구나 거치는 단계라는 말이었다. 다 지나간다는 것이었다. "작은 둔덕이 산이 되는 거나 마찬가지예요. 뭐가 그렇게 걱정이세요?" 그녀가 말했다.

이 말은 소녀들 사이의 대체공격에 대한 일반적인 생각을 보여준다. 소녀들의 따돌림은 통과의례이며 이겨내야 하는 단계라는 것이다. 한 상담교사는 이렇게 말했다. "늘 그랬어요. 앞으로도 그럴 거고요. 우리가 할 수 있는 일은 없어요." 많은 사람들이 여학생 따돌림을 선택의 여지없이 받아들일 수밖에 없는 고약한 발달상의 폭풍 같은 것이라고 믿는다. 하지만 통과의례라는 주장은 문화가 여성의 행동을 형성하는 데 어떤 힘을 행사하는지에 대한 성찰을 가로막는다. 가장 중요한 것은 그런 관점이 따돌림을 방지하는 전략의 개발을 방해한다는 사실이다.

통과의례라는 주장에는 소녀들에 대한 몇 가지 안타까운 가정이 함축되어 있다. 우선 소녀들이 이런 식의 행동을 하지 못하도록 막을 수 있는 일이 아무것도 없는 것처럼 보인다. 발달 단계의 하나이기 때문이다. 달리 말하면 많은 소녀들이 대체공격에 참여하기 때문에 이런 공격은 소녀들의 자연스러운 성향이라는 것이다. 또한 통과의례로서의 따돌림은 이런 식의 관계를 습득하는 것이 필요할 뿐 아니라 심지어 바람직하다는 의미를 함축한다. 통과의례란 결국 한 상태에서 다른 상태로의 전환을 표시하는 의식이다. 따라서 소녀들이 훗날 성인이 되었을 때 닥칠 일에 익숙해진다는 의미이다. 성인 여자들이 이런 방식으로 행동하기 때문에 미리 받아들이고 준비해야 하는 것이다(나는 따돌림이 별것 아니라는 식으로 생각하는 어머니들, 따돌림에 대해 체념한 많은 어머니들과 이야기를 나누어보았다. 하나같이 딸들이 조만간 알게 될 것을 미리 배운다는 생각에서 위로를 받는다고 했다).

세 번째 가정은 처음 두 가지에서 곧바로 연결된다. 소녀들의 사회는 인내와 기대가 요구되고, 소녀들은 대체로 비열하며 그렇게 행동하는 편이 이득이므로, 비열함은 소녀들의 사회를 구성하는 자연스러운 일부라는 것이다. 그리고 한 가지 가정이 더 있다. 가장 파악하기 어려운 것으로, 소녀들이 서로를 학대하는 것이 실제로는 학대가 아니라는 것이다.

나는 학교가 소녀들의 갈등에 개입하지 않는 것은 학생들의 "정서적 삶"에 끼어들고 싶지 않아서라는 말을 들었다. 이 철학적 사고에서 소녀들의 관계에 대한 두 가지 가치판단이 가능하다. 한 가지는 법률가들이 분석하고 저녁 뉴스에 도배되는 남녀 간의 공격 사건들과는 다르게, 소녀들끼리의 문제는 중요하지 않으며 남자아이들과 사귀게 되면 차츰 사라진다는 가치판단이다.

또 한 가지는 아동 발달에 있어서 또래의 역할을 무시하고, 아동기를 삶 자체가 아닌 "삶의 훈련"이라고 보는 잘못된 믿음을 학교 정책에 반영하는 것이다. 개입하지 않는다는 전략은 소녀들이 나누는 우정의 진실을 외면하고, 소녀들의 대인 관계 문제의 핵심에서 벗어나며, 소녀들의 자존감에 지울 수 없는 흔적을 남기는 정서적 강렬함의 가치를 무시한다.

하지만 학교에서 소녀들의 공격을 소홀히 다루는 데는 더 단순한 이유가 있다. 바로 교실의 질서 때문이다. 학교에서의 어느 하루를 상상해 보자. 교사는 대체로 일이 많고 시간에 쫓긴다. 수업안을 작성해야 하고 교육청의 기준 요건을 맞추어야 한다. 시험 문제를 내고 답안지를 채점하며, 때로는 생일파티도 열어주어야 한다. 교사는 응급실 의사처럼 부상자들을 분류해야 한다. 수업을 방해하는 학생들을 즉시 가려내고 신속하게 처벌해야 한다. 대개는 남학생들이 더 산만하다. 여학생들은 어른들의 스트레스를 직감적으로 알아서, 야비한 쪽지를 돌리거나 얄미운 표정을 보내는 것만으로는 얼른 수업을 마쳐야 하는 교사의 관심을 끌지 않는다는 것을 잘 알고 있다.

설사 교사가 알아채더라도 수업을 중단할 마음은 거의 없다. 관계의 불화를 다루는 것은 쓰레기통에 처박은 친구를 끌어내고 있는 남학생을 혼내는 것과는 다르다. 어느 6학년생은 "남학생들이 싸우면 따로 앉혀요"라고 말했다. 하지만 관계 문제는 좀 더 복잡하다. 그러므로 교사는 종이를 구겨서 던지고 수업을 산만하게 만드는 남학생들에게 좀 더 관심을 쏟게 마련이다.

학교에는 대체공격을 다루는 일관된 전략이 없다. 대체공격 행위를 파악하고 논의할 공통된 언어가 없으므로 학생 폭력 방지 대책은 대체로 모호하며, 신체적 또는 직접적 폭력 행위에 대해 더 많이 다룬다. 일과의 구조로 볼 때 교사의 개입은 더 어렵다. 예컨대 쉬는 시간에 따돌림을 당하는 경우가 가장 많다.

대체공격은 일반적으로 소홀히 다루어져왔다. 실제로 대체공격이 드러나면 대개 사회적 문제라는 좀 더 "합당한" 관점에서 해석되었다. 예컨대 많은 학교에서 "이렇게 하면 너랑 안 놀아"라는 식의 위협을 관계적 공격이 아니라 또래의 압력으로 여긴다. 연구자들은 학술지에서 소녀들의 관계 조종을 조숙함의 한 형태, 혹은 "중심 위치를 차지하고 집단의 경계를 지배하는" 하나의 방법으로 설명한다. 어떤 심리학자들은 조롱과 심술궂은 농담을 발달상 건강한 경험으로 분류한다. 소문내기와 험담하기는 "경계 유지"라고 부른다.[13]

또한 소녀들에게 괴롭힘을 당하는 대상은 사회적 기술이 부족하다는 평가도 일반적이다. 이런 논리에 따르면 따돌림을 당하는 아이는 다른 아이들의 비난을 받기 때문에 명백히 잘못이 있는 것이다. 이렇게 되면 희생자는 더 무거운 짐을 지게 되므로, 더 강해져야 하고 사회적으로 어울리는 법도 배워야 한다. 이런 아이들은 사회적 상황에서 부적절하게 반응하거나 다른 사람의 감정과 태도를 제대로 "읽지" 못한다. 그들은 더 신중히 유행에 맞는 옷을 골라야 한다. 어느 책에서 한탄한 것처럼 몹시 절박한 나머지 "이번 주말에 같이 쇼핑하러 가자"라고 완곡하게 말하지 못하고 다짜고짜 "친구가 되자"라고 해버린다.

특히 관계적 공격은 사회적 기술이 부족해서 생긴 문제로 오해되기 쉽다. 한 소녀가 오늘은 잘해주다가 다음 날 잔인하게 굴거나 소유하려 들거나 혹은 다른 아이에게 지나친 행동을 한다면 그 행동은 발달이 느린 때문으로 해석될 소지가 있다. 피해자들은 가해자를 인내하고 존중해야 한다는 말을 듣고 자라기 때문에 이 문제는 서서히 은밀한 것으로 변질된다. 어느새 가해자는 있는데 공격 행위는 없는 상황이 되어버리는 것이다.

가장 당혹스러운 것은 희생자가 느끼는 상처에 대해 어른들이 외면한다는 사실이다. 종종 친구가 가해자가 되는데, 상대의 감정을 잘 이해하는 피해자는 끊임없이 이해하는 자세로 가해자의 실수를 즉시 용서한다. 다음 장에서 소개할 애니는 사만사 때문에 밤새 울었지만 둘은 아직 친구다. "지금은 사만사도 친구가 많이 생겼고, 사회적 기술도 더 발달했어요." 애니가 설명했다. "하지만 그때는 정말이지…… 누구든 자기한테 조금이라도 싫은 소리를 하면 노골적으로 불쾌한 감정을 드러냈거든요. 나는 (그러면 안 된다고) 말한 적이 없는 것 같아요. 그 애는 자기가 원하는 대로 친구를 사귀고 싶어 했던 것 같아요." 좋은 친구가 되기 위해 애니는 사만사의 사회적 미숙함에 연민을 느끼면서도, 자신의 고통스러운 감정은 발설하지 않았다.

따돌림을 사회적 기술의 문제로 잘못 진단하는 것은 소녀들에게 완벽한 관계를 요구하는 문화에서는 충분히 있을 수 있는 일이다. 사회적 기술의 문제라고 주장하는 사람들에 의하면, 가장 훌륭한 상호작용은 상황에 걸맞고 타인에 의해 강화되는데, 이는 소녀들이 이미 잘 학습해

온 능력을 반영한다고 한다. 여성 따돌림의 대다수는 주모자의 지시에 따라 일어난다. 주모자의 힘은 지속적이고 은밀한 학대가 진행되는 동안 표면적으로 여성적인 차분함을 유지하는 능력에 있다. 또한 주모자는 집단 속에서 사회적 합의를 이끌어낸다. 사회적 기술을 주장하는 사람들이 보기에, 따돌림의 가해자들은 밖에서 봤을 때 A+를 받는 것처럼 보인다. 예컨대 사회적 기술의 개발을 해결 방안으로 보는 어느 학교에서 가해자인 소녀들은 더 "신중하라"는 충고를 들었을 뿐이었다.

결국 사회적 기술로 설명하는 것은, 비열함에 대해서는 묻지 않으면서 그것을 설명하고 정당화한다는 데 문제가 있다. 그 결과 대체공격은 아무런 의문 없이 지속된다.

착한 소녀가 되고 관계를 완벽하게 유지하려고 필사적으로 노력할 때, 소녀들은 공격하고 싶은 마음과 그럴 수 없는 마음 사이에서 어쩔 수 없는 줄다리기를 해야 한다. 어떤 때는 분노 때문에 표면적인 착함이 부서지기도 하지만, 어떤 때는 분노가 표면 아래에서 출렁이며 친구들에게 혼란스러운 메시지를 보낸다. 그러면 소녀들은 그들 자신과 서로의 관계에 대해 짐작해볼 수밖에 없다. 시간이 지나면서 많은 소녀들은 다른 사람들이 표현하는 감정을 점점 믿지 않게 된다.

분노를 억누르면 공격의 표현 형태가 바뀔 뿐 아니라 그것이 지각되는 방식도 바뀐다. 분노는 번개 같은 속도로 나타났다가 사라지기를 반복하고, 희생자는 무슨 일이 일어났는지, 정말 일어나기는 했는지 그것조차 헷갈린다. 내가 그 말을 할 때 그 애가 다른 애를 쳐다봤나? 그 애가 농담을 했나? 눈을 흘겼나? 자리를 일부러 안 맡아뒀나? 오늘 뭘 할 건지에 대해 거짓말을 했나? 자기 집에 오라고 하지 않았는데 그랬다고 했나?

드러난 것이든 드러나지 않은 것이든, 대체공격의 다양한 형태가 있는 그대로 기록될 때 소녀들은 그에 맞서는 힘을 키울 수 있다. 소녀들이 무슨 일이 일어나는지 헷갈리지 않도록, 그들의 잘못이 아닌데 그들의 잘못이라고 믿는 일이 없도록, 대체공격의 순간들을 잘 포착하여 그에 합당한 이름을 붙여야 한다.

친밀한 적

리지우드는 미시시피 주 북부에 위치한, 차를 타면 눈 깜짝할 사이에 지나칠 만큼 작은 타운으로, 노동자계층의 주민 2,000명이 살고 있다. 월마트가 있을 정도로는 크지만 신호등은 몇 개 없을 정도로 작다. 주유소와 패스트푸드점이 점점이 늘어선 먼지 자욱한 주간(州間) 도로들이 리지우드의 경계를 이룬다. 주민 대다수는 백인이지만 가난한 아프리카계 미국인 가족이 변두리로 모여들기 시작했다. 주민들은 이곳 공장에서 일하면서 오랫동안 안락한 생활을 유지해왔지만 불경기의 위협이 닥치자 실직자들이 생기고 불안도 점점 짙어졌다.

리지우드는 가족 중심의 가치와 이웃을 보살피는 정신을 자랑하는 매우 긴밀한 사회다. 토네이도가 타운을 휩쓸어 치명적인 피해를 남기자 모두 서둘러 재건 작업에 나섰고 수재민을 위로했다. 리지우드는 성장한 자녀가 부모 옆에서 가정을 이루고, 10대 청소년들이 좌우를 살피지 않고 큰길에서 안전하게 뛰어놀며 수업이 끝나면 아이스크림 가게와 오락실을 드나드는 곳이다. 1년 내내 가까운 친구들이나 교사들을 찾아다니는 것이 낙인데, 더러 부모가 감시도 한다.

10월의 어느 날, 아직 오전 10시인데도 바깥 온도는 벌써 28도였다. 미시시피 주의 태양은 눈이 멀 정도로 눈부셨고, 땅은 메말라서 쩍쩍 갈라지고 먼지가 풀풀 날렸다. 가뭄이었다. 리지우드에서는 운전하면서 노래를 한 곡만 들어도 목적지에 도착한다. 하지만 나는 약속 시간에 늦고 말았다.

공책을 쥐고 초등학교의 정문을 통과해서 선글라스가 입에 걸릴 만큼 헐레벌떡 달렸다. 케이시 스미스가 나를 기다리고 있었다. 키가 크고 골격이 건장하며 사춘기가 시작되지 않은 둥글둥글한 느낌인데, 금발 머리가 구불구불 어깨까지 내려왔다. 따스한 초록색 눈동자에 분홍색 입술에는 립글로스를 발랐고 치아교정기를 했다. 주근깨가 앉은 부드러운 계란형 얼굴이었다. 나를 만나려고 6학년 합주부 수업을 빼먹고 온 것이었다. 케이시가 내 눈을 쳐다보았고 나는 고개를 끄덕였다. 우리는 청회색 페인트를 바른 긴 복도를 말없이 걸었다. 경사로를 내려가서 녹슨 빛깔의 정지된 선풍기 밑을 지나, 인터뷰할 때 쓰는 소박하고 어수선한 방으로 갔다. 아이들은 우리에게 눈길도 주지 않고 사물함 문을 닫은 뒤 각자 수업을 받으러 갔다. 교사들은 교실 입구에 깃대처럼 서 있었다. 우리는 학급 전시물을 스쳐 지나갔다. 해넘이 색깔의 화장지로 장식한 나무가 가을을 반기고 있었지만, 사실 여름의 느낌에 더 가까웠다.

나는 케이시에게 앉으라고 손짓했다. 그리고 몇 마디 이야기를 주고받았는데, 목소리가 어찌나 작은지 알아듣기 힘들었다.

"그러니까……." 나는 칠이 벗겨진 철제 접이의자에 등을 기대며 부드럽게 말했다. "오늘 나랑 어떤 이야기를 하고 싶어?"

케이시는 숨을 크게 들이쉬었다. "지금 당하고 있는 따돌림에 관한 건데, 괜찮아요?" 마치 흙이나 뼈를 뒤지러 온 고고학자는 곤란하다는 말처럼 들렸다. "나랑 가장 친한 베카 말인데요." 아이는 연필심 자국이 있는 책상 위로 무심히 손가락을 꼬물거리며 말했다. "그 애를 전적으로 믿었는데……. 나한테 전화해서 켈리가 좋으냐고 물었어요. 켈리는 우리랑 친하거든요. 베카가 그러는데, 켈리가 제 험담을 하고 다닌대요." 케이시의 목소리가 흔들렸다. "켈리처럼 수준 낮게 굴기 싫어서 그 대화는 피하고 싶었어요." 베카와 통화하면서 케이시는 화제를 바꾸려고 했었다.

하지만 베카가 전화했을 때 베카의 집에는 켈리가 와 있었다. 베카는 전화를 끊고 켈리에게 케이시가 험담을 하더라고 전했다. 켈리가 다시 전화해서는 케이시에게 따졌다.

현재 켈리는 학교에서 케이시를 못살게 군다. 입은 옷이 어떻다는 둥(지난주에도 입은 옷이다) 뭐가 없다는 둥(테니스화가 없다) 멍청하고 가난하다는 둥 케이시를 괴롭힌다. 케이시는 어떻게 해야 할지 알 수가 없다.

케이시와 베카는 1학년 때부터 단짝이었다. 켈리는 지난여름에 텍사스에서 리지우드로 이사 왔고, 이번 가을부터 베카와 어울리기 시작했다. 처음에는 케이시와 켈리의 사이가 약간 서먹했어도 셋이서 어울렸다. 케이시는 지난 몇 주 동안의 일을 차근차근 말했다. "켈리는 나를 잊은 것 같아요. 둘이 친해지더니 나는 까맣게 잊었나 봐요. 게다가 나를 따돌리기 시작했어요."

"어떻게?" 내가 물었다.

"나를 상대도 하지 않아요. 말도 섞지 않는걸요……." 케이시는 목이 메었고 눈물이 그렁그렁했다. 나는 화장지를 가지러 교사용 책상으로 갔다.

"그 애들이랑 얘기는 해봤니?" 그리고 화장지 한 장을 뽑아 건넸다.

"아니요." 케이시가 말했다. "점심을 먹고 나서 같이 노는 장소가 있는데요. 나중에 줄을 서서 수업을 받으러 가야 하거든요. 모두 그 시간에 이야기를 나눠요. 대개 둥글게 서서 이야기를 나누는데, 그 아이들이 서로 어깨를 겯더니 나는 끼워주지도 않았어요. 나한테 말도 안 걸고 내가 말을 해도 안 듣고, 그런 식이에요." 케이시의 목소리가 다시 작아졌다.

"그 애들에게 아무 짓도 안 했어요." 케이시의 목소리가 흔들렸다. "늘 잘해줬어요."

최근에는 상황이 더욱 나빠졌다. 켈리는 이제 학교에서 더는 새로운 얼굴이 아니기에 다른 여자애들에게도 케이시와 친하게 지내지 말라고 경고했다. 베카는 케이시가 뒤에서 켈리를 험담한다고 말했고, 켈리는 케이시가 다 쓰러져가는 집에서 살고 너무 가난해서 교회 갈 때 입을 옷도 못 산다는 내용의 쪽지를 돌렸다.

"그래서, 기분이 어떠니?" 내가 물었다.

"학교에 오기 싫어요." 케이시는 풀 죽은 목소리로 말했고, 빨간색 양털 조끼를 입은 어깨는 축 처졌다.

"왜 오기 싫은데?"

"그 애들이 또 어떻게 할지 모르니까요."

"지금까지는 어떻게 했는데?" 내가 물었다.

"그러니까, '케이시, 저리 가. 이제부터 네 이야기를 할 거거든', 이런 식으로요."

"실제로 그렇게 말하니?"

"아니요. 그냥……" 케이시는 내게 점점 실망하는 눈치였다. "그냥 알아요. 말하지 않아도 다 알아요. 속닥거리면서 나를 빤히 보는걸요. 내 이야기라는 거, 알아요."

"엄마에게 말씀드려봤니?" 내가 물었다.

"생각은 해봤지만…… 걱정하시는 건 싫어요." 케이시는 다시 울기 시작했다.

"엄마가 걱정하실까?"

"화내실 거예요. 그냥 무시하라고 하시니까. 하지만 그럴 수 없어요. 그 애들이 계속 못살게 구니까요."

"무시하는 게 왜 힘들지?"

"자꾸 건드려요. 집중이 안 돼요. 나를 쳐다보면서 속닥거리거든요. 나를 빤히 쳐다봐요. 뭐라고 속닥거리는지 다 들려요. 나를 쳐다보며 말하니까요."

케이시는 자기가 희생된 이야기를 하고 싶어 했지만 마땅한 표현이 없는 것 같았다. 친구들의 말 없는 괴롭힘은 선생님의 관심도 끌지 못했다. 케이시는 무력감에 사로잡혔고, 그것은 서서히 자기비난으로 변해갔다. 열 살짜리 소녀 혼자서는 감당하기 힘든 일이다.

관계적 공격은 유치원에서 시작되고, 성별의 차이도 이때 처음 보인다.[14] 이 공격 행위는 아동이 의미 있는 관계를 형성하는 시기가 되면 곧 시작된다고 여겨진다. 세 살이 되면 남아보다 여아가 더 많이 관계적 공격을 보이는데, 성장하면서 이 차이는 더욱 커진다. 일련의 연구에 의하면 아동은 관계적 공격을 표적의 성별에 관계없이 "소녀들의 또래 집단에서 가장 흔한 분노 행위, 상처를 입히는 행위"로 여긴다고 한다. 이 분야의 권위자들은 아동기 중기가 되면 "신체적 공격을 보이는 아이는 대부분 남아이고, 관계적 공격을 보이는 아이는 대부분 여아"라고 말한다.

관계적 공격은 "관계나 수용, 우정, 소속감의 느낌을 훼손(혹은 훼손하겠다고 위협)하여 타인을 해치는" 것이다.[15] 여기에는 조종을 포함하여 관계를 무기로 사용하는 행위는 무엇이든 포함된다. 이는 1992년에 처음 밝혀진 것으로, 대체공격의 핵심이라 할 수 있으며, 많은 소녀들이 이를 비통한 감정으로 경험한다.

관계적 공격은 간접적인 공격과 일부 사회적 공격을 포함한다. 간접적이라고 하면 표적과 직접 맞서는 것이 아닌 것(예컨대 침묵으로 대하는 것)을 말하고, 사회적이라고 하면 희생자의 자존감이나 사회적 위치를 목표로 하는 것(예컨대 소문내기)을 말한다. 관계적 공격의 가장 흔한 형태로는 "이렇게 해, 안 그러면 너랑 안 놀아" 하고 위협하는 것, 집단으로 한 소녀를 따돌리는 것, 침묵으로 대하는 것, 비언어적인 제스처나 신체언어를 쓰는 것이 있다.[16]

관계적 공격의 핵심은 관계다. 따라서 관계적 공격의 대부분은 친밀한 사회적 관계망, 혹은 우정의 관계망 안에서 일어난다. 희생자와 가해자의 사이가 더 가까울수록 상실은 더 아프게 다가온다. 린던 학교의 어느 고등학부 1학년생이 말한다. "친구는 친구에 대해 아니까 어떻게 하면 괴롭힐 수 있는지 잘 알거든요. 진짜 약점을 아니까요. 어떻게 하면 친구의 자기가치감을 무너뜨리는지 정확히 알아요. 그 애들은 상대의 내면을 파괴하려고 해요." 어느 8학년생은 이렇게 말했다. "그렇게 괴롭힘을 당하면 가슴을 찔린 것처럼 아프고, 평생 잊히지 않아요. 그런 일들이 자기를 정의하는 데 영향을 미치잖아요."

관계가 무기가 된다면 우정은 분노의 도구가 된다. 리지우드의 어느 6학년생이 이렇게 말했다. "이미 친구가 있는데 다른 아이랑 친해지면, 그 친구가 질투해요." 관계의 철회나 직접적인 협박은 하지 않는다. 관계를 상실하게 될 거라는 암시면 충분하다. 한 소녀가 모여 있는 아이들 중 두 친구를 보며 말한다. "이번 주말까지 어떻게 기다리지!" 미시시피 주에 사는 어느 6학년생이 말했다. "그리고 그중 한 명을 데리고 가서 속닥거려요. 우리가 보는 데서요. 그 애가 돌아오면 아이들이 무슨 말을 했는지 물어요. 그럼 늘 이런 식이에요. '뭐, 별거 아니야. 알 거 없어.'" 여기서 특별히 문제될 것은 없지만 이것보다 조금만 더 심해도 또래 친구들은 고통을 느낄 수 있다.

비신체적이고 종종 비밀스러운 공격은 굉장히 위험하지만 대체로 탐지하기가 어렵다. 관계적 공격은 우리가 흔히 따돌림에 대해 떠올리는 전형적인 행위로 나타나지 않기 때문에 겉으로 드러나지 않는다. 구석에서 조용히 속닥거리는 두 소녀는 실제로 구석에서 조용히 사이좋게 노는 것인지도 모른다. 하지만 한 명이 다른 한 명을 서서히 괴롭히는 것일 수도 있다.

교사나 부모는 우정이나 놀이의 겉모습 뒤에 도사린 문제의 신호를 보아도 이를 눈여겨보지 않을 것이다. 누가 그들을 탓할 수 있겠는가.

잘못된 것은 전혀 없는 것처럼 보인다. 이런 신호들을 모든 아동이 관계 속에서 다 경험하는 지나가는 "문제"로 해석하고 싶겠지만, 어떤 경우에는 그런 마음 편한 해석 자체가 끔찍한 실수인지도 모른다.

신체언어를 일컫는 그럴듯한 표현인 "비언어적 제스처"는 관계적 공격의 특징이다. 여성에게 적용되는, 분노를 말로 표현하지 못하게 하는 규칙에 따라 베카나 켈리 같은 소녀들은 목소리 대신 신체를 사용하는 법을 배웠다. 비언어적 제스처는 표정, 배제, 말하지 않기 등을 포함한다. 이런 일을 당하면 소녀들은 어쩔 줄 모른다. 신체언어는 속마음에 대해서는 분명하지 않지만 무엇보다 직설적이고 분명하다. 이렇게 되면 누가 자기에게 화난 것은 알지만 왜 그러는지, 누구 때문인지 알 수 없으므로 당사자는 깊은 상처를 입는다. 소녀들의 사회에서 가장 지독한 공격은 영문을 알 수 없는 공격이고, 그것이 감정의 독처럼 퍼지면 다른 일에 집중할 수 없게 된다. 교사들은 '스누피' 만화 속의 등장인물처럼 보이고, 수업도 귀에 들어오지 않는다. 글자도 겉돈다. 이 침묵의 전쟁에서 희생자는 교실을 둘러본다. 서로 표정을 교환하고 누구는 쪽지를 쓰고 있다. 이 모든 것이 왜곡거울 앞에 섰을 때처럼 뒤틀린 모습으로 보이고, 그 의미도 종잡을 수 없다.

케이시를 만난 다음 날 5, 6학년 여학생들과, 서로 말하지 않으면서 누군가를 괴롭히는 방법에 대해 토의했다. 케일라는 푸른 눈동자가 반짝이는 통통한 아이였는데, 자기를 시켜달라고 어찌나 손을 흔들며 들썩거리는지 하마터면 의자에서 굴러떨어질 뻔했다. 나는 속으로 웃었다. 나도 교실에서 늘 이랬던 기억이 났다.

"그래, 말해보겠니?" 내가 물었다.

"그 애들이 나를 쳐다보기만 해도 알아요!" 케일라가 소리쳤다. "말할 필요가 없어요. 어찌나 세게 째려보는지 눈동자가 보이지 않을 정도라니까요."

미란다는 얌전하게 앉아서 팔을 화살처럼 똑바로 들고는 "여자애들이 속닥거리는 걸 보면 질투가 나요." 하고 덧붙였다. "속닥거리면서 빤히 쳐다보거든요. 손가락질을 하면서 깔깔거릴 때도 있어요. 입술이 달싹거리는 것까지 다 보이는걸요."

"그래서……." 내가 아이들의 얼굴을 살피면서 말했다. "너희가 그런 속닥거림의 대상이 된다면 어떨 것 같아?"

아주 작은 목소리가 구석에서 들렸다. "아주 웃기는 기분이겠죠." 서리즈가 말했다.

"무슨 뜻이니?"

"그 애들은 상대가 거기 있는지, 무엇을 하는지 신경도 안 쓰는 것 같거든요."

"그러니까……." 태미가 설명했다. "여자애들은 대놓고 괴롭히지 않아요. 수군거리고 깔깔거리고 손가락질하죠. 소문을 퍼뜨리고, 완전히 무시해요. 대놓고 괴롭히지는 않아도 싫어하는 건 누가 봐도 알아요."

이 가슴 아픈 공격에서, 한 소녀는 다른 소녀에게 예고도 없이 입을 다물어버리고 우정을 철회한다. 희생자는 친구가 화난 이유도 모른 채 영원히 친구를 잃을지 모른다는 두려움에 사로잡힌다.

"일단 무시의 대상이 되면요." 아든 학교에 다니는 열한 살짜리 소녀가 말했다. "무시당하는 애들은 대수롭지 않은 일까지 죄다 무서워해요. 무슨 영문인지 모르니까요."

"맞아요." 다른 아이가 거들었다. "그건 최악이죠. 힘이 생긴 아이한테는 설설 기게 되거든요." 열두 살짜리 소녀가 말했다. "누가 쳐다보기만 해도 편집증 상태가 돼요. 굉장히 분석적이 되니까요." 리지우드에 사는 어느 8학년생이 설명했다. "그 애들이 화난 이유를 알고 싶지만 내가 다가가면 무시해요. 머리카락을 휙 넘기면서 딴 데를 봐요." 린던 학교의 고등학부 1학년생이 말했다. "누가 흘겨보면 기분이 엉망이 되고 속이 썩는 것 같아요. 저 애들이 도대체 어쩌려는 거지? 이런 생각에 화가 난 이유를 묻지만 그 애들은 아무 대답도 안 해요. 나에게는 통제력이 없어요. 힘은 그 애들의 것이니까요."

침묵과 눈 흘기기로 전달되는 더 무서운 메시지는, 열한 살짜리 메리의 말에 따르면, 이렇다. "말하는 시간도 아깝다는 거예요. 최악이죠. '너랑 그 문제로 왈가왈부하고 싶지 않아.' 이런 식이에요." 침묵은 뚫을 수 없는 벽을 만들고 자기표현의 기회를 가로막는다. 더 중요한 것은 갈등을 타개할 기회를 차단한다는 사실이다.

화내는 이유를 찾지 못하면, 안타깝게도 희생자는 이렇게 된 이유를 자기 잘못으로 여기기 쉽다. 희생자는 자기 해부를 할 준비가 되어 있고, 어떤 규칙을 깼는지 알 기회가 있다면 어떻게 해서라도 그 기회를 얻고 싶어 한다. 그렇게 두려움에 휩싸인 채, 통제 방법을 찾으면서, 자기가 저질렀음에 틀림없는 잘못을 열심히 찾는다. 이런 식으로 침묵과 비열한 표정이라는 단순한 행위는 그 자체로 생명력을 얻어 지속되는 것이다.

가해자에게 있어 '침묵으로 대하기'는 직접적인 대면을 피하는 빠르고 쉬운 길이다. 간단히 말해 메리마운트 학교에 다니는 어느 소녀의 말대로다. "화난 이유를 말해주지 않으면 따질 거리도 없어요. 그냥 이기는 거죠." 당하는 소녀는 대체로 끈질기게 이유를 묻는다. "주변에 가기만 해도 자리를 피해버리니까 어쩔 수가 없어요." 한 아이가 말했다. 이어서 또 다른 아이가 설명했다. "당하는 아이가 다가가서 미안하다고 말하려고 해도 화난 아이는 들을 생각조차 하지 않아요. 문제를 해결할 생각도 없는 것 같아요."

어쩌다 마주치면 화난 사실을 부인하거나 심지어 아니라고 잡아뗀다. 대부분의 여자들이 친구에게 불편한 마음으로 "너, 나한테 화났니?" 하고 물어본 기억이 있을 것이다. 대답은 짤막하고 심지어 유쾌했을 것이다. "아니야!" 그 말과 함께 친구는 얼른 자리를 피한다. 물어본 사람은 그 말을 받아들일 수밖에 없지만 사실이 아니라는 것을 잘 안다. 어느 9학년생이 이렇게 말했다. "지난주에 친구한테 왜 화가 났는지 물어봤어요. 이유를 알고 싶었거든요. 그랬더니 이러는 거예요. '화난 거 아니야.' 그 순간 그 애가 화났다는 걸 알았어요." 사회라는 정글에서 살아남기 위해 소녀들은 그들이 보고 들은 것을 의심하는 법과, 위장된 모습 아래에 있는 진짜 감정을 탐색하는 법을 배운다. 이것이 소녀들의 상호작용을 지배하는 속성이다.

싸늘한 표정과 침묵은 위장된 공격의 궁극적인 형태다. 가장 눈에 띄지 않는 대체공격인 비언어적 제스처는 교사의 감시망에 잘 걸리지 않아서 소녀들은 계속 "착한 소녀"로 남을 수 있다. 리지우드에서 6학년을 맡고 있는 교사 데비 캔터가 말했다. "교실에서 그런 표정들이 오가는 것이 보여요. 애들을 불러서 물어보면 눈을 동그랗게 뜨고 천진난만하게 말해요. '무슨 말씀이세요?'" 어떤 교사들은 소녀들의 공격은 확신이 가지 않아서 손 놓고 있을 수밖에 없다고 스스로 정당화한다. 중학교 교감인 팸 뱅크가 이렇게 설명했다. "남학생이 연필을 계속 탁탁거리면 '그만해' 하고 말할 수 있겠지요. 여학생이 다른 여학생을 저주하는 눈빛으로 쳐다보면 '선생님을 봐야지' 하고 말하는 게 고작이에요. 남학생이 연필을 탁탁거린 건 알겠는데, 여학생이 뭘 했는지는 정확히 알 수 없거든요."

소녀들은 비언어적 제스처에 대해 교사에게 일러봐야 소용없다는 것을 알고 있다. 리지우드에 사는 6학년생 매기가 말했다. "선생님들은 거의 언제나 이런 식이에요. '걱정 마라. 괜찮을 거야. 그냥 무시해버리렴.' 하지만 무시할 수가 없어요. 그 애들이 의도적으로, 바로 내 앞에서 화를 돋우는데 무시할 수가 없죠. 감정이 상하잖아요." 매기의 반 친구인 에밀리가 말했다. "선생님들은 속닥거리는 것 정도는 괜찮다고 생각하시는 것 같아요. 치고받으며 싸우는 게 아니잖아요. 다치지 않는다고 생각하실 거예요. 하지만 주먹싸움을 하면 야단치면서 교장실로 보내시거든요." 케니가 거들었다. "대부분의 선생님들은 이렇게 생각하세요. '뭐, 그래도 다치는 건 아니니까. 걱정하지 마라.' 하지만 사실은 그게 아니죠. 감정을 다치게 하는 거잖아요."

분노를 말로 표현하지 않는 사회에서 신체언어는 소녀들이 서로의 감정을 파악하는 중요한 수단이다. 하지만 그 결과는 생각보다 가볍지 않을 수 있다. 몸은 가만히 있어도 움직이며, 아무리 애를 써도 몸짓 하나하나를 의식하면서 행동하는 것은 불가능하다. 오해는 생기게 마련이다. 한 소녀가 복도에서 친구를 스쳐 지나가는데 친구가 모른 척한다. 그 소녀는 친구가 화났다고 확신한다. 하지만 친구는 혼자 생각에 잠겨서 그 소녀를 못 본 것이다. 하지만 상관없다. 싸움의 시작이다.

"누가 어쩌다 나를 쳐다봤어요. 그러면 그걸 나쁜 의미로 해석해요. 이렇게 싸움이 시작되는 거예요." 미시시피 주에 사는 고등학교 1학년생이 말했다. "여자애들도 남자애들처럼 자기 생각을 당당히 밝히면 그런 일이 많이 줄어들 거예요." 새클러데이 학교의 6학년생이 말했다. "만약 누가 나를 무시하고 이유도 말해주지 않으면, 나는 그걸로 끝이에요."

혼자 영문 모를 행동을 한 뒤 다짜고짜 사과를 요구하는 경우도 있는데, 당하는 사람은 어리둥절하기만 하다. 6학년생인 리나가 말했다. "작년 영어 수업 시간에 이런 애가 있었어요. 그렇게 친한 사이는 아니었는데, 어느 날 저녁에 전화해서 이러는 거예요. '네가 나한테 잘못한 게 있으니까 사과하면 좋겠어.' 그 애랑 별로 친하지 않아서 무슨 일인가 싶었지만, 아무튼 사과는 했어요. 이유는 전혀 알 수 없었지만요."

침묵은 갈등을 더 깊게 하는데, 서로 상대방이 무슨 생각을 하는지 모르기 때문이다. 소녀들이 직접 대면을 회피할 때 그런 일이 흔하듯이 숨은 이유도 많고 드러나지 않은 해묵은 다툼도 많다. "무엇 때문인지에 대한 생각이 다 다르거든요." 아든 학교 6학년생이 설명했다. "어쨌거나 말하고 나면 상황은 처음보다 더 나빠져요."

친밀한 적

● 베로니카는 겁에 질려 눈을 동그랗게 뜨고 입을 벌린 채 단짝 친구의 주검을 바라본다. 그녀가 건넸던

드라노 칵테일 잔이 비어 있다.

"내가 가장 친한 친구를 죽였어!" 영화 〈헤더스(Heathers)〉의 여자 주인공이 숨을 헐떡이며 말한다.

"가장 미운 적이기도 했지." 공범인 남자친구가 나지막이 말한다.

"그게 그거야." 그녀가 슬프게 말한다.

따돌림이라는 단어는 적의 이미지를 불러일으키지 친구의 이미지를 불러일으키지는 않는다. 하지만 장기간 지속되는 정서적 학대의 표적이 되는 사람은 종종 가까운 여자 친구이다. 괴롭힘은 친밀함과 장난이라는 베일에 가려진 채 은밀히 전개된다. 자기가 관계적 학대를 받는다는 것을 눈치채지 못하는 어린 희생자들은 지금껏 친구들과 우정을 나누면서 깨달은 바에 비추어 상황을 수습하려고 애쓴다. 가해자들 또한 "소유욕"과 "지배욕"이 선을 넘었다는 사실을 모른다. 한편 이들은 희생자들에 대한 강한 애착을 보이는데, 이 관계가 지속되는 동안에는 희생자도 가해자도 그들의 행동을 우정이라는 개념과 같은 것으로 생각한다. 여학생 따돌림에 대한 이런 내용들은 말로 옮겨지는 경우가 드물다. 이제부터 들려줄 이야기는 사랑과 두려움이 뒤섞인 독특한 연금술의 이야기이며, 우리가 여자들의 우정에 대해 추측하는 많은 생각들을 무너뜨려줄 것이다.

바네사의 이야기

바네사는 스테이시가 1학년 때부터 인기가 많고 재미있었다고 기억한다. 바네사는 스테이시를 보자마자 좋아했고, 스테이시가 친하게 지내자고 하자 기뻐하며 그 무리에 들어갔다. 초등학교에 다니는 동안 바네사는 자기의 위치를 즐겼다. 특히 니키와 조에게 휘두르는 권력을 즐겼다. 니키와 조는 바네사에게 서열상 스테이시 다음인 자리를 내주었다. 바네사와 스테이시가 친구가 되고 얼마 되지 않아, 스테이시는 바네사에게 이런저런 요구를 하기 시작했다. 처음에 스테이시는 바네사를 부각시키면서 자기가 원하는 것을 들어주면 좋겠다고 했고, 바네사는 우쭐했다. 스테이시는 니키와 조에게는 큰 관심을 쏟지 않았다.

"그런 점이 정말 매혹적이었어요." 이제 스물일곱 살이 된 바네사가 말했다. 이런 협약 아래 바네사는 표면적으로는 강하지만 실제로는 통제되는 입장이 되었다. "나는 불안정한 아이였지만 겉으로는 강해 보였어요. 그 애에게 인정받고 싶었고, 그 애처럼 되고 싶었어요. 그 애의 다음 서열이 되고 싶었지요. 그 애의 오른팔이 되고 싶었어요."

그들은 서로의 집에서 때때로 잠을 잤는데, 아홉 살이었던 어느 밤에 스테이시가 바네사에게 부부놀이를 하자고 했다. "내가 남편을 할 테니까 너는 아내를 해." 스테이시가 말했다. 그날 밤 스테이시는 바네사에게 키스했고, 바네사는 그것이 좋았다. 그 뒤로 서로의 집에서 잘 때 항상 부부놀이를 했지만 누구에게도 말하지 않았다.

5학년이 되자 그 놀이를 그만두었다. 바네사는 그 놀이에 대한 말을 입 밖에 내지 않았지만 잊은 적은 없었다. 그 기억은 두 사람의 것이 아니라 바네사 혼자만의 것이 되었다. 바네사는 혼자만 비밀을 간직한다는 생각에 기분이 이상해졌다.

그해에 스테이시의 인기는 하늘로 치솟았다. 스테이시가 그 학년에서 MTV를 처음 본 아이였을 뿐 아니라, 부모도 관대해서 스테이시와 친구들이 정크푸드를 마음껏 먹게 해주었기 때문이다. 스테이시가 타는 자전거도 최고급이었다. 바네사가 내게 말했다. "스테이시의 집에서 우리는 장난전화를 했어요. 그 애는 정말 착했지만 정말 영악했거든요. 어떻게 해야 전화받는 사람이 화낼지 정확히 알고 있었어요."

무엇보다 스테이시는 재미있었고, 친구들을 자기 마음대로 조종할 줄 알았다. "다른 애들한테도 마찬가지였어요." 바네사가 회상했다. "다른 애들도 어느새 그 애가 원하는 대로 움직이고 있었어요. 그 애는 또 걸핏하면 남자에게 반했는데, 자기는 가만히 있으면서 친구들을 시켜서 말을 걸었어요." 또한 스테이시는 바네사더러 가게에서 사탕을 훔쳐오라고 했다. "물론 시키는 대로 훔쳤죠. 그 애가 행복한 게 좋았거든요. 그 애가 나를 버리면 어쩌나 하는 두려움도 당연히 있었지요."

6학년이 되고 어느 날, 바네사는 스테이시와 버스를 타고 학교에 가는 길에 부부놀이 이야기를 꺼냈다. 스테이시는 어두운 얼굴로 바네사를 노려보았다. "무슨 뚱딴지같은 소리야?" 스테이시가 쏘아붙이며 고개를 돌리자 바네사는 심장이 얼어붙는 것 같았다.

"그 애가 무서워서 그랬던 걸까요?" 오랜 세월이 지난 지금 바네사가 말했다. "지금 생각해보면 스테이시는 당시에 나를 위협적인 존재로 여겼던 것 같아요. 내가 자기에 대한 정보를 가장 많이 알고 있었으니까요. 그리고 그것이 '끝의 시작'이었어요."

스테이시는 바네사를 놀리는 노래를 만들었다. "대충 이런 가사였어요. '바네사는 뚱뚱해. 바네사는 브래지어를 한다네.'" 바네사는 같은 학년 아이들 중 처음으로 가슴이 커졌고, 몸무게도 많이 늘었다. "틈만 나면 브래지어 끈을 잡아당겼어요. 남자애들은 그러지 않았는데 오히려 여자애들이 그랬어요."

니키와 조는 지체 없이 스테이시의 편이 되었다. "괴롭히는 방법이 정말 기발했어요. 공책을 훔쳐서는 바네사는 뚱뚱해, 바네사는 브래지어를 한다네, 바네사는 재수 없어, 하고 여기저기 휘갈겨 썼어요. 겨울에는 버스에 쌓인 눈에 그렇게 썼고, 버스는 그 문장을 눈에 새긴 채 타운을 돌아다녔어요."

바네사가 회상했을 때 아이러니한 것은 당시 가슴이 커졌던 또 한 사람이 스테이시였다는 사실이다. "하지만 나만 집중적으로 당했어요." 그녀가 말했다. "당시에는 내가 뚱뚱하고 못생겨서 나랑은 뭐든 같이 하기 싫어한다고 생각했어요. 하지만 지금 생각해보면 스테이시가 내 모습에서 자기 모습을 많이 봤고, 그게 무서웠던 거 같아요. 나는 그 애와 너무 닮았던 거죠. 다른 여자애들은 그 애랑 전혀 닮지 않았고, 그 애처럼 행동하지도 않았을뿐더러, 무엇보다 그 애의 비밀을 몰랐어요."

그 닮은 점 때문에 스테이시는 더욱 잔인해진 것 같았다. 그럼에도 불구하고 바네사는 스테이시를 떠나지 못했다. "그렇게 나를 놀리는데도 매일 그 애들과 어울렸어요." 그녀가 말했다. "그 애들과 점심을 먹었고, 수업이 끝나면 그 애들의 집에 놀러 갔어요. 그 애와 가장 친한 것처럼 보였지만 나는 철저히 희생자였던 거죠."

그들은 장난이라며 잡아뗐다. 노래를 만드는 데 바네사가 가장 쓰기 쉬운 소재였다고 했다. 바네사는 믿고 싶었고, 그렇게 믿었다. "다른 친구가 없었거든요." 바네사가 말했다. "헤어 나올 수 없었어요. 다른 아이들 중에도 괜찮은 애들이 있긴 했지만, 거기서 헤어 나오지 못했어요. 그 애들이 권력의 중심 같아서 그 무리에 속해야겠다는 생각뿐이었거든요." 니키와 조는 스테이시가 없을 때 늘 다정했으므로 바네사는 그 무리에 더 쉽게 머물러 있을 수 있었다.

그렇게 스테이시는 우정과 바네사의 취약성을 이용하여 바네사를 따돌릴 수 있었다. 어느 날 아침, 수업이 시작되기 전에 스테이시는 바네사에게 자기 어머니가 죽었다고 침울하게 말했다. 바네사는 마음이 무척 아팠다. 스테이시에게 점심도 가져다주었고, 선생님들에게는 스테이시가 수업을 들을 수 없다고 말했다. 하루 종일 스테이시를 위해 애썼다. "'드디어 나를 필요로 하는구나'라고 생각했어요." 바네사가 회상했다. "함께 어울리기만 하는 것이 아니라 내게 정서적 지지를 받고 싶어 하는구나라고요. 정말이지 몹시 기뻤어요. 그 애를 보살필 수 있고 그 애를 위해 뭐든 할 수 있었으니까요."

수업이 전부 끝난 뒤에 스테이시는 여러 여학생들과 무리를 지어 바네사를 둘러싸고 거짓말쟁이라고 몰아붙였다. 재수 없다고 소리쳤다. "그 애가 이 문제를 학교 전체에 까발린 거예요." 바네사의 목소리에 분노가 가득했다. "그렇게 자기가 나를 조종할 수 있다는 걸 보여주고 싶었던 거예요. 그리고 모든 아이들이 개입하기를 바랐겠죠. 모두 그 애 편이었어요. 모두 다요. 아이들은 온종일 내가 스테이시 앞에서 쩔쩔매는 것을 지켜보았죠."

스테이시는 바네사를 괴롭히는 일에 손가락 하나 까딱하지 않았다. 6학년 내내 제삼자를 이용해서 바네사를 조용히 괴롭혔다. 바네사가 아이들이 자기를 미워해서 학교에 가지 않겠다고 말할 때까지 스테이시는 다른 아이들을 통해 무수히 많은 쪽지와 메시지를 전달했다. "어디에 가든 쪽지가 기다리고 있었어요." 그녀가 회상했다.

어느 날 바네사의 집에 전화벨이 울렸다. 헬스센터의 트레이너였는데, 바네사가 등록한 체중 감량 프로그램에 아직 관심이 있는지 물어보는 전화였다. 전화는 아버지가 받았다. 바네사는 헬스센터에 간 적이 없었다. 또래 학대에 대해 털어놓을 좋은 기회였지만, 바네사는 착오가 있었던 것 같다고만 말했다.

내가 이유를 묻자 그녀는 지체 없이 대답했다.

"내가 잘못된 결정을 내렸다고 부모님이 생각하시는 게 싫었어요. 가슴속 깊은 곳에서는 알고 있었던 것 같아요. 이건 내게 좋은 일이 아니고 스테이시는 나쁜 아이라는 걸요. 하지만 부모님 앞에서는 자기 실수를 인정하고 싶지 않잖아요. 특히 열한 살 때는요. 이제는 스스로 결정할 수 있는 나이가 되었지만." 이런 말은 인터뷰에 참여한 다른 성인 여자들도 했다.

바네사의 어머니는 딸이 희생양이 되는 게 아닌지 진작부터 의심했지만 별 도움이 되지는 않았다. 바네사가 어머니의 경고를 듣지 않자 어머니는 냉소적인 태도와 분노를 드러냈다. 설상가상으로 바네사에게 살을 빼라는 압력까지 가했다. 한술 더 떠서 바네사에게 0.5킬로그램을 뺄 때마다 저금통에 동전을 넣어 돈을 모으고, 나중에 그 돈으로 새 옷을 사라고 했다.

어머니마저 "친구들"의 비판적인 목소리에 가담하자 바네사는 자기편이 하나도 없고, 혼자인 것만 같았다. 공격한 부분이 바네사의 가장 예민한 부분(몸무게)이라는 사실이 학대를 더욱 타당한 것으로 만들어주었다. "엄마가 '얘야, 틀린 말은 아니구나' 하실 것이 뻔해서 엄마에게 도움을 청할 마음이 전혀 없었어요."

7학년이 되자 바네사는 우울증에 걸렸다. 그녀는 검은색 트렌치코트를 입고 다녔다. 주머니에는 아버지의 약상자에서 훔친 알약 병이 들어 있었다. 학교에서 복도를 걸을 때는 더러 그것을 진정제로 상상하며 멍하니 손에 쥐고 있을 때도 있었다. 밤에는 알약을 뚫어져라 쳐다보면서 장례식을 상상했다. "다행히 지독한 겁쟁이라서 실행에 옮기지는 못했어요." A와 B였던 학교 성적이 깡그리 D로 곤두박질쳤다. 담배를 피우는 아이들과 어울렸고, 곧 담배를 피우기 시작했다. 부모님이 학부모 간담회에 불려갔고, 그날 밤 바네사를 불러 무슨 일인지 물었다. "특별히 털어놓은 말은 없었어요." 바네사가 회상했다. "학교가 따분하고 흥미가 없다, 선생님들도 다 싫다, 그런 뻔한 소리만 했어요." 어머니는 그 말을 믿었고, 바네사는 어머니가 계속 캐물을까 봐 다시 성적을 올렸다. "한번은 아이들이 복도에서 내 옷자락을 잡더니 찢더군요. 끔찍했어요. 갑자기 배가 아파 죽을 것 같았고, 어디 가서 토하고 싶었어요."

"부모님을 믿지 않게 된 건 그때부터였어요. 부모님은 이해하지 않으실 테니까요. 그때 솔직히 털어놓았더라면 어떻게 됐을지 모르겠어요. 무슨 일이 있었는지에 대해, 그리고 아무도 나랑 말하지 않는다, 나는 정말 못생기고 뚱뚱하고 구역질 난다, 나는 재미도 없고 힘도 약해서 아무도 나랑 친구 하고 싶어 하지 않는다, 그래서 자살까지 생각했다, 이런 이야기들을요."

우정의 초기 단계부터 스테이시는 바네사가 자기 말을 들을 때만 사랑하고 받아들였다. 관계의 조건을 의도적으로 통제하는 것은 관계적 공격의 신호다. 여섯 살 때 스테이시는 바네사가 게임을 잘하지 못하는 것을 내세워서 우정을 위협했다. 몇 년이 지나자 우정을 이용해서 도둑

질을 시켰다. 억누르려는 성향도 발달했다. 스테이시는 처음에는 바네사를 조종했고, 이어서 바네사를 시켜 다른 아이들에게 영향력을 행사하려고 했다. 스테이시는 점점 자기 책임은 피하면서, 공격하기 위한 수단으로 바네사와 다른 아이들을 이용했다.

바네사는 추종자들 무리에서 소중한, 체스판의 졸 같은 존재였다. "나는 겁쟁이도 아니었고, 얌전하지도 않았고, 온순하지도 않았고, 어리석지도 않았어요. 나는 재미있고, 유머가 있고, 뛰어나고, 늘 재치가 넘쳤어요." 바네사가 결론적으로 말했다. 스테이시의 학대는 "나는 그저 졸이고, 힘은 자기의 것이며, 나는 그저 그것을 보여주는 존재"라는 것을 확인하기 위한 것이었다고.

바네사가 스테이시의 요구를 다 들어준 것에서 여학생 따돌림의 특징을 엿볼 수 있다. 따돌림을 당한 아이들 대부분이 그렇듯, 바네사는 스테이시의 통제에 저항하면 앙갚음을 당할까 봐 두려웠다. 또한 바네사는 관계가 전혀 없는 것보다, 계속 친구로 지낼 수 있다면 차라리 손상된 관계를 선택하기로 한 것이다.

더욱이 바네사는 자기 상황을 비현실적으로 바라보면서 우정의 밝은 시절만 되돌아보았다. 스테이시가 거짓말로 어머니가 죽었다고 하자 바네사는 기쁨을 억누르지 못하며 '드디어 나를 필요로 하는구나'라고 생각하며 안도감을 느꼈다. '그 애가 나를 필요로 한다. ……내게 정서적 지지를 받고 싶어 한다.' 혼자가 되는 공포는 보이지 않는 손처럼 바네사를 조종했다. 그래서 지독한 고통에 시달려야 함에도 불구하고 바네사는 손상된 관계를 유지했다.

그러던 어느 날 바네사는 앞으로 어떻게 할지에 대해 뚜렷하고 특별한 기분에 휩싸였다. "문득 깨달았어요. 죽거나, 내 자리를 되찾거나." 다음 날 바네사는 다짜고짜 스테이시에게 걸어가서 점심때 바깥으로 나오라고 했다. 소문이 퍼져서 아이들이 몰려들었고, 스테이시가 기다리고 있었다.

"내가 말했어요. '어떻게 돼도 상관없어. 난 잃을 게 없으니까. 네가 싫어. 네가 나한테 한 짓이 다 싫어. 넌 정말 형편없는 아이야. 너랑은 이제 끝이야. 네 멋대로 나를 가지고 놀았지만, 그거 알아? 이제는 상관없어.'"

스테이시는 씩씩거렸고, 어떤 말도 통하지 않았다. "온갖 욕설을 다 퍼붓더군요. '바네사, 너 평생 후회할걸. 아무도 너를 용서하지 않을 테니까.'"

바네사가 꿈쩍도 하지 않자 스테이시는 친구를 따돌릴 때 쓰는 사랑과 잔인함이 뒤섞인 기묘한 반응을 보였다. 스테이시가 소리쳤다. "지금 네가 뭘 망치고 있는지 아니? 너도 잘 알겠지만, 난 네게 평생 최고의 친구가 될 수 있어. 서로 아주 잘 지냈잖아. 그런데 이걸 다 망치려고 하는 거니?"

바네사는 어처구니가 없었다. "무슨 소리야? 이제 완전히 끝이야." 바네사가 내게 말했다. "그날 난 뒤도 안 돌아보았어요." 그 이후, 주문은 풀렸다.

오늘날의 바네사는 스테이시와의 관계가 자신의 사회생활과 교우 관계에 큰 영향력을 미쳤다고 생각한다. 스테이시와 절교한 뒤 그녀는 여자아이들과는 어울리지 않았고, 주로 남자아이들과 친구가 되었다. 이유를 묻자 이렇게 대답했다. "여자를 믿지 않으니까 그렇겠죠." 따돌림의 희생자들이 공통으로 보인 반응이었다. "믿기가 두려워요." 바네사는 여자들이 남자들보다 서로 더 많이 흉보고, 남자들이 여자들을 비난하는 것보다 여자들끼리 더 많이 비난한다고 믿는다. 하지만 다른 많은 여자들의 경우와 마찬가지로, 바네사도 이 문제를 오로지 여자들이 얼마나 자주 비난하는가의 의미로 말한 것은 아니었다. 바네사가 간결하게 말했다. "여자들이 무슨 말을 하면 더 깊숙이 찔리는 것 같아요. 개인적인 문제로 받아들이게 되거든요. 그냥 지울 수가 없어요."

심지어 바네사는 다른 여자들과 생긴 문제를 해결하고 난 뒤에도, '그들이 또 나를 괴롭힐 거야. 항상 경계해야 해' 하는 마음을 떨칠 수가 없다. 그녀가 덧붙였다. "그들의 속마음이 뭔지, 관계가 또 깨지지 않을지 몹시 두려워요. 관계가 붕괴될지 모른다는 것이 내가 가진 두려움이니까요. 그들이 나를 미워할까? 내 삶이 비참해질까? 편지나 전화로 내가 얼마나 형편없는 존재인지 계속 말하지는 않을까? 나는 행복해질 수 없다고 말하지 않을까?"

하지만 바네사는 남자들에게라면 비밀을 말할 수 있고, 심지어 잘 모르는 남자에게도 그럴 수 있다고 했다. 더 안전하게 느껴지기 때문이다. 여자애들이 바네사에게 성적 매력이 없는 여자라는 인식을 심어둔 탓에 바네사는 첫 데이트에서 꼭 남자와 같이 잔다고 했다. 자신이 "여자친구"로서 적당하지 않다는 생각을 잠재우기 위해서.

애니의 이야기

비열함과 우정이 뒤엉킬 때 소녀들은 두 가지를 구분하는 능력을 잃어버린다. 비열함이 우정의 한 요소라고 생각하게 되어 그것을 이해하고, 심지어 정당화하는 법을 익힌다. 학대가 우정의 일부가 되면 어떤 소녀들은 자신을 방어하는 능력을 잃어버린다.

애니 웩슬러는 긴 다리를 편하게 내리고 어머니와 함께 소파에 앉아 있었다. 열네 살인 애니는 목이 긴 운동화를 신고 푸른색 메시 소재의 반바지에 허름한 긴 아디다스 티셔츠를 입고 있었다. 어느 모로 보나 운동선수 같았다. 긴 머리는 뒤에서 하나로 묶여 있었다. 희뿌연 일요일 아침, 내가 너무 일찍 찾아와서 미안하다고 하자 애니는 피곤한 눈빛이었지만 명랑하게 웃었다. 집은 크고 조용했고, 이런 집들이 으레 그렇듯 풍요롭고 전원적인 분위기가 감돌았다. 짙은 빛깔의 나무 바닥에 래브라도종 강아지가 끊임없이 꼬리를 내리치는 소리만 들렸다.

애니의 따돌림은 3학년 때 시작되었다. 이 시기에는 이미 엄격한 사회적 규칙이 존재한다. 머저리 무리, 인기파 무리, "그저 그런" 무리 등 이런저런 무리에 속하지만, 모두와 친구가 될 수는 없다. 애니는 "이 무리와 저 무리 사이의 어디쯤"에 걸쳐 있었다. 친한 친구는 두 명이었는데, 두 무리에 각각 한 명씩 있었다. 사만사는 애니와 수학 수업을 같이 들었다. 그 애는 한 무리의 주변부에서 맴도는 자그마하고 드센 아이였다. 사만사가 가장 좋아하는 동화는 〈라푼젤〉이었다. 머리는 갈색이었는데, 네 살 때부터 길렀다고 했다. 애니는 사만사의 긴 머리를 빗질하고 땋는 것이 좋았다. 쉬는 시간에 애니가 머리를 만져주면 사만사는 행복하게 앉아 있었다. 손질이 끝나면 같이 화장실로 달려가서 거울을 보았다.

앨리슨은 인기가 많고 예쁘장했으며 무리의 관심을 한 몸에 받았다.

친구들은 앨리슨을 "반짝이 소녀"라고 불렀다. 앨리슨이 귀를 뚫은 것은 얼마 되지 않았지만, 귀걸이는 여섯 살 때부터 수집했다. 날마다 다른 귀걸이가 반짝거렸다. 앨리슨의 친구들은 매일 운동장에 나가 같은 장소에서 게임을 했는데, 애니는 그 놀이가 정말 좋았다. 쉬는 시간에 앨리슨은 사물함에서 야광 스티커를 여기저기 붙인 적갈색 공을 꺼내 가져갔다.

사만사는 대개 학교에 오면 곧장 애니에게 가서 쉬는 시간에 같이 놀자고 했고, 애니는 대체로 그러자고 했다. 어느 날 애니가 "오늘은 앨리슨이랑 놀 거야"라고 하자 사만사는 대뜸 쏘아붙였다. "그러면 이제 너랑 친구 안 해."

사만사의 협박은 여자애들 관계를 틀어지게 하는 불씨가 되었다. 애니는 사만사를 잃고 싶지 않아서 앨리슨에게 얼른 달려가 같이 놀 수 없다고 말했다. 그 뒤에도 애니는 이따금 사만사에게 앨리슨과 같이 놀겠다고 했는데, 사만사는 이렇게 대꾸했다. "넌 나를 좋아하지 않는구나. 나랑 친구 하기 싫으면 가서 그 애랑 놀아. 난 상관없어." 애니가 회상했다. "그러고는 다른 곳에 가서 펑펑 울더군요." 애니는, 겁나기는 했지만, 조심스레 앨리슨에게 가서 같이 놀았다. 다음 날이 되면 사만사는 아무 일 없던 것처럼 애니에게 다가와서 같이 놀자고 했다.

앨리슨은 사만사의 행동에 경쟁적으로 대응했다. 애니를 독점하려고 했다. 애니가 자기랑 노는데 누가 와서 같이 놀자고 하면 앨리슨은 늘 거절했다. "늘 이 아이 아니면 저 아이였어요. 사만사와 나. 아니면 앨리슨과 나. 아이들이 나를 원한다는 사실에 우쭐했죠."

앨리슨은 카리스마가 있었고, 사만사를 싫어했다. 앨리슨의 무리는 애니가 사만사와 놀면 애니를 따돌렸다. 결국 앨리슨도 똑같은 협박을 했다. "쉬는 시간에 나랑 놀지 않으면 이제 너랑은 안 놀 거야."

소파 위에서 애니는 무릎을 꿇고 앉았다. "나는 늘 가운데에 끼인 것 같았어요." 애니가 말했다. "누구랑 놀아야 하죠? 어쩌면 둘 다 잃을지 모르는데요." 애니는 자기를 비하하는 이유를 몇 가지 들었고, 우리의 대화 전반에서 그런 말이 툭툭 튀어나왔다. "상상하기 어려울 거예요. 사만사는 대단한 아이가 아니에요. 나한테 와서 '야! 넌 나랑 놀아야 해!'라고 당당히 말할 정도는 아니죠. 딱 이만큼이에요!" 애니가 두 손가락으로 어머니를 쿡 찌르자 어머니는 그렇다는 의미로 고개를 끄덕였다.

"농담이 아니에요. 내가 그 애보다 몸집도 더 크고, 나이도 한 살 더 많은걸요. 하지만 그 애가 말을 함부로 하고 다녀서 늘 위협받는 느낌이 들었어요. 말을 참을 줄 아는 아이가 아니거든요. 생각하는 대로 다 말해요. 항상 자기 식대로 하는걸요. 자기가 하는 건 다 옳아요."

애니가 다시 편하게 앉았다. "어떻게 하면 좋을지 모르겠어요. 이렇게 하지 않으면 이 친구를, 저렇게 하지 않으면 저 친구를 잃을 거예요. 그 애들은 내가 하고 싶은 대로 하도록 가만두지 않아요. 지겹다는 암시를 조금이라도 주면 금세 나를 버릴 거예요. 그 애들 앞에 가면 점점 작아지는 것 같아요. 친구로서가 아니라, 인간으로서요."

하지만 사실 사만사도 앨리슨도 애니와의 우정을 끝낼 마음이 없었다. 애니가 말했다. "밤마다 일기장에 썼어요. '오늘 사만사와 절교했다.' '오늘 앨리슨과 절교했다.' 거짓말이죠." 애니가 살며시 웃었다.

애니는 잠시 강아지를 물끄러미 쳐다보았다. "'너랑 친구 하기 싫어.'

이런 말을 들으면 정말 기분이 나빠요. 내가 뭘 잘못했나 하는 생각이 들거든요. 내가 사람들이 좋아할 만한 사람이 못 되나? 이런 생각이 떠나지 않아요. 아주 많은 생각들이 머릿속을 스쳐요. 내가 뭘 잘못했지? 나는 사랑받지 못할 사람인가?"

"좀 웃기는 생각인 건 아는데요."(웃기는 생각이 아니었지만, 나는 문득 자기에 대해 내가 어떻게 생각하는지 애니가 불안해진 건 아닌가 싶었다.) 애니가 말을 이었다. "아마 이런 생각이 드실 거예요. '왜 이 아이와 친구가 되었니?' 하지만 '네가 나한테 계속 이러면 나는 너랑 친구 안 해'라고 말하기는 어려워요. 두 아이와 다 친하게 지내고 싶거든요."

애니의 어머니 페트라는 20분 동안 소파에 앉아 다리를 꼬았다 풀었다 하면서 몸을 뒤척였다. 그녀는 딸의 말이 끝나기를 기다리고 있었다. 페트라는 무엇보다 사만사에게 화가 난다고 했다. 3년 가까이 사만사가 애니의 숨통을 조였다고 했다. 협박을 하지 않을 때는 애니에게 선물을 안겼다. 팔찌, 반지, 머리핀, 스티커, 외국 여행에서 사온 기념품 등이었다. 때로는 조각을 하거나 그림을 그려서 주었고, 심지어 자기 어머니의 물건까지 (허락을 받아) 애니에게 주었다.

"하지만 애니가……." 페트라가 말했다. "'오늘은 너랑 못 놀아. 오늘은 다른 아이와 놀 거야' 하고 말하면 그 애는 증오의 쪽지를 써서 보냈어요. '재수 없는 계집애.' '네가 싫어.' 또 애니가 더 이상 자기 친구가 아닌 이유를 주저리주저리 써서 보냈지요."

겨울방학 직전에 페트라는 학교에 가서 애니의 사물함 정리를 돕다가 사만사가 보낸 쪽지를 보고 깜짝 놀랐다. "선물 한 보따리, 증오의 쪽지 한 보따리가 나오더군요." 쪽지의 양보다 내용에 더 놀랐다. 페트라는 그 선물을 모조리 버렸다. "집 안에 들여놓기 싫었어요." 그녀가 씁쓸하게 말했다.

페트라의 목소리에서 분노가 솟구치는 것이 느껴졌다. "학교에서 시간이 비면 사만사는 언제나 우리 애를 들들 볶았어요. 나랑 놀아, 나랑 앉아, 나랑 점심 먹어, 수업 끝나면 나랑 놀아. 3시 반에 집에 돌아오면 곧바로 전화벨이 울렸죠. 사만사였어요."

"속상한 건……." 그녀가 말을 이었다. "'나는 네가 좋아'의 극단이 '나는 네가 싫어'라는 사실이에요. 솔직하게 말해야겠네요. 그건 스토커 기질 같아요. 농담이 아니에요. 스토커라는 말을 쓰겠어요. 그런 느낌을 받았으니까요. 제가 느끼기에 애니는 희생양이고, 이 아이는 스토커 같았어요. 상황이 좋아지지 않았다면 우리 애의 안전이 무척 걱정됐을 거예요. 애니가 툴툴거리며 차에 타서는 사만사가 이랬고 사만사가 저랬어, 라고 해요. 그리고 같이 집으로 들어가면 응답기에 사만사의 메시지가 남겨져 있거나, 이내 전화가 걸려 오죠."

애니가 전화를 받지 않겠다고 한 적도 있었다. 혹은 페트라가 말렸다. "애니를 보호해야겠다는 생각이 들면 애니더러 오늘은 전화를 받지 않는 게 좋겠구나, 하고 말했어요." 애니는 어머니의 말을 기꺼이 따랐다.

애니를 집에 데려오려고 날마다 학교 앞에 차를 세우면 페트라의 마음속에는 불안이 밀려왔다. "얼굴만 봐도 알 수 있었어요. '저런, 오늘은 어땠니?' 아이는 차에 타면서 몹시 속상해했어요. 어른으로서 이유를 알고 있었기에 나도 무척 속상했어요. 우리가 '이제 그만하라고 해!'라고 시켜도 애니는 그럴 수 있는 애가 아니에요. '그럴 수는 없어요. 그렇게 잔인한 소리는 못 해요.' 이러더군요. 그게 더 속상했어요. '누구도 내 아이를 이렇게 대할 수는 없어'라는 생각 때문에요."

사만사의 어머니와 대화를 나누어보았지만, 쉬운 일은 아니었다. 페트라는 그녀와 잘 아는 사이가 아니었고, 그녀가 이 문제에 어떤 반응을 보일지 겁도 났다. 그날의 대화를 떠올리면서 페트라는 얼굴을 찡그렸다. "어떻게 그런 말을 하세요? 내 딸이 그쪽 딸에게 선물을 주는데 그게 무슨 문제가 되는 거죠?" 사만사의 어머니는 이렇게 말했다고 한다.

애니가 끼어들었다. "나는 약하지 않아요. 아주 강하고 리더의 자질도 많아요. 가만히 있지만은 않을 거예요. 하지만 그러지 말라는 말은 정말 하기 힘들고, 친구에게 그런 말을 한다는 게 내키지 않아요."

애니는 점점 더 고립되었고, 숨통을 죄는 듯한 사만사의 관심 때문에 점점 더 나약해졌다. 애니는 다른 일에서도 움츠러들었다. 또래 친구들 앞에서 울거나 감정을 들킬까 봐 두려웠다.

5학년이 끝나갈 무렵 페트라는 상담교사에게 두 아이를 떼어놓아야 한다고 말했다. "내가 그랬어요. 애니 혼자 사만사를 감당할 수 없다고요. 애니만 불쌍하니까요."(페트라는 이 인터뷰가 있기까지 학교에 찾아간 사실을 애니에게 말하지 않았다.) 그때 페트라는 애니가 사만사의 유일한 표적이 아니라는 사실을 알게 되었다. 3학년과 6학년 사이의 자녀를 둔 다른 어머니들도 상담교사를 찾아와서 사만사와 그들의 딸을 떼어놓아 달라고 부탁했다는 것이었다.

6학년이 끝날 무렵 애니는 공책을 돌리며 친구들에게 하고 싶은 말을 써달라고 했다. 대부분의 아이들이 자기가 좋아하는 색깔로 애니의 좋은 점에 대해 써주었다. 페트라가 그 내용을 떠올렸다. "내가 생각하는 애니의 좋은 점은 키가 크다는 것." "내가 생각하는 애니의 좋은 점은 전화로 수다를 잘 떤다는 것." 사만사는 뭐라고 썼을까? "내가 생각하는 애니의 좋은 점은, 나는 애니가 정말 싫고 애니는 정말 재수 없는 계집애라는 것. 내가 생각하는 애니의 좋은 점은, 우리는 항상 다투지만 여전히 가장 친하고 애니는 싸워도 화해한다는 것."

애니는 고립되는 것이 몹시 무서웠고, 학대를 견디는 것만이 유일한 방법 같았다. 애니는 친구들이 좋았다. 바네사의 경우처럼, 어떤 대가를 치르더라도 친구들을 기쁘게 하고 관계를 지키고 싶었다. 애니는 사만사와 계속 친구로 남겠다는 생각만 했기 때문에 우정만 지킨다면 학대도 괜찮다고 생각했던 것이다.

비열함과 우정이 뒤섞이자 애니는 그 두 가지를 구분할 수 없게 되었다. 애니가 사만사에 대해 한 말을 곰곰이 생각해보자. "그 애는 이런 식으로 말해요. '나는 네 친구이고, 나는 네가 좋아.' 그 애는 우정을 소유하는 물건처럼 여기는 것 같아요."

관계적 공격의 희생자인 소녀들이 처한 곤경은 대체로 가장 다루기 어렵다. 식구들이 알게 되더라도 맞서지 못하는 아이의 심정을 이해하지 못할 때가 많다. 애니는 어느 날 밤을 떠올렸다. "아주 뚜렷이 기억나요. 머리가 터질 정도로 울었거든요. '어떻게 해야 할지 모르겠어. 이렇게는 못 살겠어.' 이런 심정이었어요." 애니의 오빠들이 약간 짜증이 난 듯 놀려댔다. "가서 패주지그래? 네 덩치가 열 배는 더 크잖아."

"이런 식으로 말했어요. '가서 궁둥이를 걷어차라니까!'" 애니가 생각에 잠긴 듯 말했다. "하지만 그렇게 할 수 없었어요. 다짜고짜 '야! 그거 아니? 네가 나한테 이러는 게 싫어. 나한테 이러지 마'라고 할 수는 없잖아요. 정말 어떻게 해야 할지 몰라서 펑펑 울었어요." 애니는 막막한 심정으로 거실에 앉아 있었다. "그 당시에 나는 아홉 살이었어요. 아홉 살짜리가 우정 때문에 그런 말을 해놓고…… '내일 또 만나' 하지는 않잖아요. 그건 '나는 너랑 친구 하고 싶지 않아' 이런 거였어요. 불쑥 가서 그런 말을 뱉는 건 어린아이가 하기에는, 우정을 중요하게 생각하는 아이가 하기에는 어려운 일이었어요."

여성의 공격과 친밀성에 대한 우리의 이해는 제한적이다. 이 때문에 소녀들이 또래 관계를 건강하게 다루기가 어렵다. 캐럴 길리건과 린 미켈 브라운이 "관계의 위반" 혹은 비열함이나 학대의 역동이라고 일컬은 것을 소녀들이 알지 못한다는 것이 가장 큰 문제다.[17] 따돌림을 당한 특유의 경험을 잘못 이해하면 소녀들은 희생양이 된 것을 자기 탓으로 여기기 쉽다. 애니의 인터뷰 내용은 덩치가 자기 절반밖에 안 되고 나이도 한 살 더 어린 여자아이에게 괴롭힘을 당하는 것이 어떻게 가능한지 설명하는 안타까운 이유들로 가득하다.

따돌리는 소녀들이 흔히 무리에서 가장 사회적 기술이 발달한 아이들이라는 사실 때문에 문제는 더욱 복잡하다. 연구자들이 조사한 인기 소녀들의 특징처럼, 이들은 성숙하고 세상사에 대해 많이 안다. 하지만 이들의 카리스마적이고 유혹적인 오라(aura)는 그다지 논의되지 않는다. 이런 소녀들은 희생자들을 거의 중력처럼 끌어당긴다. 우정은 최면적이고, 희생자는 종종 두 가지 욕구에 사로잡힌다. 친구에게 이용되려는 욕구와 친구에게서 풀려나고 싶은 욕구다. 희생자는 관계 문제를 이성적으로 이해하고 친하게 지내지 말라는 부모의 간곡한 호소에 고개를 끄덕이지만, 어느새 다시 이끌려버린다. 채스티티는 가까운 친구가 자기를 얕보고 다른 아이들에게 자기를 무시하라고 압력을 넣었음에도 불구하고 이렇게 말한다. "보자마자 죽도록 사랑하게 되는 아이예요. 정말 잘해주거든요. 자기 본심을 숨겨서 모두 자기를 사랑하게 만드는 아이예요."

나탈리의 이야기

리지우드의 학교에서 장학사인 로라 필즈 박사가 나를 다목적실로 안내했다. 아이들이 줄을 서서 나가고 있었다. 그녀가 긴 갈색 의자 사이를 씩씩하게 걸어가며 학생들과 잡담을 나누었다. "안녕! ……잘됐구나! ……버스에 타기 전에 가방을 잠가야지. 그래야 착하지. ……정말 예쁜 옷인데!" 아이들 몇몇이 수줍게 손을 흔들었다. 다른 아이들은 가만히 쳐다보기만 했다.

축구장에 이미 많은 사람들이 모여 있어서 나는 깜짝 놀랐다. 이곳은 타운의 정신적 중심지였다. 미식축구는 종교나 다름없었고, 주민들과 심지어 취학 자녀가 없는 먼 곳의 사람들까지도 고속도로를 45분 동안 달려와서 관중석을 메웠다. 로라는 나를 관중석으로 데려갔다. 사람들이 나를 쳐다보는 것이 느껴졌다. 우리는 자리를 찾아 앉았고, 로라는 누군가와 이야기를 나누기 시작했다. 나는 옆에 어색하게 앉아 있었다. 관중석 의자가 흔들거리는 것이 느껴졌다.

의자가 삐걱하더니 한 여자가 내 옆에 풀썩 앉았다. 작달막하고 머리를 빨갛게 염색한 여자였는데, 물 빠진 청바지를 입고 있었다. 그 여자가 깊고 쾌활한 목소리로 말했다. "수전 패터슨이라고 해요. 반가워요. 제 딸 나탈리와 이야기를 해주시면 정말 기쁠 거예요." 나는 어리둥절했다. 그녀는 나를 뚫어져라 쳐다보며 남자들이 그러듯 가볍게 내 어깨를 툭 쳤다. "나탈리도 좋아할 거고요."

나탈리는 자신감이 부족해 보이는 아이였다. 그날 이후로 학교에서 나탈리와 마주치면 내가 먼저 인사했다. 나탈리는 나를 흘끗 쳐다본 뒤, 어깨 언저리에서 머리카락을 둥글게 말아 넣은 머리를 얼른 돌려 바닥이나 사물함, 아니면 다른 곳으로 눈길을 돌렸다. 나는 나탈리의 어머니가 아이에게 인터뷰를 강요한 건 아닌지 궁금했다.

인터뷰가 있던 날, 나는 나탈리의 옆으로 가서 앉았다. 열세 살인 나탈리는 8학년이었다. 청바지와 그에 어울리는 재킷을 입었고 속에는 흰 티셔츠를 받쳐 입었다.

나탈리는 리지우드에서 남모르게 따돌림을 일삼는 소녀 리즈에 대해 털어놓았다. 리즈는 누가 봐도 그럴 것 같지 않은 아이였다. 평범한 이웃의 치어리더 단장을 떠올리면 된다. 리즈는 줄곧 A만 받았고, 하나로 묶은 머리는 메트로놈처럼 흔들고 다녔으며, 스크루지 같은 미소를 띠고 있었다. 나는 그 아이의 어머니를 먼저 만났는데, 리지우드에서 열리는 온갖 비공식적인 행사의 중심인물로 웃음이 많은 매력적인 여성이었다.

나탈리와 리즈는 함께 성장했다. 가족끼리 친했고 유치원 때부터 같이 놀았다. 나탈리는 리즈를 우러러보다시피 했고, 리즈는 항상 새로운 게임을 제안했다. 나탈리는 리즈의 집에서 보내는 시간이 참 즐거웠고, 리즈의 집은 늘 실제보다 더 북적거리는 것처럼 느껴졌다.

3학년이 되자 리즈는 나탈리에게 죽은 오빠나 키우지도 않은 애완동물에 대한 거짓말을 하기 시작했다. 나탈리의 집에 놀러 오면 리즈는 나탈리가 입은 옷이나 벽에 건 그림에 트집을 잡았다. 나탈리는 속상했지만 옷을 바꿔 입고 그림을 떼어내면 괜찮을 거라고 생각했다. 하지만 그렇지 않았다. 학교에서 리즈는 다른 아이들과 같이 있을 때면 나탈리가 없는 것처럼 행동하기 시작했다. 그래도 집으로 놀러 가면 여전히 친한 친구였다.

리즈는 스텔스 폭격기 같았다. 저공으로 날면서 누가 무엇을 했고 무슨 일이 생겼는지 누구보다 먼저 알고 있었다. 리즈가 더없이 상냥하다는 말에, 나는 교사들에게 평판 좋은 여학생이 누군지 묻는다면 가장 먼저 떠올릴 아이가 리즈일 거라는 생각이 들었다. 따라서 대부분의 사람들은 리즈에 대해 전혀 의심하지 않았을 것이다. "성적도 좋았고 수업 시간에 떠들지도 않았어요." 나탈리가 말했다. "선생님들은 리즈와 나탈리가 친하니까, 하면서 수업 시간에 같은 조가 되게 했어요."

둘이 같은 조가 되거나 짝이 되면 나탈리는 늘 조개처럼 입을 다물었다. 리즈는 화를 내며 나탈리를 괴롭혔다. "나는 우리 학년에서 가장 조용한 아이였어요." 나탈리가 말했다. 한때는 수업 시간에 일어나서 기록장을 즐겨 읽었지만, 리즈가 다른 아이들과 눈짓을 주고받자 그만두었다. 한편 리즈는 다른 아이들 앞에서는 서로 사이좋게 지내는 척했다. "그 아이는 늘 내 친구가 되려고 애썼어요."

나는 나탈리에게 리즈를 흉본 적이 있는지 물었다. 나탈리가 어리둥절한 표정으로 나를 쳐다보았다. "그 애는 둘도 없는 친구였어요. 가장 친했는데요." 나탈리는 여전히 얼떨떨한 표정이었다. "그런 적 없어요. 그 애가 화내거나 나를 싫어하면 안 되니까, 지금보다 내 이야기를 더 많이 하고 다닐까 봐 무서워서…… 못 했어요." 나탈리나 다른 한 친구가 저항하려고 한 적도 몇 번 있었다. "그 애는, 자기는 아무 문제가 없고 내가 다 꾸민 일이라고 몰아붙였어요." 나탈리는 자기가 싸울 만큼 강하지 않다고 느꼈고, 싸우고 싶어도 그럴 수 없을 것 같았다. "그 애는 나를 이용했지만 나는 맞서지 못한 거예요." 나탈리가 말했다. "그 애가 나보다 낫다고 스스로 믿어버린 거죠."

나탈리가 리즈와의 문제를 어머니에게 감춘 사실은 놀랍지 않았다. 나탈리는 눈을 내리깐 채 말했고, 어머니의 푸근한 성격과는 뚜렷이 대조되는 듯했다. 이따금 어머니가 학교생활이 재미있느냐고 물으면 나탈리는 별로 좋지 않다고 대답했다. 어머니는 대수롭지 않게 화제를 돌렸다. 나탈리의 어머니는 리즈의 어머니와 친했다. 리즈의 어머니를 숭배하다시피 했다. 나탈리가 사실대로 말해도 어머니는 믿지 않을 것 같았다. 창피하기만 했다.

6학년이 되자 리즈는 새로 이사 온 드류와 가까워졌다. 그런데 얼마 지나지 않아 리즈는 다른 아이들 앞에서 드류를 괴롭히기 시작했다. 나탈리가 드류에게 다가갔다. 드류가 날마다 학교에서 우는 것을 보고 자기도 같은 고통을 느꼈다고 말했다. 드류는 쉽게 마음을 열지 않았다. "나를 믿지 않았어요." 나탈리가 말했다. "누가 다가오든 나도 처음에는 믿기 어려웠거든요. 무서웠어요. 리즈를 전적으로 믿다가 당한 일이라서, 앞으로 누구도 믿지 못할 거라고 생각했어요. 내 믿음을 저버리고 나를 흉보고 다녔으니까요. 그 애는 내가 한 말을 죄다 퍼뜨렸어요. 앞으로 누구를 만나도 마음을 터놓지 못할 거라는 생각이 들었어요. 엄마나 아빠한테도 말하지 않았어요."

내가 리즈와의 우정이 스스로에게 영향을 미쳤는지 묻자 나탈리는 신중히 대답했다. "영향을 좀 미친 것 같아요. 나는 원래 말도 많고 명랑한 아이였는데 이제 거의 말을 안 해요. 예전에는 친구들이 나더러 재미있다고 했거든요. 옷도 튀게 입는 편이었지만, 이제 안 그래요. 리즈나 다른 아이들이 놀리거나 흉볼지 모르니까요."

"그래서 기분은 어떠니?" 내가 물었다.

"그 생각만 하면 울고 싶어져요. 울면 또 나한테 뭐라고 그럴 테니까 가만히 있지만요." 나탈리는 새로운 친구들을 사귀었고, 새로운 관계에서 다른 세상을 경험했다. 하지만 리즈와 또 맞서야 하는 두려움은 아직 남아 있었다.

나탈리가 내 앞에서 짓고 있는 괴로운 표정은 방금 생긴 고통이 아니었다. 얼굴에 낙인처럼 찍혀 있었다. 나탈리는 이야기를 나누는 내내 또박또박 말했지만 간신히 눈물을 참고 있는 것 같았다.

이야기가 끝나고 나는 녹음기를 껐다. 그리고 나탈리에게 정말 용감하고 훌륭하고 강인하다고 말해주었다. 나탈리가 일어섰다. 나는 나탈리가 다른 곳에 가서 울 거라고 직감했다. 그 애를 안아주지 않는 것이 내가 할 수 있는 전부였고, 어차피 아이도 그것이 필요하지는 않았다. 필요한 사람은 오히려 나였다. 나탈리의 이야기를 들으면서 나는 깊은 슬픔의 우물을 들여다보는 것 같았고, 그 기억은 그 뒤로도 오래 내게 머물러 있었다.

진실은 아파요

오후 1시 15분. 메리마운트 학교의 8학년 여학생들이 금방이라도 쓰러질 것처럼 나를 쳐다보고 있었다. 이 학교에서 처음 하게 된 집단이었다. 점심을 먹은 뒤 낮잠이 간절한 시간대였다. 아이들은 둥글게 앉으라는 말도 무시하고 한쪽 벽에 등을 붙인 채 갈대처럼 서로 기대어 앉아 있었다. 3월이었고, 바깥은 봄기운이 짙었다. 기온은 대략 18도였지만 많은 아이들이 반바지나 민소매 셔츠를 입고 있었다.

과자를 돌리자 아이들이 몸을 일으켜 와삭와삭 먹기 시작했다. 그 활기에 마음을 놓으면서 완벽한 소녀에 대한 질문으로 토의를 시작했다. 아이들이 나를 멀뚱히 쳐다보았다.

"잡지나 영화 같은 데, 그런 데 나오는 소녀도 좋아. 〈도슨의 청춘일기(Dawson's Creek)〉 같은 거 있잖아."

몇 명이 손을 들었다. 편안한 분위기를 만들기 위해 나는 손을 들고 말하지 않아도 된다고 했지만, 오래된 습관은 쉽게 사라지지 않았다.

"마른 애요!"

"예쁜 애요!"

좋아, 이제 시작되는구나.

또 누가 말했다. "괜찮은 애요!"

"괜찮다니, 그게 무슨 뜻이지?" 내가 받아쓰다가 눈을 들어 물었다.

"친구가 많은 거요."

"싸움은 절대 안 해요."

"아이들이 모두 좋아해요."

나는 소녀들의 일상적인 공격에 대해 본격적으로 질문하기 시작했다.

"그렇구나." 생각할 시간을 벌며 내가 말했다. "친구들 중 하나가 너희를 괴롭히거나 화나게 하거나 슬프게 했다면, 너희는 그 아이에게 그렇다고 말하니?"

"아니요!" 아이들이 입을 모아 대답했다.

"왜?" 내가 물었다.

침묵이 흘렀다. 나는 기다렸다.

구석에서 한 소녀가 한숨을 쉬며 말했다. "그러면 큰일이 나니까요."

"뭐가 큰일이지?"

"큰 싸움이 일어날 거예요." 누가 말했다.

"모두 그 싸움에 휘말리겠지요. 작은 일로 우정을 잃을 수는 없어요."

"없는 말도 지어내잖아요."

"그냥 너희가 느낀 것을 말하는 건데?" 내가 물었다. "속상해서 속상하다고 한 건데? 그렇게 하면 너희의 관계도 우정도 더 좋아질 수 있을 텐데?"

"말하면 그 애가 마음에 상처를 입잖아요." 누가 말했다. 아이들이 고개를 끄덕였다. 시선이 멈췄다.

"진실을 말하더라도 상처를 주지 않을 수는 없을까?" 내가 물었다.

"진실은 아파요." 구석에서 한 여자애가 조용히 말했다. "그래서 거짓말하는 거예요."

    이 책을 쓰면서 나는 심각한 따돌림의 희생자나 가해자였던 소녀들과 성인 여자들의 사연을 찾았다. 학자나 교사의 글만 읽을 때는 대체공격이 소녀들의 "정상적인" 사회구조 바깥에서 일어나는 행위처럼 보였다. 하지만 소녀들과 직접 만나면서 이들이 경험하는 일상적인 갈등이 따돌림 현상과 매우 유사하다는 것을 깨달았다.

    소녀들은 그들의 사회에서 일어나는 갈등을 공기 중의 가스와 같다고 말한다. 먼저 감정적 배신의 영역이 형성되는데, 그곳에서 갈등은 거의 보이지 않지만 불똥이 조금만 튀어도 소리 없이 폭발할 수 있다. 많은 소녀들이 어리둥절한 마음으로 하루하루를 보낸다. 아이들은 소녀다운 친밀함과 놀이로 위장하여 속닥거리면서 동맹의 대상을 바꾼다. 많은 소녀들이 슬프거나 화나도 상대에게 직접 말하지 않는다. 대신 중재자들을 이용하는데, 이들은 대체로 중간에 불편하게 끼여 있거나 어려움에 처한 사람에게 손을 내밀면서 느끼는 친밀한 순간을 열망하는 아이들이다.

    대체공격과 그것에서 암시되는 자기주장적이지 않은 행위는 화장, 남자, 대중매체 등과 같이 소녀들의 일상생활 깊숙이 자리 잡고 있다.

한 소녀는 갈등이 있는 상대에게 그것을 말하면 아이들이 무리 지어 자기를 따돌린다고 일찍부터 배운다. 그런 일을 당하지 않으려고 상처와 분노의 감정을 다른 곳으로 돌리는 방법을 익힌다. 감정을 가슴속에 묻거나 다른 사람들에게 말한다. 해결되지 않은 갈등은 회계장부를 기록하듯이 차곡차곡 저장한다. 그것이 쌓이면 소녀들의 정서적 풍경과 사회적 선택에 영향을 미친다. 불화를 이용하여 갈등에 대처하는 법을 배우고, 개인 단위로는 금지된 공격 행위에 집단으로 참여한다.

나와 대화를 나눈 소녀들 대다수가 일상적인 갈등의 표출조차 가장 사랑하는 친구의 상실로 이어질 거라는 두려움을 표현했다. 속상하다고 말하면 벌을 받는다고 믿고 있었다. 고립은 돌이킬 수 없고, 치르기에는 너무 가혹한 대가라고 말했다. 다음은 어느 6학년생의 말이다. "직접 말할 수 없어요. 우정을 내동댕이치는 거나 다름없거든요. 나를 더는 친구로 여기지 않을 테니까요." 아든 학교의 7학년생인 한나가 설명했다. "화났다고 친구들에게 말하면 또 다른 적이 생겨요. 악순환인 거죠." 관계와 배려를 무엇보다 중요하게 여기도록 소녀들을 사회화하는 세상에서, 고립과 상실에 대한 두려움은 갈등 상황에서 소녀들에게 큰 영향력을 미친다. 소녀들은 갈등 상황에 직접 맞설 수 없게 된다. 일상적인 관계에서 불편한 감정을 제거하면서 소녀들은 자기 자신을 타인과 자신에게 위험한 존재로 파악하게 된다. 방패로 조심스레 가려야 하는 존재로, 아예 노출할 수 없는 존재로 파악한다.

많은 소녀들이 분노를 표출해도 아무 반응이 없을까 봐 두려워하고, 따라서 통제할 수 있는 것을 극대화하기로 결심한다. 어느 8학년생은 소녀들이 편지를 즐겨 쓰는 이유를 이렇게 말한다. "생각을 정리해서 분명하게 밝힐 수 있으니까요. 그 앞에서 말하면 당황해서 말을 더듬고 마음에 없는 말까지 하게 돼요." 어떤 소녀들은 분노와 우정 사이의 균형을 잃지 않으려고, 편지를 쓰지만 태우거나 버린다고 했다. 8학년생인 셸리는 편지가 더 낫다고 했다. "말로 하면 얼굴을 봐야 하잖아요."

아든 학교 7학년생은 일대일 대화는 무섭다고 했다. "그 애가 어떻게 되받아칠지 모르잖아요. 지기 싫거든요. 우정이 끝날까 봐 두렵기도 하고요. 그 애가 뭐라고 할지도 모르고요. 자기 뜻대로 안 되면 다른 애들을 끌어들일지도 모르잖아요. 그래서 말로는 하지 않아요." 또 다른 여학생도 솔직히 말할 수 없다고 했다. "어떡하지, 저 애가 화를 낼 거야, 나랑 절교할 거야, 이런 생각이 들어요. 그러면 소문이 두려워져요. 그 애가 어떤 생각을 하고 있는지 알 방법이 없잖아요."

자기 감정을 희생하여 다른 사람의 감정을 배려하는 것은 인터뷰 내내 반복된 주제였다. 이들은 아무리 화가 나도 다른 사람의 감정을 다치게 하지 않겠다고 했다. 자신들의 욕구를 완전히 소모품처럼 여기는 것 같았다. 감정이나 문제를 "사소한 것"으로 여기면서 "대수롭지 않다", "어리석다", "싸울 가치가 없다" 등으로 표현했다. 그 감정들은 이렇게 가슴속 어딘가에 버려졌겠지만, 언젠가 공간이 부족해지면 결국 폭발하고 말 것이다.

펑!

● 제니퍼는 내가 집으로 두 번 찾아가자 그제야 인터뷰를 허락했다. 처음에는 제니퍼의 어머니와 차를 마

셨다. 부엌과 서재 사이로 열한 살짜리 소녀의 북슬북슬한 슬리퍼가 얼핏 보였다. 나를 관찰하는 것 같았다. 다시 찾아갔을 때 제니퍼는 수줍게 고개를 끄덕였다. 나는 서재 소파에 앉았는데, 아이가 잠자리처럼 손을 팔랑이며 활기 있는 모습을 보여 깜짝 놀랐다. 아이는 숨 돌릴 겨를도 없이 이야기를 쏟아냈다. "친구와 나는 서로 화났는지 늘 물어봐요. 그러면 '아니' 하고 곧바로 대답하죠. '화났어'라는 말을 하기는 좀 그렇잖아요."

"왜?" 내가 물었다.

"누가 자기한테 화난 걸 알면 기분이 나쁠 테니까요."

"네가 화난 건 중요하지 않아?"

"음, 화났다고 상대방에게 말해야 해요?" 그런 말은 처음 듣는다는 듯한 표정이었다.

"자기 감정도 중요하니까 그렇게 생각하는 사람도 있지." 내가 말했다.

"그 애의 감정은요?" 제니퍼가 물었다.

"그게 왜?" 내가 물었다.

"아니에요······. 아무튼 그런 말은 하지 않아요. 친한 친구들끼리 그런 말을 하는지 잘 모르겠네요. 그건 개인적인 문제예요." 결국 나는 단념했다.

열두 살짜리 소녀 카르멘 페랄타는 북동부 지역의 어느 사립학교에 다닌다. 나는 뿌루퉁한 표정의 카르멘에게, 화났다고 상대에게 말하면 어떤지 물었다. 카르멘은 그런 적이 없어서 모르겠다고 했다. 나는 이유를 물었다. "일단 좀 이상해요! '그런데 말이지, 나 너한테 화났어!'" 카르멘은 일부러 느릿느릿하게 말했다. 대화가 더 깊어지자 피하려고 했다. "화났다는 말은 하지 않을 거예요. 잘은 모르겠지만, 그런 식으로 해결하기 싫어요. 이상하잖아요. 내가 '화났다'고 말하면, 들은 아이는 '펑' 터지는 거죠!" 카르멘은 아무렴, 하는 표정으로 '펑' 소리를 냈다. "그 애들이 이렇게 말할 거예요. '내가 뭘 잘못했지?' 그래도 내가 '얘, 내가 화났으니 네가 좀 알아주면 좋겠어' 해봐요. '펑'이라니까요! 그 애들이 나를 점점 안 좋게 볼 거예요." 카르멘에게 갈등은 우정을 산산조각 내는 폭탄 같은 것이었다. 말로 하면 안 되는 것, 관계에서 배제해야 하는 것, 삶의 어디에도 마음 편히 들여놓을 수 없는 것이었다.

어떤 소녀들은 상냥해야 한다는 평생의 방침에 따라 갈등과 대면한다. 미시시피 주에 사는 열 살짜리 멜라니는 카야에게 화났다고 말하지 못한 이유를 집단 토의에서 설명했다.

"그렇게 못 해요!" 멜라니가 소리쳤다.

"왜 못 하지?"

"우리 학교에는 정말 예민한 아이들이 있는데요. 그런 말을 하면 울음을 터뜨릴 거예요."

"네 감정을 알려주는 거잖아." 나는 어떤 이유든 필요했다.

"그 애가 마음에 상처를 입잖아요."

"네가 정말 무지무지 화났을 때는?" 그러자 몇몇 아이들이 킥킥거렸다.

"가끔은 말하기도 하지만, 그냥 가만히 있어요." 멜라니가 단호하게 말했다. 그리고 나중에 화낼 기회가 있을 거라고 덧붙였다. "아니면 다른 아이한테 가서 말하는 거죠. '있잖아, 카야 때문에 화나서 미치겠어. 그 애가 나한테 이런 말을 했거든.' 이렇게요."

"하지만 왜 직접 말하지 않니? '너 때문에 화났어.' 이렇게 말이야."

"왜냐하면요." 멜라니가 나를 조심스럽게 쳐다보았다. "그 애랑 또 놀고 싶으니까요."

대부분의 소녀들에게 분노와 상처는 가둬놓은 코끼리와 같다. 감정의 규모와 강도가 커지면 다스리는 힘도 커져야 한다.

아든 학교에 다니는 메러디스는 최대한 노력은 하지만 분노를 억눌러봐야 소용없더라고 말했다. "누구에게든 말하지 않으면 가슴속에 분노가 쌓여요. 씁쓸함이 남거든요. 그 애들도 나도 힘들게 돼요." 샬럿이 동의했다. "감정은 사라지지 않아요. 속에 감춰두면 더 강해지고 더 커지고 더 억누르기 힘들어져요."

누구는 화나면 강아지를 발로 찬다고 했고, 많은 소녀들이 동생을 때린다고 했다. 일부는 화를 억누르면 우울해진다고 했고, 어떤 아이들은 분노가 더욱 커진다고 했다. "분노를 억제하지 못하면 점점 커져요. 그리고 폭발하죠." 메리마운트 학교에 다니는 에밀리가 말했다. "분노가 커지면 그 애의 싫은 점도 더 많이 보여요." 안타까운 사실은 문제가 심각할수록 태연한 척할 가능성도 더 커진다는 것이다. 낸시가 말했다. "화가 너무 많이 나니까 아예 말을 할 수가 없었어요. 말하지 않는 편이, 화난 걸 그 애가 모르는 편이 더 낫겠다 싶었어요."

얼굴을 마주 보며 말하는 것이 두려워서 어쩔 수 없이 제삼자를 끌어들이기 때문에 갈등은 더욱 악화된다. 셸리는 세라가 화난 이유를 몰라서 다른 아이들에게 물어보았다. 하지만 세라는 셸리가 뒤에서 자기를 흉보는 줄 알았다고 했다. 그래서 몹시 화가 났다. "난 그냥 조언을 구한 거였어요!" 셸리가 항변했다. 내가 인터뷰한 다른 아이들도 비슷한 반응을 보였다. 미시시피 주에 사는 5학년생은 이를 두고 일그러진 관계를 통제하는 것이라고 했다. "상대에게 직접 말하면 다른 아이에게 말했을 때보다 더 빨리 화를 낼 거예요. 무슨 말을 할지, 어떻게 행동할지 생각할 시간을 버는 게 낫죠." 어느 6학년생이 말했다. "오해받을까 봐 겁나는 거예요. 그래서 다른 방법을 쓰거나 다른 생각을 말하는 거고요. 그러지 않으면 더 악화될 테니까요." 하지만 그렇게 함으로써 소녀들은 자기도 모르게 상황을 더 악화시킨다.

 다른 소녀들 또한 관계의 상실에 비하면 뭐든 낫다고 믿는다. 따져보고 덜 나쁜 것을 선택하는 것뿐이다. "아예 절교할 수도 있겠지요." 한나가 말했다. "하지만 그 대신 흉보면서 분노를 삭이는 거예요. 그러지 않으면 우정이 끝날지 모르니까요." 어떤 소녀들은 화난 자기 마음을 친구들이 독심술사나 엑스레이 투시력이 있는 초능력자처럼 알아주기 바라면서 갈등을 회피한다. 린던 학교의 고등학부 2학년생인 릴리 카터는 약속한 대로, 중학교 시절에 경험했던 심각한 관계 문제를 상세히 기록한 분홍색 일기장을 내게 건네며 수줍게 웃었다. 얌전하고 사려 깊어 보여서 실제보다 더 나이 들어 보이는 아이였다. 일기장에는 군데군데 노란색 포스트잇이 붙어 있었다. 7학년의 맨 처음 기록은 이렇게 시작했다. "감정을 병 속에 담아두기는 어렵다. 나는 예민하다. 뭔가 마음에 걸리는 일이 있으면 다른 아이들에게 암시를 준다." 좀 더 넘겨보자.

오래 사귄 친구들이 내 암시를 알아채지 못하다니 기분이 이상하다. 알아챌 거라고 생각했다. 내가 같이 놀지 않아도 그 애들은 화났는지 물어보지도 않고 말도 걸지 않는다. 내가 존재하지 않는 것처럼 나를 무시한다. '없으니 고마운 일이지' 하는 것처럼. 비참하다!

바다에 떠 있는 배처럼 릴리는 듣는 사람 없는 조난의 메시지를 보내고 있었다. 해독할 수 없는 말과 제스처를 쓰면 쓸수록 바라던 소통은커녕 더 외롭고 더 버림받은 기분이 든다.

침묵의 항변이 무시되면 절망은 순식간에 분노로 바뀐다. 많은 소녀들이 자기 감정을 친구들이 몰라줄 때 화난다고 했다. 떽떽거리는 목소리, 퉁명스러운 쪽지, 밤에 전화하지 않는 것에서 당연히 눈치채야 한다고 생각했다. 하지만 친구들은 전혀 반응하지 않았다. 속마음을 알리려고 했는데도 친구들이 알아주지 않으면 분노는 더욱 커졌다.

내 잘못이 아니야

● 화나게 한 친구를 따로 불러서 화가 난 이유를 차근차근 말하지 않는 까닭은 뭘까? 무수히 많은 부모와 상담사, 따돌림 전문가들이 품은 의문이다. 나도 그것이 궁금했다.

"해봤어요." 린던 학교의 9학년생이 불안스레 말했다. "하지만 내 잘못을 들추면서 내 탓이래요." 모든 연령대의 여자들이 같은 말을 했다. "다 내 잘못으로 돌려요." "내 탓이래요." 혹은 "다른 애들을 전부 자기편으로 만들어요." 많은 사람들이 일상의 갈등을 다루는 능력이 부족해서 분노의 말을 들으면 순간적으로 놀라 방어적인 태도를 보인다. 화났다는 말을 들으면 임박한 고립의 신호로 느낀다. 저만치에서 사회적 천둥이 요란하게 울린다.

분노를 받아들이는 것은 분노를 표출하는 것만큼 무섭다. 뭔가 '잘못했다' 혹은 '실수했다'는 생각은 불편하기 때문에 두려움에 휩싸여 충동적으로 결정한다. 이런 경우에는 대개 가혹한 스포트라이트를 피하게 해줄 수 있는 사람을 찾는다. 이따금 동맹을 결성해서 자기편이 돼줄 사람을 찾으면서 지속적이고 무조건적인 우정을 약속한다. 상냥함을 높이 평가하는 문화에서 자라난 이 소녀들에게는 "착한" 소녀가 되는 것만이 바른길 같다. 그래서 친구들 앞에서 거울을 든다. 친구의 말에 귀 기울이는 대신 과거의 잘잘못을 따진다. 갈등은 더 악화되고 종종 양쪽 소녀 모두 두려움과 후회를 경험한다.

미안해

● 소녀들의 싸움은 겉에서 보면 고요하고 대리석처럼 매끄럽다. 누가 당신에게 화난 사실을 당신이 맨 나중에 알게 된 경험이 있다면 무슨 말인지 알 것이다. 많은 소녀들이 평소보다 두 배는 더 거리를 두거나 말을 하지 않는 식으로 분노를 알리지만 왜 그러는지에 대해서는 아무 단서도 주지 않는다. 물론 잔잔한 수면 아래에는 또 다른 이야기가 흐르고 있다.

소녀들이 싸우고 화해하는 방식은 좀 이상하고 엄격하다. 많은 소녀들이 "싸우는 중"이라는 인식을 실제로 싸움하는 것보다 더 쉽게 받아들인다. 프레이다와 리사는 한쪽이 먼저 말을 걸기 전에는 며칠 동안 복도에서 마주쳐도 아무 말 없이 지나치는 방식으로 싸웠다. 갈등의 이유가 아주 사소한 것이라도 마찬가지다. 갈등은 침묵 속에서 혼자 자란다. 상대방이 굴복하고 미안하다고 말하는 것을 기다리는 동안 양쪽 소녀는 둘이 싸우게 된 이유조차 잊어버릴지 모른다. "화나면 아예 들으려고 하지 않아요. 말하지 않으면 화가 더 쌓여요. 그러다 보면 싸우는 이유조차 잊어버려요." 새클러데이 학교의 6학년생이 설명했다. "가끔은 그 정도에서 끝나지만, 그걸로 끝이 아닐 때도 많아요." 아든 학교의 6학년생이 말했다. "포기할 수 없잖아요. 그만둘 수 없잖아요. 지기 싫으니까요."

싸움의 결론이 내려지면 대체로 한쪽이 굴복하고 사과하는데, 쪽지나 메신저, 이메일을 이용한다. 직접 가서 사과하기도 한다. 다른 쪽이 "이긴" 것이다. 소녀들, 특히 사춘기 이전의 소녀들은 흔히 직접 사과를 받고 안도감을 느끼는 수준에서 만족한다. 많은 소녀들이 실질적인 불화에서 비켜 앉아 갈등의 본질을 외면한 채 싸움의 과정, 즉 그 시작과 전개와 결말에 몰두한다. 린 미켈 브라운과 캐럴 길리건은 "미안하다"는 말을 들음과 동시에 갈등을 끝내는, 소녀들의 신기한 능력을 발견했다. 소녀들은 갈등을 "거의 동화 같은 해피엔딩으로 끝내고, 강렬한 고통과 분노의 감정은 이 마지막 소모적인 행위로 느닷없이 끝이 난다".[18]

따라서 비난은 종종 싸움 자체만큼 문제가 된다. 어떤 희생을 감수하더라도 관계를 유지하는 것은 소녀들에게 기본 명제 같은 것이다. 이러한 명제는 관계 상실에 대한 두려움과 더불어 싸움의 모든 단계를 이끌어간다. 미안하다는 말은 휴전 협정에서 쓰는 보편적인 암호다. 그러나

영어권에서 누가 재채기를 하면 "God bless you"라는 말이 대번에 튀어나오는 것처럼, 형식적이고 즉각적이며 일상적이고 자동적인 말이다. 하지만 편지나 인터넷, 중재자를 이용하여 미안하다고 전달하면 싸움은 면도날로 자른 것처럼 깨끗하게 끊어진다. 쿵쾅거리는 라디오의 플러그를 뽑아버리는 것과 같다. 이 형식적인 사과는 싸움이 본격화되지 않았을 때, 갈등을 해결할 필요성보다는 관계를 잃지 않으려는 두려움 때문에 마지못해 하는 순전히 절차적인 의미의 사과다. 표면적으로는 평화가 오지만 갈등의 원인은 곪는다. 요술램프에 갇힌 요정처럼 유리병에 담겨 다음 갈등이 일어날 때까지 부글부글 끓는다.

한 소녀는 자기가 일상적으로 하는 "화해"의 말을 떠올렸다. "친하게 지내자. 우리가 어쩌다가 이런 바보 같은 싸움을 하게 되었는지 모르겠어." 어느 6학년생은 자세한 내용을 말하지 않으면 분노를 터뜨리는 위험은 피할 수 있다고 했다. "누가 또 엉뚱한 말을 퍼뜨릴지 모르잖아요." 어떤 소녀들은 단순히 고립을 견디지 못한다. "누가 나한테 화나 있다는 사실이 싫어요. 그래서 그냥 미안하다고 해요." 또 한 소녀는 어쨌든 끝까지 기다리면 "화가 풀린다"고 했다. 리지우드에 사는 8학년생은 이렇게 말했다. "관계를 잃고 싶지 않으니까 화난 이유를 잊어버려요." 어떤 소녀는 자기를 무자비하게 따돌리다가 어느 날 다짜고짜 사과한 옛 친구를 떠올렸다. "불쑥 그러던데요. 미안하다고."

카르멘 페랄타는 솔직하게 말하는 것이 통하지 않았다고 하면서 자기가 아는 아이들은 모두 자기 감정을 털어놓기보다 조건반사처럼 사과한다고 말했다. "누가 화났다고 하면 생각도 하지 않고 반사적으로 미안하다는 말부터 나와요." 분노를 아예 말하지 않는 방식으로 나타내면 상대는 친구가 자기 주변에서 이상하게 행동하는 이유에 대해 고민한다. "실제로 자기가 뭔가 잘못했다고 생각하게 돼요."

카르멘은 이따금 사과하지만, 자기가 늘 먼저 사과하는 게 이제는 싫다. "종종 미안하다고 하지만 어쩐지 죄의식이 느껴져서 그러는 거지 상대의 말을 이해했기 때문은 아니에요. '또 무슨 일이지? 미안하다고 하면 상황이 좀 나아지겠지.' 이렇게 생각하는 거죠. 하지만 실제로 더 나아지는 것 같지는 않아요." 카르멘은 어깨를 으쓱했다. "앞으로도 그 아이를 화나게 한 방식대로 계속 행동하게 될 테니까요."

이러한 사회적 조건 아래서, 이와 같은 일은 주기적으로 반복된다. 해묵은 갈등이 기억 속에 각인되어 해결되지 않은 채로 머물러 있다가 다음 갈등의 순간에 불려 나온다. 대부분의 소녀들이 이렇게 토로했다. "우리는 낱낱이 기억해요. 절대 잊지 않아요." 한 소녀가 이유를 설명했다. "남자애들은 치고받고 싸우잖아요. 여자애들의 싸움은 끝나지 않아요. 점점 더 커져요. 이어서 싸움이 새로 시작되는데, 그 싸움은 더 커요. 그렇게 되면 더는 친구가 될 수 없어요." 새클러데이 학교의 6학년 생이 말했다. "이전에 참았던 자질구레한 갈등까지 다 나와요. 그러면 싸움이 더 커지거든요." 아든 학교에 다니는 리사가 말했다. "여자애들은 늘 지난번에 상대방이 어떻게 했는지 돌이켜 생각해요."

농담이야

● 갈등을 완전히 우회하고 싶은 소녀들은 다른 행동 경로를 택한다. 간접적으로 상처를 주는 또 다른 방

법은 바로 유머다. 가해자는 농담을 보호막 삼아 표적을 공격한다. 어느 6학년생이 다른 친구를 능숙하게 놀리는 반 친구에 대해 이렇게 말했다. "뭔가 선생님의 주의를 끌 만한 말을 해요. 그러고는 '농담이었어요!' 하는 거죠." 런던 학교에서 여학생들은 놀림이 모욕이 되는 순간에 대해 말했다. "걸레(sult)가 제일 심한 욕이에요." 에리카가 말했다. "창녀는 더 쉽게 하는 말이고요. 이를테면 '저건 창녀 옷이잖아' 하는 거예요. 농담이 아슬아슬해졌다 싶으면 누군가 잽싸게 소리쳐요. '농담이었어!'"

표적이 된 소녀가 맞서는 경우는 드물다. 너무 예민하다는 말을 들을까 봐 두려워서다. "농담으로 받아들일 수 없어?" 아무도 너무 예민한 아이와는 놀고 싶어 하지 않는다. 누구나 다 아는 사실이다. 애써 아무렇지 않은 듯 행동하는데 누가 "호들갑이 심하네" 하면 가시에 찔린 것처럼 아프다. "농담이 전부 나한테 쏠리면 친구들에게 그러지 말라고 말하고 싶을 거예요." 열여섯 살인 엘리가 말했다. "'나를 괴롭힐 마음에서 이러는 건 아닐 거야'라고 생각할 거고요. 그 애들이 아니라고 하니까요. 하지만 자존감은 타격을 입어요."

"농담"의 표적이 된 소녀는 미칠 것만 같다. 상처 입은 마음과 친구를 믿으려는 마음 사이에서 무엇을 선택해야 할지 모른다. 내면의 소리를 무시하고 친구를 믿는 것은 소녀들이 어떻게 "단념하는가 혹은 자기 현실을 다른 사람들에게 넘겨서 그들로 하여금 자신의 경험을 명명하고 재구성하게 하는가"를 보여주는 중요한 예이며, 브라운과 길리건은 소녀들의 이런 상태를 자존감 상실의 주요 증상으로 보았다.[19]

오로지 앙갚음이 두려워서 갈등을 말하지 못하는 것은 아니다. 타샤

켈러는 빵집에서 베이글을 먹으면서, 소녀들이 진짜 감정을 농담으로 숨길 때 자기는 어떤 식으로 대처하는지 말해주었다.

"결국 화내는 게 얼마나 어리석은 일인지 알게 돼요." 타샤가 우물대며 말했다.

"누가 네게 심술을 부려도?" 내가 물었다.

"누가 내게 농담을 해도 심각하게 생각하면 안 돼요."

"누가 네 감정을 다치게 해도?"

"누가 감정을 상하게 하는 말을 했다고 해도 주먹싸움보다 더 나쁘게 생각할까요? 학교에서 누가 누구를 무지막지하게 팼다면 그게 더 큰일이죠. 가해자는 그런 사람을 말하는 거잖아요. 말하자면……." 타샤는 말을 잠시 멈추고 이 상황을 설명할 말을 찾았다. "정신적으로 학대하는 사람이 가해자는 아니잖아요."

몇몇 주류 심리학자들은 또래의 장난스럽거나 일상적인 모욕을 아동 발달 과정의 일부로 본다. 캘리포니아 대학교 버클리 캠퍼스의 대처 켈트너(Dacher Keltner) 교수는 "가해자들은 웃음이나 다 안다는 표정, 쿡 찌르기, 목소리의 어조로 자신의 말이 농담이라는 것을 전달한다"고 주장한다.[20] 여기서 소녀들의 사회를 바라보는 남성적인 시선을 다시 한 번 확인할 수 있다. 직접적 공격을 할 기회가 훨씬 많은 소년들은 농담처럼 던진 한마디와 "실제로" 혹은 심각하게 드러난 분노의 순간을 명확히 구별할 수 있다. 하지만 공격이 주로 소리 없는 몸짓으로 전달되거나 분노를 대부분 억눌러야 하는 소녀들에게 유머는 또 다른 목적이 있다. 열세 살인 재스민이 말했다. "농담은 너무 두려워서 차마 사실대로 말하지 못하는 것을 말하는 거예요. 유머가 진실이라는 걸 양쪽 다 모르면 소용없어요."

집단 따돌림

● "시간이 모든 걸 지워버리는 걸 보면 참 신기해." 한때는 인기가 많았지만 이제는 따돌림의 표적이 된 줄리가 영화 〈조브레이커(Jawbreaker)〉에서 말한다.

"시간은 아무것도 지우지 않아." 한때는 따돌림의 표적이었지만 이제는 인기가 많은 편이 대답한다. "사람들이 지우는 거지."

"사람이 사람을 지우는구나." 줄리가 한숨짓는다.

한 소녀가 인기를 얻거나 곤두박질치는 데 동맹 결성 혹은 집단행동보다 더 손쉬운 방법은 없다. 관계적 공격의 궁극적 형태인 동맹이 결성되면, 희생자는 적과의 관계를 상실할 뿐 아니라 친구들과의 관계도 상실한다. 예컨대 이런 식이다. 곧 갈등이 일어날 것 같으면 소녀는 적을 앞지르기 위해 지하운동을 철저히 계획한다. 유능한 정치가처럼 자기를 기꺼이 지지할 아이들을 끌어모아 조직적 연합을 결성하는 것이다. "지지하는" 친구들은 표적이 된 소녀를 무시하고 다른 아이들에게도 지지를 요청하거나, 표적이 부분적으로 혹은 완전히 고립될 때까지 직접 맞선다. "그러니까 자기 방식으로 전쟁을 선포하는 거라고 할까요." 6학년생인 다니엘라가 말했다.

집단 따돌림은 갈등의 직접적인 표출이 금지되는 환경에서 자생하는, 관계 생태계의 은밀한 산물이다. 갈등에 집단으로 관여하면 아무도 공격에 직접적인 책임을 질 필요가 없다. 분노는 종종 침묵을 통해 전달되며, 집단이라는 가림막 뒤에서 소녀는 "착한 아이"의 이미지를 유지한다. 패자의 결말은 대체로 고립이며, 패자는 갈등이 생긴 뒤부터 두려워하던 바로 그것, 관계의 상실을 경험한다. 아이들은 대개 고립이 두려워서 분노마저 "잊어버린다".

소녀들은 분노 표출이 관계 상실로 이어지는 연결 고리를 끊기 위해 동맹 결성이라는 방법을 택한다. 브라운과 길리건이 인터뷰한 빅토리아는 아이들이 화가 나면 그 감정을 "다른 누구에게 전달하고, 그 감정은 모든 아이들이 어느 한편을 들 때까지 계속 전달된다"고 말한다. 리지우드에 사는 6학년생 케냐가 말한다. "어떤 아이가 친구에게 화가 나면, 그 친구는 또 그 아이한테 화가 나요. 그러면 각자 다른 친구를 찾고, 서로 친해지면 그들의 문제를 이야기하는 거죠. 그렇게 새로운 우정이 시작돼요." 이런 식으로 동맹 결성은 우정에 얽힌 사건이 된다. 공격을 이런 식으로 대체하면서 관계를 유지한다. 싸움이 길어져도 더 오래 지속되는 우정을 보장받는 셈이다. 편드는 소녀는 자기 존재를 걸고 관계를 약속한다. 이렇게 하여 갈등은 끊임없이 관계 협상이 일어나는 과정이 되며, 소녀들은 이러한 기술이 뛰어나다.

메리마운트 학교의 8학년생인 니키는 이렇게 설명했다. "누군가에게 화가 났을 때 다른 애들에게 말해서 그 애들을 내 편으로 만드는 게 훨씬 쉬워요. 그래야 내가 옳은 사람이 되니까요. 일대일로 말하면 두 사람 모두 학년 전체의 재판을 받아야 하고, 그러면 내가 옳다는 판결을 받는다는 보장이 없잖아요."

동맹이 결성되는 동안 수군거림은 산불처럼 번져 나가고, 아이들은 하루 종일 그 이야기만 한다. "처음에는 직접 말하지만, 곧 전화로, 그다음에는 인터넷으로 말해요. 점점 확산되는 거죠. 메신저 대화 내용은 복사해서 붙이면 되니까요." 메리마운트 학교에 다니는 열세 살 소녀 레베카가 이야기했다. 같은 반의 마리아는 이렇게 말했다. "다른 아이들이 그 아이를 싫어하게 되면 내가 이기는 거예요."

또 다른 아이는 이렇게 설명했다. "무슨 일이 있어도 아무도 내게 화를 낼 수 없다는 생각이 들었어요. 나는 좋은 친구였고, 내가 문제는 아니였으니까요. 이제 예전에는 친하지 않았던 아이들과 가장 좋은 친구가 돼요. 나는 그 애가 가졌다고 생각한 모든 것을 가졌어요. 권력을 쥐게 된 느낌이죠."

동맹 결성은 오래된 갈등을 가슴에 묻어두는 소녀들의 성향과 일치한다. 가해자의 전략은 표적과 과거에 관계가 있었던 친구들에게 호소하는 것이다. 특히 오랫동안 친하게 지낸 아이에게 접근하면 가해자는 관계에서 파생된 문제에 대해 풍부한 정보를 얻을 수 있다.

미시시피 주에서는 5학년생들의 동맹 결성이 한창 진행 중이었다. 다니카가 설명했다. "그 아이들은 나한테서 나랑 같이 노는 친구에 대한 정보를 얻으려고 해요. 그 친구는 그 아이들의 적이고요. 그러니까, 이런저런 점이 너는 좋니? 하고 물어봐요." 나는 구체적으로 어떻게 하는지 물었다.

"나한테서 정보를 얻으면 그 애들은 고맙다고 말해요. 그러면 나는 이제 가봐야겠다고, 만날 사람이 있다고 말한 뒤에 그 친구에게 가서 이르는 거예요. 적에게서 정보를 얻는다고 할까요." 병사들이 알맞은 때를 기다리는 것과 같다. 베키가 설명했다. "누가 누구랑 어떤 문제가 생겨서 다른 누구에게 말하면, 그 말을 들은 아이는 지난주에 그 아이랑 있었던 일을 기억해서 말해줘요."

동맹 결성은 고전적인 유형의 간접 행동이다. 갈등은 유지되고, 다른 소녀들은 그 싸움을 지켜본다. 소녀들은 다양한 계기로 갈등에 휘말린다. 먼저 동맹 결성은 소속감을 느낄 기회를 주는데, 짧은 순간에 구성된 일시적 집단이라 해도 마찬가지다. 갈등 상황에 처한 소녀를 지지하며 그 아이의 짐마차에 올라탐으로써 소속감과 위로를 얻는다고 니키는 말했다. "싸우는 이유를 몰라도 거기에 속하고 싶어 해요. 속닥거리는 아이들 틈에 자기도 끼어들고 싶은 거죠." 멜로리가 거들었다. "어딘가 속할 곳이 생기거든요. 속하느냐 속하지 않느냐는 큰 문제예요." 동맹을 결성하는 소녀는 대체로 힘이 부족해서 지원군이 필요하다. 이는 친구가 생긴다는 뜻이며, 앞으로 불리한 상황이 와도 도움을 요청할 곳이 있다는 의미이다. 유능한 병사라면 그 기회를 이용하여 사회적 사다리에서 더 높이 올라간다. 레이첼이 설명했다. "편을 만들면 인기도 얻고 친구도 생기잖아요."

인기란 대체로 누군가를 표적으로 삼아 친구들의 등을 돌리게 하는 능력에 따라 정의된다. 소녀들에게 고립이 정신적 외상이라면 관계는 힘을 주는 것이다. 친구들을 자기편으로 만들면 스스로가 더 강해진 것 같다. "인기를 얻은 기분이 들어요. 힘이 더 생긴 것 같거든요. 자기가 옳다는 말이잖아요." 메리마운트 학교에 다니는 로렌이 설명했다. "그러면 안전하다는 느낌이 들어요. 친구들이 자기편이 되면 '나는 힘이 있어. 힘이 생긴 것 같아' 하는 기분이 드는 거죠." 아든 학교에 다니는 열한 살 소녀 메리가 말했다.

동맹 결성은 친구들의 지지를 얻었다는 표시다. 어쨌든 그 순간만큼은 버림받지 않는다는 암묵적인 계약이다. 모두가 표적에게 등을 돌린다면 자기는 무사하다는 말이다. "사람들로 하여금 '넌 강하고 괜찮은 아이야' 하고 말하게 만드는 방법이죠." 다나가 말했다.

동맹 결성은 소녀들의 삶 속에 깊이 뿌리박혀 있어서 아이들은 그것 없는 삶을 상상하기 힘든 것 같았다. "작정하고 동맹을 결성하지는 않아요." 로렌이 어깨를 으쓱했다. "본능이죠. 내가 괜찮은 아이로 보여야 한다는 것은 말이에요."

"말할 사람이 없으면 무력한 기분이 들어요." 다나가 설명했다. "누구를 찾아가야 할지 막막하거든요. 그러면 가슴속에 쌓이는 거죠."

물론 이런 동맹 결성에는 골치 아픈 사회적, 개인적 희생이 뒤따른다. 로렌은 갈등의 본질이 희미해질 때 지지자를 모으는 방법에 대해 설명했다. "사소한 문제도 다 도마 위에 올려요. '그 애가 뭘 입었는지 봤어?' 이런 식 말이에요." 가끔은 어쩔 수 없이, "과장하고, 진실을 숨겨요". 로렌이 설명했다. "더 많은 아이가 가담하면 제압할 힘이 더 생기는 거죠." 이런 식으로 동맹 결성은 다른 대체공격을 부추기는데, 소문내기나 비밀 폭로하기가 여기에 포함된다. 동맹 결성은 갈등을 왜곡하고, 싸움은 직접 말로 할 때보다 더 길어진다.

많은 아이들이 한꺼번에 괴롭히면 희생자는 한참 뒤까지 그 사건의 여파를 경험한다. "삶이 연못처럼 되는 것 같아요." 어느 7학년생이 말했다. "누가 연못에 돌멩이를 던지면 그 물결이 퍼져서 삶 전체가 엉망이 되는 거예요." 싸움이 궁극적으로 관계 경쟁이라면, 갈등의 실제는 묻혀버리고 동맹 관계가 부각된다. 그 결과 소녀들은 종종 직접 경험한 사건들의 해석에 의문을 느끼면서 또다시 미칠 것 같은 기분에 사로잡힌다. "누구와 싸움을 하게 됐을 때, 아이들이 나더러 뭐라고 했어요." 메리마운트 학교에 다니는 캐리가 말했다. "내 잘못이래요. 나더러 화낼 자격이 없대요. 정말 미칠 지경인 거죠." 같은 반의 코트니가 말을 받았다. "절대 못 이겨요. 학년 전체가 편들기를 하는걸요." 가해자는 다른 아이들이 갈등을 평가하고 판단하도록 조장한다.

직접 싸워서 해결될 것 같지 않으면 침묵을 지키는 편이 훨씬 쉽다. 브라운과 길리건이 인터뷰한 나우라는 흉보기의 전형적인 형태는 이렇게 일어난다고 말했다. "자기 견해에 동의하지 않으면 그 아이는 화를 내고…… 그러면 나는 무슨 말을 해야 할지 모르겠고, 무슨 말을 하기도 어려워요." 서서히, 타운을 떠나는 서커스단처럼 이 소녀들의 목소리와 감정에서 빛이 빠져나간다.

동맹 결성이 소녀들에게 더없이 매혹적인 것은 공격의 경험이 정당화되는 방식 때문이다. 이들은 일대일 공격이 받아들여지지 않는다고 생각한다. "편이 없는 쪽이 잘못한 사람이 돼요. 누가 잘못했는지는 무작위예요." 코트니가 말했다. 메건은 멜리사를 적으로 만들려다가 또래의 지지를 얻지 못했지만, 결론적으로 이렇게 말했다. "친구들의 지지 없이 누군가를 따돌리는 것이 어리석게 느껴졌어요."

종합해보면 이것은 또 다른 시각에서 해석할 수 있다. 소녀들에게 개인적인 공격 행위를 허락하지 않는 문화에서, 동맹 결성은 공격 행위와 또래의 동의가 만나는 흔하지 않은 교차점이다. 다수 세력은 따돌림에서 안전함을 의미하기 때문이다. 동맹은 지하조직을 낳고, 소녀들은 그 조직의 사회적 규범에 책임을 진다. 또한 공격의 사용이 인정되는 경우를 함께 결정한다.

새클러데이 학교의 6학년생은 동맹 결성이 처벌을 우회하는 방법이라고 설명했다. "그것 때문에 내가 벌을 받을 수는 없어요. 그러니까 '저쪽으로' 하면서 다수에게 책임을 돌리는 거죠." 공격적인 소년들도 처벌이나 죄의식의 피신처를 집단 속에서 찾으려고 한다. 하지만 공격의 규칙에 있어서 소녀들이 소년들과 다른 점은, 소녀들은 화가 나면 같은 편이 될 친구를 찾는다는 것이다. 연구에 의하면 소녀들이 공격 행위를 하면서 느끼는 죄의식은 다른 사람들과 책임을 공유할 때 현저히 감소한다고 한다.[21]

중재자

●　　　　　　　　　　　　한 소녀가 요령 있게 한쪽 편을 들지 않더라도 결국은 양편 사이에 끼이게 되는데, 똑같이 위험한 위치다. 갈등에 관여하는 것 외에 선택권이 없다고 확신할 때 소녀들은 익히 아는 기술을 사용한다. 주변의 성인 여성들을 보며 오랫동안 관찰해온 기술로, 어느 한편을 들기 애매한 상황에서 그들은 차라리 중재자가 되기로 한다.

친구들이 두 편으로 나뉘어 싸울 때 그 중간은 종종 가장 위험한 위치가 된다. 양쪽 모두 지지를 얻으려고 접근하면 우정은 위험에 처하거나 파괴된다. 아든 학교에 다니는 줄리아가 설명했다. "친한 친구 두 명이 싸우면 그중 한편을 들어야 할 것 같아요. 하지만 한 친구를 택하면 다른 친구가 속닥거리기 시작해요. 그러면 완전히 녹초가 돼서 포기하고 싶은 기분이 들어요. 잘못한 쪽은 오히려 내가 되죠." 더욱이 하위 동맹이 생기면 중재자에게 더 큰 압력이 가해진다. "많은 아이들이 나를 적대시해요." 스테이시가 말했다. "그러면 지쳐서 그만두게 돼요."

소녀들은 화가 나면 종종 서로 입을 다물기 때문에 중재자들은 갈등의 해결 과정에서 결정적인 역할을 한다. 중재자가 갈등을 경험하는 소녀들 사이에 끼어들 무렵이면 대체로 갈등의 당사자들은 두려움을 더 많이 느끼고 있다. 중재자의 주된 역할은 쌍방의 타협을 유도하는 것이다. 중재자는 상냥한 외교관 역할을 해서 능숙하게 두 소녀를 고립에서 구출한다.

하지만 중재자가 맞이하는 결과는 복합적이다. 예컨대 외교술을 발휘하는 동안 중재자는 다른 사람들의 관계를 건강하게 만드는 기술이 높은 평가를 받는다는 것을 깨닫는다. 이는 여성의 자질로서 인정받는 기술이다. 어느 열한 살짜리 소녀가 말했다. "친구들을 앉혀놓고 서로 대화하게 하면 정말 뿌듯해요."

싸움의 당사자들이 맞는 결과도 불안하기는 마찬가지다. 중재자는 이들의 사회적 미래를 쥐고 있고 스스로 그 사실을 알고 있다. 중재자가 우정을 이어줄 수 있다면 파괴하는 것도 가능하다. 어쩌면 중재자 자신이 당사자들 중 한 명과 문제가 있을지도 모른다. 어느 6학년생이 말한 것처럼 중재자는 어느 순간 자기에게 쏟아질지 모르는 집중포화를 피하려고 거짓말을 할지도 모른다. "문제가 있는 한 명은 중재하는 애가 거짓말을 하거나 소문을 낼까 봐 두렵겠지요. 다른 아이들이 자기를 떠날지 모르니까요."

미시시피 주에서도 7학년생들과 동맹 결성에 대해 이야기했다.

"많은 아이들이 싸움에 관여하는 이유가 뭘까?" 내가 물었다.

"어떻게 되는지 지켜봐야 하니까요." 베스가 말했다.

"그래야 다른 애들에게 무슨 일인지 말할 수 있잖아요. '아, 나도 알아! 무슨 일인지.'" 앤드라가 코맹맹이 소리를 냈다.

"그중 누군가와 정말 친하고 싶으면 싸움을 부채질할 수도 있어요." 앤젤라가 말했다.

"사람들은 이따금 누군가가 더 화나게 상황을 몰아가기도 하잖아요." 베스가 말했다.

"그러고 싶어 하는 이유가 뭘까?" 내가 물었다.

"누가 마음에 안 드니까요."

"그 애들이 서로 싸우게 만들고 싶으니까요."

"중재자가 소문에 가세할 수도 있어요."

"그래서 뭘 얻을까?" 내가 물었다.

"싸우는 애들 중 하나가 과거에 중재하는 애를 화나게 만든 거죠. 그러면 중재하는 애는 이야기를 바꾸거나 뭔가 다른 이야기를 덧붙일 수 있어요." 베스가 말을 이었다. "그 애가 자기한테 뭔가 잘못했으니 복수할 기회를 기다리고 있었던 거예요."

자기 관계를 희생해서라도 다른 아이들의 관계를 우선적으로 처리하려는 중재자는 신속히 그 갈등의 일부가 된다. 아든 학교의 어느 6학년생은 친구들을 화해시키려는 노력이 수포로 돌아간 경우가 많았다고 했다. "도와주려고 그렇게 애를 썼는데, 그 애들은 결국 나한테 화를 냈어요. 그 애들의 화해 방법이 나한테 화내는 거였어요." 한 소녀는 편들지 않는다는 이유로 낭패를 당했다. "제가 여기 붙었다 저기 붙었다 한다고 둘 다 화를 내던데요." 어느 사립학교의 5학년생은 간단하게 썼다. "싸움에 대해 뭐라고 하다가 나까지 싸움에 휘말렸다." 그해에 자기가 겪은 문제에 대해 쓴 글이다. "나는 아델리아와 마리나 사이에 끼여서 싸웠다."

그 학교의 6학년생인 레베카는 이런 식으로 설명했다. "탁구 같아요. 누가 우승하는지 챔피언을 뽑는 거죠. 가운데 끼인 아이는 공이에요. 한 친구는 한편에, 또 한 친구는 다른 한편에 있는데, 어느 한쪽에 붙기 싫어서 이쪽저쪽 옮겨 다니지만 결국에는 어딘가에 붙어야 하거든요."

중재자의 중요성은 갈등 공개가 금지와 두려움의 대상이 되는 사회에서 더욱 커진다. 중재자는 소녀들 사이에서 제멋대로 흐를지 모르는 분노를 여과하거나 억누른다. 그들은 소녀들이 뭔가 잘못 말하거나 뜻하지 않은 것을 말할 가능성을 피하기 위해 사용하는 일종의 도구다. 아든 학교의 7학년생이 말했다. "친구 둘이 크게 싸우면 내가 꼭 거기 개입해야 해요. 내 싸움이기도 하거든요. 그 애들은 내가 어떻게 해주기를 바라요." 갈등하는 소녀들은 중재자를 이용하여 자신의 분노를 가리고, 자신의 여성적 정체성이 가장 크게 시험받는 순간에 "괜찮은" 사람으로 남는다.

중재자의 역할은 갈등의 구조뿐 아니라 우정에도 개입하는 것이다. 한 연구자는 친구들의 갈등을 중재하지 못하는 것 자체가 또래에게 명백히 공격적인 행위로 인식된다고 말했다.[22] 어느 한쪽을 선택하는 소녀들처럼, 중재자는 더 큰 힘을 가진 한쪽의 감사와 애정을 받는다. 새클러데이 학교의 6학년생이 말했다. "간혹 인기 있는 애가 누구랑 싸울 때 말인데요. 중재자가 그 애를 돕는 유일한 이유는 그 애가 자기를 이용해도 좋다고 생각하기 때문이에요. 중재자는 그게 자기한테 좋다고 생각하거든요."

동맹 결성은 소녀들에게 일상적인 관계의 지뢰밭이라는 이미지로 다가온다. 관계가 위험에 처할 가능성은 날마다 존재한다. 끊임없이 우정을 계산하고 협상해야 한다. 그렇게 지하운동을 벌이는 동안 우정은 타락한다.

2000년에 UCLA의 연구자들은 직접적인 위험 상황에서 나타나는 인간의 반응에서 성적 차이점을 찾아냈다. 남자들은 "싸우거나 도망가는" 것을 선택한 반면, 여자들은 "돌보거나 친구가 되려고" 했고 공격하거나 달아나기보다 보살피거나 다른 사람들의 지지를 얻고자 했다. 이 연구는 남성 그리고 "싸우거나 도망가는" 반응을 대상으로 한 점에서 연구의 편향성을 보이지만, 스트레스 상황에서 여성은 종종 같이 있어줄 사람을 찾는다는 사실을 보여주었다.[23] 이 연구 결과는 여자들이 위협의 상황에서 집단적인 위로를 구하는 경향이 역사적인 현상임을 나타내는데, 후속 연구가 진행되면 여성 공격에 대해 더 많은 지식을 제공할 수 있을 것이다.

무리 형성하기

●　　　　　　　　　　　　2000년에 방송된 〈서바이버(Survivor)〉라는 텔레비전 프로그램은 16명의 사람들이 위험한 무인도에서 최후까지 살아남는 1인이 되기 위해 "실제로" 경쟁하는 내용으로 사람들의 마음을 사로잡았다. 매주 방송이 끝나기 전에 시청자들은 한

때 친하게 지냈던 생존자들이 섬을 떠날 한 사람을 투표하는 장면을 심란한 마음으로 지켜보았다. 시청자들은 누가 다음 차례가 될지 진지하게 기다렸다.

단 세 명의 경쟁자가 남았을 때, 승자로 예상된 켈리가 투표에서 떨어졌다. 하지만 그 주의 헤드라인은 예상 밖의 탈락이 아니었다. 남은 둘 중 한 명의 충격적인 작별 인사였다. 5,500만 명의 시청자들이 넋을 놓고 지켜보는 가운데 그녀가 조용히 경고했다. "살면서 갈증이 나서 쓰러져 있는 너와 다시 마주치더라도 물 한 모금 주지 않을 거야. 독수리들이 너를 데려가서 무슨 짓을 하든 가만히 놔둘 거야. 후회는 없어." 지켜보는 모든 사람들의 입이 쩍 벌어졌다.

〈서바이버〉의 축출 방식은 소녀들 무리의 배척 방식과 비슷하다. 소녀들은 갑자기 경고 없이 무리 중 한 명을 따돌린다. 이 예기치 못한 사건이 표적에게 미치는 힘은 가히 충격적이며 심지어 파괴적이기까지 하다.

무리에서 축출할 때, 그 처벌 방식은 희생자가 존재하지 않는 것처럼 행동하는 것에서부터 악랄하고 잔인한 따돌림 행위까지 광범위하다. 이러한 축출은 느닷없고 임의적이며 비열하다. 구경꾼들은 무리 전체가 어떻게 그중 한 명을 그토록 철저히 따돌리는지 어리둥절할 것이다. 하지만 소녀들의 목소리에 귀를 기울이면 그 철저한 따돌림을 금세 이해하게 된다. 소녀들의 분노는 가슴속에 깊이 박힌 악의 뿌리로 설명되는 것이 아니다. 그런 해석이 흔하겠지만, 안타깝게도 그들의 분노는 오히려 친절해야 한다는 당위성에서 비롯된다. 소녀들은 일상의 분노와 상처와 배반과 질투를 다룰 도구가 부족하다. 따라서 그런 감정들은 넘치거나 방출되기 전에 곪아터진다.

에린과 미셸의 이야기 : 거울 속의 두 얼굴?

다이앤 해리건 박사는 딸의 학교에서 어느 교사와 마주쳤다. 그날 딸 에린을 교실로 데려가는데—아무튼 딸이 다시 힘을 내서 학교에 가게 된 것은 대단한 변화였다—낯선 여자 교사가 걸음을 멈추고 다이앤의 어깨를 가볍게 두드렸다. "이 말씀을 드리고 싶어서요." 그녀가 조용히 말했다. "무슨 일을 겪고 계시는지 저도 알아요." 그리고 이제 서른이 된 딸 이야기를 꺼냈다. 딸이 10대였을 때 친한 친구들에게 느닷없이 버림받아 마음에 상처를 크게 입었는데, 최근에 서점에서 우연히 그 주모자를 보자 얼른 피해버렸다는 이야기였다. "아직 힘든가 봐요." 그녀가 말했다. 다이앤은 눈물이 나왔다. "저도 알아요."

"학교 전체에서 이런 일을 당한 건 우리 애뿐이에요." 다이앤이 내게 말했다. 이 학교의 학생들에게 연구에 대한 협조문을 발송한 뒤 내게 제일 처음 연락해온 사람이 그녀였다. 다이앤은 자신을 임상 심리학자라고 소개했다. 딸 에린이 집단 따돌림의 표적인데, 아직 그 후유증을 겪고 있다고 했다.

미셸은 화가 났다. 5학년이 되기 전 여름에 미셸은 새로 전학 온 에린 해리건과 짝이 되었다. 전화 통화와 메신저 대화를 나눈 뒤 미셸은 에린이 정말 괜찮은 아이라고 생각했다. 하지만 전학 온 첫 주부터 에린은 자기가 가장 인기 있는 아이인 것처럼 거들먹거리고 다녔다. 점심시간이 되자 에린은 자신감에 찬 우아한 표정으로 인기파 아이들에게 곧장 다가갔다. 미셸은 복도에서 에린에게 인사했지만 에린이 그냥 지나치자 자기를 무시했다고 확신했다. 싸움이 곧 일어날 것 같았다.

5학년과 6학년에서 몇 개의 무리가 형성되자 미셸은 어디에 들어갈지 망설였다. 분위기에 휩쓸려 인기 있는 무리에 붙기도 했고, 평범한 아이들의 그렇고 그런 무리에 들어가기도 했다. 미셸은 에린이 6학년에서 가장 인기 있는 소녀인 켈리를 밀어내고 니콜과 가장 친해진 뒤에, 켈리를 따돌리고 인기 있는 남학생들을 유혹하는 것을 지켜보았다. 미셸은 끊임없이 분노를 느꼈다. 에린은 자신감이 넘치고 남자를 좋아했으며, 에린 자신도 그것을 알고 있었다.

니콜이 6학년을 마치고 여름에 다른 곳으로 이사 가자 에린은 미셸에게 곧바로 메시지를 보냈다. 딱 좋은 시점이었다. 미셸은 친구들이 슬슬 지겨워졌고, 에린과 사귀면 좋을 것 같았다. 미셸은 새 우정을 통해 인기파에 속하게 되었고 섭섭하던 마음은 금세 사라졌다. 에린과의 우정은 중독성이 있었고 변화는 깔끔했다. 미셸은 갑자기 인기 있는 아이가 되었다.

그로부터 3년 뒤, 나는 열다섯 살이 된 미셸과 학교 근처에서 차를 마시면서 이야기를 나누었다. "에린은 처음 친구가 되면 거의 마약 같은 아이예요." 미셸이 말했다. "아주 좋은 친구처럼 행동하거든요. 재미있고 친절해요. '인기가 그렇게 많은데 왜 나 같은 아이와 친구가 되려고 하지?' 이런 생각까지 들어요. 듣고 싶은 말은 다 해주고, 정말 잘해주는 데다, 나와 친구가 된 사실이 정말 기쁜 것처럼 행동해요. 나는 자신감이 없는데 그 애는 내가 전부인 것처럼 대해주니까 굉장히 들뜨게 돼요. 사람들은 보통 그런 사람이 되고 싶어 하잖아요. 누군가에게 중요한 사람이요." 에린과 친한 친구라는 사실에 미셸은 흥미진진한 사건의 한 가운데서 느껴지는 짜릿함을 만끽했다.

두 사람의 우정은 운명처럼 느껴졌다. 7학년 수업은 전부 같이 들었다. 미셸과 다른 친구들의 사이는 점점 멀어졌다. 그러던 어느 날, 처음으로 과학 시험을 친 직후에 에린이 6점을 더 받자 미셸은 정신이 아찔했다. 익숙지 않은 심리적 고통이었다. 다음 시험에서 미셸이 더 좋은 점수를 받자 이번에는 에린이 좌절했다. 얼마 지나지 않아 슬금슬금 눈치를 보던 경쟁은 노골적이 되었다. "그 애가 시험을 더 잘 보면 내가 화나고, 내가 더 잘 보면 그 애가 화나는 식이었어요." 미셸이 설명했다. 미셸은 에린을 이기기 위해 열심히 공부했고, 모두 A를 받았다. "그 애가 성적이 나쁘면 늘 기뻤어요."

미셸은 옛 친구들이 점점 멀어져서 마음이 불편했지만, 둘은 여전히 가장 친한 친구였다. 그해 봄에 버스에서 미셸은 같은 학년의 남학생인 루크를 짝사랑한다고 에린에게 말했다. 다음 날 점심시간에 에린이 선언했다. "어쩌니, 나도 루크가 좋아." 미셸은 깜짝 놀랐고, 이어서 화가 났다. 하지만 아무 말도 할 수가 없었다.

다음 날 저녁, 에린은 루크를 불러냈다.

"내가 루크를 좋아한다고 하니까 자기도 좋아하기로 한 거예요. 루크가 쭉 자기를 좋아한 걸 알고 있었으니까 마음만 먹으면 사귈 수 있었거든요. 에린이 루크에게 사귀자고 했어요." 미셸은 여전히 믿기지 않는다는 듯이 말했다. "루크는 당연히 그러자고 했죠. 나는 이렇게 말했어요. '나는 괜찮아. 난 빠질게.' 물론…… 괜찮았을 리가 없죠."

미셸은 한마디 하고 싶었지만 참았다. 다음 날 미셸은 분한 마음을 참지 못하고 때마침 자기가 빌려준 팔찌를 하고 있던 에린에게 그것을 돌려달라고 했다. 에린은 대꾸하지 않았다. 그리고 노려보았다. 미셸은 두려움이 관통하는 것 같은 싸늘한 충격을 받았다. "그 애가 화를 내면 정말 무섭거든요." 미셸이 설명했다. "나한테 화내는 건 정말 싫었어요." 상황을 무마하려고 미셸은 뭐가 문제인지 물었고, 에린은 미셸의 심술궂은 태도가 지긋지긋하다며 성질을 부렸다. 미셸이 부드럽게 말했다. "미안해. 난 싸우고 싶지 않아."

둘은 나중에도 싸웠는데 매번 이 첫 번째 싸움과 비슷했고, 미셸이 온 힘을 다해 분노를 억눌러도 둘의 싸움은 점점 잦아졌다. "내가 뭔가에 대해 화내면 그 애는 상황을 뒤집어서 내 탓으로 돌려요. 언제나 내 잘못, 내 잘못, 내 잘못인 거죠."

"독재자 같다고 늘 생각했어요." 미셸이 말을 이었다. "통제권이 전적으로 그 애한테 있는 거죠. 뭔가 다른 의견을 말하면, 나는 틀리고 자기는 옳아요. 그 애는 잘못이 하나도 없어요. 모두 내 잘못이죠."

미셸은 에린에게 자기의 감정을 말하지 않겠다고 했다. "실은 말할 수 없었던 거예요. 겁났거든요." 미셸은 에린에게 서로 따돌리지 말자고 했고, 둘 사이에 거리가 생기자 싸움도 줄어들었다. 미셸은 에린과 무관한 다른 소녀들과 가까워졌다. 에린은 금세 제시카와 친구가 되었다. 미셸은 마침내 에린에게서 벗어났다는 안도감이 들었지만, 한편으로는 화가 났다.

에린의 최면적인 매력에서 벗어나 8학년의 새 친구들과 사귀게 되면서 미셸은 곧 많은 여자아이들이 에린을 재수 없는 계집애로 생각한다는 사실을 알게 되었다. 켈리는 남자친구 데니스가 자기를 버리고 에린에게 간 일로 무척 화나 있었고, 3년 전에 인기 경쟁에서 패배한 사실도 잊지 않고 있었다. 미라 역시 발끈해 있었다. 에린이 제시카를 홀리기 전에는 미라가 제시카와 가장 친했다. 이제 점심때 미라는 제시카와 에린이 같이 있는 것을 혼자 외로이 지켜보아야 했다.

미셸은 다른 친구들과 사귀면서 이제 에린이 필요 없다는 사실을 깨달았다. 에린은 자기 생각만 하는 아이였다. "에린은 가만히 앉아 있다가 아이들이 모여들면 이래요. '얘들아, 나 오늘 어때? 옷차림이 괜찮아?' 자기밖에 몰라요." 미셸에게 새 지갑이 생기자 에린은 자기 지갑을 자랑했다. "정말 자기중심적이죠."

그러던 어느 날 에린이 역사 공책을 빌리려고 미셸에게 전화했다. 미셸은 가볍게 거절하고 얼른 끊었다. 에린은 '30번' 더 전화했지만 미셸은 받지 않았다. 에린이 싫었지만 싸울 마음은 없었다. 예전의 갈등이 여전히 망령처럼 떠돌고 있었다. "나한테 뒤집어씌웠을 거예요. 나를 화나게 만들었을 거예요." 미셸이 예측했다. "나더러 나쁜 친구라고 말했을 거예요. 모든 게 내 잘못이라면서요. 하지만 내 잘못이 아니었으니까 물러서기 싫었어요."

그러는 동안 애슐리와 루크가 사귀기 시작했다. 루크는 여전히 에린을 잊지 않고 있었다. 어느 날 에린이 루크의 집에 놀러 갔을 때 둘은 키스했다. 에린은 다시는 그런 일이 없을 거라고 했지만 일주일 뒤에 또 그랬다. 루크는 그 이야기를 켈리에게 털어놓았고 에린은 제시카에게 전했다. 그런데 제시카는 오랫동안 루크를 짝사랑하고 있었고, 그 이후 에린에 대한 마음이 흔들리기 시작했다. 하지만 미셸이 그랬듯이 제시카도 "에린의 전부"로서의 자기 위치를 잃을까 봐 두려웠다.

그다음 주, 에린이 하키 결승전에서 결승골을 넣었을 때 켈리는 애슐리가 에린을 껴안는 것을 목격했다. 둘은 점점 가까워지는 것 같았다. 그날 밤 켈리는 애슐리의 집에서 미셸과 함께 놀았고, 그 뒤로 모든 것이 달라졌다.

"애슐리." 켈리가 비장하게 말했다. "할 말이 있어."

"뭔데?" 애슐리가 몸을 숙이며 물었다.

"네가 루크와 사귀고 있는 동안 에린이 루크와 두 번 키스했어."

애슐리의 얼굴이 충격으로 일그러졌고 곧 울음을 터뜨렸다. 이어서 물건을 집어던졌다. "재수 없는 계집애!" 애슐리는 악을 쓰며 울었다.

"그래." 켈리가 얼른 내뱉었다. "앞으로 그 애랑 말하지 말자."

"어떻게 그런 짓을 할 수가 있어?" 애슐리가 소리쳤다.

"이제 됐어." 켈리가 말했다. "내가 알아서 할게." 켈리는 수화기를 들고 에린에게 전화했다. "안녕." 켈리가 말했다. "있잖아, 루크가 너랑 있었던 일을 죄다 털어놓았어. 이제 애슐리도 이메일을 봐서 다 알아. ……그러니? 미안, 끊을게. 잘 있어." 켈리는 전화를 끊고 방긋 웃었다. "정말 화가 많이 났나 봐." 침묵을 뚫고 전화벨이 울렸다.

"받지 마!" 애슐리가 막았다.

"안 받아." 켈리가 대답했다.

드디어 화낼 이유가 생긴 것이다. 미셸의 말에 의하면 그건 "에린이 어쩔 수 없는 이유"였다. "누가 엄청 화가 나면 모두 같이 가세하게 되는 것 같아요." 다음 날 에린은 미셸에게 전화했고, 미셸은 바쁘다며 황급히 전화를 끊었다. 그리고 얼른 제시카에게 전화했다.

제시카는 막 나가려던 참이었다. "내가 물었어요. '제시카, 에린이 너한테 그런 짓을 했는데 기분이 어때?'" 제시카는 모르겠다고 대답했다. "그래서 이랬죠. '제시카, 무슨 말을 해도 혼자만 알고 있을게.' 에린한테 화내기가 두렵지 않은지, 말 걸기가 두렵지 않은지 말해달랬어요." 미셸은 자기가 느낀 두려움을 털어놓았다.

"내 기분이 꼭 그래." 제시카가 외쳤다. 미셸은 제시카가 그때 "뭔가 깨달음을 얻었다고" 생각한다. 제시카도 에린의 전화를 받지 않기 시작했다.

미셸이 설명했다. "그때부터 우리는 뭐랄까, 아이들을 설득하며 돌아다녔어요. 그 애를 두려워할 이유가 없어, 그렇지? 하면서요." 월요일에 등교하자 여자아이들이 모두 에린을 무시했다.

"우리는 모두 환한 얼굴로 자리에 앉았어요. 정말 기뻐서요. 앞으로 에린과 그런 관계를 맺지 않아도 되니까." 그러자 에린이 교실로 들어와서 눈물을 닦으며 한 여자아이 옆에 앉았다. "에린이 한 번쯤 말을 건 아이였어요. 자신감이 없고 좀 뚱뚱한 아이였는데, 느닷없이 에린과 친구가 되더군요. 어쨌든 그 애도 같이 앉을 짝이 필요했을 테니까요." 에린과 친구가 되고 싶어 했지만 그동안 외면당했던 아이들이 점심시간에 에린과 같이 놀기 시작했다. 미셸의 무리는 그들이 내린 고립의 벌을 에린이 피하자 격분했다. 미셸은 싸움이 "본격적으로 시작된 건 그때"라고 말했다.

켈리는 에린이 지나가면 비웃었다. "데니스 때문이었어요." 미셸이 설명했다. "에린이 니콜에게 붙어서 켈리를 따돌렸을 때 우리는 같이 붙어 다녔거든요." 이들의 관계는 에린이 빠지자 더욱 긴밀해졌다. "우리는 아주 친해져서 복도에서 모이면 에린 이야기를 쏟아냈어요. '그 애가 뭘 부탁하기에 싫어! 하고 말했지. 그랬더니 기분이 어찌나 좋은지 말이야. 드디어 우리도 인간답게 사는 거야.'"

그들은 에린의 이메일에 분노를 퍼부었다. 모두 그 문제에 몰두해 있는 것 같았다. 심지어 이 사건과 아무 관련이 없는 아이들조차 에린을 피해야 할 이유를 자진해서 댔다. 어떤 아이들은 에린을 "재수 없는 계집애"라고 불렀다. 애슐리는 에린을 보기만 해도 구역질이 난다고 써서 보냈다.

나는 미셸에게 어느 시점에 에린과 다시 말을 하거나 용서할 생각이 들었는지 물었다. "그랬을 리가요!" 미셸이 놀라서 말했다. "그 애와 친구가 되려고 하는 아이는 더 이상 없어요. 그 애가 그때까지 다른 아이들에게 했던 것처럼, 고통받는 모습을 보고 싶을 뿐이었죠." 나는 에린이 용서받을 만한 어떤 행동을 하겠다고, 이를테면 더 좋은 친구가 되겠다고 약속했다면 어떠했을지 물었다. "우리는 그 애를 알아요. 그러지 않았을 거예요. 지긋지긋했어요. 그저 벗어나고 싶을 뿐이었죠."

"그러면 너희가 바라는 건 어떤 것이었지?" 내가 물었다. "음, 그 애가 힘들어한 건 맞지만 새로 친구들을 만들었잖아요. 우리는 그 애에게 알려주고 싶었어요. 친구 없이 지내는 것이 어떤 건지 말이에요. 직접 당해봐야 알거든요."

미셸의 무리는 날마다 에린이 힘들어하는 모습에 대해 서로 이야기를 나누었다. 에린이 지나갈 때는 더럽다는 듯이 쳐다보았다. "정말 좋았어요. 모두 정말 기뻐했어요. 마침내 제대로 되어간다는 생각이 들었거든요."

"그것으로 끝이었어요." 에린의 말은 달랐다. "그 애들이 내 세상이었는데! 내 전부였는데! 나는 가족도 신경 쓰지 않았어요. 관심을 쏟은 건 그 애들뿐이었는데."

우리는 에린의 침대에 앉아 있었고, 나는 〈도슨의 청춘일기〉가 시작하기 전에 인터뷰를 끝내겠다고 약속했다.

"그 애들은 내가 우는 걸 보고 정말 기뻐했어요." 에린이 회상했다. 미셸의 무리가 에린의 사물함에서 얼마 떨어지지 않은 곳에서 빙 둘러 섰다. "오늘 정말 재미있겠지!" 그들은 에린을 흘끔거리며 조잘거렸다. "그 애들은 바로 내 앞에서 이야기를 나눴지만 내 얼굴은 쳐다보지도 않았어요. 자기들끼리 '같이 화장실에 가자' 하더군요. 나는 눈물을 글썽이며 지나갔어요."

에린의 부모는 이해하지 못했다. "집에 돌아와서 소리를 질렀어요. '제발 날 놔두세요'라고요. 다 끝난 것 같았어요. 삶이 완전히 끝난 것 같았어요."

에린은 자기가 따돌림을 당한 과정에 대해 전혀 모르고 있었다. 자기가 잘못한 것은 알았지만 모두 자기를 따돌린 이유는 알지 못했다. 성적이 A에서 C로 곤두박질하자 에린은 더욱 절망했다. 숙제할 때 누군가의 도움이 필요한 적이 없었지만, 이제 어머니가 매일 밤 옆에서 도와주었다. "혼자서는 아무것도 할 수 없었어요." 에린이 말했다. "완전히 자신감을 잃었어요. 그 애들이 나를 완전히 짓밟았어요. 나를 끔찍이 싫어했죠. 그러니까 이제 나는 아무것도 아니었어요. 자꾸 이런 생각만 들었어요. '한 달 전에는 정말 행복했는데.'"

친구들의 강렬한 분노를 접하고 에린은 실의에 빠졌다. 빛이 사라졌다. "예전의 내가 존재한 건 그 애들이 있어서였어요. 하지만 그 일 뒤로 내가 누구였는지도 모르겠더라고요. 항상 우울했어요."

에린에게 가장 힘든 순간은 자기만 빠지고 그 아이들이 모두 함께 있는 것을 지켜볼 때였다. 자기는 죽은 사람처럼, 유령처럼 느껴졌다. "나는 없었어요. 에린은 없었어요."

아이들은 에린의 이메일 계정을 해킹해서 암호를 '걸레'라고 바꿨다. 루크는 키스에 대해 책임이 없는 것처럼 보이려고 자기가 보낸 러브레터를 지워버렸다. 아무도 그를 비난하지 않았다.

에린의 어머니는 미칠 지경이었다. 에린은 학교에서 멀어질수록 "더 비참"해졌다. 무기력하고 우울했다. 빙글빙글 돌다가 멈춘 팽이처럼 에린은 거의 모든 활동을 멈추었다. "아이같이 굴었어요. 내 품에 쓰러지듯 안기더군요." 다이앤은 학교에 가자고 에린을 달래던 일을 기억했다. 점심시간이 되기 전에 학교에 데려가려면 온갖 말로 설득해야 했다.

학교에 다다를 즈음에는 다이앤조차 두려움에 휩싸였다. "우리 집에서 먹고 자면서, 내가 없는 것처럼, 거리낌 없이 행동하던 아이들이 거기에 있더군요." 그녀가 숨을 깊이 들이마셨다. "정말이지 공격적이었어요. 어른에게 어떻게 그렇게 무례할 수 있는지. 아주 반항적이고, 적대적이고, 눈빛을 보니 정말이지……." 그녀의 목소리가 갈라졌다. "어떻게 해야 할지 정말 암담했어요."

다이앤은 매일 밤 에린이 서럽게 우는 것을 지켜보았다. 수업을 다 마치기 전에 학교에 도착하지 못하는 날에는 에린 혼자 길가에 서 있었는데, 그 아이들은 에린의 그림자가 닿을 만큼 가까이 서 있었다. 차에 타면 에린은 울음을 터뜨렸다. 어머니에게는 창피해서 루크와 무슨 일이 있었는지 털어놓을 수조차 없었다. 다이앤은 딸이 속마음을 털어놓기 바라면서 에린을 매주 심리치료사에게 데려갔다.

"에린이 우리에게 말을 걸고 싶어 했어요." 미셸이 말했다. "아무리 화가 나도 스스로를 해치지는 않을 거예요. 자기를 너무 사랑하니까요. 그건 모두 알아요. 그 애가 제시카에게 시 비슷한 걸 써서 이메일로 보냈어요. '난 아무도 없단다. 이제 더 살아갈 힘도 없어. 너를 잃어버렸는 걸.'" 미셸은 혼란스러운 것 같았다. "이렇게 어설프게 쓴 걸 보면서 이 애가 뭘 하려는 거지 싶은 거예요. 우리 모두 그걸 돌려봤는데 다들 너무 재미있어하는 반응이었어요."

에린이 어떤 남자아이에게 자살하고 싶다고 하자 그가 깜짝 놀라 다른 여자아이들에게 전했다. 다들 웃어넘겼다. "이랬대요. '살고 싶지 않아!'" 미셸이 말했다. "관심을 끌려고 그런 거죠. 그런 생각을 할 애가 아니란 걸 우리는 알거든요."

어느 날 미셸과 애슐리가 카페테리아에서 음식을 담고 있는데 에린이 다가왔다. 에린이 한숨지으며 말했다.

"루크와 있었던 일은 정말 미안해. 제발 나를 용서해줘."

미셸은 어깨를 으쓱하며 말했다. "그런 건 문제가 안 돼. 문제는 네가 어떤 친구였느냐 하는 거지." 그리고 미셸과 애슐리는 그 자리를 피했다.

그때는 이미 돌이키는 것이 불가능했다. "그 애가 그렇게 나쁜 애인 줄은, 그 정도인 줄은 몰랐어요." 미셸이 말하다가 멈추었다. "악마 같았어요!"

다이앤은 거의 날마다 상담교사를 찾아갔다. "계속 그 말만 했어요. 다 지나간다고. '지나갈 거예요. 제 말을 믿으세요. 다 지나갈 거예요.'" 한 남학생이 에린에게 "구역질 나는 창녀"로 시작하는 이메일을 보냈고, 그제야 학생 이메일 사용의 규정을 정하자는 문제로 회의가 소집되었다. 다이앤은 에린이 두통을 호소하며, 밤마다 침대에 엎드려 죽고 싶다며 우는 것을 무력하게 바라보았다.

5월에 열린 8학년 졸업식 때, 에린의 곁에는 식구들뿐이었다. 아이들은 사각모를 쓰고 가운을 장식용 테이프처럼 끌면서, 밤새 벌어질 파티에 서로 팔짱을 끼고 신나게 걸어갔다. "우리도 떠났어요." 다이앤이 말했다. "눈물이 줄줄 흐르더군요. 마음이 정말 아팠어요." 주차장에서 애슐리의 어머니가 다이앤에게 다가왔다. 다이앤이 이 일이 에린에게 얼마나 힘든지 말하자 애슐리의 어머니는 이렇게 대답했다. "당할 만하니까 당한 거겠죠."

다이앤은 자기가 모르는 엄청난 사실이 있는 것을 알았지만, 눈물로 호소해도 에린은 입을 꾹 다물고 있었다. 그해 여름 다이앤은 에린을 캘리포니아에 있는 친척집에 보냈다. 캠프장으로 떠나는 버스에서도, 친구들의 집에서도, 심지어 유치원에서도 에린은 뒤를 돌아보지 않는, 작별 인사조차 하지 않는 씩씩한 아이였다. 하지만 샌타모니카에서 에린은 한밤중에 잠을 잘 수 없다며, 불안해서 숨을 쉴 수 없다며 엉엉 울면서 다이앤에게 전화했다.

그 여름의 어느 날 미셸의 마음이 좀 누그러졌다. "마음 한쪽에서는 에린을 그리워했어요. 어쩐지 꺼림칙하기도 했고요. 그냥 착하게, 에린에게 말을 걸고 싶은 마음도 있었어요." 어느 날 애슐리의 집에서 미셸은 오래전에 빌려갔던 돈을 돌려달라고 에린에게 전화했다. 미셸은 전화할 이유가 필요했고, 애슐리는 에린에게 빌려준 반바지를 돌려받고 싶어 했다. 제시카도 인사하고 싶어 했다. 통화는 "괜찮았다". 하지만 할 말이 많지 않았다.

9학년이 시작되기 전에 미셸은 에린과 새로 시작할 마음의 준비가 되었지만, 무리의 공식적인 침묵을 깨기가 겁났다. "이런 심정이었어요. '그래, 이제 새 학기가 시작됐으니 괜찮을 거야. 다른 친구들이 뭐라고 할지 걱정할 필요는 없어.'" 게다가 미셸은 다른 아이들과 문제가 좀 있었고, 7학년 때처럼 에린은 기꺼이 들어주었다.

두 소녀는 새로우면서도 오래된, 편안하면서도 긴장된 기분을 느꼈다. 하지만 에린에게는 이미 다른 친구들이 있어서 미셸과의 우정을 지속하기가 힘들었다. 미셸도 이전에 자기를 괴롭힌 관계 문제에 또 "붙잡히기"가 겁났다. 이제 에린은 "복도에서 스쳐 지나가는 그런 아이"에 불과하다. 8학년 말에 일어난 일을 떠올리며 미셸이 말했다. "기분이 안 좋았어요. 어쩌면 다른 식으로 해결할 수도 있었을 테니까. ……그 일이 우리 삶의 큰 부분을 차지했으니까요. 어쩌면 그 일은 일어나야 했으니까 일어난 거겠죠." 미셸은 어찌 됐든 에린은 변하지 않았다고 했다. 모두 그 사실에 동의했다. 그래서 미셸은 이 결말에 만족할 수 있었다.

에린은 자기가 완전히 변했다고 느끼고 있었다. "이제 정말 무서워요. 사람들이 나를 어떻게 생각할지 늘 걱정이에요. 등 뒤에서 무슨 말을 할지 무서워요. 예전에는 신경도 안 썼거든요. 나에 대해 언제나 이런저런 말들을 했으니까 그런가 보다 했어요. 하지만 이제는 사람들이 나를 미워하면 어쩌지 하고 늘 걱정해요. 그 애들 때문에 이렇게 된 거예요."

새로 사귄 친구들을 믿는 것이 매일의 숙제가 되었다. "지금은 좀 나아졌지만, 그런 일이 또 일어나면 어쩌지, 내가 또 나쁜 친구가 되면 어쩌지 하고 생각하면 무서워서 어쩔 줄 모르겠어요."

에린은 9학년 때 전학을 가지 않으려고 조심조심 생활했다. 성적은 계속 떨어졌고, 불안 때문에 미칠 지경이었으며, 평소라면 쉽게 해결했을 과제도 쩔쩔맸다. 에린은 꾸준히 치료를 받았고, 불안과 우울 장애라는 진단을 받았다. 또래의 분노가 되풀이되지 않을까 염려하며 에린은 약하게 보이지 않으려고 무진 애를 썼다. "나는 괜찮다는 걸 보여주고 싶었어요. 아니요, 나도 똑같이 즐거울 수 있다는 걸 보여주고 싶었어요." 그래서 선배들과 어울리며 파티에 갔고, 최대한 아무렇지 않은 듯 보이려 했다. 안타깝게도 학교에서는 부모의 주장처럼 에린에게 불안과 우울 증상이 있다는 것을 믿지 않으려고 했다.

에린은 킴과 가까워졌고, 킴과의 우정은 옛 친구들의 마음속을 다시 들여다보는 기회를 주었다. 마음이 복잡했다. 에린은 그들이 그리웠고, 그들도 에린을 그리워했다. "아직 화가 풀리지 않았는데 나는 왜 옛

날 일을 그리워하는 거지요?" 에린이 물었다. "지금쯤이면 나도 확실히 깨달아야 하는데 그렇지 못해서 속상해요. '내가 왜 아직 너랑 친구야?' 이런 생각을 해요." 그리고 말을 이었다. "이런 일을 한번 겪으면 완전히 딴 사람이 돼요."

에린은 가장 크게 변한 것이 친구를 사귈 때라고 했다. 예전에 인기가 많을 때는 완벽한 소녀가 되고, 다른 사람들에게 특별한 방식으로 행동해야 한다고 느꼈다. 이제 에린은 그 전략이 어떤 역효과를 낳는지 안다.

"예전에는 완벽해야 한다고 생각했어요. 내가 더 위에 있어야 하는 거예요. 주위는 둘러보지도 않아요. 시야가…… 내가 그들보다 나은 사람이 되어야 하기 때문에 주변 사람은 거들떠보지도 않는 거죠. 하지만 아이들이 나를 보고 있다는 건 알아요. 그래서 일부러 과시하기도 해요. 지나가면 아이들이 이렇게 말해요. '이야, 멋진데.' 그러나 '흥, 그렇지만 못된 아이야' 하고 쑥덕거리는 건 눈치채지 못해요. 그런 말에는 아예 귀를 막아요. 알아야 하는데 알고 싶지 않은 거예요. 누구나 그렇잖아요. 하지만 모르면, 결국 쫓겨나요."

에린은 과거의 자신을, 인기 때문에 저지른 자신의 실수를 뼈저리게 후회하고는 있지만, 친구들의 분노를 이해하기 위해 애쓰고 있다.

어머니 다이앤도 마찬가지다. 친구들의 앙갚음 이후 에린의 변화를 지켜보았지만 분노가 딸에게 어떤 파괴력을 미쳤는지는 예측하지 못했을 것이다. 오늘날의 그녀는 학교에 강력하게 말하지 않은 것을 후회한다. 심지어 올해에도 학교에서는 에린의 학교를 옮기는 것이 어떻겠는지 물었고, 다이앤은 딸의 자신감이 손상된 이 사건을 어떻게 학교가 모를 수 있는지 의아하다.

고등학교 2학년이 되고 에린은 마침내 성적을 다시 올려서 A를 한 개 받고 나머지는 전부 B를 받았다. "정말 잘했죠." 최근에 에린은 기뻐하며 내게 이메일을 보냈다. 그리고 누군가를 사랑하게 됐다고 말했다.

에린의 이야기는 진정한 자기 감정을 억압하는 결과가 얼마나 참혹한지 생생하게 보여준다. 3년 동안 에린의 친구들은 매일 질투와 분노와 경쟁과 배신의 감정이 솟구치는 것을 가슴 깊숙이 묻었다. 이들의 분노가 마침내 침묵을 뚫고 나온 시점은 매우 중요하다. 소녀들을 화나게 한 온갖 사건들 중에서 유일하게 특별한 반응을 이끌어낸 이 사건은 두 가지 특징이 있다. 하나는 함께 경험하고 단합하여 반응할 수 있는 사건이라는 것이다. 또 하나는 소녀들이 분노를 표출해도 사회적으로 용인되는 사건이라는 것이다.

낭만적인 사랑에 사로잡힌 문화, 토크쇼에서 네가 내 남자를 빼앗았다며 티격태격하는 문화에서 소녀들은 에린이 루크와 키스한 것이 분노 표출에 타당한 명분임을 대번에 알아챘다. 그 명분은 내가 인기가 없거나 원하는 남자를 얻지 못한 사실에 대한 서투른 질투의 감정이 아니었다. 성적을 놓고 벌이는 비밀스러운 경쟁도 아니었고 친구에게 버려진 슬픔도 아니었다. 이것은 명백한 잘못이고, 아무도 부인할 수 없는 실수였다.

문제는 일단 분노가 표출되자 걷잡을 수 없었다는 것이다. 과거의 모든 불만이 터져 에린에게 쏟아졌다. 감정을 억눌렀기 때문에 질투와 상처는 위험한 분노의 우물이 되었다. 미셸은 아무도 에린을 두려워하지 않는다는 사실이 기뻤다. 아무도 갈등과 분노를 두려워할 필요가 없다는 사실이 기뻤을지 모른다.

분노가 극에 달했을 때 이 소녀들이 원한 것은 에린의 고립 이상은 아니었다. 이들은 에린을 때리지도, 소문을 내거나 따지지도 않았다. 이들은 에린이 외톨이가 되기를 바랐다. 에린이 인기 없는 아이들과 어울리자 이들은 더욱 화가 났다. "그 애가 친구를 또 만들잖아요." 미셸이 말했다. "우리는 친구 없이 지내는 것이 얼마나 힘든지 알려주고 싶었거든요."

미셸이 에린에 대한 자기 감정을 말한 것은 놀라운 일이다. 이는 저마다 각자의 분노를 해결해야 하는 우리 모두에게 본보기가 된다. 하지만 미셸은 아주 평범한 소녀였다. 놀기 좋아하고, 예민하고, 상냥하고, 영리하다. 잔인함과는 거리가 멀다. 미셸이 해결할 문제는 자기 분노에 대해 협상하는 한편, 가장 사랑하는 친구와의 친밀감을 극대화하는 방법을 알아내는 것이다. 에린도 마찬가지다. 친구들이 몰아붙인 것처럼 에린은 "재수 없는 계집애"가 아니다. 인기에 대한 욕심 때문에 방향을 잃고 실수를 저지른 소녀에 불과하다. 미셸처럼 사랑스럽고, 환하게 웃고, 위트 있고, 자석처럼 사람을 끌어당기고, 마음이 여리다.

소녀들이 맺는 관계에서 중요하게 살펴볼 것은 서로를 고립시키는 특성이다. 소녀들은 고립을 특히 무서운 것이라고 경험한다. 소녀들의 사회적 자본은 타인과의 관계에 있으므로 고립은 그들의 정체성에 직결된 문제다. 대부분의 소녀들에게 점심시간이나 쉬는 시간에 혼자 있는 것보다 더 괴로운 일은 없다.

새로 사귄 친구들이 자기를 따돌리지 않을까 두려워하는 에린의 심정은 따돌림에서 살아남은 다른 사람들에게서도 찾아볼 수 있다. 이 소녀들은 사회적으로 적응한 사람이라면 누구나 당연하게 생각할 관계의 기본 규칙에 익숙하지 않다. 이들은 무엇이 다른 사람을 화나거나 짜증 나게 하는지 확신하지 못하고, 누가 그런 감정을 느낄 때 그 사람에게 어떻게 말할지도 잘 모른다. 그들의 정서적 레이더는 정상적으로 작동하지 않는다. 예전의 자기는 사라지고 지금의 자기는 유령 같은 존재가 되어 전전긍긍하고, 두려움 때문에 숨이 막힌다.

소녀들은 매일 갈등과 씨름하며 여러 수준에서 두려움을 느낀다. 소녀들의 자존감 상실의 주요 증상 중 하나는 미칠 것 같은 기분이다. 다른 사람들의 행동에 대해서도, 사건에 대한 자기 자신의 해석에 대해서도 자신이 없다. 내가 그렇게 말할 때 저 애가 나를 봤나? 농담인가? 눈을 흘겼나? 일부러 자리를 안 맡아뒀나? 오늘 뭘 할 건지에 대해 거짓말을 하나? 초대하지 않았으면서 했다고 한 건가? 내가 인터뷰한 소녀들 역시 비슷한 불안을 털어놓으면서, 자기가 안다고 생각한 것이 틀렸고 실상은 완전히 달랐다는 혼란스러운 감정을 표출했다. 소녀들 사이의 불화에서 갈등의 제스처는 종종 말과 다르고, 표적이 된 소녀는 어리둥절하기만 하다. 이런 세상에서 소녀들이 자신의 진실을, 일어난 사건을 자기가 본 대로 믿는 것은 굉장히 어려울 수 있다. 격동의 발달 단계를 거치면서 소녀들은 누군가의 말처럼 "우리는 미치지 않았다"는 것을 확인하기 위해 서로 긴밀한 관계를 맺는다. 하지만 이러한 감정을 유발하는 것은 종종 가까운 친구들이며, 진실을 말하지 못하게 막는 규칙들이다.

자기가 최고인 줄 아는 아이

밖에서 보면 에린은 따돌림을 당하지 않을 아이였다. 예쁘장하고 인기 많고……. 내가 중학생이었다면 부러워했을지도 모른다. 하지만 에린은 소녀들의 시샘 때문에 벌을 받았다. 에린 같은 소녀들에게 물어본 바에 따르면, 에린은 언제라도 당할 수 있는 표적이었다. 에린은 "자기가 최고인 줄 아는 아이"였기 때문이다.

아침 8시에 미시시피 주에서는 19명의 7학년생들이 팔다리를 흐느작거리며 서늘한 책상에 뺨을 댄 채 의자에 앉아 있었다. 나는 대화를 떠메고 있는 거인 아틀라스처럼 느껴졌다. 이윽고 내가 물었다. "자기가 최고인 줄 안다고 해서 뭐가 큰일이지?"

아이들이 몸을 들썩였고 시선이 화살처럼 교실을 날아다녔다.

앰버가 처음으로 손을 들지 않고 말했다. "우리보다 자기가 더 낫다고 생각하니까요."

크리스티나가 거들었다. "나머지 애들을 얕보거든요."

"가끔 여자애들을 본체만체하고 남자애들을 따라가요. 남자애들한테는 그런 식으로 행동하지 않아요."

"대개는 친구들의 남자친구들에게 추파를 던지고, 누구든 자기 것으로 만들 수 있다고 생각해요."

"뽐내면서 다녀요." 레이시가 말했다.

다음 날 5학년생들에게 내가 물었다. "자기가 최고라고 생각하는 여자애가 왜 싫을까?"

"자기가 예쁘다고 생각하니까요!" 한 명이 분한 듯이 말했다.

"그게 뭐가 잘못된 건데?"

"잘난 척하잖아요." 디디가 말했다. "자기가 최고인 것처럼 활보하고, 복도를 지나갈 때도 '난 너보다 나아' 하면서 다녀요."

"잘난 척은 어떻게 하는데?" 내가 물었다.

"내 머리 정말 예쁘지." 디디가 흉내 내며 코맹맹이 소리를 냈다.

"그런 식으로 말하니?"

"난 너보다 더 예쁘지. 너보다 훨씬 예뻐!" 디디가 얄미운 목소리로 말하고 킥킥 웃었다.

"어떻게 하는지 한번 보여줄 수 있을까?" 내가 말했다.

"수업 시간에 머리를 빗어요. 뽐내면서 다니고요!"

"한번 보자니까." 내가 재촉했다. 라니샤가 의자에서 벌떡 일어나서 엉덩이를 살랑살랑 흔들며 가운데로 뽐내듯이 걸어갔다.

"엉덩이를 흔드는구나, 그렇지?" 내가 물었다. 여자애들이 까르르 웃었다. "그게 왜 싫을까?"

풀밭 위에 사뿐히 떨어지는 종이처럼 웃음소리가 잦아들었다. 침묵이 흘렀다.

"우리가 어디로 같이 간다고 쳐요. 그러면 그 애가 남자애들의 관심을 끌어요. 남자애들은 내가 아니라 그 애를 좋아하게 돼요." 디디가 말했다.

"그럼 어떻게 처신해야 할까?" 내가 물었다.

"그런 말은 하고 다니면 안 되죠." 리지가 말했다.

"혼자 생각해야죠."

"평범하게 행동해야 해요."

"어떤 게 평범한 건데?" 내가 물었다.

"엉덩이를 살랑거리지 않으며 걸어야죠!" 라나가 뿌루퉁하게 말했다.

"다른 애들처럼 행동해야죠."

"튀지 않게요." 라니샤가 단호하게 말했다.

"사이좋게 지내면서도 행복할 수 있어요. 다른 애들과 다르지 않게 행동하고…… 상처를 주지 말아야죠!" 리지가 소리쳤다.

2교시가 끝난 뒤 나는 9학년생들에게 자기가 최고인 줄 아는 여자아이에 대해 정의를 내려달라고 했다. 케이티가 말했다. "이를테면 나는 그 애들처럼 돈이 많지 않아요. 그런데 그런 애들은 좋은 옷만 입고 없는 게 없어요. 그런 애들은 무리 지어 다니고 친구도 많아요. 자기들이 최고라고 생각하는 거죠. 너도 우리 무리에 속하고 싶을 거라는, 그런 표정으로요."

로렌이 끼어들었다. "인기 있는 애들은 자기가 원하는 남자도, 돈도, 예쁜 옷도, 뭐든 다 가질 수 있다고 생각해요. 자기가 완벽하다고 생각하는 거죠."

"맞아요." 타니아가 말했다. "어찌나 잘났는지 아무한테도 말을 걸지 않아요. 실제로는 그렇지 않을 수도 있지만…… 그 아이가 어떤지 알아낼 기회를 우리가 안 준 것일 수도 있으니까."

"그런데 왜?" 내가 물었다. "왜 우리는 그렇게 결론을 내릴까?"

헤서가 말했다. "이 말을 하고 싶었는데…… 그 애들은 자기가 최고라는 생각이 머릿속 깊숙이 박혀 있어요. 완전 속물이에요. 그 애는 타미 힐피거를 입지만 다른 애들은 조다시를 입어요. 그 애가 내 시계를 보면서 이렇게 말해요. 자기 시계는 180달러라고."

"태도가 문제예요." 타니아가 말했다.

"튀는 건 괜찮아요." 켈리가 말했다. "하지만 일부러 주의를 끌려고 해서는 안 돼요. 당당하게 걷고 자신감 있고, 뭐 튀는 것까지는 괜찮아요. 하지만 그런 말은 하고 다니면 안 되죠."

"여자애들이 서로 다툴 만한 가장 큰 관심사는 뭘까?" 나는 리지우드 9학년생들로 구성된 첫 번째 집단에게 질문했다. 토야가 손을 들었다. "처음 전학 간 날 잔뜩 꾸미고 머리를 예쁘게 매만지고 가면 다른 여자애들이 미워할걸요. 자기가 최고인 줄 안다고 여길 테니까요."

티파니가 말했다. "새로 전학 가면 애들이 몰려와서 이렇게 말할 거예요. 네 이름이 뭐니? 그런데 왜 내 남자한테 말을 거는 거야?"

"왜 그럴까?" 내가 물었다.

"끼워주기 싫으니까요." 케이샤가 크게 말하자 다른 아이들도 모두 웅성웅성 한마디씩 거들었다.

이 시대의 소녀들은 유리천장(여성들의 고위직 진출을 가로막는 회사 내의 보이지 않는 장벽을 뜻하는 말—옮긴이)이라는 말이 무색해지고 여성의 진출이 우주로 뻗는 세상에서 성년을 맞는다. 21세기의 소녀는 프로 운동선수도 되고, CEO도 되고, 전투기 조종사도 될 수 있다. 원하면 뭐든 된다. 오늘날 소녀들의 힘은 엄청난 문화의 힘을 형성한다.

하지만 아직은 완전하지 않다. 겸손과 절제가 여성성의 본질이라는 메시지는 여전히 존재한다. 이 시대 페미니스트들의 연구에 의하면, 우리 문화는 여자가 성적 즐거움과 자기 목소리, 음식, 자기 흥미에 대한 욕망을 지니는 것을 못마땅하게 여기며, 순결하고 차분하며 날씬하고 베푸는 사람이 될 것을 계속 요구한다.[24]

미국여대생협회는 "커리큘럼의 숨은 가르침은 소녀들이 침묵과 순응을 가치 있게 여기고 그러한 자질을 미덕으로 여기도록" 하는 것임을 발견했다. 기자 페기 오렌스타인에 의하면 소녀들은 "상냥함"과 "귀여움"의 사회적 특징을 높이 평가하는데, 이는 "공손한", "정중한", "수동적인"의 의미와 바꾸어도 무방하다고 했다. 오렌스타인은 착한 소녀란 "다른 무엇보다, 예컨대 열정적이고 영리하고 심지어 정직한 것에 앞서 친절한 소녀"라고 말했다.[25]

가수 애니 디프랑코(Ani DiFranco)는 젊은 여성 팬들에게, 여자아이들이란 죄다 속으로는 학교에서 가장 예쁜 여자아이를 미워한다고 말했다. 이렇게 말해도 될 것이다. 가장 인기 있고, 가장 영리하고, 가장 날씬하고, 가장 섹시하고, 가장 옷을 잘 입는 소녀를 미워한다고. 여성 자주권이 어떻게 됐든, 대부분의 소녀들은 튀는 아이가 되면 큰 말썽이 생긴다는 것을 잘 알고 있다. 〈USA 투데이〉에서, 버지니아 주의 한 고등학교 교사는 소녀들의 위험한 덫에 대해 경고했다. 그는 전학 온 학생들은 대체로 무시되지만, "위협 인물로 여겨지면, 특히 남학생들이 그 아이를 좋아하면, 철저히 괴롭힘을 당한다"라고 썼다.[26]

처음 인터뷰를 시작했을 때 나는 소녀들이 따돌림이라는 또래 처벌을 받을 것으로 여겨지는 특성을 중심으로 책을 구성하기로 했다. 장애가 있거나, 뚱뚱하거나, 가난하거나, 안타깝게도 매력적이지 않은 소녀들이 따돌림을 당할 거라고 생각했다. 그와는 정반대의 이유로 노여움을 살 거라는 생각은 하지 못했다.

소녀들이 스스로 생각하기에 가장 모욕적인 말 중 하나는 "저 애는 자기가 최고인 줄 알아"이다. 대충 자부심이 강하다는 말이지만, 과시적이고 불쾌하고 자기밖에 모르는 사람을 뜻한다. 5학년쯤 되면 "자기가 최고"라는 말의 뜻에 익숙해지고, 이 표현은 어른이 될 때까지 따라가는데, '자기가 나보다 더 낫다고 생각한다'라는 좀 더 고상한 믿음으로 바뀐다.

그러면 자기가 최고인 줄 아는 소녀는 어떻게 구분할까? 이는 상황에 따라 다르다.

스테파니가 전학 가서 처음 만난 아이들은 마리사와 로리였다. 둘은 유치원 때부터 아주 친했다. 마리사는 잡지에서 오려낸 사진처럼 깜찍하고 활발한 치어리더 같았고, 로리는 깡마르고 촌스러워서 둘이 같이 있는 모습이 흥미로웠다. 고등학부 1학년에 올라가서 이름순으로 자리에 앉게 되자 마리사와 스테파니는 우정을 키우게 되었다.

스테파니는 예뻤다. 잡지의 표지 모델같이 예쁘지는 않았지만, 헤어

드라이어로 금발 머리를 완벽하게 다듬어서 "명문 사립학교" 학생 같았다고 마리사가 비꼬듯이 말했다. 또한 스테파니는 똑똑하고 재능 있는 아이였다. 지난 8년 동안 아담하고 소박한 가톨릭 학교에서 답답하게 지내다가 훨씬 큰 학교로 옮겨와서 스테파니는 아직 어리둥절했다. 마리사와 로리를 알게 되어 참 다행이라고 생각했다. 조시가 헤딩으로 스테파니의 사물함에 축구공을 맞힌 뒤로 스테파니는 조시를 좋아하게 되었다. 모두 다 잘될 것 같은 예감이 들었다.

늦은 가을 어느 토요일 밤에 스테파니는 처음으로 로리의 집에서 밤을 새우며 놀자는 초대를 받았다. 세 명의 소녀가 베개와 침낭을 둘러치고는 안에 들어가 먹을 것을 산더미처럼 쌓아놓고 놀았다. 영화를 보면서 손톱을 다듬는데 로리의 오빠 스티브가 친구 제레미와 함께 그들의 임시 소굴로 들어왔다. 스티브는 스테파니 옆에 앉았다. 다 같이 농담을 주고받다가, 남자아이들이 먼저 여자아이들에게 팝콘을 던졌다. 로리가 스티브에게 화를 냈고, 남자아이들은 떠났다. 여자아이들은 영화를 다 보고 거실 바닥에 쓰러져 잠들었다.

월요일에 스테파니는 자기는 알 수 없는 방식으로 변화가 일어난 것을 감지하면서 사물함 앞에 가만히 서 있었다. 오싹했다. 사물함을 열었다. 마리사와 로리가 보낸 쪽지는 없었다. 화장실로 갔다. 보통 때와는 달리 기다리는 사람도 없었다. 스테파니는 뭐가 잘못됐는지, 왜 잘못됐는지 골똘히 생각하면서 조용히 오후 수업을 받았다.

스테파니는 다음 날 아침까지 곰곰이 생각해보기로 했다. 다음 날 마리사와 로리는 담임선생님 시간에 스테파니를 모른 척했다. 스테파니는 그들과 눈을 맞추려다가 눈이 튀어나올 지경이었다. 점심시간이 되기 전에 누가 스테파니에게 아이들이 쑥덕거린다고 말해주었다. 자기만 모르게 일이 진행되고 있었다. 아무도 말해주지 않았다. 마리사와 로리는 보이지도 않았지만, 모두 알고 있는 것 같았다. 스테파니는 그들과 멀어졌다. 아무도 자기를 거들떠보지 않았다. 보이지 않는 존재가 되어버린 것이었다.

5교시가 되자 스테파니는 완전히 풀이 죽었다. 무슨 일이 왜 생겼는지 이해하지 못했고, 어떻게 해볼 수도 없었다. 친구도 없었다. 그녀는 어깨를 움츠리고 사물함 옆에 놓인 낡은 러그 위에 서서 코트 소매에 얼굴을 묻고 흐느꼈다. 무슨 일이 생긴 거지? 잘생긴 선배가 댄스파티에 가자고 한 일로 그러는 걸까, 내가 고등학부 1학년생이라서?(난 싫다고 했는데!) 연극을 하겠다고 해서인가? 같은 바지를 샀다고 마리사가 '따라쟁이'라며 놀렸는데 농담이 아니었나? 어쩌면 스테파니 혼자 애쓰고 있었는지도 모른다. 벌써 이런 일을 당하고 나니, 사람들과 사귈 때 좀 더 거리를 두어야 할지 모른다는 생각이 들었다.

곧이어 스테파니는 진실을 알게 되었다. 북적거리는 카페테리아의 뒤쪽에 혼자 앉아 있었는데 속닥거리는 소리가 들렸다. 로리의 집에 갔을 때 자기가 스티브와 놀아났다는 것이 이유였다. 마리사가 스티브를 좋아하고 있었기 때문에 불같이 화를 냈다고 했다. 스테파니는 어이가 없어서 꼼짝할 수가 없었다.

스테파니는 스티브에게 꼬리치지 않았다. 어쨌든 그럴 의도는 전혀 없었다. 스테파니가 좋아한 남학생은 조시였다. 그들도 알고 있었다. 그런데 꼬리쳤다니, 무슨 뜻이지? 언제, 어떤 행동을 했기에? 그 답을 모르면 앞으로도 같은 행동을 반복할 것이었다.

아무도 스테파니에게 말하려 하지 않았다. 남은 학년 동안 마리사와 로리는 스테파니를 잔인하고 눈에 보이지 않는 방식으로 괴롭혔다. 밸런타인데이에 그들은 조시가 보낸 것처럼 꽃을 보냈다. 스테파니가 고맙다고 전화했는데, 조시는 전혀 모르고 있었다. 스테파니는 창피해서 죽을 뻔했다. 그들은 스티브에게 또다시 말을 걸면 스테파니가 담배 피운 것을 부모에게 이르겠다고 협박했다. 스테파니가 시험을 잘 보자 부정행위를 했다는 소문을 퍼뜨렸다. 교사에게는 스테파니를 주시해야 한다고 말했다. 로리는 스테파니를 미워하는 아이에게 스테파니가 흉보더라며 편지를 써서 보냈고, 그 아이는 스테파니를 벽으로 밀치더니 얼굴을 바짝 당기며 죽여버리겠다고 협박했다. 로리는 조시에게 노골적으로 유혹하는 편지를 써서 스테파니의 이름으로 보냈다.

이제 스물아홉이 된 스테파니는 워싱턴 D.C.에 있는 아파트의 소파에 앉아 있었다. 손바닥만 한 크기의 강아지 버디와 함께. 버디는 내가 자기 주인에게 대답하기 어려운 질문을 할 거라고 직감했는지 나를 꺼리는 눈치였다. 나는 높다란 의자에 앉아 발을 의자 중간쯤에 걸치고, 부모님이 이 문제를 어떻게 처리했는지 물었다. 그녀가 한숨지었다.

"다른 사람들도 이런 이야기를 할 때 곤혹스러워하던가요?" 그녀가 물었다.

"가끔은요."

"그렇군요. 곤혹스러워서요." 나는 화장지를 건넸다. 화장지를 들고 다녀야 한다는 사실을 이제는 나도 안다. 강아지가 으르렁거렸다. 나는 발을 의자에 단단히 붙이고 내 가장 친한 친구들도 그들의 고통스러운 이야기를 털어놓기까지 몇 년이 걸렸다고 말했다. 그녀가 말을 이었다.

스테파니는 대학을 마칠 때까지 그 이야기를 아무에게도 하지 않았다고 했다. 내가 두 번째라고 했지만, 다른 소녀들에게 도움이 된다면 하겠다고 했다. "아무리 돈을 많이 준다고 해도 다시 열다섯 살이 되고 싶지는 않아요. 절대로." 그녀가 소파 위에 책상다리를 하고 앉아서 말했다. "이제 준비됐어요. 말할 수 있겠어요." 그녀가 이야기를 시작했다.

몇 달 동안 스테파니는 부모님에게 그 이야기를 하지 않았다. 부모님이 걱정하는 것도 싫었고 자기가 처벌받는 상황도 들키고 싶지 않았다. 게다가 가까이 있는 다른 학교에 친구들이 있어서 외톨이라고 느끼지는 않았다. 오히려 지나치다 싶게 다이어트와 운동을 하기 시작했다. "9킬로그램을 줄이면 다 좋아질 거라고 생각했어요." 무슨 일인지 숨기면 실제보다 덜하게 느껴질 것 같았다. "'이 문제를 잘 참고 속에 담아두면, 모두 나를 미워한다고 말만 하지 않으면, 아무 일도 없는 거야.' 무슨 말인지 아시겠어요? 철갑을 두르는 거예요."

하지만 자신감과 자존감이 손상되면서 스테파니는 움츠러들었다. 무엇을 잘못했는지 몰랐다. 싸움도, 대면의 순간도 없었기 때문에 자기 잘못이라고만 여겼다. 생각한 것을 참지 않고 말하는 버릇 때문이라고 판단했다. 말을 너무 많이 하다가 꼬리친 여자가 된 것이다. 그래서 자기만 없어지면 된다고 결론 내렸다.

"내가 말을 참지 않는 것이 잘못이라고 생각했어요. 많은 이야기를 털어놓은 것, 그 애들이 나에 대해 많이 알게 한 것이요." 그녀가 말했다. 스테파니는 더는 사람들을 믿지 않았다. "사람들이 무슨 말을 하면

다 나를 홍보하는 것 같았어요." 잠도 오지 않았다. 계영을 할 때 불안이 엄습한 뒤로는 수영부도 그만두었다. 새로 맞춘 수영부 상의를 입고 집을 나섰지만 학교에 가면 그 옷을 잃어버렸으면 싶었다. 다른 사람의 눈을 쳐다보지 못했고, 그 습관을 버리는 데 몇 년이 걸렸다. 단화를 신었다고, 싼 브랜드의 스웨터를 입었다고, 색깔이 어울리지 않는 옷을 입었다고 아이들이 트집 잡을까 봐 아침에는 옷을 제대로 입는 것에만 신경을 썼다. 어머니가 유니폼 위에 입을 스웨터를 사오면 스테파니는 아이들이 또 무슨 소리를 할까 겁이 났다. 그 옷을 입고 학교에 갔지만 화장실에서 얼른 벗어버렸고, 하루 종일 덜덜 떨었다.

"관심을 끌지 않기 위해 무지 애를 썼어요." 그녀가 말했다. "아무것도 갖기 싫었고, 관심을 끌 만한 것은 아무것도 원하지 않았어요."

좋아하는 남자가 생겨도 들키지 않으려고 전전긍긍했다. "두 번 쳐다보지도 않았어요." 다른 사람들이 자기를 보면 뭐라고 할까 그것만 신경이 쓰였다. "마음의 문을 닫아버린 거죠."

인터뷰 동안 스테파니는 자신의 삶이 달라지기 전의 한 달을 떠올렸다. 그 전까지는 마리사와 로리가 자기에게 무례했어도 의심해본 적이 없었다. 둘이서만 서로 인기 그룹에 속한 여자 가수들의 이름을 별명처럼 불렀고, 스테파니에게는 관심을 주지 않았다. 그러던 어느 날 마리사와 로리가 칠판 한가득 스테파니가 조시를 사랑한다고 낙서했다. 스테파니는 창피했다. "그냥 장난이야." 그들이 말했다. "항상 그랬어요. '장난친 거야.' '너무 딱딱하게 굴 거 없잖아.' '너무 따지네.'"

스테파니는 몇 주 전에 학교 댄스파티에서 남학교에 다니는 괜찮은 남학생이 다가와서 춤을 추자고 한 것을 떠올렸다. "좋아." 스테파니가 말했다. 하지만 그 남학생은 비아냥거리듯 "그냥 관두지, 뭐" 하더니 낄낄거리며 가버렸다. 그 주의 초반에 스테파니는 소프트볼을 하다가 마리사와 로리에게 그 남학생이 멋있다는 말을 한 적이 있었다. 스테파니는 직접 맞서기보다 가만히 두는 것이 훨씬 낫겠다고 확신했다. 그래서 즉시 그들을 용서했다. "눈치를 못 챘어요." 그녀가 말했다.

마리사와 로리가 댄스파티에서 장난을 친 거였고, 역시 대수롭지 않게 생각했다. "꼭 이러는 것 같았어요. '우린 그냥 네가 웃을 거라고 생각했지.'" 15년이 지난 지금 스테파니가 말했다. "그날 입은 옷도 기억나요. 냄새가 어땠는지 어떤 노래가 흘렀는지도. 그 순간이 생생해요. 그 뒤로 그 남자애를 보면 말이 나오지 않았던 것까지 기억나요."

스테파니는 "다른 성격"을 만들어서 대처했다. 월요일에서 금요일까지는 괴로움과 두려움에 시달렸다. 금요일 밤에는 다른 학교 친구들과 어울려 즐겁게 보냈다. 하지만 학교에서 받는 스트레스는 그야말로 그녀를 소진시켰다. 열다섯 살에 궤양 진단을 받았고, 부모님은 깜짝 놀랐다. "어머니가 의사선생님에게 그러셨어요. '네? 궤양이 생긴 이유가 뭐지요? 이제 겨우 열다섯 살인데요. 왜 구역질을 하고 먹은 걸 게워낼까요? 왜 트림할 때마다 90년은 썩은 것 같은 달걀 냄새가 나지요?'"

누가 스테파니에게 심리치료를 권유했다. 12주 동안 45분의 시간이 끝날 때마다 어머니는 스테파니가 지켜보는 자리에서 의사에게 지폐를 찔러주었다. "흔적이 남는 게 싫으셨던 거예요. 내가 거기에 간 사실이 나중에 문제가 되어 계속 따라다니는 걸 원치 않는다고 하셨어요." 매주 치료를 받았지만 스테파니는 자기를 괴롭히는 문제를 꺼내놓지 않았다. 그러니 그녀의 잘못이 아니라는 것도 알 수 없었다.

따돌림은 시작처럼 끝도 빨랐다. 어느 날 아이들이 흥미를 잃은 것이 이유의 전부였다. 하지만 그들과 놀지 않는 동안 감돌던 그 괴이한 침묵 속에서 스테파니는 무엇이 악몽을 유발했는지 알려고 자기가 한 일을 낱낱이 파헤쳤다.

2학년이 시작되자 스테파니는 혼자 다녔다. 사물함은 같았지만 그녀는 달라져 있었다. "사람들을 믿을 수가 없었어요……. 누가 친절하게 대해도 아예 믿지 않았어요. 인기 있는 아이 중 한 명이 '스테파니, 머리 모양이 참 예쁘구나' 하고 말하면 내가 불쌍해서 그런가 보다 하고 생각했어요. '흥, 이 아이는 완전 왕따인데' 하는 것 같았거든요. '그래, 내가 입은 바지는 멋져. 모두 이 아이들을 좋아하는 건, 이 아이들이 친절해서겠지.' 이런 생각은 하지 못했어요. ……아무에게도 비밀을 털어놓지 못했어요. 아무에게도. 무슨 생각이 떠올라도 꽁꽁 감춰뒀어요. 절대 누설해서는 안 되는 것처럼……. 그해가 끝날 무렵 댄스파티에 갔다가 어떤 남자애와 키스했어요. 그 학년의 마지막 댄스파티였을 거예요. 말 그대로 병에 걸린 것처럼 온몸이 굳어버렸는데, 내가 키스하는 것을 다른 아이들이 보면 무슨 말을 할까 두려웠어요. 누구와 키스했는지 기억조차 안 나요. 사람들을 아예 차단해버렸으니까……. 다 극복했다고 생각하는 순간조차……."

고등학부 2학년 말이 되자 스테파니는 학교 수업이 너무 쉬워서 재미가 없다고 부모를 설득했다. 다른 공립학교로 전학 가고 싶다고 했고, 부모도 동의했다.

새 학교에서 스테파니는 금세 인기를 얻었다. 내가 그 말을 믿지 않을 거라고 생각했는지 스테파니는 얼른 고개를 돌렸다. 10월 말에는 3

학년 전체 중 절반을 집으로 초대하여 생일파티를 했다. 변화는 믿을 수 없을 만큼 빨랐다. "이해할 수 없었어요. 노력도 하지 않았거든요. 어떻게 그렇게 됐는지 모르겠어요. 그러니까 내게 친구가 생기고 있었어요." 하지만 새 친구들이 전학 온 이유를 물으면 방어적으로 같은 대답만 했다. 수업이 너무 쉬워서 재미가 없었다고.

이전 학교에서 동창 모임을 한다는 연락이 오자 스테파니는 어떻게 할지 곰곰이 생각했다. "한편으로는 거기 가서 내가 지금 컨설턴트로 일하고 있는데, 독립적으로 지내고 멋진 생활을 하면서 아주 행복하게 살고 있다고 말해주고 싶었어요. 내 몸의 구석구석, 내 피부의 구석구석을 사랑하고, 내가 하는 일을 사랑한다고. 일부러 가장하는 것이 아니라, 완벽하지는 않지만, 진짜 잘 지내고 있으니까요. 지금 그런 기분이 거든요. 정말 이런 내 모습을 보여주고 싶어요. 하지만 아직 그 일이 가슴속에 남아 있다니 믿을 수가 없어요. 15년이나 됐는데 상처가 너무 깊어서…… 그 애들에게 한 방 먹이면서 지금의 훌륭한 모습을 보여주고 싶은 거예요. 너희가 얼마나 잘못했는지 아니, 너희는 내 상처가 얼마나 깊은지 절대 모를 거야, 이렇게 말하면서요. 결국 가지 않았어요."

비록 그런 일이 있었지만 자기 인생에 그들이 존재했음을 감사히 여긴다고 스테파니는 말했다. "여자들은요, 세상에서 가장 강인한 피조물이에요. 여자들이 하는 건 뭐든 더 힘들어요. 정말로 그렇다고 생각해요. 여자란 참으로 놀라운 존재예요." 스테파니는 어려서 경험한 시련에도 불구하고 그 덕분에 자기가치감을 놓지 않는 법을 깨달았다며 그들의 공을 인정했다. 그녀는 "내 뒤에 그런 일을 당할 소녀들에게 빚을 졌다"고 생각하면서 종종 자원봉사로 아이들을 상담한다. "평생 아이들과 관련된 일을 해야 할 것 같아요. 아이들에게 우리의 이야기를 들려주고, 아이들이 무슨 말을 하는지 들어주고 싶어요. 아이들이 중요하게 생각하는 것을 마음 편히 말할 수 있는 기회를 주는 건 정말 중요한 일이에요." 그녀는 믿음을 회복할 힘을 준 것도 여자들이었다고 말했다. 현재 가장 친한 친구들에 대해서는 이렇게 말했다. "지갑과 자동차 열쇠와 키우는 강아지와 남자친구를 다 줘도, 다시 돌려줄 거라는 걸 의심하지 않아요."

소녀들을 인터뷰하면서 알게 된 사실은 모든 무리는 보이지 않는 선을 긋는다는 것이다. 말할 것도 없이 그 선을 자기도 모르게 넘어 또래의 화를 유발하는 사람은 전학생이다. 메건과 테일러는 둘 다 9학년생으로, 가장 친한 친구 제니가 처음 전학 왔을 때 일어난 일을 이야기했다.

"기억나?" 메건이 말했다. "제니가 처음 전학 왔을 때 말이야. 정말 재수 없었거든요. 전학 와서 친구가 생기기도 전에 뽐내듯이 돌아다녔어요. 자기가 누군지 아는 애도 없는데. 다들 밥맛없는 애라고 했어요."

"맞아요." 테일러가 동의했다. "어찌나 잘난 척을 하는지. '새로운 환경에서 그러고 다니면, 도대체 어쩌자는 거지?' 이런 생각만 들었어요. 그런 애는 끼어들 자리가 없어요."

"그럴 권리도 없어요." 메건이 말했다.

"나한테, 자기는 전학 오기 전에 아는 아이들이 많았다고 했어요. 모르는 게 없다는 듯이 행동했고요. 그런 말을 들으니까 꼭 이런 기분이었어요. '쳇, 나는 아무도 모르네. 나는 친구도 없네. 이봐, 미안한데, 여기서 뭐하자는 거야?'"

미시시피 주의 9학년생들로 구성된 한 집단은 내가 "처음 보는 예쁜 여자애가 교실로 들어오면 어떤 기분이 드니?" 하고 묻자, 이렇게 대답했다.

"얄밉다는 생각이 곧바로 들어요." 케이샤가 지체 없이 답했다.

"불쾌해요." 토야가 말했다.

"그 애가 가장 매력적인 아이가 될 테니까요." 멜리사가 말했다.

"처음 보는 얼굴이니까 모두 관심을 기울이잖아요." 토리가 말했다.

"자신감이 부족해서 남자애들을 가만히 두면 좋겠어요." 케이샤가 말했다. "처음 보는 얼굴은 존재 자체가 위협이에요. 그 애가 어떻게 할지 뻔히 보여요. 내 친구들을 빼앗을 거고, 좋아하는 남자도 빼앗을걸요."

내가 물었다. "여자애들은 대체로 다른 여자애들이 자신감 있는 태도를 보이면 좋아하니?"

"아니요." 아이들이 일제히 대답했다.

"아니요." 케이샤가 말했다.

왜 그럴까?

"그런 애들의 존재는 위협적이니까요."

어떤 학교, 어떤 학급이든 자기가 최고인 줄 아는 소녀에 대한 정의가 만들어진다. "최고"의 의미는 그 주에 일어난 사건들에 따라 달라진다. 학교의 문화도 한몫한다. 가난한 학교에서는 최고가 흔히 손톱 장식, 붙임 머리, 새 운동화를 뜻한다. 부자 학교에서는 남자와 시시덕거리기나 자부심과 좀 더 관련된다. 그 꼬리표는 계급과 인종을 가로지르며 굵직한 상처를 낸다. 어느 학교에 가든, 그 문제를 꺼내든 그렇지 않든 "최고"에 대한 이야기는 우리의 토의 중에 항상 등장했고 아이들은 언제나 흥분된 반응을 보였다.

"최고"라는 정의가 다양할 수 있음에도 불구하고 핵심적인 사항이 한 가지 있다. 엄연히 규칙이라는 것이 존재하고, 자기가 최고인 줄 아는 소녀는 그것을 깬다는 사실이다. 여기서 규칙이라는 것은 여성성의 규칙을 말한다. 여자들은 겸손해야 하고, 얌전해야 하고, 나대지 말아야 한다. 여자들은 착하고, 자기보다 다른 사람을 앞세울 줄 알아야 한다. 여자들은 그들을 좋아하는 사람이 누구인지, 인정하는 사람이 누구인지, 그들이 아는 사람이 누구인지에 따라 권력을 얻는다. 자신의 힘으로 권력을 얻지 못한다. 이 규칙을 깨뜨리면 "최고"라는 비난이 슬그머니 고개를 든다.

"최고"에는 공통분모가 있다. 그것은 변하지 않는다. 자기가 최고라고 생각하는 소녀는 자기주장적이고 자신감이 있으며, 그것을 숨기지 않는다는 것이다. 성적인 매력과 신체를 과감히 드러내고, 독립심이 있으며, 말도 거리낌이 없다. 욕구와 욕망이 있다. "착한 여자"를 정의하는 자기희생이나 절제를 대체로 거부한다. 하는 말이나 행동, 심지어 입는 옷에서도 다른 사람을 먼저 생각하지 않는다는 것을 알 수 있다.

"최고"라는 꼬리표는 소녀들을 혼란스럽게 한다. 한편으로는 자부심을 가지거나 자기가 더 잘났다고 생각하는 것은 바람직하지 않다고 알고 있다. 또 한편으로는 그런 소녀들을 질투한다. "자기가 날씬하다고 생각하면 자기가 최고라는 말이니까 나쁜 거죠. 뚱뚱하면요? 그것도 나빠요." 메리마운트 학교의 8학년생인 세라가 말했다.

우리 문화에서 소녀들은 그들 자신을 왜곡하여 점점 불편하고 부자연스러운 위치로 몰아간다. 우리는 소녀들에게 대담하면서도 소심하고, 육감적이면서도 야위고, 성적 매력을 풍기면서도 얌전하라고 말한다. 서두르라고 하면서 기다리라고도 한다. 그런 식으로 몰리면 소녀들은 결국 이러지도 저러지도 못해 와해된다.

문화가 소녀들에게 뚜렷한 역할을 규정해주지 못하면 소녀들은 그 혼란이 모두 합산된 모습이 될 수밖에 없다. 소녀들은 간접적으로 행동하기로 결심함으로써, 조종(권력과 수동성을 합한 것)이 권력에 이르는 최선의 길이라고 추론함으로써, 그 혼란스러운 메시지를 이해한다. 대중매체는 이 간접성의 문화를 강화하여 소녀들이 지닌 이중성과 회피성을 부추긴다.

간접성의 문화는 갈망을 두 가지 방식으로 반영한다. 소녀들에게 세상을 주지만, 소녀들을 묶어놓는 것이다. '좋아, 하지만'의 태도다. 좋아, 너희가 원하는 건 뭐든지 될 수 있어. 하지만 허용되는 범위에 한해서. 좋아, 너희도 경쟁하고 이길 수 있지. 하지만 겸손하고 다소곳하고 얌전하게 구는 한에서. 의도하지 않았고 심지어 미처 깨닫지 못했는데도, 조금만 그 범위를 벗어나거나 어긋나면 "자기가 최고인 줄 아는 여자"가 된다.

간접성의 문화는 소녀들의 삶 구석구석에 침투해 있다. 대중매체는 가식적인 모습을 선정적으로 다루고, 더 진실하고 위험한 욕망을 숨긴 새침한 겉모습이 우리를 자극한다. 머리는 질끈 묶고, 가슴과 엉덩이는 촌스러운 옷으로 가리고, 예쁜 눈은 투박한 안경으로 가린 수더분한 사서가 있다고 생각해보자. 겉으로는 다소곳해 보이지만 그 속에서는 욕망의 죄가 꿈틀거린다. 성적 매력을 간접적으로 드러내는 여자는 좋은 여자와 나쁜 여자의 이분법을 여실히 보여준다.

작가 엘리자베스 워첼(Elizabeth Wurtzel)이 말하기를, 우리 중에 성적으로 가장 매력적인 여자는 "세상 모든 사람이 볼 수 있게 설탕과 사카린을 흘리고 다니지만, 머릿속에는 욕망과 죄악…… 적의와 나쁜 생각이 그득한, 작은 타운의 상냥한 아가씨"다.[27] 이 여자의 에로틱한 가치는 허위의 겉모습 아래 숨은 진실의 층에서 곧장 뿜어져 나온다. 우리를 자극하는 것은 바로 그녀의 거짓말이다. 영화 〈소로리티(Sorority)〉의 홍보 문구처럼 "나쁜 여자가 매력적이다".

조종, 특히 성을 이용한 조종은 소녀들에게 있어 종종 권력에 이르는 길이다. 여자는 원하는 것을 혼자 힘으로 얻을 수 없으면 주변 사람을 속이고 조종한다. 워첼은 고전적인 여자 악당에 대해 이렇게 말한다. "은행을 직접 터는 일이 거의 없으며, 유혹적이고 달콤한 태도로 일관하다가 난데없이 모습을 바꾸어 공포의 존재로 변한다. 음해하고 조종적이며, 유혹적이고 모반적이다."

여성의 이중성을 높이 사는 것은 할리우드에 국한된 일이 아니다. 소녀들의 기호에 맞추어 성장한 수백만 달러 가치의 시장 또한 이 이중성의 매력을 이용한다. 《틴(Teen)》 2000년 7월호에 어느 10대 소녀의 사진이 두 장 실렸다. 왼쪽에는, 귀를 뚫었고 가죽옷을 입었으며, 붉은색과 검은색이 강조된 짙은 화장을 했고, 레이스 브라가 달린 검은색 탱크톱을 입은 사진이었다. 손은 가슴에 포개 얹었고 입술은 살짝 벌어져 있었다. 오른쪽에는, 카디건을 단정하게 입고 교과서를 얌전히 끌어안은 채 천진난만한 미소를 머금은 사진이 실렸다. 선정적인 사진 위에는

"3:00, 쇼핑몰에서"라고 되어 있었고, 다른 사진 위에는 "3:15, 엄마에게 갈 때"라고 되어 있었다. 대체 어떤 광고일까? "행동을 깨끗이 씻어준다"고 약속하는 제인 코스메틱스 상표의 메이크업 리무버 광고다.

또 어떤 광고들은 미의 형태로 간접성을 전달한다. 그런 광고들 역시 이상적인 소녀는 간접적이고 이중적이라는 이미지를 한결같이 시사한다. 또한 여자들이 지나치게 자기주장적이면 매력적이지 않다는 문화적 메시지를 강화한다. 어떤 페미니스트들은 성적 매력이 있는 여자의 이미지는 권력의 표시라고 주장했다. 언제 어디서 친밀한 사이가 될지 알려주는 것이 지배력을 발휘하는 수단이 되기 때문이라는 것이다. 하지만 유혹적인 여자의 이미지가 암시하는 것은 여성의 권력은 성에 쓰일 때에만, 그럴 때조차 불온하고 조종적인 행위로 정의될 때에만 흥미를 돋운다는 사실이다.

질투와 경쟁심

● 간접성의 문화는 그것을 받아들이는 소녀들에게 엄청난 심리적 부담을 안긴다. 소녀들이 서로 "자기가 최고인 줄 안다"고 말할 때, 이는 혼란스러운 문화, 즉 소녀들의 자신 있는 목소리와 행동을 금지하는 동시에 장려하는 세상에서 비롯한 마찰저항을 보여주는 것이다.

열다섯 살인 타샤 켈러는 어느 매력적인 반 친구가 남학생을 허물없이 대한 것 때문에 친구들의 노여움을 샀다고 했다. "그 애가 남자들한테 접근하면…… 다른 여자애들은 더럭 겁이 나요. 영화에서 남자들한테 다가가는 여자애들은 남자랑 사귀어 보지도 않은 순진한 애들이잖아요. 그렇지만 현실은 달라요. 절대 그런 식으로는 안 돼요."

"우리도 남자랑 사귈 수 있을 거라고 하는데요. 그럴 가능성이 가장 많은 아이는 실제로 다가가는 아이예요. 그런데 우리는 다가가면 안 된다고들 하잖아요. 하지만 여자가 주도권을 쥐어야 한다는 둥 이런 이중적인 메시지도 접하고요. 방송에서는 여자가 통제권을 쥐어야 한다고 하지만……. 나이키 광고에서처럼요. 아무튼 텔레비전은 이런 것만 보여주지 현실이 어떤지는 절대 보여주지 않아요."

"현실은 어떤 거지?" 내가 물었다. "경쟁사회요." 아이가 잠시 생각하다가 대답했다. "학교는 완벽한 세상이 아니에요. 질투가 얼마나 심한데요. 불안은 또 어떻고요."

두 걸음 앞으로, 한 걸음 뒤로. 우리가 소녀들에게 이상을 가지라고 가르친 것이 잘못되었다는 말은 아니다. 미국에 여성 우호적인 학교가 생길 만큼 시대가 좋아졌다면, 소녀들은 아멜리아 에어하트(Amelia Earhart, 1897~1937, 미국의 여류 비행사. 여성 최초로 대서양을 건넜다—옮긴이), 소저너 트루스(Sojourner Truth, 1797~1883, 흑인 노예 제도 폐지론자이자 여권운동가—옮긴이), 리고베르타 멘추(Rigoberta Menchu, 1959~, 과테말라의 인권운동가. 과테말라 토착민들의 인권과 권리 향상을 위해 노력했다. 1992년에 노벨 평화상을 받았다—옮긴이), 리사 레슬리(Lisa Leslie, 1972~, 미국의 프로농구선수로, WNBA MVP를 세 번, 올림픽 금메달을 네 번 수상했다—옮긴이) 등 과거와 현재의 강인한 여성 이미지들에 사로잡혀 있다. 소녀들은 로스쿨이나 대학에 여학생 수가 남학생 수보다 더 많다는 것을 알고 있으며, 다른 분야에서도 점차 평등이 실현되고 있다. 소녀들이 묻는다. "우리가 죽기 전에 우리나라 최초의 여자 대통령이 나올까요?"

문제는 그곳에 이르는 수단이다. 우리는 소녀들에게 꿈꿀 권리를 주는 데 지나치게 몰두한 나머지 꿈을 실현시키는 데 필요한 거친 현실을 간과했다. 일의 순서가 뒤바뀐 것이다.

무슨 뜻일까? "자기가 최고인 줄 안다"는 위협적인 말과 자기주장적이거나 자기만족적으로 보이는 소녀들이 악마로 그려진다는 사실 때문에, 소녀들의 성공을 위해 필요한 바로 그 행동이 억압된다. 자신감과 경쟁심은 성공에 이르는 결정적인 수단이지만 여성성의 규칙과 어긋난다. 경쟁적인 행동을 내놓고 하면 "착한" 여자가 아니다. 예컨대 경쟁적인 사람들을 "착하거나" 배려심이 많은 사람으로 여기는지 생각해보라. 경쟁은 남들보다 더 잘하려는 욕망이다. 경쟁심과 승부욕은 자신이 가지고 싶은 것을 다른 사람이 가져가는 것을 부인하는 것이다.

한 6학년생이 경쟁심에 대해 이렇게 말했다. "두 소녀 사이에 침묵의 시합이 붙어요. 친구들에게 '내가 더 잘해'라든가 '나는 이런 아이와 경쟁하고 있어'라고 말하지는 않지만, 표정과 행동은 '나를 이겨봐'예요. 그 애들은 경쟁자 앞에서 자기 능력을 과시해요. 그렇게 하면 자기가 얼마나 훌륭한지 상대가 알 테니까요." 학교에서 누가 인기 있는지 알고 싶은가? 어깨를 으쓱하며 "인기파 같은 건 없어요" 혹은 "다 친해요" 하는 아이들이 바로 인기 있는 소녀들이다. 공격이나 자부심과 마찬가지로 경쟁 또한 여성성의 조건을 위반하고, 따라서 다른 사람들이 보지 못하게 잘 감추어야 한다.[28]

같은 말이 질투에도 해당된다. 질투는 주어진 것보다 더 원한다는 것이며, 주기보다 받기를 더 바란다는 것이다. 질투는 고삐 풀린 욕망이다. 질투는 친구를 단순한 어떤 대상으로 전환한다. 그리고 그 대상의 일부, 즉 몸매, 머리 모양, 남자친구, 피부에 강박적으로 집착한다. 어느 9학년생 집단은 학교에서 신체적인 특징을 비교하며 쉬는 시간을 보낸다고 했다. "딱히 할 일이 없으면 이런 이야기들을 해요. '나는 저 애의 다리가 마음에 들어.' '저 애는 키가 커서 부러워.' '저 애, 머리 모양이 예쁜데.'"

소녀들은 질투를 느끼는 방식이 그들에게 요구되는 완벽하면서도 자기희생적이어야 한다는 기대를 위반한다는 사실을 잘 모른다. "일대일 질투는 괴로워요." 리지우드 9학년생이 말했다. "누가 질투의 대상이 된다면, 그 아이에게 그럴 만한 특징이 있기 때문일 거예요. 우리가 갖고 싶은 눈코입을 가졌거나 뭐 그런 거요. 사람들에게 나 자신을 인정하지 않는다고 보이긴 싫잖아요." 어떤 소녀들에게 질투는 이기적인 것, 성숙한 여성의 양육자로서의 자질을 받아들이지 않는 것을 의미한다. "(질투심이 생기면) 미숙한 사람이 된 것 같아요." 어느 9학년생이 말했다. "약간…… 아무튼 그런 걸 느끼면 안 돼요. 아기처럼 행동하는 거니까."

공격에서처럼, 소녀들은 질투와 경쟁 심리를 억누르는 법을 배운다. 공격에서처럼, 질투심과 경쟁심은 사라지지 않고 "허용되는" 형태로 그 모습을 바꾼다. 공격에서처럼, 변함없이 "착하고" "상냥하기" 위해서 소녀들은 표시 나지 않게 암호를 쓴다. 경쟁심과 질투심을 간접적으로 표현하는 법을 배운다.

"자기가 최고인 줄 아는 것"은 소녀들의 경쟁심과 질투심, 분노와 욕망을 대체하는 은밀한 암호의 핵이다. 한 9학년생이 이렇게 말했다. "이따금 사소한 것에 화가 나요." 이어서 투정하는 목소리로 바꾸어 말했다. "속마음은 이런 거죠. '너를 보면 질투가 나!'" 다른 아이가 말했다. "'그 애 참 예쁘지' 하는 식으로 말하지 않아요. 뭔가 나쁜 말을 해야 자기 기분이 좋거든요."

암호로 말하기

● 암호는 소녀들의 삶 전체에 퍼져 있고, 종종 행동의 기준을 세울 때 사용된다. 예컨대 "자기가 최고인 줄 아는 것"은 자기주장성의 영역을 표시한다. 이는 허용된 여성성의 경계를 넘었다고 신속히 알려주는 사회적인 경계 구역을 말한다. 소녀들이 서로를 감시하며 지나치게 자기주장적일 때 이들을 수동적인 태도로 돌려놓는 장치다.

"자기가 최고인 줄 안다"는 말은 때론 모호하다. "내 구두 어때?"라는 말은, 듣는 사람에 따라 자랑이 될 수 있다. "이번 주말에 어느 파티에 가야 할지 모르겠어!"라는 말은 자만심이 가득한 말로 들린다. "내 머리 모양 어때?" 혹은 "내 손톱 어때?"라는 말도 그렇다. 화장을 고치거나 머리를 빗는 행동이 잦으면 스스로 날씬하고 예쁘다고 생각한다는 표시다. 더 서툰 아이는 자기가 예쁘다고 넌지시 말하기도 한다. 하루 종일 아무에게도 말하지 않거나 웃지 않기도 한다. 남자들에게 꼬리치거나 유혹할 수도 있는데, 유혹의 대상은 누가 이미 점찍은 아이일 수 있다.

"자기가 최고인 줄 아는" 소녀들이 실제로는 자만심이 강하지 않다는 말이 아니다. 어쩌면 상당수가 그럴 것이다. "자기가 최고인 줄 아는 것"은 고정된 정체성이라기보다는, 소녀들이 분노나 질투, 경쟁심 같은 불편한 감정을 은밀히 보관하는 저장소다. "자기가 최고인 줄 아는 것"과 질투는 정도의 차이다.

따돌림을 당하는 소녀들은 대체로 대부분의 소녀들이 갖고 싶어 한다고 생각되는 특징을 가지고 있다. 외모, 남자, 돈, 좋은 옷 같은 것들이다. 내가 아이들에게 무엇이 질투심을 불러일으키는지 묻자 미시시피 주의 어느 고등학부 1학년생은 이렇게 간단히 대답했다. "누구와 사귀는지, 어떤 옷을 입는지, 돈은 얼마나 있는지, 누가 그 애들을 좋아하는지, 누구와 어울리는지, 성적은 얼마나 잘 받는지 그런 거요." "자기가 최고인 줄 아는 것"은 이 모든 것을 묵묵히 소유하기보다 잘난 척하면서 그런 특징을 죄다 드러내는 것을 말한다.

고등학부 2학년생인 재클린은 자기가 최고인 줄 아는 소녀에 대해 이렇게 말했다. "굉장히 자기과시적이에요. 똑똑한 척하면서 선생님들이 질문하면 냉큼 대답해요. 자기가 칭찬받는 걸 알고 있어요." 나는 그것이 왜 거슬리는지 물었다. "많은 걸 가지고 있으니까……. 엄마가 늘 그러세요. 그 누구도 다른 누구보다 잘나지 않았다고." 나는 다시 "그걸 보고 왜 기가 죽을까?"라고 물었다. "우리도 원하는 건데 다른 애가 가졌으니까 싫은 거죠. 우리도 그렇게 되고 싶은데……. 성적을 잘 받았다고 동네방네 떠들 건 없잖아요. 다른 사람들의 기분이 나빠지니까요."

소녀들 사이의 또 다른 암호는 "꼬리치기"이다. 여자는 남자에게 매력적으로 보이고 싶어 한다고 생각하겠지만, "꼬리친다"는 말은 칭찬으로 보기 어렵다. 많은 소녀들이 남자에게 꼬리치는 것을 육체적으로 가깝다는 말과 같은 것으로 여긴다. 어떤 여학생이 누가 이미 점찍은 남학생과 말하는 것을 들키면, 그 여학생의 사회생활은 위험에 처할지 모른다.

하지만 "꼬리치기"가 정확히 무슨 뜻인지 아는 사람은 없다. "자기가 최고인 줄 아는 것"처럼, 이 말도 남자와 관련되면, 어떤 것이든 해당된다. 스테파니의 말처럼, 말을 걸거나, 쳐다보거나, 같이 공부하거나, 반응하거나, 쪽지를 보내거나, 메신저로 대화하거나, 같이 어울려 놀면 이런 소리를 듣는다. "꼬리치기"를 정의하는 것은 행위자가 아니라 관찰자이다. 어느 9학년생의 이야기에서 "꼬리치기"의 모호한 정의를 짐작할 수 있다.

"우리 학교에 어떤 애가 있는데, 그 애가 어떤 남자애를 좋아해요. 그 남자애는 항상 나한테 말을 붙였어요. 하지만 나는 남자로 좋아하지는 않았거든요. 그냥 친구였어요. 어느 날 그 남자애랑 이야기를 하는데 갑자기 그 애가 내 허리를 잡고 나를 밀었다 당기는 거예요. 나는 비명을 질렀어요. 그랬더니 그 여자애는 내가 그 남자애한테 꼬리쳤다고 생각하고 다음 날 내 머리에 수정액을 쏟지 뭐예요. 왜 그러느냐고 물었더니 '내 남자한테 꼬리쳤잖아'라는 거예요. '아니야.' 내가 그랬죠. 그 애는 그 남자애한테 직접 가서 물어봤고 남자애는 '아니야. 우리는 그냥 친구야'라고 했대요. 그제야 사과하던데요."

"꼬리치기"에서 "걸레"로 넘어가는 것은 시간문제다. 어른들은 대부분 걸레가 난잡한 소녀라고 생각하겠지만, 그 반대의 경우도 있다. 그런 비난을 받는 소녀는 자기주장이 강하지만 적극적으로 유혹하지는 않는다. 다만 딱 붙는 옷을 입고 남자아이들에게 스스럼없이 다가간다. 그러면 "걸레"라는 꼬리표가 붙는다. 노여움을 사는 이유는 유혹적인 행동 때문이 아니라 성적 겸손함의 규범에서 벗어났기 때문이다.

항상 누구에게나 "착하기"를 거부하는 소녀가 "걸레"가 될 수 있다. 다른 여자아이와 사귀는 남자에게 꼬리칠지도 모르고, 누가 이미 점찍은 남자에게 반할지도 모른다. 린 미켈 브라운은 소녀들의 분노에 대한 연구에서, "걸레"는 성적으로 적극적인 사람이 아니라 사귀는 사람이나 다른 소녀들로부터 관계가 단절된 사람을 일컫는다고 했다.[29] 심리학자인 데버러 톨먼(Deborah Tolman)은 "소녀들의 성적 적극성은 관계의 관점에서 설명된다. 소녀들은 관계를 좋게 하기 위해 성관계를 가진다"라고 썼다.[30] 소녀들의 성적인 면이 무분별해지거나 스스로 즐기기 위해 수행되면 규칙이 깨진 것이다.

미시시피 주에서 소녀들은 종종 비슷한 의미로 "잡것(skank)"이라는 단어를 쓴다. 걸레처럼 잡것도 난잡하다는 의미이지만 잘난 척한다는 뜻도 된다. "잡것은 자기 이야기만 해요." 어느 9학년생이 그런 여자아이를 흉내 냈다. "난 할 수 있어. 난 누구든 유혹할 수 있어." 이런 아이는 배기팬츠나 스케이트복을 입고 다리를 벌리고 앉거나, 몸에 붙는 야한 옷을 입는다. 속어를 쓰고 바른 말은 잘 쓰지 않으며, 싸움을 잘하고 공개적으로 남자친구와 진한 애정 표현을 한다.

어떤 암호는 의미가 다양하다. "나는 너무 뚱뚱해"라는 탄식은 적어도 각기 다른 세 가지 뜻이 있다. 내가 처음 인터뷰를 시작했을 때 중산층 아이들은 이 말을 지나치게 많이 하는 친구들에 대해 끊임없이 불평했다. 사실 "뚱뚱함에 관한 대화"의 연구 결과, "나는 너무 뚱뚱해"라고 말한 대부분의 소녀들이 전혀 뚱뚱하지 않았다고 한다.[31]

"나는 너무 뚱뚱해"라는 말은 한발 앞섰음을 과시하는 간접적인 방법이다. "서로 자기가 뚱뚱한지 물어봐요. 그게 서로 경쟁하는 방식이죠." 한 8학년생이 설명했다. "깡마른 아이가 뚱뚱하냐고 물어보면 나는 어떻다는 말이겠어요. 그 말은 상대방이 날씬하지 않다고 말하는 수동적이면서도 공격적인 방법이에요." "뚱뚱함에 관한 대화"에서 소녀들은 "친구들이 실제로 그들더러 말랐다고, '마치 그것이 내 잘못인 것처럼', 어떻게 비난하는지"에 대해 말했다.

또한 "나는 너무 뚱뚱해"는 또래로부터 긍정적인 강화를 얻는 우회적인 방법으로 사용된다. "자기가 뚱뚱하다는 말은 칭찬을 받으려고 던지는 말이에요." 열세 살인 니콜이 말했다. "주의를 끌려고요." 연구자들도 다음의 사실을 확인했다. "많은 소녀들이 자기가 '뚱뚱하다'고 말하는 동기는 다른 사람들이 자기에 대해 어떻게 평가하는지 알아보기 위해서다. 소녀들은 실제로 경쟁적이지만 그렇게 보이지 않으려고 한다." 메리 듀크가 설명했다. "'나는 너무 뚱뚱해.' 이건 주의를 끌려고 하는 말이에요."

마지막으로, 소녀들은 "나는 너무 뚱뚱해"라는 말을 "자기가 최고인 줄 안다"는 꼬리표가 붙을 가능성을 차단하기 위해 쓴다. 연구자들은 뚱뚱하다고 말하지 않는 것이 자기를 완벽하게 여긴다는 의미가 된다는 사실을 알아냈다. "다른 말로 하면, 살을 뺄 필요가 없다는 말은 자기는 이 상태로 만족해서 더 노력할 필요가 없다는 사실을 인정하는 것이다." 그들은 또한 "착한 여자"는 자기를 낮춤으로써 필요한 칭찬을 얻는다는 사실을 발견했다.

또 다른 비난의 암호는 "따라쟁이"이다. 메리마운트 학교에 다니는 어느 8학년생은 인기 있는 리사가 자기더러 같은 반바지를 입었다고 불같이 화를 내는 바람에 울면서 반바지를 버렸다고 했다. 동맹이 결성되고 학년 전체가 그 일을 쑥덕거리자 "따라쟁이"는 리사에게 분노의 편지를 써 보낸 뒤 상담실에 가서 숨어버렸다. 한 소녀가 다른 소녀의 차림새나 행동을 따라 할 때 무리들 사이에서 굉장한 흥분과 분노가 터져 나왔다. 여덟 살이건 8학년이건 과도하게 흥분된 반응이 뒤따랐다. "따라쟁이"에는 숨은 의미가 있음이 명백했다.

"자기가 최고인 줄 아는 것"이 그런 것처럼 "따라쟁이"라는 비난에도 경쟁심과 질투심이 숨어 있다. 흔히 소녀들은 자기만의 스타일을 원하기 때문에 누가 자기를 따라 하는 것을 싫어한다고 말할 것이다. 하지만 조금 더 캐물으면 이렇게 대답한다. "그 애가 나를 따라 하면 나보다 더 예뻐 보일 거예요." 한 6학년생은 이메일로 이렇게 설명했다. "내 아이디어를 훔쳐 간 기분이 들어요. ……서로 경쟁 비슷한 걸 하는 것 같거든요." 따라 한다는 비난을 들은 소녀들은 방어적이 되고 질투와 경쟁을 불편하게 느끼며, 갈등을 설명하는 말 자체가 달라진다.

한편 따라 하는 대상이 된 소녀는 이제 분노가 정당화되었으므로 자기가 정말로 화낸 이유인 더 복잡한 감정은 잊고 그 분노를 다른 누군가에게로 돌린다. 자기와 같은 옷을 입은 소녀를 인기 있는 소녀가 비난하는 것은 어떤가? 따라 한다는 비난은 굉장히 효율적이다. "따라 하는 것"은 공격해도 괜찮은 구체적인 잘못이기 때문이다. 이로써 초점은 원래 문제에서 다른 문제로 돌려진다. 모방자가 인기파 무리에 들어가고 싶은 원래 문제는 묻혀버린다. 따라 한다는 비난은 모방자의 사회적 지위에 큰 타격이 되며, 인기 있는 소녀는 위협을 완전히 제거하고 모방자를 철저히 고립시킨다.

수동적인 소녀

● 소녀들은 수동적인 한편 강인할 것이 기대된다. 나는 소녀들을 대상으로 개최한 리더십 워크숍에서 이 사실을 분명히 깨달았다. 13세와 17세 사이의 소녀 28명이 참가했는데, 4분의 1이 유색인이었다. 이젤에 종이를 놓고 아이들의 시선을 받으며 나는 이야기를 시작했다.

"캐럴라인이 오늘 도와줄 거예요." 내가 젊은 상담사를 가리켰다. "자기가 생각하는 이상적이거나 완벽한 소녀의 특징을 말해주면 좋겠어요. 아무도 되고 싶어 하지 않는, 반감을 일으키는 소녀의 모습도 생각해보세요. 자기가 알고 있거나 방송 같은 데서 본 소녀를 떠올리면 될 거예요." 캐럴라인이 빨간색 매직펜의 뚜껑을 열었다. 그리고 아이들이 말한 특징을 기록했다.

이상적인 소녀	반감을 일으키는 소녀
아주 말랐다	**비열하다**
예쁘다	못생겼다
금발이다	지나치게 명랑하다
가식적이다	운동을 잘한다
멍청하다	**똑똑하다**

키가 크다
눈동자가 푸르다
가슴이 풍만하다
건강하다
비싼 옷을 입는다
균형이 안 맞는다
벌거벗었다
유행을 잘 따른다
인기 있다
남자친구가 많다
웃는 표정이다
행복하다
나약하다
전화 통화를 많이 한다
(친구들이 있다)
피상적인 갈등을 겪는다
(쉽게 해결된다)
성숙해 보인다
계집애 같다
의존적이다
실용적인 옷차림을 하지 않는다
조종하려 든다
성은 곧 권력이라고 생각한다

고집이 세다
요구적이다
인상이 어둡다
마르지 않았다
불완전하다
난잡하다
전문적이다
불안정하다
바보 같다
불행하다, 우울하다
남성적이다
진지하다
강인하다
독립적이다
동성애자다
예술적 조예가 깊은 척한다
생리 직전처럼 군다
거리낌이 없다
자기중심적이다
사교적이지 않다
잘 지내기 힘들다
책을 좋아한다

부자다

치아가 고르다, 피부가 깨끗하다

영리하다

완벽하다

지위가 높은 사람과 낭만적인 연애를 한다

처음 눈에 띈 것은 이상적인 소녀는 신체적으로 완벽하다는 사실이다. 바비 인형처럼 앙상하게 말랐고, 키가 크고, 머리는 금발이고, 눈동자는 푸르고, 가슴이 풍만하고, 치아가 고르고, 피부가 깨끗하다. 누구라도 바라는 것이다. 또한 나는 이 아이들이 생각하는 완벽함이란 결점 없는 신체만은 아니며, 간접적인 면과 중재적인 면도 포함한다는 사실을 깨달았다. 그들이 보기에 이상적인 소녀의 진정한 완벽함은 억제할 수 있는 능력, 다른 사람을 조종함으로써 자기를 표현하는 능력에 있다.

앞에서 제시한 특징을 다시 한번 보자. 이상적인 소녀는 멍청하지만 조종적이다. 의존적이고 나약하지만 권력을 얻기 위해 성적 매력과 낭만적인 관계를 이용할 줄 안다. 인기가 있지만 피상적이다. 건강하지만 운동을 썩 잘하거나 강인하지는 않다. 행복하지만 지나치게 명랑하지는 않다. 그리고 가식적이다. "자기가 최고인 줄 아는 것"은 비난의 대상이 되기 십상이다.

한편 반감을 일으키는 소녀는 이상적인 소녀가 지닌 세련된 간접성이 부족하다. "착하지"도 않고, 배려할 줄도 모르고, 관계 지향적인 것과는 거리가 멀다. 반감을 일으키는 소녀는 비열하고, 고집이 세고, 요구적이다. 자기중심적이며 이기적이다. 누구나 같이 있고 싶어 하는 다정한 소녀는 아니다. 불행하고 불안정하다. 사교적이지 않다. 감정을 통제하지 않는다. 변덕스럽고 같이 지내기 힘들다.

반감을 일으키는 소녀는 사람들과 잘 어울리지 못한다. 의견이 다르고 잘 지내기 힘들다. 하지만 고집과 개성적인 사고와 투쟁 정신은 소녀들이 자라나서 우러러보게 될 영웅적인 여자들에게서 보이는 바로 그런 특징이다. 서로 충돌하는 두 메시지가 소녀들의 모순되는 앞날을 그린다. 그날 나는 혼란과 실의에 빠졌다.

미국 문화는 독립심과 경쟁심이라는 두 기둥 위에 세워졌는데, 그 두 가지는 따뜻한 친밀감, 보살핌, 소녀들의 우정과는 완전히 반대되는 가치다. 소녀들에게 성공의 기회를 준다는 것은 게임의 도구, 즉 경쟁 행위와 이기고 싶은 욕망, 그리고 관계가 더 오래 지속될 수 있다는 깨달음에 온전하고 평등하게 접근하도록 한다는 의미이다. 경쟁과 욕망이 건강하게 실행되지 않을 때, 소녀들이 관계와 배려의 자질을 먼저 고려하도록 기대될 때, 분노와 혼란과 응징이 뒤따른다.

지난 25년 동안 여자와 남자의 서로 다른 놀이 문화와 일 문화를 찾아낸 심리학자들이 많아졌다. 하지만 여성의 공격성을 탐구하지 않는 학문적 유산이 여전히 남아 있어서, 이들은 여성의 관계를 이상화하면서 마무리한다. "소년은 지위와 위계질서를 강조하고…… 소녀는 친밀감과 관계성을 강조한다. 소녀는 연대감과 공통성을 긍정하며 '평등 정신'을 표명한다." 안타깝게도 이 연구는 소녀들의 삶을 목가적이고, 무한한 경쟁과 욕망의 충동에서 자유롭다고 보는 이미지만 강화했을 뿐이다.

경쟁에 편안해지는 법은 여자들만 배워야 하는 것이 아니다. 우리 문화는 자기주장적이고 전문적인 여성에게 낙인을 찍어서 그들을 사생활에서 실패할 수밖에 없는 쌀쌀맞은 악녀로 몰아붙인다. 나는 이런 전형화로 말미암아 소녀들이 그들의 가장 큰 두려움을 어떻게 자기 자신에게 전달하는지 강조하고 싶다. 그 두려움이란 자기주장적인 여자는 관계를 유지하지 못하며, 중요한 사회적 자산인 애정과 양육의 자격을 박탈당하게 된다는 두려움이다.

우리가 소녀들을 더 몰아붙이고 그들에게 더 많은 것을 기대하면 할수록 그들의 암호도 계속 서로를 갈라놓을 것이다. 이 암호의 의미는 혼란스럽고 유동적이다. 그것은 기만적인 표면 밑에 숨은 진실의 층에서 만들어졌다. 그렇기 때문에 소녀들은 말에 담긴 진짜 의미가 무엇인지 다음은 누가 당할 차례인지를 항상 의심하고, 이로써 그들의 신뢰에 깊은 균열이 일어난다. 한 8학년생이 말했다. "누가 정말로 좋은 친구가 될 수는 있겠지만, 나를 위해 기뻐해주지는 않을 거예요. 질투할 테니까요. 말하지 않아도 느낌이 와요." 침묵이 우정을 잠식한다. 침묵은 표현해야 하는 것, 실제적이며 인간적이지만 죄의식이 들게 하는 것의 미약한 대체물에 불과하다. 경쟁과 욕망의 낙인이 찍힌 소녀들은 감정을 건강하게 배출하지 못하며 진실을 솔직하게 말하지 못한다.

우리는 문화적 전환기에, 끊임없는 변화의 시대에, 소녀들에게 평등한 기회를 주는 법을 힘들여 배우고 있는 세상에 살고 있음을 명심해야 한다. 문화가 건강한 그리고 지지되어야 할 경쟁과 욕망을 소녀들에게 사회화하지 않음으로써, 소녀들은 자기들에게 요구되는 모습이 어떤 것인지 분명하지 않은 상황에 내몰린다. 즉, 소녀들에게 "이상적인 여성은 '이타적'이라는 견해와, 이상적인 성숙은 '분리'와 '독립'이라는 견해" 사이의 "상호 긴장"을 경험하라는 것이다.[32] 소녀들에게 소년들이 즐기는 자유를 주고 싶은가, 혹은 그렇지 않은가? 우리 문화가 아직 결론을 내리지 못했다면 소녀들이 결론 내리지 못하는 것은 당연하다. 소녀들이 어떤 사람이 되어야 하는지 확신할 수 없다면, 그들은 자신들의 (그리고 우리 문화의) 불안을 서로에게 돌릴 것이다. 소녀들은 스스로 해답을 찾기 위해서 필요 이상으로 서로 감시하고 처벌하며 따돌리고 싸울 것이다.

거울 속의 가해자

'인기'는 나로서는 삼각함수만큼 파악하기 어려운 그 무엇이었다. 떨어진 물건을 찾아 침대 밑으로 팔을 쭉 뻗고 더듬어보지만 닿을락 말락 한 거리에서 늘 미치지 못하는 느낌이었다. 물론 나는 인기를 얻을 기회도 많았고, 인기 있는 아이들과 친해져서 점심시간에 같이 앉거나 쪽지를 주고받거나 파티에 다닌 적도 있었다. 하지만 늘 벽 같은 것이 있었다. 이름을 붙일 수도 없고 눈에 보이지도 않았지만, 분명히 있었다. 그 사실은 내 안에 모래주머니처럼 묵직하게 들어앉아 있었다. 어디로 가든 따라다녔다. 나는 부록이나 엑스트라 같았다. 그들의 편에 단단히 서기 위해 내가 하지 못한 것은 무엇이었을까.

어느 날 저녁 워싱턴에서 앤을 만나 술을 마실 때, 나는 10년도 더 전에 그녀와 말을 하지 않게 된 사건을 꺼낼 생각은 조금도 없었다. 앤과는 5학년 때 가장 친했고, 서로가 너무 좋아서 그 마음을 참지 못할 정도였다. 우리는 자주 카츠 선생님에게 찾아갔고, 거기서 둘이 웃음을 참느라 거의 숨이 넘어갈 뻔했다. 우리는 〈원더 트윈스(Wonder Twins)〉라는 만화영화에 나오는 등장인물들의 이름을 따서 서로 '부거 트윈스'라고 불렀다. 또 해골을 그리고 우리끼리 통하는 약어를 쓴 쪽지를 주고받았다.

앤은 워싱턴 클리블랜드 파크에 살았고 나는 앤의 집에 가면서 처음으로 지하철을 탔다. 우리는 커다란 침대에서 뒹굴면서 밤에는 라디오로 〈10시의 톱 텐(Top Ten at Ten)〉을 들었고, 낮에는 고무줄에 구슬 안전핀을 엮어 팔찌를 만들었다. 그해에 앤도 나처럼 한동안 인기파의 경계에서 서성였다. 그러던 어느 날 앤은 소리 소문도 없이 인기파로 흡수되었다.

9학년이 되자 앤, 레베카, 샌디, 줄리는 최강의 4인이 되었다. 그들도 다른 인기파 아이들처럼 옷을 가장 잘 입고, 가장 예쁘고, 남자친구도 가장 많았다. 나는 4년 동안 쭉 그랬던 것처럼 그들과 어울렸다. 레베카와 앤은 주근깨 많고 머리가 생강 빛깔인 고등학부 2학년생 제프리를 같이 좋아했다. 어느 날 마지막 수업종이 울리기 전에 누가 나에게 쪽지를 건넸다. "세상에! 레베카가 앤에게 절교하자고 했대."

레베카는 그날 앤과 절교하기로 결심했다. 점심때 샌드위치를 먹으면서 그렇게 말했다. 인기파 무리는 그 즉시 앤에게 말을 걸지 않았다. 나도 그랬다.

그날 이후의 일은 많이 기억나지 않는다. 한동안 앤은 공허한 시선으로 힘없이 복도를 돌아다녔다. 나중에는 다른 아이들과 점심을 먹거나 버스를 탔다. 물론 인기 없는 아이들이었다. 그 학년이 끝날 무렵 레베카는 앤과 화해했지만 우리를 연결했던 끈들은 끊어져 있었다. 우리가 마지막으로 앤을 보았을 때 그녀는 사물함을 정리하고 있었다. 다음 가을부터는 학교에 오지 않았다. 3년 뒤 우리는 대학에 진학했고, 그 첫 주에 나는 단풍나무 그늘 밑에서 앤과 마주쳤다. 잠시 어색한 시간이 흘렀지만, 참으로 오랜만이었다. 그녀를 볼 때마다 내 속에서 뭔가 응어리 같은 것이 느껴졌다. 당시 있었던 일에 대해서, 나는 꿈에서 깰 때의 느낌처럼, 조각조각 흩어져서 잘 들어맞지는 않지만 불편한 느낌으로 기억하고 있었다. 대학을 졸업한 뒤 우리는 둘 다 정치 분야의 직장에 취직했고, 다시 친해졌다.

우리는 스물다섯 살의 성인이 되어 워싱턴에 있는 우아한 라운지에서 만났다. 그날 술을 홀짝이며, 한때 서로 아주 멀어졌으나 이제는 우리의 우정을 단단히 붙잡으려 애쓰면서, 나는 과거의 일은 생각지도 않고 소녀들의 따돌림에 관한 내 프로젝트에 대해 말하기 시작했다. 앤이 무심히 재떨이를 만지작거렸다. "9학년 때 생각나?" 그녀가 물었다. 나는 앉은 채로 몸이 얼어붙는 것 같았다. 그녀가 이야기를 시작했고, 나는 녹음기를 꺼냈다. 그녀가 고개를 끄덕이자 나는 그것을 테이블에 올려놓고 귀를 기울였다. 이야기가 끝나갈 즈음 앤이 말했다.

"나는 그해 내내 상처 입은 짐승처럼 보냈어. 어떻게 해야 할지 몰랐거든. 그건 정말…… 후유, 나를 보호할 방법이 전혀 없는 것 같았어. 도와줄 사람이 아무도 없는 느낌, 벌거벗고 있는데 손가락질하며 깔깔거리는 사람들만 있고 덮을 담요를 건네줄 사람은 한 명도 없는 느낌이랄까. 항상 그런 느낌이었어. 무방비로 노출된 느낌. 그 나이에는 스스로 일어나거나 추스를 힘 같은 게 없잖아."

긴 침묵이 흘렀다. "너도 그 일부였어. 다 봤잖아." 앤이 말했다. 그리고 물을 한 모금 들이켜며 나를 쳐다보았다. "너는 그게 뭐였다고 생각하니?"

뭔가 내 속을 쇠방망이로 치는 것 같았다. 내가 어떻게 그럴 수 있었을까? 항상 주변인이었던 내가, 한때 희생자였던 내가 어떻게 그럴 수 있었지? 그것도 쉽게.

린던 학교의 말발굽 모양 진입로에 차를 세우자 메건이 친구들과 기다리고 있었다. 메건은 손을 흔들며 뒷좌석에 올라탔고, 이어서 다른 소녀가 내 옆에 앉았다. "안녕하세요. 저는 테일러예요." 그 애가 말했다. "같이 가도 돼요? 음악 좋은데요." 테일러가 질 스콧(Jill Scott)의 CD를 보며 고개를 까딱했다.

우리는 스타벅스로 가서 테이블을 차지하고 앉았다. 그들이 다른 소녀들을 훑어보는 동안 나는 먹을 것을 주문했다. 메건이 이야기를 시작했다.

5학년 때, 작은 가톨릭재단의 학교에 다녔던 메건은 처음으로 배타적인 인기파에 들어가게 되었다. 인기가 있다는 건 좋았지만 사람들이 생각하는 그런 천국은 아니었다. 고달팠다. "나만 빼고 놀까 봐 항상 불안했어요." 메건이 말했다. "혼자 따돌림을 당할까 봐요. 나는 주류가 아닌 것 같았어요. 남자애들이 좋아하는 그런 애가 아니었거든요." 메건은 그 학년의 여왕 같은 존재인 재키의 관심을 끌려고 애썼다. 재키의 마음에 들면 안전하다는 의미였다. 항상 그래왔으니까.

메건이 잠시 말을 멈추었다. 이 아이는 가해자가 되는 것에 대해 말하려고 왔다. 이메일로 그 이야기를 하겠다고 했었다. 나는 메건이 이 자리를 불편해하며 이야기를 그만둘까 걱정하면서 내 커피를 내려다보았다. 다른 아이들처럼 입을 꾹 다물거나 다 잊었다고 말하며 바보처럼 굴까 봐 걱정이 됐다. "나는 그냥 착한 아이였어요. 특별한 점은 정말 없었어요." 메건이 주춤거리기 시작했다.

"리앤 채핀이라는 아이가 있었는데요." 메건이 숨을 후유 내쉬었다. 인기파 무리는 항상 리앤이 좀 이상하다고 생각했는데, 5학년이 되자 그 아이가 그들과 친구인 것처럼 행동하기 시작했다. "그 애는 추종자였어요." 메건이 말했다. "모든 면에서 우리처럼 되려고 했어요." 리앤은 그들을 따라 했다. 짜증이 났다.

어느 날 수업이 끝나고 그들 무리 중 한 명이 아이디어를 냈다. 록 밴드 이름을 거짓으로 꾸며서 리앤이 자기도 아는 척 거짓말할지 알아보자는 것이었다. "그래서 이렇게 말했어요. '리앤, 조브레이커라는 그룹 들어봤어?' '응!' 그러면 우리가 그러는 거죠. '그래?'" 이런 식으로 흘러갔다. 그러자 그들은 가사를 써서 곡을 만들고 리앤 앞에서 노래를 불렀다. 리앤이 따라 부르면 깔깔거렸다. "그 애가 '응, 나도 어제 라디오에서 들었어' 하면, 우리는 '그래?' 하는 거죠."

그것은 열기가 식을 줄 모르는 장난이자, 메건에게는 진정한 기회였다. 메건은 부지런히 노래를 만들었다. 재키는 아주 좋아했다. 그해가 끝날 무렵 조브레이커의 노래는 앨범을 만들 만큼 많아졌고, 반쯤 연출한 뮤직비디오까지 만들었다. 메건은 무리의 핵심에 가장 가까워졌다. "그 무리에서 더 안전한 자리를 차지한 기분이 들었어요." 메건이 설명

거울 속의 가해자 183

했다. "내가 곡을 만들면 그 애들이 '이야, 아주 재미있는데' 하고 말했고, 그러면 '이야, 나도 야비하게 굴 수 있구나' 하는 기분이 들었어요."

스케이트를 타다가 인라인스케이트를 타는 것만큼 쉽게 느껴졌다. 사람들이 곧 잘 타게 될 거라고 하지만 직접 타볼 때까지는 잘 모른다. 비열함도 마찬가지였다. 게다가 그 아이들은 리앤에게 나쁜 말은 절대 하지 않았다. 오히려 그 반대였다. "우리는 그 애에게 잘해줬어요. 바로 앞에서는 말이죠. 하지만 뒤에서는 엄청 흉봤어요. 그 애를 완전히 박살낼 정도로요." 메건이 인기를 얻기 바로 전 여름에 리앤은 메건과 함께 캠프에 갔었는데, 그 뒤로 메건을 아주 좋은 친구로 생각하고 있었다. 따라서 리앤을 그들 근처에서 얼쩡거리게 하는 건 쉬웠다.

어느 날 문득 메건은 마치 못에 스웨터가 걸려 홱 당겨지는 듯한 느낌이 들었다. 이전에 다녔던 학교에서 가장 친한 친구였던 안나가 인기파에 들어가는 미끼로 자기를 이용하여 공개적으로 모욕하고 버린 일이 떠올랐다. 메건은 빨대로 플라스틱 컵에 담긴 얼음을 꺼내려고 애쓰면서 말했다. "정말 끔찍했어요." 메건이 조용히 회상했다. 그러고는 얼음은 포기하고 손톱을 잘근거리기 시작했다. "지옥 같았어요. 친구도 없었어요. 거울을 보면 '아, 정말 못생겼구나, 속도 겉도. 나 자신이 역겨워 미치겠어' 하는 생각만 들고, 나한테 괜찮은 점은 하나도 없는 것 같았어요." 자신이 희생된 경험을 회상한 뒤에 메건은 리앤을 괴롭히는 것이 쉽기도, 또 어렵기도 하다고 말했다. "우리는 그 애 앞에서 깔깔거렸는데, 그건 안나가 나한테 한 짓과 똑같은 것 같아요. 내가 지금 똑같은 짓을 하고 있는 거예요."

하지만 재키는 태양이었고, 다른 아이들은 그녀 주위를 맴돌았다. 저마다 더 가까이 가려고 애썼다. 어느 날 메건과 재키는 화장실에서 머리를 빗고 있었다. 메건은 강박적으로 칸막이 아래를 흘끗거렸는데, 두 번째로 인기 있는 제니의 구두가 보였다. 그 순간 재키가 제니를 흉보기 시작했다. 메건은 고개를 끄덕이며 응, 응, 대답했고, 눈으로는 돌처럼 가만히 있는 제니의 구두를 흘끔거렸다. "재키의 말을 끊지 않았어요. 제니가 듣는 걸 알았으니까요."

메건이 예측한 것처럼 그 대화는 소녀들 사이에서 6개월 동안 지속된 전쟁의 도화선이 되었다. 적대감은 누그러지지 않았다. 그날 메건이 모른 척한 것은 소녀들 사회의 구조를 바꾸었다. "모두 '무슨 일이 있었어?' 하고 묻더군요. 그러면 '세상에 말이야' 하면서 마음껏 부풀려서 말할 수 있었어요. '가장 인기 있는 재키와 제니와 우연히 같은 화장실에 있었는데, 정말 큰일이 있었지' 하고요." 심지어 메건이 잘 모르는 아이들까지 와서 물었다. "어떤 일에 연루되면 무슨 일이 일어나는지 알게 되니까 자기도 그 일의 일부가 돼요." 그렇게 간단하다.

하지만 메건은 그런 배반을 목격하고 경험하면서 불안에 휩싸였다. "아직 그런 기분이에요. 어느 순간에 숨이 막혀서 정신을 잃을 것 같아요. 모두 나에 대해 수군거리는 것 같고, 그래서 두 사람이 속닥거리는 걸 보면 어느새 입술 모양을 읽으면서 대화를 알아들으려고 해요. 내가 없을 때 내 이야기를 하는 게 싫어요. '자기들끼리 쑥덕거리는구나' 하는 생각이 들 때도 있고, '지금 내 이야기를 하는구나' 하는 생각이 들 때도 있어요."

인터뷰가 진행되는 내내 고개만 끄덕이던 테일러가 지난달에 모니카와 함께 메건에게 열어준 깜짝파티 이야기를 꺼냈다. 테일러는 그 파티를 몰래 계획했고, 파티를 열기 전날 모니카와 함께 축구 연습을 하면서 세부 계획을 짰다. 메건이 다가오자 두 소녀는 대화를 멈추었다. 메건은 그 모습을 보고 얼어붙은 듯 서 있다가 사물함으로 달려가서 자기 물건을 챙겨 집으로 돌아갔다. "막 눈물이 났어요. 숨이 멎을 것 같았어요. '어떡하면 좋아. 이제 친구가 하나도 없어.'" 테일러는 메건을 곁눈질하며 살며시 웃었다.

분노가 예고도 없이 폭발하는 사회에서, 불안은 기본이고 안전은 사치다. 가장 친한 친구가 설명도 없이 갑자기 자기를 유기한 일은 메건에게 사람이나 감정이란 언제나 보이는 것과 같지 않다는 사실을 가르쳐주었다. 자기가 다른 사람에게 사랑받는지 확신할 수 없으면 다른 사람을 배척하는 것이 당연하게 여겨진다. "다른 사람도 기분이 나쁘기 바랐던 것 같아요." 메건이 말했다.

한 명만 있으면 큰 문제가 되지 않지만 두세 명이 모이면 완전히 다른 상황이 된다. 소녀들은 종종 집단으로 공격하기 때문에, 따돌림의 잔인한 덫은 안전한 우정을 왜곡하는 데 더할 나위 없이 좋은 기회다. 누가 좀 이상하면 그 아이를 따돌린다. 그러려면 여러 명이 한데 뭉쳐야 한다. 따돌림이 일어나면 모든 것이 원점으로 돌아가고, 감시하는 시선도 없다. 배짱만 있으면 누구라도 표적을 공격하여 지위를 얻고 무리에 수용될 수 있다. 메건에게는 노래를 만들고 싸움의 중심에 서는 것이 자신이 부각될 수 있는 기회였다. 그것이 더 깊숙이 들어가는 방법이었다. 순식간에 사라질 기회였을지 모르지만 매우 현실적이고 안전하게 느껴졌다.

하지만 희열이 잔인한 만큼 일시적이라면 의문이 생긴다. 이런 충동에 굴복하면 어떤 일이 생길까? 내가 앤에게 등을 돌리고 그녀가 시들게 내버려두었을 때 얻은 것은 무엇일까?

많은 가해자들과 희생자들이 공유하는 한 가지 특성은, 양쪽 다 가까운 관계로부터 힘과 안전함이 혼합된 강력한 힘을 이끌어낸다는 것이다. 그리고 양쪽 다 혼자 있는 것을 두려워한다. 관계의 불확실성이라는 검은 구름이 소녀들의 일상을 지배할 때 그들은 고립의 위협을 느낀다. 누구에게는 옥죄는 두려움이고, 또 누구에게는 감정의 백색소음이다. 인기는 중력처럼 끌어당기는 힘이 있어서, 평소에는 생각도 못 할 행동도 거침없이 하게 된다. 경우에 따라, 인기를 얻고자 하는 야망은 부차적이며 심지어 핵심을 벗어나기도 한다. 내가 만난 소녀들은 고독의 황폐한 감정을 피하는 수단으로서 힘에 대한 욕구를 이야기했다.

고독은 결국 소녀들의 정체성의 본질을 잠식한다. 소녀들은 우리 문화가 그들에게 사회적인 동물이 될 것을 요구하며, 양육적인 관계, 특히 다른 소녀들과 그런 관계를 맺기를 요구한다고 알고 있다. 고립이 임박하고 지반이 끊임없이 흔들릴 때 소녀들은 절박한 심정이 된다. 사회적 안전함을 누리지 못하면, 학교에서 살아남기 위해 뭐든 다 할 것이다. 교실에서, 점심시간에, 복도에서 그들을 살아남게 한다면 그것이 무엇이든. 이런 경우에 따돌림 행위는 한 소녀에게 자신이 따돌리는 무리의 일부로 행동하는 한 소외되지 않는다는 확신을 준다.

어떤 소녀들은 무리 중 한 명을 따돌리면서 느끼는 일종의 쾌감에 대해 말한다. 그것은 가까운 우정에서 오는 쾌감과 놀랄 만큼 유사하다. 앞에서 소개한 미셸은 에린을 처음 만났을 때 최면적으로 그녀에게 끌렸다고 말했다. 에린은 "거의 마약" 같았다. "듣고 싶은 말은 다 해주고, 정말 잘해주는 데다, 나와 친구가 된 사실이 정말 기쁜 것처럼 행동해요. 나는 자신감이 없는데 그 애는 내가 전부인 것처럼 대해주니까 굉장히 들뜨게 돼요. 사람들은 보통 그런 사람이 되고 싶어 하잖아요. 누군가에게 중요한 사람이요."

훗날 미셸은 패를 짜서 에린에게 앙갚음한 일을 거의 같은 방식으로 표현했다. "모두 그러니까 나도 그럴 수 있었던 것 같아요. 혼자가 아니니까 가능한 거예요. 그 아이에 대한 통제권이 나한테 있는 것 같고, 그런 느낌이 참 좋았어요." 미셸이 덧붙였다. "지금껏 갖지 못한 권력을 가진 느낌이랄까요. ……무슨 일이 있어도 아무도 내게 화를 낼 수 없다는 생각이 들었어요. 나는 좋은 친구였고, 내가 문제는 아니었으니까……. 나는 그 애가 가졌다고 생각한 모든 것을 가졌어요. 권력을 쥐게 된 느낌이죠. 나는 아무도 필요 없다, 필요한 건 다 가졌다, 그런 거요."

미셸의 설명은 어떤 경우든 타인과의 관계가 끊어지지 않을 것 같을 때, 고립의 망령이 저만치 떨어져 있을 때 느끼는 흥분을 강조한다. 이런 순간에 우정은 순수하며 위협과 불안이 없는 것처럼 느껴진다.

의자 뺏기 놀이

●   내가 약속 장소의 문을 열쇠로 열다가 커피를 쏟았을 때, 리사가 다가왔다. 약속 시간보다 일렀다. 리사는 탄탄한 몸매에 눈빛이 검었다. 까마귀 털 같은 머리를 하나로 묶었는데 머리카락은 곱슬곱슬하고 끝이 갈라져 있었다. 그녀는 아치형으

로 자른 덥수룩한 앞머리 아래로 조용히 나를 지켜보았다. 우리는 그녀가 다니는 대학 캠퍼스의 휴게실에서 대화를 나누었다. 그녀의 어투도 표정처럼 날카로웠다. 말수 또한 적었다.

입학하고 처음 3년 동안 모든 아이들이 리사를 본체만체했다. 뉴저지에 위치한 작은 가톨릭학교 부설 유치원에 간 첫날부터 리사는 운동장에서 혼자 놀았다. 쉬는 시간에는 커다란 금속상자 뒤로 가서 거기에 비친 자기 모습을 보며 외투를 이런저런 각도로 쥐어보는 것이 그녀의 놀이였다. "코트가 바닥에 닿으면 내가 공주이고, 닿지 않으면 아니라고 생각했어요." 그녀가 회상했다. "그게 내 세계의 전부였어요. 공주이거나, 아무것도 아니거나." 2학년이 끝나갈 무렵에는 수업이 끝나면 집으로 돌아와서 혼자 방에 처박혀 울었다. 공부도 못해서 교사들은 발달지체가 염려된다고 부모에게 경고했다.

리사는 부모님에게 공립학교로 전학하고 싶다고 졸랐고, 새 학교에 가자 전부 A를 받았다. 학교생활에서 활기도 되찾았다. 2년 뒤에는 큰 중학교에 다니게 되었는데, 몇몇 공립 초등학교 학생들이 오는 곳이었다. 하루도 지나지 않아 리사는 익숙한 응어리가 단단해지는 느낌을 받았다. "똑같은 일이 벌어지는 걸 봤어요. 여자아이들이 다른 여자아이들을 괴롭히고 있었어요." 그녀가 무표정하게 나를 쳐다보며 말했다. "하지만 이번에는 내가 따돌리는 쪽이 되기로 했어요."

리사는 캐런을 두 번째 주에 만났다. 제이슨이 준 쪽지를 캐런에게 건네기 위해 화장지가 필요한 척했다. 캐런은 고맙다는 듯 웃으며 리사에게 쪽지를 건넸다. 내용은 이러했다. "고마워! 넌 어느 초등학교에서 왔니?" 웃는 얼굴 그림과 예쁜 장식 글자들이 그려져 있었다. 그날 점심시간에 다른 아이들과 같이 있는데, 캐런이 초등학교에서 인기가 많은 아이였음이 자연스레 드러났다. 캐런이 홀리는 전기 같은 마력을 거부할 수가 없었다. 리사는 캐런과 같이 있을 때마다 불편했다. '이건 뭐지? 행운인가? 죄의식이 뒤섞인 기쁨인가?'

"나는 항상 그 애가 나보다 더 멋지다고 느꼈어요. 우리는 함께 누군가를 괴롭혔죠." 리사가 말했다. "그렇게 하면 우리가 다른 누구보다 멋진 것 같았어요." 소녀들은 점심시간과 자율학습 시간에 쪽지와 킥킥거리는 웃음과 은밀한 시선을 주고받으며 쑥덕거렸다. 그들은 '비키를 싫어하는 모임'을 만들어 학생 전체의 서명을 받아냈다. 다음 표적은 합창단 활동을 하는 통통한 여학생이었다. 그들은 그 아이가 얼마나 뚱뚱하고 사랑스럽지 않은지에 대한 노래를 만들었고, 창녀라고 불렀으며, 노래하는 동안 쳐다보지도 않았다. 그 아이는 봄방학이 끝나고 학교로 돌아오지 않았다.

리사에게 따돌리는 행위는 식사나 조례처럼 중학교 생활의 일부였고, 퀴퀴한 공기와 거슬리는 교실 시계 소리처럼 일상적이며 억압적이었다. 하지만 리사는 거미줄처럼 가는 실을 붙잡고 캐런에게 매달려 있었다. 쉬쉬거리는 말이나 속닥거림, 쪽지나 심술궂은 표정이 소용돌이처럼 주변 공기를 채웠다. 자기가 따돌리는 무리에서 빠져도 그 자리를 슬그머니 꿰찰 아이는 얼마든지 있었다. 리사가 설명했다. "교실에 20명의 아이들이 있다면, 그 아이들 모두가 등 뒤에서 수군댈 거예요. 모두 친구처럼 느껴져서 그럴 수도 있겠지만, 다들 나와 비슷하다면, 내가 그 애들 이야기를 하니까 그 애들도 내 이야기를 하는 거겠죠. 끔찍해요. 쭉 그랬던 것 같아요. 친구들이 내 이야기를 하는 걸 나도 알지만,

나 또한 그 아이들 이야기를 했으니까요."

끊임없는 조종과 집단 따돌림에서 비롯되는 불편한 느낌에 리사는 속이 울렁거리는 것 같았다. 배반과 위선이 난무한 가운데 리사는 미칠 것 같은 기분이 들었고, 진정한 친구는 누구인지 궁금했다. 그런 친구가 있는지조차 의심스러웠다.

리사에게 괴롭힘은 사회적 부적과도 같은 것이었다. 리사가 말했다. "내가 바란 것은 오로지 친구를 만드는 것이었어요. 기댈 수 있는 친구요. 하지만 그런 친구는 없었어요." 그녀의 노력에도 불구하고 리사의 관계는 점점 불안해졌다. "같이 누구를 괴롭히는 순간을 빼면 아무도 없다는 기분이 들었어요." 승리란 없었다. "어떤 행동을 하든 내가 항상 잘못했다는 생각이 들었어요. 내가 나쁜 사람 같았어요. 희생자가 될 때는 패배자라는 느낌이 들었고, 가해자가 될 때는 야비하고 표독스러운 계집애였어요." 패배자를 괴롭히는 건 아무라도 쉽게 할 수 있었다. 그녀의 어머니는 가해자가 되지 말라고 했다. "하지만 그렇게 할 수는 없었어요." 리사가 간단히 말했다. "패배자가 되고 싶지는 않으니까요."

8학년을 마치자 리사는 기진맥진했다. 자기가 "패배자이며 밥맛없고 재수 없는 계집애"라는 확신이 들었다. 반 친구들은 장난삼아 수녀가 될 확률이 가장 높은 아이로 그녀를 뽑았고, 얌전한 척 내숭을 떤다는 꼬리표를 붙였다.

2년 뒤에 그런 일이 또다시 터졌다. 리사는 몇 차례 데이트 신청을 받았지만 거절했고, 그 뒤부터 레즈비언이라는 꼬리표가 붙었다. 소문이 퍼져 나가자 리사는 슬픔이 재발하는 것 같았다. 시를 쓰면서 위안을 찾았고, 그해 여름 조례 시간에 낭송했다. 다음 날 그녀는 페미니스트로

쐐기가 박혔다. 그 학교에서 페미니스트는 레즈비언과 같은 말이었다. 그것이 그녀의 마지막 시가 되었다.

이제 리사는 자기를 "매우 방어적"이라고 묘사한다. "그 일이 있고 나서 다른 사람들에게 제 이야기를 하지 않았어요. 친구를 사귀기 어려웠어요." 대학에 진학하고 첫해에 학생 대부분이 그녀를 "얼음 여왕"으로 불렀다. 자기 자신에 대해서는 입도 뻥긋하지 않았기 때문이다. 1학년 말에 남자친구를 사귀게 되었고, 그가 리사에게 사람들을 믿어보라고 격려했다. "이렇게 말하기 미안하지만, 나를 구원한 건 남자친구가 아니라 바로 나였어요. 그는 나를 있는 그대로 사랑해주었거든요. 내가 학교에서 재수 없는 계집애였든 패배자였든 상관하지 않았어요. 지금의 내가 바로 나예요."

리사의 중학교 경험은 의자 뺏기 놀이 같은 특징이 있다. 승자와 패자는 납득되는 이유 없이 쉽게 바뀐다. 어린 소녀든 성장한 어른이든, 나와 이야기했던 여자들은 몇 주 동안 따돌림을 당하다가 갑자기 다른 아이가 따돌림을 당하면 자신은 고통에서 벗어날 수 있었다고 했다. "누구든 '따돌리기만' 하면 됐어요." 매기가 회상했다. "세 명이 어울리는데 둘이 '나가서' 수군거려요. 남은 아이를 그런 식으로 괴롭히고 속상하게 만드는 거예요." 따돌림의 다음 차례는 무작위로 선정된다. 한 상담교사가 말했다. "지금 가해자로 보이는 아이들이 언젠가 여기 찾아와서 따돌림을 당한다며 울지 모르죠."

리사는 복수에 대한 강렬한 욕망에 대해 말한다. "눈에는 눈 이에는 이"로 갚고 싶은 욕망은 많은 희생자들이 공통으로 꿈꾸는 환상이다.

"내가 따돌림을 당하는 동안 계속 울었으니 그 애도 우는 게 어떤 건지 알게 하고 싶은 거예요." 9학년생인 에밀리가 말했다. "무지하게 화나거든요. 내가 곤혹스러워하는 모습을 보고 그 애가 희열을 느꼈으니까, 나도 그 애가 곤혹스러워하는 모습을 보고 희열을 느껴야죠." 6학년생인 제시카가 말했다. "되갚아주고 싶어요. 버림받은 존재라는 느낌을 직접 경험하게 하고 싶어요." 다시 말하지만 여기서 처벌은 고립이며 인간적인 관계의 상실이다.

연구에 의하면 희생자는 가해자가 될 가능성이 매우 크다.[33] 스스로 가해자라고 하는 소녀들의 이야기를 들어보면 자기가 희생자가 되어 따돌림을 당한 기억이 많다.[34] 리사처럼 이 소녀들도 따돌림의 행위를 상처받지 않고 안전함을 극대화한다는 관점에서 보았다. 다시 말해서, 소녀들의 따돌림은 자기들이 위협받을까 두려워서, 자기들의 마음속에 다른 선택이 없어서 나타난 현상이다.

배반의 기억

● 목요일이었다. 케이시 류는 인터뷰 약속을 지키지 않았다. 이날의 약속을 "통조림 음식 정리하기"와 "우표 수집 시작하기" 정도로 여겼음이 분명했다. 나는 이것을 좋은 신호로 받아들였다.

워싱턴에 있는 케이시의 집으로 찾아갔을 때, 그녀는 화장지를 움켜 쥔 채 플란넬 바지를 입고 있었다. 아하, 아파서 못 온 거였구나. 케이시가 나를 들어오게 한 뒤에 웃으면서 사과했다. 조지타운 대학교 4학년생인 그녀는 허름한 건물에서 살고 있었다. 벽에 인디영화의 포스터가 덕지덕지 붙어 있었다. 카펫은 한때 초록색이었을 것 같지만 장담할 수 없었다. 보풀이 많이 일어나 있었고 이제는 갈색에 가까웠다. 부엌에는 오래된 냄비들이 걸려 있었고, 병과 접시와 양념통들이 어수선하게 널려 있었다. 조지타운 대학교의 마크가 새겨진 셔츠가 안락의자에 걸쳐져 있었다. 의자는 속이 비어져 나오고 있었다. "엉망진창이죠." 그녀가 난처한 표정으로 말했다. "아니에요!" 대학 시절에 살던 아파트를 떠올리며 내가 말했다. "꼭 제 집 같은데요."

한국계 미국인인 케이시는 스물세 살이었다. 그녀가 눈썹을 치켜세우며 말했다. "내 이야기를 책에 실으면 학교를 그만둬도 되나요? 돈은 많이 버는 거죠?" 우리는 웃었다. 그녀가 담배를 꺼내 물었다.

케이시는 사우스캐롤라이나에서 성장했다. 한국에서 태어난 그녀의 부모는 결혼식을 올린 뒤에 뉴욕으로 이민 왔다. 케이시의 아버지는 사우스캐롤라이나 대학교에서 공학 전공으로 입학 허가를 받았고, 졸업 후에는 지역 회사에서 일하게 되었다.

그 작은 지역사회에서 아시아계는 케이시네 가족뿐이었다. 아시아인은 생소한 존재였다. 케이시가 서너 살이 되었을 때, 식료품점에 어머니와 같이 가면 사람들은 그들에게 손가락질을 하거나 황급히 시선을 돌렸다. 혹은 팔꿈치로 쿡쿡 찌르며 쑥덕거렸다. 중학교에 가자 아이들은 그녀가 듣는 데서 "중국 년"이라고 외치며 마구 놀려댔다. 심지어 학교에서는 수지 완이라는 중국 이름이 별명이 되었다. 복도를 지나가면 아이들이 목소리를 높여 "칭총(중국인을 놀리는 소리―옮긴이)" 하고 놀렸다. 친구들뿐 아니라 대부분의 사람들이 그것을 재미있어했다.

케이시에게는 그렇지 않았다. 오로지 무리에 속해야겠다는 생각뿐이었다. 자기가 잘못한 것 같고 자기만 비정상 같았다. 친구들의 집에 자주 놀러 갔고, 집에 친구들을 초대하면 엄마에게 한국 요리를 하지 말아달라고 부탁했다. 아이들은 부엌에서 묘한 냄새가 나고 음식 맛도 이상하다고 생각했다. 그녀는 그런 말이 싫었다. 케이시는 맵시 있고 귀여웠으며 "어울리는 브랜드"를 골라 입을 줄 알았다. 머리를 빗고 화장(1980년대 후반의 미국 남부에서는 적은 비용이 아니었다)에 시간을 많이 쏟았다. B급 인기파 무리에 들어갔는데, 가장 인기 있는 무리와는 간발의 차이였다. 케이시에게는 더 올라갈 수 있는 잠재력이 있었다.

케이시와 낸시는 3년 동안 단짝 친구로 지냈고, 그들은 8학년이 되었다. 서로 죽고 못 살 것처럼 가까웠고, 수업 시간에 쪽지를 쓴 뒤에 특이한 모양으로 접어 서로의 사물함에 찔러 넣으면서 하루를 보냈다.

어느 날 오후 낸시는 인기파 소녀 한 명이 콧물 범벅이 되었다며 쪽지를 썼다. "나도 같은 생각이야." 케이시가 쪽지를 쓰다가 펜을 든 채 멈추었다. "문득 이런 생각이 들었어요." 그녀가 말했다. "낸시가 한 말을 인기파 아이들에게 전하면 호의를 얻을 수 있을 거라는 생각이요." 케이시는 그 아이들에게 낸시의 쪽지를 건넸다. 인기파 여학생들은 말하지 않겠다고 약속했다.

다음 날 아침, 시작종이 울리기 전에 모두 강당에서 놀고 있는데 낸시가 구겨진 종이를 들고 들어왔다. 얼굴은 벌겋고 눈은 퉁퉁 부어 있었다. 케이시가 무슨 일인지 물었다. "왜 그러는지, 왜 우는지, 왜 속상한지 모를 리가 없었죠." 낸시는 공허하고 좌절한 눈빛으로 그녀를 쳐다보았다.

"저 애들이 어떻게 이걸 가졌을까?" 낸시가 물었다.

"나도 모르지."

"저 애들이 어떻게 이걸 가졌을까?" 낸시가 되물었다.

낸시의 가느다란 목소리에서 케이시는 갑자기 자신이 입힌 상처의 무게를 느꼈다. "그 책임을 차마 질 수 없었어요." 그녀는 두 번째 담배를 깊숙이 빨아들이며 다리를 끌어당겼다. "차마 이럴 수는 없었어요. '내가 그랬어. 내가 한 거야.'" 하루 종일 아이들이 케이시에게 몰려와서 무슨 일이 일어났는지 알려달라고 졸랐다. 케이시는 모르는 일이라고 딱 잡아뗐다. "책임에서 벗어나려고 안간힘을 썼어요. 벗어나고 싶어서, 다른 아이가 그런 것 같다고 계속 우겼어요." 그녀가 코를 풀었다.

우정은 물론 끝이 났다. "완전한 배신이었죠." 케이시가 한숨지었다. "인기를 얻어 인정받고 싶은 욕망이 뭔지, 어쩌자고 그런 못된 행동을 했는지 지금은 상상도 못 하겠어요. 가까운 누군가를 배신하는 것 말이에요." 그녀가 잠긴 목을 풀었고, 목소리는 더욱 깊어졌다. "나는, 그러니까 나는, 그 일로 그 애가 큰 상처를 받았을 거라고 확신해요." 케이시는 그때 일을 잊고 싶다고 했다. "하지만 누군가에게 큰 상처를 주면, 잊기 힘들어요."

그녀가 말을 멈추었다. 담배 연기가 우리 사이의 허공에 걸려 있었다. "말하기 어려운 이야기예요." 그리고 담배꽁초가 수북한 이 빠진 그릇에 재를 떨었다. 이 일에 대해 말한 것은 이번이 두 번째라고 했다. 나는 인기가 왜 그렇게 중요한지 물었다.

"인기란 인정과 소속감과 바람직함을 표상한다고 생각한 것 같아요." 그녀가 말했다. "다른 아이들이 따돌림을 당하는 것을 보면 끔찍했어요. 그 무리에 받아들여지면 나는 그 끔찍한 위치에 있지 않아도 되는 거죠. 그 애들과 친하게 지낸다는 사실 자체는 그리 크지 않았어요. 내가 아시아계라는 사실이 아무렇지 않다는 그런 느낌이 중요했던 거죠."

낸시는 케이시가 따돌린 소녀들 중의 하나였다. 친한 친구가 관심을 받는 것을 질투해서 그 친구의 평판을 끊임없이 손상시킨 적도 있다. "'왜 멈출 수 없지? 왜 저 애가 주목을 받게 내버려두지 못하지?' 이런 생각이 계속 들었어요." 그 시절을 돌이키며 그녀가 말했다. "나보다 잘난 사람들이 아주 많아서, 나보다 못한 사람이 있다는 사실에 위로를 받은 것 같아요."

케이시는 책에서 이름을 바꾸는지 재차 확인했고, 나는 물론 그렇다고 했다. 그녀가 중얼거렸다. "뭐, 누가 내 경험에서 배우는 게 있다면……."

"그들이 뭘 배우면 좋을까요?" 내가 물었다.

"내가 한 일이 다른 사람의 인생에 얼마나 오래, 어떤 영향력을 미치는가 하는 것이요." 케이시가 대답했다. "그런 일이 있고 나면 그 사람과 다시 친구가 되기 어렵다는 걸 말해주고 싶어요. 내가 얼마나 신의 있는 사람일까 계속 생각했어요. '아, 내가 이럴 수 있다면, 나라는 사람은 나를 진심으로 아끼지 않는 사람의 호의를 얻기 위해 나와 가까운 사람을 철저히 배신할 수 있겠구나.' 따지고 보면 나는 그 애를 내다 판 셈이죠. 진짜 중요한 것을 포기해서 더 그럴듯하고 더 사회적 지위가 높은 걸 얻으려고요."

이런 생각에도 불구하고 자기가 친구에게 그토록 냉정하게 상처를 줄 수 있다는 사실은 "매우 혼란스러운" 경험이었다. "옳고 그름을 분별

할 만큼 성장했을 때였어요. 내게 통제력이 없다는 생각이 들었지요." 그녀가 말했다. "이 한 가지 사건에서 얼마나 많은 죄의식을 느꼈는지 몰라요. 어디서부터 보상할 수 있을지 모르겠어요. 시간이 가면 죄의식이 사라질 거라고 생각했지만 잘 안 돼요. 20년 후에, 파괴하고 약탈한 마을로 다시 찾아가 자기들이 피해를 준 사람들, 그들의 아들딸, 손자들에게 사과하는 군인들 같아요. 어쩌면 나도 언젠가 그 애를 찾아가 그 이야기를 할 것 같아요."

우리가 대화를 나누고 몇 달 뒤에 그녀는 실제로 그렇게 했다. 낸시는 케이시가 연락해오자 깜짝 놀랐다. 케이시가 내게 이메일을 보냈다.

> 내게 가장 중요한 의미였던 한 친구의 우정과 신뢰를 잃었어요. 우리는 다시 친구가 되었지만, 예전의 신뢰는 회복할 수 없었고, 우리가 멀어진 채 지낸 시간 또한 잃었어요. 경솔한 행동으로 잃은 것은 다시 얻을 수 없겠지만, 내 행동이 지금의 결과를 낳을 것을 그때 알았더라면 상황은 달라졌겠지요. 내가 가장 친한 친구와의 우정을 파괴할 수 있을 거라고는 생각도 못 했어요. 알았다 해도, 세월이 지난 지금까지 이 일이 내 삶에 이렇게 큰 영향력을 미치리라고는 상상도 못 했겠지요.

케이시는 그 경험 이후 자기가 더 공감적인 사람이 되었다고 생각한다. 그럼에도 불구하고 그 배신의 기억은 희미해지지 않았다. "미안하다고 한들 무슨 소용이 있겠어요." 그녀가 말했다.

통제 욕구

● 앞에서 애니가 말한 사만사처럼, 어떤 소녀들은 잔인한 행위를 하고도 깨닫지 못한다. 처음 인터뷰를 시작하던 시기에 나는 먼저 내 친구들과 대화를 시도했다. 대학 친구인 로마는 어린 시절에 가장 친한 친구 제인에게 괴롭힘을 당한 일을 말해주었다. 로마에 대한 제인의 공격은 불에 뛰어들어 죽고 싶다고 말한 것에서부터 로마만 못 들어오는 모임을 만든 것까지 종류도 다양했다. 제인은 로마에게 장난전화를 했고, 로마가 싸구려 옷을 입고 어머니는 히피라며 놀렸다. 또한 다른 친구들을 조종하여 로마를 따돌리게 했고, 로마가 친구들에게 지나치게 집착한다며 조롱했다. "하지만 그 애는 매력이 있었어. 그건 또 다른 측면이었지. 그 애의 총애를 받으면 기분이 정말 좋았어. 재미있고 푼수 같고 정말 잘해줬거든." 괴롭힘은 8년 동안 지속되었다. 9학년이 되어서야 둘은 서로를 놓아주었다.

로마가 스물세 살이 되었을 때, 제인의 어머니는 로마의 어머니 엘렌에게 전화해서 로마의 전화번호를 물었다. 제인이 로마와 만나고 싶어 한다고 했다. 엘렌은 자기 딸은 그럴 마음이 없다고 대답했다. "어째서요?" 제인의 어머니가 믿기지 않는다는 듯 물었다. "그 애들은 서로 아주 친했잖아요." 엘렌이 제인의 어머니에게 제인이 한 행동에 대해 말하자 제인의 어머니는 깜짝 놀랐다.

얼마 뒤에 로마와 그녀의 가장 친한 친구 샐리가 방학을 맞아 집으로 돌아왔다. 둘이 카페에서 대화를 나누는데 제인이 들어왔다. 로마가 말했다. "그 애는, 내가 거기 있지도 않은 것처럼 샐리에게 말을 걸었어. '난 지금 샌프란시스코에 살아요. 그쪽의 가장 친한 친구도 샌프란시스코에서 살지 않나요?'" 로마가 제인에게 할 말이 있는지 물었다. 제인이 로마를 돌아보며 말했다. "우리가 친구가 아니라고 네 엄마에게 말했다며?" 제인이 울기 시작했다. "우리가 친구가 아니라면 네가 담요에 발 올리고 자는 걸 좋아하고 땅콩버터는 싫어한다는 걸 내가 어떻게 알겠어?" 제인은 로마에 관한 개인적인 사실들을 늘어놓았고, 로마는 불편하고 난감했다. 두 여자는 서로의 우정에 대해 그토록 다른 기억을 가지고 있었던 것이다. 로마는 어떻게 반응해야 할지 알 수가 없었다.

린던 학교의 고등학부 2학년생인 대니얼과 나는 점심을 같이 먹었고, 그 아이는 3학년에서 7학년까지 자기가 두 여자 친구를 얼마나 통제하고 싶어 했는지 말했다. 그런데 자기가 한 일을 말하는 것이 힘든 것 같았다. "어떻게 말해야 할지…… 모르겠어요." 대니얼은 머뭇거렸다. "나는 그 애들을, 그리고 그 애들이 누구랑 어울리는지까지 통제하고 싶었던 것 같아요. 나 말고 다른 아이들과 더 가깝게 지내는 건 용서할 수 없었어요. 내가 없는 자리에서 그 애들과 어울리는 건 참을 수 없었어요."

대니얼은 자기는 원하는 만큼 많은 친구를 사귀었지만, 그 친구들에게는 자기가 유일한 친구이기를 바랐다. 다른 아이들이 자기보다 더 인기가 있는 것은 참지 못했다. "그게 근본적인 이유였던 것 같아요." 열다섯 살인 대니얼은 제 나이보다 훨씬 성숙하게 들리는 낮고 긴장된 목소리로 제시카를 떠올렸다. "정말 착한 아이였어요. 모두 그 애를 좋아했지요. 그 점을 통제하고 싶었던 것 같아요."

우리의 대화는 점점 어색해졌고 긴 침묵의 순간으로 채워졌다. 대니얼은 에마를 질투한 사실도 인정했다. "우리가 어울려 놀면 아이들이

에마에게 '와, 머리 모양이 정말 멋지다' 하고 말했어요. 나는 질투가 났어요. 그래서 이렇게 말했죠. '별로인데.'"

하지만 가장 강했던 것은 통제에 대한 자신의 욕구였다. "그 애 혼자 뭘 한다는 사실이 싫었어요. 무슨 일이든 내가 같이 있어야 했어요. 그 애가 다른 친구 집에 놀러 가서 자는데 내가 없으면 안 되는 거죠. 그 점이 가장 컸어요." 대니얼이 말했다. "그런 식으로 친구를 묶어두는 거예요. 그 아이는 항상 나를 위해 존재해야 하고, '오늘은 다른 아이와 놀기로 했는데'라는 말은 하지 못하는 거죠."

대니얼은 풍요로운 북동부 지역에서 살았고, 어머니와 아버지 모두 전문직에 종사했다. 어머니와 아버지는 그녀의 사회생활에 관심이 많았는데, 특히 아버지가 그랬다. 대니얼이 말했다. "아빠는 늘 나를 통해서 아빠가 이루지 못한 것을 이루고 싶어 하는 것 같아요. 부모님보다는 내가 더 외향적이거든요. 그래서 두 분은 늘 내가 친구도 많고 행복해야 한다고 생각한 것 같아요."

긴 침묵이 흐른 뒤 대니얼이 말했다. "친구들과 문제가 생기면 아빠한테는 말하지 않아요. 실망하실 것 같아서요. 그런 문제가 왜 생기는 거지? 하면서 나를 무시할 것 같아요. 이제 친구가 없다는 걸 강조하면서요."

평소에 대니얼은 활기가 넘쳤지만 이날은 아주 조용했다. "돌이켜 보면 정말 잔인하고 비열했다는 걸 알겠어요." 대니얼은 6학년을 마친 뒤 어느 시점에 자기 성격이 "완전히 바뀌었다"고 말했다. 통제가 친구를 만드는 좋은 방법이 아니라는 것을 깨닫자 모든 게 쉬워졌다. "친구를 얻으려면 오히려……." 대니얼은 말을 끝맺지 못했다. 이제는 그런 식으로 행동하는 자신을 상상할 수 없는 듯했고, 과거를 떠올리는 것이 힘든 것 같았다.

대니얼의 말을 들으며 우리는 소녀들의 삶 중에서 관계의 문제로 다시 돌아갔다. 고립이 두려워서 나쁜 우정을 유지하기로 하듯이, 그 두려움 때문에 대니얼은 통제 욕구를 참지 못했다. 에이드리엔 리치는 이렇게 말했다. "진실을 말하지 않는 사람은 통제력 상실에 대한 두려움 속에서 산다. 다른 사람에게 취약한 모습을 보이는 것은 통제력의 상실을 의미하므로 조종하지 않는 관계는 바랄 수조차 없다."[35] 고립과 유기의 두려움이 어쩌면 대체공격을 이해하는 열쇠인지도 모른다.

억압의 대가

● "부모님이 이혼하셨을 때 나는 무척 화가 났어요." 몰리는 누렇게 바랜 풀밭에 앉아 햇볕을 받으며 내 앞에 앉아 있었다. 얼굴이 하얗고, 팔다리가 가늘고, 숱이 많고 부스스한 갈색 머리에, 눈동자는 초록색이며 치아 교정기를 하고 있었다. 성장기 아이들의 길쭉하고 부자연스러운 느낌이 났다. "친구들한테 화가 났어요. 왜냐하면, 음, 모두 엄마와 아빠가 다 있는데 나는 그렇지 않으니까요."

8학년인 몰리는 리지우드에서 어머니와 함께 살았다. 어머니는 퇴행성 질환을 앓고 있었다. 휠체어는 타지 않았지만 걷기가 어려웠고 만성 통증에 시달렸다. 몰리의 아버지는 다른 타운에 살았는데, 2주에 한 번씩 몰리를 만나러 왔다. 어머니의 병 때문에 몰리는 아버지의 부재가 더욱 견디기 힘들었다.

몰리는 친구들이 가족의 단란함을 자랑하는 것 같았다. 그들은 어머니와 함께 쇼핑한 이야기를 했지만, 몰리의 어머니는 같이 쇼핑을 다닐 만큼 건강하지 않았다. 얼마 전에는 한 친구가 생일파티를 열면서 어머니들과 같이 쇼핑하러 가자고 제안했다. 몰리는 갈 수 없었다. 친구들이 몰리의 어머니는 왜 교회에서 자원봉사를 하지 않는지, 왜 같이 다니지 않는지 묻자 몰리는 창피함을 느끼며 핑계를 댔다. "'난 곤란해' 했더니, 아이들이 '그러면 어쩔 수 없지' 하더군요. 그래서 '나도 어쩔 수 없어' 했어요." 몰리가 나를 쳐다보았다. "억울해요. 나를 비웃는 것 같았거든요."

나는 몰리에게 친구들이 바로 앞에서 비웃은 적이 있는지 물었다.

"솔직히 비웃는 것 같지는 않아요." 몰리가 곰곰이 생각한 끝에 말했다. "대부분은 나를 안됐다고 생각할 거예요. 하지만 내가 그 말을 하면, 서로 힐끔거리다가 화제를 돌릴 것 같아요. 그러면 정말 마음이 아프거든요."

몰리는 화가 나도 화나지 않은 척하면서 그 생각을 애써 막는다고 했다. "밝은 쪽을 보려고 노력해요. 그래도 나는 엄마가 있다, 엄마가 없는 아이도 있다, 하면서요." 몰리는 더 나쁜 상황을 몇 가지 말했다. 하지만 가끔 화를 억누를 수 없을 때는, 하루 종일 그 감정이 떠나지 않는다. "거의 미칠 것 같아요." 그럴 땐 운다. 아버지가 필요할 때는 친구들이나 그 부모에게 화가 난다. "그 애들의 잘못이 아닌 건 알아요. 하지만 어디에든 쏟아내야 하니까 주변 사람들에게 그 화를 돌리는 거지요."

한번은 어머니의 질병이 자기 생활을 구속한다는 사실 때문에 어머니에게 감정이 "폭발"한 적이 있었다. 특히 남자친구를 사귈 수 없다는 사실이 속상했다. "화낼 마음은 없었어요." 몰리는 풀을 한 줌 뽑아 밧줄처럼 꼬았다. "지금은 좀 미안한 생각이 들어요." 몰리가 화를 낸 뒤로 어머니는 한동안 침묵했다. "엄마가 이러셨어요. '그래, 나도 어쩔 수 없구나. 내 몸이 성하지 않으니까. 나를 원하는 사람은 아무도 없단다.'" 바깥으로 나가면 분명 누군가 있을 거라고 몰리는 간곡하게 말했다. "그랬더니 나를 이상하게 쳐다봤어요." 그 뒤로는 그 문제든 그때 싸운 일이든 아예 꺼내지 않았고, 갈등은 "날아가 버렸다".

몰리는 대체로 어머니와 적당한 거리를 두려고 했다. 자기 방에 붙인 포스터들이 어머니의 열렬한 침례교 신앙을 거스르면 그냥 떼어냈다. '백스트리트 보이스' 사진도 떼어냈다. 어머니는 로큰롤 음반은 사주지 않았고, 집에서는 크리스천 음악만 들었다. 한번은 친구들과 놀다가 어머니가 록 포스터 사들이는 것을 좋아하지 않는다고 말했다. "그 애들은 내가 미친 사람인 양 쳐다보았어요. 그래서 화도 났지만, 엄마가 그런 걸 난들 어떡해, 이제부터 그런 이야기는 하지 말아야지, 하는 기분이 들었어요."

몰리는 그 뒤로 여러 해 동안 다른 여자아이들을 놀렸다. "옷, 머리 모양, 뭐든 눈에 띄는 것이면 다 놀렸어요." 나중에 미안한 마음이 들어서 친해지려고 했지만 실패했다. 어떤 때는 싸우기도 했다. "너무 화가 나서 싸우고 싶었어요." 몰리는 한 아이를 위협했고, 둘은 밖으로 나갔지만 별다른 싸움은 일어나지 않았다. 어머니와의 갈등과 다르지 않았다. "그냥 날아가 버렸어요."

나는 몰리에게 화나면 어떤 기분이 드는지 물었다. "누군가를 미워하는 마음이 생기는데, 그러지 않으려고 하지만, 그 감정이 계속 올라오면 멈추기 어려운 것 같아요." 몰리가 말했다. "생각하면 할수록 기분이 더 나빠져요." 마침내 행동하기로 결심하면 이런 기분이 된다. "누군가를 뒤쫓는다는 건 공격할 의지가 있다는 뜻이잖아요. 그 사람을 때리고 싶고, 온갖 감정이 부글부글 끓어올라요. 그러면 미운 생각이 들고, 증오심이 생기고, 순간순간 화가 올라와요. 점점 참기 힘들어요. 참고 싶지만 그게 안 돼요. 일단 터지면 참을 수 없잖아요." 앤 캠벨이 밝혀낸 여자들의 공격의 특성처럼, 몰리의 공격도 예측할 수 없는 순간에, 몰리가 더 억누를 힘이 없을 때 나타난다.

몰리는 가장 친한 친구 케이트를 소중히 여기지만 요즘 둘 사이는 불편하다. "그 애가 내게 화내도 나는 친구로 머물기 위해 뭐든 할 거예요. 뭐든지요." 몰리가 절박하게 말했다. 하지만 케이트는 몰리에게 화난 이유를 말하지 않았고, 몰리는 이유를 묻고 끈기 있게 기다리면서 "다정한 편지"를 써 보냈다. "하루가 지나고, 또 하루가 지나면 그 애도 다시 내게 말할 거예요. 서로 다시 말하면 모두 잘 해결될 거예요. 더는 그 문제로 고민하지 않아도 되겠죠."

"그 문제는 꺼낼 수 없어요." 이 말은 몰리의 삶에도 해당된다. 몰리는 이성적인 성인들 대부분이 감당할 수 있는 것보다 더 많은 제약과 더 많은 스트레스를 감당해야 했다. 부모의 이혼, 어머니의 장애, 경제적 어려움, 종교적 엄격함 등 사유도 점점 많아졌다. 몰리는 온갖 역경을 무릅쓰고 "밝은 쪽을 보는", 병든 어머니를 보살피는, 아버지의 관심이 없어도 삶을 견디는 "착한 소녀"가 되려고 노력하고 있었다. 어머니를 불구의 몸으로 만들고 몰리 자신의 삶에 굴레를 씌운 어머니의 질병도 이해해야 했다. 그 병 때문에 카풀이나 모녀가 함께하는 활동, 쇼핑 등 여러 가지 면에서 불편을 겪어야 했다.

몰리도 많은 소녀들처럼 화가 솟구쳐서 더 이상 감당할 수 없을 때에만 화를 내고, 대부분의 갈등은 날려버린다. 몰리의 소극적인 목소리에는 스스로 느끼는 진실이 담겨 있다. 사실 몰리는 갈등에 대해서도, 분노에 대해서도, 강렬한 감정의 표출에 대해서도 손쓸 수가 없다. 어머니는 몰리에게 공감과 배려를 요구하지만 몰리의 좌절은 감당하지 못한다. 가끔 아버지와 보내는 시간이 소중하지만 몰리는 아버지를 기쁘게 해주어야 하고 아버지 역시 몰리의 좌절을 떠맡지 못한다. 이런 상황에서 공격은 가장 약한 벽을 치고 들어간다. 몰리는 친구들과 있을 때 가장 자기답고 가장 자유로울 것이다.

몰리는 거리의 낙서 그림처럼 열정적이고 도전적이어서, 자기는 다른 아이들보다 더 뛰어나고 싶고, 가장 우수한 학생, 가장 예쁜 소녀가 되고 싶다고 말했다. 반장 선거에 출마했고, 홈커밍 퀸 선발대회에 후보로 나섰다(몰리는 인기가 전혀 없는 아이라서 이길 수 없을 것이고 좌절감을 느낄 것이다). 그 애는 자기가 경쟁자를 깎아내렸고 여자아이들의 가족과 친구들을 얕보았으며 안 좋은 소문을 내고 뒤에서 흉봤다고 말할 때조차 이렇게 말했다. "나는 모두에게 잘해주려고 노력해요. 모두와 친구가 되고 싶어요. 모두 나를 좋아했으면 좋겠고, 내가 누군가의 마음을 아프게 했다면 일부러 그런 게 아니란 걸 알아주면 좋겠어요."

내가 인터뷰한 그 어떤 아이보다 몰리는 공격적이어서는 안 된다고 배웠지만 그러지 않는 것이 오히려 불가능한 경우다. 몰리는 판에 박힌 가해자는 아니지만, 그 때문에 오히려 소녀들의 분노에 대해 알 수 있는 좋은 예라 할 수 있다. 분노라는 자연스러운 감정을 자연스레 표출할 수 없으면, 잔인하고 부적절한 행동으로 전환된다. 몰리에게 분노는 낯설기도 하지만 자신을 버티게 한 중심이었다. 그 이중적인 면 때문에 몰리는 분노에 눈멀기도 하고 잠식되기도 했다.

소녀들과 성인 여자들에게 직접 따돌림을 당한 이야기나 다른 소녀들을 괴롭힌 이야기를 해달라고 했을 때, 갑자기 핑계를 대며 자리를 피하는 사람들이 많았다. 옷장을 정리해야 하고, 숙제를 해야 하고, 치과에 가야 한다고 했다. 인터뷰 질문을 읽은 뒤에 다시는 연락하지 못하게 내 이메일을 아예 차단한 소녀도 있었다.

처음에는 가해자를 추적할 수 없는 것이 연구의 치명적인 결점이라고 생각했는데, 그것이 곧 연구 자체가 되었다. 그들은 가해자가 '된 이야기를 숨기려면 숨겼지 털어놓고 싶어 안달이 날 까닭이 없다. "비열"하다는 말은 부정적인 감정을 공개적이고 개인적으로 표현한다는 것을 뜻하며, 소녀들은 "비열"하다는 말을 뚱뚱하고 못생기고 세련되지 않다는 말만큼 나쁘게 받아들인다. 이 문제에 대해서는 대부분의 여자들이 그렇게 생각한다. "비열"하다는 것은 여성적 정체성의 핵심을 훼손한다. '여성적 정체성'이란 착하고 양육적이고 순종하는 특성을 말한다. 나는 결국 공격에 대해서 초기 연구자들과 같은 문제에 직면하게 되었다. 그들은 여자들의 말을 액면 그대로 받아들였다.

이제 나는 상황이 좀 더 명확히 보인다. 공공연히 가해자로 인정되는, 여러 소녀들을 희생자로 만든 소녀들이 기억난다. 나는 긴 시간 동안 희생자들을 개인적으로 인터뷰했다. "화나면 성경을 읽어요." "화나면 슬퍼요. 화난 기분은 유쾌하지 않아요." 그 아이들은 이런 말들을 했다. 뭔가 폭로되기를 기다렸지만 그 순간은 오지 않았다.

백인 중산층 소녀들의 집단에 누군가를 따돌린 이야기를 해달라고 처음 요구했을 때도 마찬가지였다. 금붕어를 산 채로 삼키라는 말을 들은 것처럼 그들은 나를 멀뚱히 쳐다보았다. 다음번에는 다르게 시도했다. 나는 가해자들에게 위선적인 따돌림의 상황을 역할극으로 표현할 것을 요구했다. 그들의 말문이 열렸다. 그들은 스스로가 비열한 사람으로 여겨지지 않는 한, 할 말이 많았다.

무엇보다 신기한 것은 나도 마찬가지였다는 사실이다. 처음으로 소녀들과 인터뷰를 시작했을 때 나 역시 예전의 나를 비열하다고 보지 않았다. 3학년 때 내가 희생양이 되었던 이야기는 내 책에 자연스럽게 자리를 잡았다. 내가 책을 쓴다는 말을 들으면 사람들은 고개를 끄덕였다. "오, 좋은 생각이야." 그들의 눈빛은 진지하고 공감적이었다. 솔직히 말하면 앤을 만나러 워싱턴 라운지에 들어갈 때처럼 특별한 생각 없이 이 장을 쓰기 시작했다. 나 자신이 잔인할 수 있다는 사실은 무시한 채. 나는 그런 사람이 아니라고 생각했다. 어쩔 수 없어서 그런 것이다. 공모자였을 뿐이다. 나는 애비와도 레베카와도 달랐다. 그들은 악마 같은 존재였다. 악의 화신이었다.

케이시, 메건 등의 이야기를 쓰고 난 뒤에 나한테도 뭔가 잘못이 있다는 생각이 들었다. 처음에는 확신이 들지 않았지만 결국 알아냈다. 악마란 없었다. 사악한 소녀도 없었다. 독사과도 없었다. 이 소녀들은 착하지만 나쁜 행동을 했다. 타당한 이유는 아니지만 적어도 이해할 수 있는 이유로. 우리는 대개 가해자를 냉정하고 간사하다고만 여기지만 사실은 그렇지 않다.

희생자 혹은 가해자라는 이분법적 신념이 따돌림에 대한 기억과 논의를 가볍게 만든 것이다. 우리 행동의 복잡성도 간과되었다. 그 결과 "그들에게 맞선 우리"는 "우리에게 맞선 우리"가 되어버린다.

우리는 여자도 다른 사람에게 상처를 줄 수 있다는 사실을 외면함으로써, 여자는 공격적이지 않다는 틀에 박힌 믿음을 지속시킨다. 또한 공격을 병적이고 사적이며 은밀한 것으로 만들어서 자기주장적인 여자들을 문화적으로 억압하는 공모자가 된다. 또한 소녀들이 서로 따돌리는 방법과 이유에 대한 공개적인 논의를 막는다. 더 가슴 아픈 일은, 우리가 서로 이방인이 된다는 사실이다. 이 논의를 사적이고 정서적인 영역에 한정함으로써, 우리를 따돌린 가해자들을 시궁창에 처박고 벼랑에서 떨어지게 하는 상상에 머묾으로써, 대체공격에 대한 바람직한 논의는 차단되고 더 솔직한 우정을 나눌 가능성은 박탈된다. 공개하면 모두 비열하고 공격적이라는 사실을 인정하는 셈이 된다. 하지만 우리는 여자이며, 친구이다.

"맞아요. 나도 비슷한 경험이 있어요." 커피숍에서, 파티에서, 식료품점에서 종종 듣는 말이다. 내가 만난 사람들은 거의 모두 할 말이 있었고, 떠오르는 비참한 순간이 있었다. 비열함, 분노, 생각 없고 충동적인 행동은 모두의 내면에 있다. 양심이 나서기 전에 비열함은 저만치 앞서 있다. 나는 비밀의 공유에 탐닉했고, 누군가와 배타적으로 주고받는 시선이나 은밀하고 얄미운 눈짓을 즐겼다. 화났을 때 화나지 않았다고 했고, 뒤에서 흉보고 쑥덕거렸다. 누군가를 따돌리는 대가로 인기파에 빠르게 편입되는 기쁨을 누렸다. 당신은 어땠는가?

질문이 대답을 낳는다.

이제 우리 자신의 감정을 소유할 시간이다. 로절린드 와이즈먼(Rosalind Wiseman)이 말하듯이, 온전히 소유할 시간이 온 것이다.[36] 진지하게 말하는데, 지금이 우리 내면의 따돌림과 대면할 시간이다.

우리가 경쟁, 질투, 분노, 원한이라는 자연스러운 감정을 감출 때, 우리는 서로에게 그리고 자기 자신에게 거짓말을 한다. 우리의 우정은, 많은 사람들이 알고 있듯이, 대가를 요구한다. 제니는 내 친구이자 룸메이트였다. 우리의 갈등은 작은 아파트 안에서 조용히 썩어가다가 어느 날 크게 폭발했다. "내가 오전 11시에 일어난다고 그렇게까지 화낼 건 없잖아." 제니가 내게 말했다. "네가 밤에 남자친구를 데려와서 얼마나 시끄러운지 아니?" 내가 맞받았다. 우리는 말로 치고받으면서 정신이 아뜩할 만큼 극단적인 상황으로 몰아갔다. 나는 분노와 극심한 공포 사이를 오갔다. 내가 방어적이고 비이성적으로 행동한다는 것을 알면서도 화를 억누를 수가 없었다. "싸운다고 해결이 될지 모르겠어." 제니가 차분히 말했다. 체념한 듯 슬픈 목소리였다. "이 문제를 우리가 해결할 수 있을까?"

나는 머릿속이 복잡했다. 말이 나오지 않았고 가슴속이 화끈거렸다. "그 문제란 게 뭐야?" 이윽고 내가 소리쳤다. "우리의 우정을 끝내야 할 만큼 나쁜 게 뭐지?"

그러자 그녀가 대뜸 물었다. "네가 좀 거만하다고 생각하지 않니?" 나는 온몸이 얼어붙는 것 같았다. 대체 무슨 뜻이지?

"그래서?" 내가 행운을 바라며 반쯤은 묻듯이 대답했다.

"네가 그렇게 대답하지 않았다면, 난 너를 믿지 못했을 거야." 그녀가 말했다.

이제 우리는 그 문제라는 것에 대해 말하고 있었다. 나는 그녀를 질투하고 있다고 말했다. 아름다운 몸매가, 거부할 수 없는 성적 매력이, 정신적인 영민함이, 쉽게 사랑하고 사랑받는 것이 부러웠다. 제니 역시 나를 질투했다. 내 강철 같은 절제력을, 시사 상식을, 사회생활과 규칙적인 운동을 부러워했다.

우리, 두 젊은 여자가 오즈의 마법사 앞에 떨면서 서 있었다. 커튼이 열리고, 우리 사이에서 추방되었던 질투가 벌거벗은 채 검은 소파 위에 놓여 있었다. 우리가 서로 얼굴을 쳐다보며 고백했기에, 질투가 숨겨진 장소에서 밖으로 끌려 나왔기에, 이제 질투는 특별한 것도, 극복할 수 없는 것도 아니었다. 가만히 서로 헐뜯지 않으면서 바라보니 질투도 별 것 아니었다. 우리가 생각한 것의 절반도 되지 않았다.

내가 카약을 처음 배웠던 여름이 생각난다. 강사는 내게 급류가 흐르는 쪽으로 몸을 숙이라고 일러주었지만, 나는 움찔 놀라서 그 반대로 움직였다. 근육이 긴장되었다. '안 돼!' 카약이 뒤집히려고 했다. 몸은 본능적으로 강물이 흐르는 반대쪽으로 숙이려고 했는데 강사는 그렇게 하면 카약이 뒤집힌다고 경고했다.

질투도 비슷한 것 같다. 질투는 따로 숨겨둬야 하는 것이지, 대낮에 드러내면 우정이 끝날 것만 같다. 하지만 그날 제니와 나의 우정을 구하게 된 것은 질투와 분노를 우리 두 사람의 것으로 만들었기 때문이다. 그것은 내 것도, 그녀의 것도 아니었다. 이전에 그랬듯이 종양처럼 숨어 우리를 잠식하는 것이 아니었다. 그 사실을 인정하자 질투의 거대한 어둠과 적의는 사라졌다. 우리는 관계 속에 질투의 자리를 마련했고,

좋든 싫든 우리의 일부로 만들었다. 그렇게 우리는 자유를 얻었다.

나는 내가 거만하지 않은 사람인 줄 알았다. 소박하고 상냥하며 늘 타인을 존중하는 사람인 줄 알았다. 그런데 앤을 어떻게 그렇게 쉽게 잊어버렸는지. 내 머릿속에서 그 배반의 사건을 얼마나 쉽게 묻었는지……. 우리 문화는 진실 말하기와 분노의 표출을 "좋지 않은" 것으로 만들었고, 소녀들은 이것이 아주 나쁜 줄 알고 있다. 우리는 가장 상처를 덜 입히는 것이 정답이라고 배워왔다. 브라운과 길리건의 말처럼, 가장 불편한 감정을 "관계의 공기와 빛"에 노출하는 방법을 배우는 것이 소녀들에게 매우 중요하다.[37] 우리의 중심에 있는 분노와 욕망은 자연스러운 감정이기 때문이다. 또한 우리를, 우리의 관계를, 우리의 친구들과 사랑하는 사람들을 불완전하게 만드는 어지럽고 불편한 진실이기 때문이다.

그런 감정을 부인하면 자신과 멀어지고 타인과 진정한 관계를 맺을 수 없게 된다. 감정은 부인한다고 해서 사라지지 않는다. 다른 곳으로 방향을 돌린다. 그러면 다른 사람들은 우리가 어떤 말을 하는지, 누구인지, 어떤 것을 느끼는지 잘 모르게 된다. 우리는 다른 사람들이 느끼기는 하되 직접 보지는 못하는 장소에 있게 된다. 소녀들을 그런 곳에서 살게 해서는 안 된다.

인기를 얻는 법

나는 한 생일파티에 초대되었다. 북동부 지역에 위치한 여학교에 다니는 어느 소녀의 생일이다. 모여든 여자아이들은 내가 들어오는 것도 모르고 생일을 맞은 소녀의 침실에 떨어진 꽃잎처럼 흩어져 있다. 저마다 반짝이는 젤, 립스틱, 아이새도, 립글로스가 든 화장품 가방을 가져왔다. 어떤 아이들은 친구들 앞에 만족한 표정으로 앉아서 머리를 땋거나 화장품을 바른다. 아직 저녁을 먹지 않았지만 벌써 잠옷으로 갈아입은 아이들도 있다. 허리를 드러내고 아랫단이 말려 올라간 부드러운 면 탱크톱이 대세다. 긴 머리는 드라이어로 부풀렸고, 손톱은 다듬고 매니큐어를 발랐다.

가벼운 저녁 식사 후 아이들은 거실로 옮겨 곧바로 발톱을 손질하기 시작한다. 텔레비전 화면이 어른거린다. 사회자가 미용 기구를 소개한다. 마크 앤서니와 크리스티나 아길레라가 등장하자 한 소녀가 조잘거린다. "와, 진짜 끝내주지 않니?" "정말 그래!" 몇몇 목소리가 소파에서 동조한다. 맷 데이먼이 찍은 영화 광고가 나온다. "헤어졌다니 정말 기뻐!" 화면에 나온 그를 보며 한 소녀가 손놀림을 멈추고 소곤거리듯 말한다. 갈대처럼 가녀린 한 소녀는 발톱을 다 바르자 실내 자전거를 타고 소리친다. "저녁에 먹은 걸 모조리 빼야겠어." 몇몇이 벌떡 일어서서 차례를 정한다. 1시간 동안 소녀들은 자전거를 탔다 내렸다 하면서 열차 승무원처럼 그들이 소비한 칼로리의 수치를 공표한다.

모두 아홉 살 소녀들이다.

연구자들은 소녀들이 인기를 얻는 이유에 대해 이런저런 의견을 내놓는다. 하지만 그들은 돋보기 없이 레스토랑에 갔다가 메뉴를 읽지 못하는 내 어머니와 같다. 어느 유명한 연구팀은 오하이오 공립 초등학교의 학생들을 관찰해서 인기를 얻는 방법에 대한 남녀의 두드러진 차이를 알아냈다. 그들은 소녀들에게 있어 성공이란 돈 많고 예쁘고 "사회적 발달"을 이룬 것을 의미한다고 결론 내리면서, "사회적 발달"을 "성인 사회의 특징을 조기에 획득하는 것"으로 정의했다.[38] 이것은 대부분의 어머니들이 굳이 공적 교육을 필요로 하지 않고 가르쳐온 것이다.

관심 있는 부모라면 알겠지만, 인기 있는 소녀들은 여자들의 전유물에 최대한 가까이 접근한다. 매력적인 소녀들은 가장 먼저 화장을 하고 남자친구를 사귄다. 이들의 부모는 파티를 여는 것을 허용해주고, 취침시간도 정하지 않는다. 신용카드를 무제한 사용해도 잔소리하지 않는다. 이들은 의류 카탈로그에서 튀어나온 것처럼 보이고, 또 그렇게 행동한다. 여성성을 자극하는 것이면 무엇이든 한다.

하지만 소녀와 인기에 대한 진실은 이렇다. 인기 경쟁은 소녀들이 무한한 에너지를 쏟아붓고 끊임없이 불안을 느껴야 하는 잔인한 시합이다. 중독이며, 세이렌의 노래이며, 누군가를 희생시켜야 얻는 보상이다. 인기는 소녀들을 변하게 하고, 거짓말하게 하고, 속이고 훔치게 만든다. 인정받기 위해 거짓말하고, 친구들을 이용하여 속이고, 비밀을 훔쳐서 더 높은 사회적 대가를 받고 넘긴다. "인기를 얻을 기회가 생기면 누구든 붙잡을 거예요. 누가 마음을 다치는지는 상관하지 않아요." 열한 살짜리 소녀가 충고한 인생의 진실이다.

여자들은 높은 사회적 지위에 오르기 위해 오랫동안 다른 사람들과의 관계에 의존해왔다. 그 핵심이 바로 관계를 얻기 위한 비열하고 무자비한 경쟁이다. 여자가 경제력이 없고 평등정신이 부족하면 "신분 상승의 결혼"을 하는 경향이 있는데, "키가 더 크고, 더 부유하고, 더 나이 많고, 더 강하고, 적어도 전망이 있는 남자와 결혼하는 것이다."[39] 여권시대가 왔음에도 불구하고 많은 여자들이 여전히 기존 형태의 우정을 유지한다. 렉시는 인기 많은 친구와 놀던 짜릿한 경험에 대해 말했다. "자존감이 쑥 올라가는 것 같았어요. 친구들과 대화를 나누다가도 그 애 이름을 말했고, 교과서에도 그 애 이름을 썼어요. 우리 학교에서 가장 인기 있는 수전이 나를 좋아한다, 이렇게 알리고 싶었거든요." 6학년생인 제시 존스턴이 설명했다. "그건 자기를 억압하는 거예요. 그 애와 친하고 싶다는 건, 그 애가 인기가 많으니까 나까지 인기가 생길 거라는 생각 때문이에요." 고등학교 3학년생은 더 딱딱하게 말했다. "더 높이 올라가려고 사람들을 이용하는 거죠."

나는 소녀들에게 그들이 맺은 관계를 과학적으로 생각하게 했다. 동맹 관계를 도표로 만들어 권력의 기울기를 알아보는 것이다. 어느 6학년생은 "아는 사람"을 출발점으로 하고 "가장 친한 사람"을 끝으로 하는 축을 그리고, 친한 정도에 따라 친구들을 위치시켰다. 릴리 카터는 7학년 때 쓴 일기장을 내게 빌려주었는데, 모두 관계의 관점에서 서술되어 있었다. "내 삶에 대해 쓰는 것은 힘들지만 한번 해보겠다."

오늘 아를린이 에이지아에 대해 개성이 없다고 말했다. 그 말을 듣다가 나 자신을 생각하게 되었다. 줄리아는 유대교 성년식 이후로 내게 말을 걸지 않는다. 정말 속상하다. 리즈는 나한테 잘해주지만 내게 전화하지 않고, 나만 그 애에게 전화한다. 열등감이 든다. 아무튼 리즈가 학년 초만큼 나와 친하지 않은 것 같다.

관계는 끊임없이 흘러가며, 소녀들은 서로 우정과 외모와 성격을 평가하라고 친구들을 부추긴다. 에밀리의 친구는 매주 모임을 주재하면서 친구들을 빙 둘러앉히고 각각 100점 만점에 몇 점인지 점수를 매겼다. 유치한 행동으로 보일 것이다. 하지만 소녀들은 불안한 관계의 세계에서 살기 때문에 확실히 알고 싶은 욕구가 강하다. 점수는 확실성을 나타내는 한 가지 지표다.

"아이들이 물어봐요. 나랑 저 애, 둘 중에서 누가 더 좋아?" 애슐리 버논은 자기 학년에서 자기가 가장 인기가 많다며 수줍게 말했다. 애슐리가 모두 똑같이 좋다고 답하면 그 친구가 다시 말했다. "누구 하나를 더 좋아해야 해. 정말 친한 친구가 있어야지." 그 소녀는 더 많은 사랑을 받는다고 확인하자 "덜 사랑받는" 소녀의 사물함에 의기양양하게 쪽지를 넣었다. 친구들은 애슐리의 옆에 앉으려고 경쟁했고, 더러 애슐리에게 아무 숫자나 말하라고 했다. 가장 근접한 숫자를 추측한 사람이 행운의 자리에 앉았다. "그런 걸 무슨 특권으로 생각해요." 애슐리가 어쩔 줄 모르겠다는 표정으로 말했다.

소녀들은 인기 경쟁을 하면서 최대한 많은 친구를 사귀는 것을 목표로 한다. 쟁반 위에 접시를 높이 쌓으면서 균형을 맞추는 것과 같다. 아메리카 온라인(AOL)이 메신저를 보급하자 소녀들은 친구들과 실시간으로 메시지를 교환할 수 있게 되었다. 친구 목록에는 100명이 넘는 사람들이 있다. 다섯 사람과 동시에 메시지를 주고받고, 친구를 집에 초대하며, 동시에 전화 통화도 한다. 다중 관계를 동시에 관리하는 것이다. "여섯 명과 따로따로 대화하는 것 같아요!" 8학년생 셸리 맥컬로가 소리쳤다. "친구 관계가 더 넓어져요." 인터넷 메신저를 쓰는 인구는 소녀들이 지배적인데, 그것이 소녀들의 사회적 조건에 정확히 들어맞기 때문이다. 어느 고등학교 3학년생은 유쾌하게 웃으며 메신저에 대해 말했다. "10대에게는 신의 선물이죠."

릴리의 일기는 동맹이 바뀌면서 점점 공포심이 자라나는 내용이 되었다. 1998년 1월의 일기다. "오늘은 끔찍했다. 줄리아가 한 주 내내 쌀쌀맞게 굴었는데, 왜 그러는지 모르겠다. 줄리아가 리즈와 친구가 되더니 둘이 작당해서 완전히 나를 따돌린다. 아를린과 줄리아가 뭉친 뒤로 에이지아도 같은 일을 겪었다." 축구 연습 때 릴리는 리즈와 아를린이 다른 줄에 앉은 것을 보고 이상하게 여긴다. "연습이 끝난 뒤에 리즈도 아를린도 나나 에이지아를 기다려주지 않았다. ……아를린은 연습 내내 나를 쳐다보지도 않았다. 아아아아아!"

소녀들이 친구들과의 관계에 필사적으로 매달리는 것은 이들의 삶에 관계가 얼마나 강력한 영향력을 미치는지 보여준다. 소녀들이 사회적으로 세련되게 성장하면서 우정은 새롭고 매혹적인 영역으로 들어간다. 하지만 인기의 쳇바퀴에 올라선 소녀들에게 우정은 평범한 우정이 될 수 없다. 그것은 티켓이고 수단이며 또한 기회이다. 대단히 중요한 것이다. 아베크롬비 상표의 옷은 원하면 가질 수 있겠지만 친구가 없으면 아무런 존재도 아니다.

1989년에 상영된 영화 〈헤더스〉에서, 등장인물들은 그 학교에서 가장 인기 있는 "최고"가 되려고 노력한다. 그 투쟁을 이끌어가는 것이 바로 관계의 위협과 관계의 약속이다. 제이슨 딘은 전학 온 남학생으로, 여주인공 베로니카를 유혹한다. 제이슨은 베로니카의 마음속에 쌓인 친구들에 대한 원한과 분노를 폭력 행위로 드러내게 몰아간다. 헤더스 무리 중 한 명이 가장 인기 없는 "덤프트럭" 같은 마사와 찍은 옛날 사진을 이용하여 그 소녀를 쥐고 흔든다. "덜떨어진" 아이와 친하게 지낸 과거의 관계는, 관계가 끝난 뒤에도 누군가를 몰락시키는 도구로 충분하다.

한 대학 파티에서 베로니카가 먹은 것을 토하자 헤더스 무리의 우두머리인 챈들러가 그녀를 구석으로 데려가서 힐난한다. "날 만나기 전에 넌 아무것도 아니었어. 바비 인형을 가지고 노는 어린애에 불과했지. 정말 별 볼 일 없는 걸스카우트 쿠키 같은 애였어." 그녀가 소리를 지른다. "월요일 아침이 되면 너는 끝장이야. 오늘 밤 일을 모두에게 말할 테니까."

관계는 소녀들의 사회적 지위를 말해주는 시금석이다. 관계가 종종 의심을 부른다. 저 애가 왜 내 친구가 되었지? 저 애가 그 애한테 왜 선물을 줬지? 저 애는 내게 뭘 바라지? 나는 뭘 바라지? 인기 경쟁 때문에 많은 소녀들이 친구들의 의도를 의심한다. 다니엘라가 곰곰이 생각한 뒤에 말했다. "내 친구들은 우리끼리만 있으면 이런 말을 해줘요. '네가 다른 애들보다 훨씬 예뻐. 정말 굉장한데.' 칭찬이긴 하지만 그 말이 항상 진심은 아니에요. 머리 모양이 멋지고 내가 더 잘한다고 말하는데, 모두 의미 없는 말이죠. ……그런 말을 하는 건 나를 붙잡아두기 위해서예요."

메리마운트 학교에 다니는 에밀리는 자기와 친구들이 관계에 있어서 어떤 계산을 했는지 말했다. "그 애를 다음 파티에 초대하고, 나는 그 애와 친구가 되는 거예요. 그 애가 부자라서 친구가 되든가요." 반대되는 전략을 펼치는 경우도 있다. 미시시피 주에 사는 5학년생이 설명했다. "내가 가장 소중한 친구인 것처럼 대하다가 어느 날 내팽개치는 거예요. 내가 그 아이를 가장 필요로 하는 순간에 버림받는 거죠. ……인기를 충분히 얻었다 싶으면 다른 것이 필요해지니까요." 제시 존스턴은 이렇게 말했다. "인기파 무리에 들어가도 자칫하면 버림받으니까 그냥 평범하게 지내는 편이 좋겠어요. 그 애들이 조금만 작당해도 나는 바닥으로 곤두박질할 테니까요."

소녀들 사이의 진정한 관계는 인기 경쟁에서 중요한 첫 번째 항목이다. 인기는 전략과 계산을 요구한다. 애정의 일부는 공개되고 일부는 제외되며 일부는 개인적으로 처리된다. 규칙은 날마다 달라진다. WB 채널의 인기 프로그램 〈파퓰러(Popular)〉의 광고는 이렇게 경고한다. "이것은 시합이 아니다. 전쟁이다."

친구였다가 친구가 아니었다가

● 가까운 친구를 인기 때문에 잃는 것은 가장 비통하고 흔한 경험 중 하나이다. 그 과정은 아주 간단하다. 한 소녀가 인기의 문이 열리자 그 안으로 뛰어 들어간다. 가장 친한 친구는 바깥에 남는다. 버림받은 친구는 자기가 혼자이며 자기에게는 인기를 얻는 데 요구되는 것이 없다고 깨닫는다.

후유증은 훨씬 복잡하다. 관계의 균열은 매끈하지 않고 점진적이다. 그 시나리오도 다양하다. 어떤 소녀들은 공적으로 괴롭히고 사적으로 잘해준다. 어떤 소녀들은 그 반대다. 또 어떤 소녀들은 친구가 아닌 것처럼 행동한다.

하지만 부분적으로 자신을 버린 친구가 간간이 베푸는 우정의 파편에 집착하면 버림받은 소녀는 처음 상실을 경험한 순간 이상으로 고통받는다. 이런 관계가 형성되면 어떤 상황에서는 서로 친한 것 같지만, 또 다른 상황에서는 자신의 통제 범위를 넘어서는 것 같다. 이런 행동 양식을 설명할 언어는 부족하고, 이로 말미암은 혼란과 슬픔도 마찬가지다. 관계에 대한 통제력이 사라짐에 따라 소녀들은 관계의 상실에 대한 책임이 자기에게 있다고 느낀다.

지켜본 부모라면 누구나 알겠지만, 이것은 단순히 시간제 우정만은 아니다. 학대하는 우정이다. 아이들은 나약해지고 힘을 잃으며 학대를 인식하는 능력을 상실한다. 어떤 소녀는 이 상황에 대해 이렇게 말했다. "우정이 이제 막 시작됐는데 3시간 뒤에 끝나는 것 같아요. 그리고 다음 주에 또 우정이 시작되는데, 또 3시간 뒤에 끝나는 거예요." 조건에 따라 사랑을 받을 때 자존감은 상실된다. 우정에 있어서 자기를 상대방의 뜻에 맡기는 마음은 희생자가 폭력 관계에서 벗어나지 못하는 것과 매우 비슷하다. 우리가 일찍부터 소녀들에게 이런 역동을 거부하도록 가르치지 않으면, 성인이 되었을 때 폭력에도 같은 태도를 취하지 않을지 매우 걱정스럽다.

친한 친구에게 버림받는 것은 거의 신성모독과 비슷하다. 그렇게 되면 발달의 결정적인 순간에서 세우게 되는 몇 가지 가정이 손상된다. 친구란 좋은 것이고, 사랑과 관심은 상호적이라는 믿음이 손상되는 것이다. 이 상실의 여파가 과소평가되어서는 안 된다.

새클러데이 학교에서 루시아와 헤일리는 3학년 때부터 단짝 친구였고, 올해 5학년이 되어 가장 인기 있는 소녀들과 한 반이 되었다. 두 번째 주에 헤일리는 루시아가 자기를 무시하는 것 같은 불편한 감정이 들었다. 사실을 확인하려고 루시아에게 쉬는 시간에 같이 놀자고 몇 번 말해 보았다. 아니나 다를까, 루시아는 미안하지만 그럴 수 없다며 다른 친구와 놀겠다고 했다. 같이 노는 친구는 늘 인기 있는 소녀들 중 한 명이었다. 얼마 지나지 않아 루시아가 인기를 얻고 있음이 명백해졌다. 점심시간에는 그 아이들과 축구를 했고, 교실에서도 그 아이들과 짝이 되었다.

나는 4월의 훈훈한 공기를 들이마시며 헤일리의 집 바깥에 매여 있는 축축한 나무 그네에 앉아 있었다. 헤일리와 함께 가볍게 그네를 흔들었다. 아이는 운동화로 진흙을 차올렸고, 나는 팔걸이에 팔을 감고 몸을 뒤로 젖힌 채 다리를 흔들었다. 아이의 하얀 피부를 배경으로 눈가에 깨알같이 박힌 주근깨가 도드라져 보였다. 헤일리의 커피색 머리는 빗자루처럼 곧았고, 안경 너머로 진흙을 바라보는 눈동자는 더없이 진지했다.《탐정 해리엇(*Harriet the Spy*)》(루이즈 피츠허그(Louise Fitzhugh)가 쓴 어린이책으로, 작가가 되고 싶은 해리엇이 일상을 관찰하고 기록하는 내용이다—옮긴이)의 주인공 같았다. 나는 헤일리에게 기분이 어떤지 물었다.

"마음이 아파요." 아이는 느리고 신중하게 말했다. "그 애한테는 다른 아이들이 중요하고, 나는 그만큼 중요하지는 않은 것 같아요. 가끔은 그냥 잊고 싶지만 잘 안 돼요. 우리의 우정은 곧 끝날 거라는 느낌이 들어요. 우리는 싸운 적이 없었거든요. 그런데 그 애가 갑자기 그 무리에 들어가더니 나는 거들떠보지도 않아요. 서로 말도 하지 않아요. 다 끝났어요."

나는 뻔한 질문을 했다. "루시아와 이야기는 해봤니?" 헤일리가 눈을 동그랗게 뜨며 어리석은 질문에 화난다는 듯이 턱을 내밀었다. 물론 했다는 것이다. 루시아는 그들의 우정에 변화가 일어난 것을 부인했다.

"그러면…… 누가 맞을까?" 내가 또 한 번의 질책을 예상하며 조심스레 물었다. 헤일리는 실망한 듯 목소리가 딱딱해졌다.

"가끔은 내가 아는 게 맞다고 생각해요. 누가 나를 아프게 하는지 아니까요. 하지만 정말 누가 나를 아프게 하는 걸까요? 나는 안다고 생각하지만, 내가 '넌 내 마음을 아프게 했어' 하고 말하면 이렇게 대답하는데요. '무슨 소리야? 난 아무 짓도 안 했는데.' 그 말이 전부예요."

잠시 동안 축축한 그네가 삐걱거리는 소리만 들렸다. "가끔은 나도 내 감정을 잘 모르겠어요." 목소리가 차분해졌다. "모르겠어요. 내 감정이 정말 어떤지. '그 애가 아니라고 한 말이 사실일까?' 왜냐하면 나를 무시하는 게 분명하거든요. 어제도 쉬는 시간에 말을 걸지 않았다거나, 또 그런 여러 가지 일들이요. 진실이 뭔지 모르겠어요."

헤일리의 말도 다른 많은 소녀들의 말과 다르지 않았다. 자신의 감정이, 자기에게 일어난 사건이 현실인지 아닌지 확실히 알 수 없는 "미칠" 것 같은 느낌. 헤일리는 자기가 무시당한다는 사실을 알았지만, 자기가 믿고 사랑하는 친구는 그렇지 않다고 했다. 헤일리의 눈에는 누가 뭐래도 하늘이 파란색인데 루시아는 물어볼 필요도 없이 갈색이라는 태도였다. 헤일리는 누가 맞는지 결론을 내릴 수 없었다. 자기 자신, 자기 감정, 자기 삶에 대해 안다고 생각한 모든 것이 루시아로 말미암아 미궁에 빠졌다. 심지어 그것에 대한 정의조차 루시아의 손에 맡겨졌다. 루시아는 헤일리가 전혀 상처받지 않았고 이 모든 일은 헤일리가 꾸며낸 거라고 말하면서 헤일리에게 상처를 입히고 있었다.

헤일리는 다리를 뻗어 그네를 밀며 말했다. 그래도 루시아는 좋은 친구라고.

"언제 좋은 친구인 것 같니?" 내가 혹시 무슨 말을 놓친 건 아닌가?

"이따금, 목요일마다 수업이 끝나면 5시부터 6시까지 무용 수업이 있어요. 1시간 30분 동안 학교에 더 있어야 해요. 그때는 친구 같아요." 나는 무슨 말을 할지 몰라서 그네가 삐걱거리는 소리를 들으며 가만히 있었다.

"하지만 쓸데없이 싸움을 걸지 않게 조심해야 해요."

"왜?" 내가 물었다.

헤일리가 루시아에게 더 캐묻기 두려워하는 진짜 이유, 많은 소녀들의 관계 속에 흐르는 두려움이 바로 이것이다. 갈등은 무조건 관계의 상실로 이어질 거라는 두려움이다. "싸움을 걸면 우정이 끝나니까요. '나한테 왜 이래? 너랑 친구가 될 수 없겠구나.' 이럴 거예요. 그러면 친구를 잃게 돼요."

"그 애들 때문에 내가 무너질 거예요." 헤일리가 설명했다. "결국 이렇게 될걸요. '이제 아무와도 말하면 안 되겠구나. 쉬는 시간에도 구석에 숨어서 아무와도 말하지 말아야지.' 친구가 있어도 없다는 생각이 들 거예요. 때로는 나도 다른 사람들의 마음을 다치게 할 거고요."

헤일리에게는 두 가지 선택이 가능하다. 참을 수 있을 만큼 참거나, 말하고 모두 잃거나. 하지만 대부분 누더기가 된 관계라도 전혀 없는 것보다 낫다고 생각한다. 이제 겨우 열 살의 나이에, 헤일리는 가장 친한 친구 루시아를 통해, 우정이라고 부를 수 없는 우정에 만족하는 법과 어느 순간에 폐기되는 우정에 익숙해지고 있었다. 많은 소녀들이 그러하듯이 헤일리 또한 이 관계에서 자기에게 할당된 작은 공간에 익숙해지고 있었다. 무용 수업이 있는 날, 일주일에 90분, 헤일리는 그 시간 동안은 행복하며 자기가 받을 수 있는 몫은 그만큼이라고 말했다. 세월이 흐르면, 헤일리도 언젠가 자기가 다루어진 방식에 대해 자책하게 될 것이다.

헤일리는 루시아가 둘이 있을 때에도 잘해주지 않으면 그때 관계를 끊을 거라고 말했다. "그 애는 늘 좋은 친구가 되어줄 테고, 나는 그 애와 같이 놀 수 있을 거예요. 같이 무용 수업을 받을 때까지는…… 아마 그럴 거예요……." 아이가 말꼬리를 흐렸다. "모르겠어요. 정말 모르겠어요."

헤일리는 확신이 없었다. 자기가 아는 사실과 루시아가 강요하는 사실 사이에서 갈팡질팡했다. "어쩌면 나랑 너무 많은 시간을 보낸다고 느껴서 다른 아이들과 놀고 싶은 것 같기도 해요. 나는…… 두려워서…… 다른 시간에도 같이 놀자고 말할 엄두가 안 나요. 나도 다른 친구들이 있으니까 그냥 이대로 있을 거예요." 아이는 한숨을 크게 내쉬었다.

헤일리처럼 많은 소녀들이 시간제 우정 속에서 그들의 감정을 그저 "기분 나쁘다"고만 말한다. 목소리에는 체념이 배어 있다. 이것이 세상이 흘러가는 방식이라는 암울한 인식이 담겨 있다. 제시카는 이렇게 말했다. "그 애들이 단 몇 시간만 친구가 되어준다 해도 어쩔 수 없어요. 어쨌든 그 애들에게는 인기가 더 중요하니까요."

인기의 대가

● 어떤 소녀들은 대가를 지불하지 않으면 인기를 얻을 수 없다. 그 대가를 지참금이나 봉사료, 충성의 희생 제물이라고 불러보자. 어찌 됐건 딛고 올라서려면 친구를 억눌러야 한다. 이는 두 가지 형태로 진행된다. 먼저 인기를 얻고 싶은 아이는 친구를 공개적으로는 따돌리고 개인적으로는 잘해준다. 친구는 한 송이 민들레이고 가해자는 민들레에 부는 바람 같다. 우정의 일부는 줄기에 붙어 있지만 다른 일부는 흔들려서 홀씨처럼 떨어진다. 씨앗 받침이 적나라하게 드러나지만 아직 고투를 벌이며 살아 있다. 두 번째는 희생자를 인기파 무리에 전리품으로 바쳐서 우정을 완전히 끝내는 경우이다.

재닛은 40대로, 지금 파트너와 함께 지낸다. 그녀는 3학년에서 8학년까지 가장 친하게 지냈던 셰릴을 아직도 기억한다. 때때로 셰릴은 그녀의 유일한 친구였다. 날마다 수업이 끝나면 전화 통화를 하거나 함께 놀았다. 둘은 두 블록 떨어진 서로의 집에서 춤 시합을 하며 저녁 시간을 보냈다. 겨울에는 남부 일리노이의 대학 타운을 관통하는 강의 빙판에서 함께 스케이트를 탔다.

하지만 학교에 가면 셰릴은 재닛을 본체만체했다. 셰릴은 인기파 무리에 들어가고 싶었고, 재닛은 땅딸막한 데다 촌스럽고 두꺼운 안경을 써서 따돌림을 당하기 딱 좋았다. 셰릴은 재닛보다 키도 크고 덩치도 큰 데다 달리기도 번개처럼 빨랐다. 학교에 갈 때도 늘 멋지게 차려 입었다. 인기 있는 아이들과 함께 있을 때마다 셰릴은 재닛에게 욕하며 꺼지라고 했다. 재닛을 "안경잡이"라고 부르며 다른 아이들에게 재닛의 안경을 훔치게 했다. 재닛이 당황해서 잘 보이지 않는 눈으로 검은 타르 칠을 한 운동장에 엎드려 더듬더듬 교문을 찾으면 셰릴이 가장 크게 웃었다. 하지만 셰릴은 인기 있는 아이들이 자기만 빼고 어디로 가면 항상 재닛에게 달려왔다. 재닛은 거부하지 않았다.

재닛은 성적이 우수했고, 거기에서 위로를 받으며 힘든 하루를 버텨나갔다. 종종 수업 시간에 혼자 손을 들었고, 착한 사람이 되고 올바른 일을 하겠다는 의지를 불태웠다. 하지만 속마음은 달랐다. "학교 성적은 더 좋았지만, 그게 꼭 더 좋지만은 않았어요. 그 애가 나를 쥐고 흔들려고 했거든요." 어느 날 셰릴은 재닛에게 성적을 잘 받는 이유를 물었고, 재닛은 이렇게 대답했다. "너보다 집중력이 더 좋으니까." 셰릴은 "집중력"이라는 단어를 썼다며 재닛을 무지막지하게 괴롭혔다. 학년 앨범에는 이렇게 썼다. "내가 아는 가장 덜떨어진 인간에게. 어쩌면 좀 나아질지도 모르지. 네 친구 셰릴이." 재닛은 속이 몹시 상했지만 꾹 참았다.

결국 셰릴의 공격은 학교 밖으로까지 이어졌다. 셰릴이 두 사람의 우정을 비열함과 증오로 채울 때도 밖에서 보면 전혀 눈치채지 못했다. 누군가 부엌 창문으로 뒷마당을 내다보면 둘은 서로 정답게 대화를 나누는 것 같았다. 하지만 잔디밭에서는 셰릴이 재닛에게 복종하라며 윽박지르고 있었다. 문밖에서 들으면 여느 소녀들의 조잘거림과 다를 바 없었지만, 안에서는 셰릴이 재닛에게 신발이 촌스럽다며 창피를 주거나 브래지어를 하든지 팬티스타킹을 신든지 다른 "죽이는" 액세서리를 하든지 하라며 몰아붙이고 있었다. 재닛은 하나뿐인 친구에게 애착된 채로 학대받았다. 마음을 다쳤지만 묵묵히 견뎠다.

지금 재닛은 상담을 받으면서 셰릴에 대한 자기 감정을 해결하는 것이 평생을 따라다니는 낮은 자존감 문제를 해결하는 데 도움이 될 거라고 확신한다. 당연히 가장 힘든 부분은 잘못된 우정을 학대라는 진짜 이름으로 고쳐 부르는 것이 될 것이다. "정말로 학대였는지 아직 잘 모르겠어요." 그녀가 말했다. "처음 치료를 받을 때는 나한테 뭔가 잘못이 있다고 생각했거든요. 그 애를 진정한 친구로 생각했고, 우정이 이런 거라고 생각했어요. 아직 이런 관점에서 벗어나지 못하겠어요."

"나를 이렇게 다루면 안 된다, 이건 친구가 할 일이 아니다, 이런 생각을 한 적이 있었는지조차 모르겠어요. 정말 모르겠어요." 재닛이 말했다. "나와 놀겠다는 친구는 누구든 받아주었지만, 그 애가 못되게 굴면 내가 잘못했기 때문이라고 생각했어요. 내 마음속 깊숙이, 나는 다른 사람의 감정을 다치게 하는 나쁜 사람이구나 하는 생각이 자리 잡고 있었고, 누가 화내거나 내 마음을 다치게 하면 그게 내가 받아야 하는 몫이라고 생각했어요."

어렸을 때 재닛은 성적 학대를 당했다. 지금 그때를 돌이키며 그녀는 성적 학대의 경험 속에서 셰릴과 나눈 우정의 그림자를 찾는다. 두 사건 모두 힘과 통제력을 빼앗아갔다고 그녀는 말했다. "누군가에게 나를 마음대로 휘두를 권리가 있다는 생각이 들어요. 싫다고 말할 생각조차 들지 않아요. 누군가가 나를 휘두르려고 하면, 그런 일이 생기는 게 지극히 당연하다는 느낌이 든다고 할까요." 그녀가 말했다.

무엇보다 재닛은 셰릴이 자기를 그렇게 대했을 때 그저 참기만 한 이유를 설명하지 못한다. "정말 알 수 없는 일이에요." 셰릴을 생각하며 그녀는 "나를 쳐다보던 그 표정, 눈살을 찌푸리고 나를 쏘아보던 그 눈빛을 생생히" 기억한다. 하지만 자기를 사랑한 가장 친한 친구의 모습 또한 그녀의 기억 속에 남아 있다.

재닛은 자신의 현실에 대한 해석을 자기에게 고통을 주는 사람의 손에 맡겨버렸다. 관계를 유지하고 싶은 욕구는, 그런 관계를 우정으로 받아들이기 위해 엄청난 대가를 치르며 자기를 단련시킬수록 더 파괴적이 되었다. 우리는 어떤 대가를 치르더라도 손상된 관계에 매달리려는 일부 소녀들의 충동에 관심을 가져야 한다. 그것이 따돌림과 어떻게 연관되는지 광범위하게 탐색해야 한다.

엘리자베스는 디어드리가 친구가 아니라고 말하는 데 주저함이 없었다. 디어드리가 자신의 6학년 생활을 엉망으로 만들어버렸다고 했다. 엘리자베스는 그 이야기를 하고 싶다며 어느 날 내게 이메일을 보냈다. 나는 전화를 걸었다. 그녀는 인디애나 주의 한 대학원에서 심리학을 공부하고 있었다. 엘리자베스는 3학년 때 따돌림을 당했지만, 자기를 미

위한 것은 오로지 인기파 아이들이었다고 말했다. 여름 캠프나 방과 후 활동에서 만난 아이들은 그녀를 좋아했지만, 학교에서만큼은 따돌림의 주 표적이 되었다. 9월에 새 학기가 시작될 때마다 그녀는 누가 새로 전학 오기를 기도했다. "유일한 희망이었어요." 그녀는 회한에 잠긴 채 웃었다. "누가 새로 올 때마다 옆에 가서 말을 붙였어요. 그 애들보다 내가 먼저 친해지면 전학 온 애도 내가 인기가 없다는 것을 알기 전에 내 가치를 알 수 있을 테니까요."

6학년 때 엘리자베스는 새로 전학 온 디어드리와 친해질 기회가 생겼다. 첫날 엘리자베스의 옆 분단 뒷줄에 앉았던 것이다. 둘은 즉시 친구가 되었다. 쉬는 시간에도 점심시간에도 같이 놀았다. 서로의 집에 놀러 가면서 한 달을 즐겁게 보냈다. 옥토버페스트 축제가 있던 날 디어드리는 점심시간에 인기 있는 두 소녀와 같이 음식을 팔았다. 그 뒤로 그들의 우정은 시작처럼 빠르게 끝이 났다.

"나랑 어울리면 인기를 얻을 기회가 사라진다고 깨달은 것 같아요." 엘리자베스가 말했다. "자기 미래를 망친다고 깨달은 거지요. 그 애는 갑자기 밤낮이 바뀐 것처럼 태도를 싹 바꾸더니 인기파 무리에 들어가서 나를 괴롭히기 시작했어요. 그리고 나를 괴롭히는 무리의 주모자가 되더군요."

디어드리는 새 친구들에게 과시할 목적으로 엘리자베스에게 잔인한 행동을 서슴지 않았다. 점심을 먹을 때는 손가락질하며 비웃었고, 쉬는 시간에는 대놓고 조롱했다. 가끔은 서로 친하게 지낼 때 알게 된 정보를 이용해서 더욱 심하게 괴롭혔다. 인기파 아이들은 벌어진 꽃잎처럼 디어드리를 둘러쌌고, 엘리자베스는 어안이 벙벙했다. 학교에서는 상처

입은 모습을 보이지 않으려고 아무렇지 않은 척했지만, 집에 돌아오면 소파에 엎드려 밤마다 어머니 앞에서 울었다. "자존감이 바닥까지 내려갔어요. 아무도 믿을 수 없었어요. 거의 밤마다 울다 잠이 들었어요."

일단 인기파 속에 정착하자 디어드리의 따돌림은 수그러들었다. 하지만 그 무리의 주위로 경멸의 분위기가 자기장처럼 흘렀다. 엘리자베스는 8학년을 마칠 무렵을 회상했다. "내 주위로 1킬로미터가 훨씬 넘는 두께의 벽이 있는 것 같았어요. 나는 아주 작은 공처럼 움츠러들어 스스로를 방어했고, 아무도 내 세계 안으로 들어올 수 없었어요. 모두 내 마음에 상처를 입혔어요. 내가 믿은 사람들은 죄다 나를 버렸고, 나는 하찮은 존재가 된 것 같았어요. 믿고 친구라고 생각하면 돌아서서 내 등을 찌르는 거예요." 엘리자베스는 동네 친구들 앞에서는 또 다른 자기를 꾸며냈다. "내가 정말 어떤 사람인지 밝히지 않으면 나를 좋아할 거라고 생각했거든요."

다른 많은 여자들처럼, 엘리자베스 또한 그 경험이 자신의 성장기를 완전히 바꾸어놓았다고 믿는다. "나는 늘 다정하고 낙천적이었는데, 어느 날 적대적이고 냉소적이고 독한 사람이 되어 있는 거예요." 그녀가 체념한 듯 어깨를 으쓱하는 것이 전화상으로도 느껴졌다. "원래는 그렇지 않았거든요." 지금 엘리자베스는 심리학을 공부하고 있다. 한편으로는 자기가 어떻게 달라졌는지 이해하고 싶어서다. 또 한편으로는 이런 마음이다. '어떻게 이럴 수가 있지? 이건 아주 잘못됐어. 내 머리로는 이해가 안 돼. 도무지 납득할 수 없어.'

엘리자베스는 고등학교에 올라가 뜻밖의 인기를 얻자 깜짝 놀랐다. 사람들이 그녀를 있는 그대로 좋아한다는 사실이 놀라웠다. 그럼에도 불구하고 그녀는 메마르게 말했다. "여전히 그 여파가 남아 있어요." 이제 그녀는 20대 후반이며, 여자들과 다시 관계를 형성하기 시작했다. 하지만 남자들과 있을 때 더 안전하게 느낀다. "어처구니없는 일은 일어나지 않거든요. 시샘이나 경쟁심 같은 것도 없고요. 편안해요." 내가 이야기를 나눈 수많은 여자들도 같은 말을 했다. 그녀는 일부러 여자대학에 진학했지만 여전히 여자들을 두려워한다. "의도적으로 다가가는 걸 꺼리게 돼요. 곧바로 믿을 수 없거든요. 항상 뭔가 꿍꿍이가 있을 것 같으니까." 심지어 지금도 "겉도는 느낌, 완전히 속하지 못하는 느낌, 그러고 싶지 않은 느낌"이 사라지지 않았다.

비밀과 거짓말

● 인기 경쟁은 참가자들에게 무자비하고 가혹한 스포트라이트를 비춘다. 그들이 말하고 행동하는 모든 것이 중요해진다. 말과 옷이 친구의 처벌이나 보상, 혹은 무관심의 대상이 된다. 린던 학교에 다니는 한 소녀가 설명했다. "아이들은 매 순간 나를 판단하고, 훑어보고, 친구가 될지 말지 생각해요." 같은 반 친구가 덧붙였다. "사람을 있는 그대로 보지 않아요. 무엇을 입었는지, 누구와 어울리는지 그런 걸 봐요. 종합세트 같은 거죠." 누군가 끊임없이 나를 살핀다는 느낌 때문에 사회에서 어떤 일이 일어나는지 예측할 수 없어지고, 그런 사회적 장면의 변화는 종종 갑작스러운 행동의 변화를 일으킨다. 많은 소녀들은 누구와 있는지에 따라 사람이 달라진다.

어느 날 오후 나는 새클러데이 학교에 다니는 5학년생 클로이 캐플런과 차양이 드리워진 침대에 앉아 이야기를 나누었다. 흰색 주름 장식이 바닥에 끌리고, 동물 인형이 바닥에 널브러져 있었다. 책상 위쪽 벽에는 잡지에서 잘라낸 '엔싱크'와 '백스트리트 보이스' 사진들이 아무렇게나 붙어 있었고, 고리버들 서랍장에는 반짝이는 크림 튜브와 립글로스들이 흩어져 있었다. 우리는 신발을 벗고 책상다리를 하고 앉아서 서로 마주 보며 풍선껌의 포장을 벗겼다.

열 살인데도 클로이는 인기와 배신의 문제를 매우 잘 파악하고 있었다. 하지만 깨닫기까지의 과정은 고달팠다. 3학년이 되고 첫 주에 앨리사가 다가오더니 친하게 지내자고 했다. 클로이는 흔쾌히 좋다고 했다. "3학년이 되니까 친구가 많이 없어져서, 되도록 많은 친구를 만들고 싶었거든요." 클로이와 앨리사는 날마다 쉬는 시간에 같이 놀면서 수다를 떨거나 공놀이를 하거나 스티커를 교환했다. 무엇보다 철봉에 거꾸로 매달리는 시합을 가장 좋아했다.

몇 달이 지나자 클로이는 앨리사가 자기에 대한 거짓말을 꾸미고 자기 비밀을 인기파 소녀들에게 말하고 다닌다는 것을 알게 됐다. 클로이는 "정말 불쾌했다"고 말했다. "이를테면 내가 쓴 일기를 누가 읽고 퍼뜨리는데, 그걸 들은 아이들이 또 다른 아이들에게 퍼뜨리고……. 이런 기분이었어요." 누구를 믿었다가 이런 일이 생기면 마음을 많이 다친다. 클로이는 그 문제를 따지기가 두려웠다. "내 친구 대부분이 그 애의 친구들이었거든요. 그 애와의 관계가 끊어지면 나머지 친구들도 다 잃으니까요."

2년이 지난 지금도 클로이는 자기를 그토록 아끼는 것 같던 사람이 그토록 냉정히 신의를 저버린다는 사실이 당혹스럽고 슬프다. 하지만 클로이는 그때 몇 가지 사실을 깨달았다.

한 가지는 어떤 아이들은 함께 어울리는 아이가 누구인가에 따라 태도가 달라진다는 사실이다. 학부모회의 회장인 클로이의 어머니가 아이스크림을 사주면 인기파 소녀들은 "딴판으로 행동하면서 예전부터 친한 척했지만" 학교에서는 "아는 척도 하지 않고 아예 관심 없는 것처럼 행동"했다. 한 친구는 학교에서는 사사건건 트집을 잡지만 야영 캠프에 가면 "완전히 딴 사람이 돼서…… 훨씬 잘해준다"고 말했다.

또 한 가지는 자기가 행동하고 말한 모든 것을 앨리사가 마음대로 평가해서 퍼뜨린다는 사실을 알게 된 것이다. 그런 평가의 말은 교환 가치가 높은 현금 같은 것이다. 그해에 클로이는 누가 자기를 그림자처럼 쫓아다니면서 평가하는 기분을 느꼈고, 그것이 불편했다. 다른 아이들은 모든 것을 관찰하고 모든 것을 퍼뜨린다. 무엇을 먹는지, 무엇을 입는지, 누구와 함께 노는지까지. "그 애들은 모든 것에 다 관심을 가져요. 단 한 가지, 인간성만 빼고요." 클로이의 목소리는 침울했다. 나는 무슨 뜻인지 물었다. 클로이는 자기 반에 카프리 팬츠와 그에 맞는 셔츠를 입고 다니는 용감한 아이가 있다고 했다. "모두 알고 있을 거예요. 아기 옷 같으니까요. 모두 키즈러스에서 산 옷이라는 걸 알거든요. 인기 있는 애들은 그런 아동복은 입지 않으니까 그 애의 친구가 된다면 창피한 일이죠."

클로이는 5학년 생활이 지뢰밭 같다고 했다. 한 걸음만 잘못 디뎌도 끝장이다. "누가 한 번 멍청한 짓을 했다면 그 애들은 절대 잊지 않아요. 그런 아이는 영원히 인기가 없다는 걸 다들 알거든요. 설사 그 애가 달라진다고 해도 애들은 몰라요. 어떤 멍청한 짓을 했는지 그것만 생각하니까요."

나는 클로이에게 "멍청한 짓"의 예를 말해달라고 했다.

"뭔가 바보 같은 말을 하는 거요." 클로이가 풍선껌을 불며 말했다.

"이를테면?"

"이를테면 학교에서 아이들이 농담을 주고받는데, 다른 애들이 비열한 농담을 할 때 혼자 덜떨어진 농담을 해요. 병아리들이 왜 길을 건넜는지 묻는다든가, 뭐 그런 거요. 또 음악 수업을 하는데, 선생님이 교실에서 나가면 다른 애들은 모두 '정말 시시한 노래야' 하는데 혼자 이래요. '그래도 이런 부분은 괜찮잖아.' 그러면 애들이 '우리는 모두 이 노래를 시시하게 생각하는데 너만 좋다고 하는구나' 하고 말해요. 그러면 일제히 그 말을 따라 해요."

"이상한 일이죠." 클로이는 비니 인형을 꽉 쥐며 말했다. "입을 다무는 편이 훨씬 나아요. 알아내거나 소문낼 일이 없으니까요. 말하지 않으면 알아낼 것도 없잖아요. 그러니까 입을 다물어요. 소문날 것도 없고, 그저 얌전하고 착한 아이로 보일 테니까요."

클로이는 손바닥으로 등을 받치고 고개를 젖혀 천장을 바라보았다. "이를테면 아이들 각각에 대해 폴더를 만들고 어떤 옷을 입었는지를 낱낱이 저장하는 거예요. 관심조차 사라지면 그 폴더를 휴지통에 버리는 거죠."

클로이는 가장 친한 친구의 이중적인 면이 자신의 모든 것을 바꾸었다고 했다. 정서적 친밀감이 깊어져서 난생처음 잔잔한 감정을 공유하게 된 순간에 클로이는 배신을 경험했다. 앨리사와 공유한 모든 것이 백일하에 공개되어 다른 아이들 모두에게 해부와 조롱의 대상이 되었다. 클로이는 더 이상 친구가 친구라는 것을, 심지어 진짜 친구인 것 같아도, 믿지 못하게 되었다.

페미니즘의 하위 운동에는 관계와 접촉, 양육과 배려를 높이 평가하는 특성 때문에 여성이 사회에 특유하고 현명한 방식으로 접근했다고 보는 입장이 있다. 하지만 인기는 이 현상을 뒤집어 생각하게 한다. 인기를 얻기 위한 경쟁에서 소녀들의 우정은 끊임없는 협상과 계산 활동으로 전환되고, 관계는 형성되는 것만큼 파괴된다. 관계는 이제 단순히 목표가 아니라 수단이기도 하다.

인기가 관계를 얻기 위한 경쟁이라면, 사회적으로 앞서는 것은 새로운 관계를 형성하고 예전의 관계는 묵살하는 것을 의미한다. 린던 학교의 9학년생 줄리엣은 왜 자기를 포함한 세 친구가 5학년 때 다른 아이들을 흉보면서 암호를 썼는지 설명했다. "우리끼리 노는 게 좋았어요. 누가 끼어드는 건 싫었거든요. 싫은 아이들이 같이 어울리는 건 바라지 않았어요. 우리는 셋이었고, 서로 아주 잘 알았고, 우리의 관계가 깨지는 것은 바라지 않았어요. 다른 아이들의 기분을 상하게 하는 것이 즐겁지는 않았지만, 우리의 관계를 보호해야 했어요."

소녀들의 관계가 비밀 말하기와 친밀감에 따라 구분된다면, 인기를 바라는 아이는 관계를 자기에게 유리하게 이용할 것이다. 관계 경쟁에서 승자는 자기와 "어울리는" 사람들 사이에서 더욱 굳건히 자리 잡기 위해 모르타르처럼 관계를 이용할 것이다. 자기가 의존과 신뢰의 대상이 될 수 있도록 말하고 행동할 것이다. 자신의 신의를 알리기 위해 다른 관계들은 과감히 버리는 것처럼 보일 것이다. 다른 아이들과 같이 있을 때는 따돌리지만, 둘이 있을 때는 잘해줄 것이다. 인기를 바라는 소녀는 더 높이 올라가거나 다른 아이들을 밀어내기 위해 다른 누군가와의 관계를 최소화하거나 심지어 말살할 것이다. 그러기 위해 인기파 무리가 있는 자리에서는 희생자를 괴롭히거나 희생자의 비밀을 폭로할 것이다. 미시시피 주에 사는 어느 9학년생이 10대의 특징적인 어투로 말했다. "많은 아이들이 멜리사를 정말 좋아할지 모르지만, 그 애를 좋아하지 않는 아이도 있을 거예요. 두 아이와 모두 친구가 되려면 멜리사를 좋아하지 않는 아이에게는 말조심을 하겠죠."

소녀들은 더 친해지려고 비밀을 나눈다. 하지만 관계 경쟁으로 말미암아 이 과정은 부패하고, 비밀은 거래의 수단이 되었다가 나중에는 총탄이 되어 날아간다. 소녀들은 쑥덕거린다. 친구들의 비밀을 말한다. 소문을 퍼뜨린다. 비밀을 날조한다. 남들은 잘 모르는 정보를 이용하여 어떻게 접근할지 계산한다.

영광의 자리에 오르기 위한 꿈에도 불구하고, 인기를 바라는 많은 아이들이 여전히 갈등에 직면하기를 두려워한다. 태머니홀(Tammany Hall, 19세기에서 20세기 초까지 뉴욕에서 강력한 영향력을 행사했던 부정한 정치조직—옮긴이)의 플런킷(George Washington Plunkitt, 1842~1924, 미국의 정치가—옮긴이)처럼 "자신의 기회를 알아보고 잡아챈" 소녀는 어느 날 갑자기 더 낮은 위치에 있는 친구들을 버린다. 인기를 바라는 아이는 불편한 갈등에 직면하면 신분 상승의 의지를 선언하기보다는 과거의 친구들에게 아무것도 달라진 것은 없다고 확신시킬 것이다. 따라서 루시아는 우정에는 아무 문제가 없다고 반복해서 말했고, 헤일리는 미칠 것 같은 혼란에 사로잡혔다.

가장 친한 친구에게 따돌림을 당한 소녀들이 종종 이런 상황에 빠진다. 많은 부모들이 나더러 가해자가 딸에게 휘두르는 힘에 대해 알려달라고 했다. 내가 줄 수 있는 유일한 답은 한 소녀가 내게 가르쳐준 것이었다. 가해자는 온갖 사건을 자기 방식대로 통제함으로써 피해자를 통제한다. 예컨대 미셸이 에린의 행동에 항의했을 때 에린은 항상 미셸의 오해라고 몰아붙였다. 진실은 그렇지 않다고 하거나 아무 일 없다고 우겼다. "그 애는 항상 화를 냈어요." 미셸이 회상했다. "내가 뭔가에 대해 화내면 그 애는 상황을 뒤집어서 내 탓으로 돌려요. 언제나 내 잘못, 내 잘못, 내 잘못인 거죠."

내가 리즈에게 직접 말해보라고 하자 나탈리는 거부했다. "말하면 완전히 딴 얘기를 할걸요. 그럴듯한 변명을 잔뜩 늘어놓을 거예요." 이런 아이들은 자기 생각보다 다른 아이의 말을 더 믿기 쉽다. 자기가 잘못했고 자기가 용서를 구해야 한다고 믿게 되면, 우정의 영역에서 쫓겨났다고 인정하지 못하고 관계에 대한 믿음만 이어갈 것이다.

인기에 대한 진실

● 한 소녀가 동경의 대상이 되면, 인기란 공원에서의 유유자적한 산책 같은 것이 결코 아니다. 오로지 경쟁과 불안이다. 인기 있는 소녀들에게 그들의 삶에 대해 말해달라고 하면 상당수가 자기를 잃어버렸다고 말할 것이다. 이들의 감정은 심리학자들이 소녀들의 자존감 상실과 결부시키는 증상들과 일치한다.

6학년생인 코리나는 친한 친구 하나를 인기파 무리에 빼앗겼을 때

심한 상실감에 빠졌다. "그 애가 새 친구들이랑 꼭 붙어 다니면서 조잘거리고 있을 때 다른 친구 하나가 안녕, 하고 인사했는데 들은 척도 하지 않았어요. 아니, 들으려고 하지도 않았어요." 코리나는 인기파 무리에 들어가려고 계획을 세웠고, 결국 들어갔다. 일단 인기파 무리에서 따돌림의 가해자가 되자 코리나는 혼란스럽고 낯설었다. "내가 인기 없는 친구들을 따돌린다는 건 아는데요. 그러고 싶은 마음은 정말 없어요. 인기는 말 그대로 거품 같은 건데, 일단 그 속에 빨려 들어가면 기분이 참 묘하거든요." 코리나가 잠시 말을 멈추었다. "그 안에서는 죄다 쓸데없는 말뿐이고 뭐가 더 있는지 모르겠어요. 하는 이야기란 게 남자애들이나 뭐 그런 이야기들뿐이고, 자기들끼리 통하는 농담을 주고받는데 나는 잘 알아듣지 못하겠어요."

나는 거품 안에서는 어떤 느낌인지 물었다.

"그 안에 들어가니까 기분은 좋지만, 이 아이들이 가장 좋은 친구는 아니에요." 코리나가 말한 것은 린 미켈 브라운과 캐럴 길리건의 관찰에서도 찾아볼 수 있다. 코리나는 진정한 감정의 접촉을 희생하면서 덜 진정한 인간관계를 선택한 것이다.[40] 그 과정에서 자기 자신과의 단절이 일어난다.

"나는 속해 있지만, 속해 있지 않아요. 여러 무리에 속하지만 어떤 무리에도 속하지 않은 것 같아요. 쉬는 시간에는 혼자 돌아다녀요. 가끔은 친구가 아주 많은 것 같지만, 가끔은 하나도 없는 것 같아요. 모두 나를 좋아한다는 생각이 들 때도 있지만, 그냥 잘해주는 것 같을 때도 있어요." 코리나는 나중에 덧붙여 말했다. "나는 항상 즐거워 보이지만, 가끔 너무 슬프면 혼자 숨어버려요."

린던 학교의 고등학부 1학년생 알렉시스는 인기가 굉장히 많지만, 아이들과 좋은 관계를 유지하는 것이 얼마나 어려운지 고백했다. "아무도 믿을 수 없어요. 하나같이 불확실해요. 다른 아이들의 눈에는 문제가 없는 것처럼 보일 거예요. 하지만 그건 꾸민 모습이에요." 알렉시스의 친구 세라도 동의했다. "친구가 되는 것이 내가 좋아서인지, 아니면 내가 어떤 아이를 알아서 그런 건지 잘 모르겠어요. 거짓된 우정은 언제나 어떻게 보이는지 먼저 생각하거든요."

이제 고등학부 2학년이 된 릴리 카터가 말했다. "무리의 일부가 되려면 훨씬 많은 노력이 필요해요. 내부는 아주 치열하거든요. 매일 매 순간 완벽해야 해요. 화장도 완벽하고, 옷도 완벽하고, 존재 자체가 완벽해야 해요. 사람들이 자기를 볼 때도 완벽하고, 자기가 자기를 볼 때도 완벽해야 해요. 무슨 말을 해도 완벽하고, 남자들이 자기를 대하는 태도도 완벽하고, 모든 게 완벽해야 하는 거죠. ……(가장 어려운 부분은) 자신은 완벽하지 않다는 거예요. 전부 완벽할 수는 없잖아요. 그러다가 어느 날 일어나 보니 인기가 사라지고 없는 거예요. 그 애들도 더는 내 친구가 아니고요."

무리의 중심에 다가갈수록 소녀들은 진짜 목소리를 내면 안 된다는 압박을 더 많이 받는다. 몇몇은 내게 덜 "가식적"으로 보이고 싶다며 애처롭게 말했고, 몇몇은 소란을 피우는 것은 부적절하고 매력적이지 않다고 친구들이 경고했다고 말했다. 이 소녀들은 더는 "자기 자신"일 권리가 없다고 느낀다.

〈헤더스〉는 여학생 인기파 무리의 은밀한 역동을 최초로 그린 영화다. 1990년대 후반에는 시대의 변화가 일어나 새로운 동화들이 실을 잣듯 만들어졌는데, 이번에는 왕자가 중요한 역할을 맡지 않았다. 〈쉬즈 올 댓(She's All That)〉과 〈사랑보다 아름다운 유혹〉 같은 영화에서 연애 사건은 '인기'와 함께 다루어졌고, 별 볼 일 없는 소녀는 인기파 무리의 여신으로 변신한다. '인기' 자체가 인기를 얻게 되자 WB 채널은 인기를 주제로 한 프로그램도 시작했다. 영화 〈조브레이커〉에서 코트니가 편에게 일생일대의 기회를 줄 때 그녀는 동화 속의 요정 같기도 하지만, 대체로 마녀로 보인다. "넌 아무것도 아니야. 우리가 중요하지. 넌 그림자고, 우리는 태양이야. 그런데 내가 여기 있는 건, 너는 감히 꿈꿀 수 없는 걸 주기 위해서야. 너 혼자서는 절대 되지 못할 어떤 것. 우리는 너를 우리처럼 만들 거야. 아름답고 인기 있게."

좋든 나쁘든, 학교나 연구자들은 인기라는 것을 아이들이 사회적 무리를 이룰 때 사용하는 도구로 여긴다. 하지만 인기 경쟁이 낳은 공격이 얼마나 엄청난 영향력을 미치는지에 대해서는 더 면밀한 조사가 필요하다. 우리는 소녀들을 날씬하고 예쁘게만 그려내는 파괴적인 이미지들에 주목하는 훈련은 받지만, 인기 경쟁의 숨은 맥락은 왜 간과하는가. 여기서 숨은 맥락이란, 소녀들은 종종 진정한 관계를 희생하더라도 또래의 사랑을, 심지어 숭배를 받아야 한다는 사실이다. 날씬하고 싶은 소녀가 끼니를 굶는다면, 인기를 바라는 소녀는 서로를 파괴한다. 인기는 이렇게 만들어지고, 인기를 얻는 경쟁은 몸무게나 외모, 성적 매력만큼이나 위험한 것이다.

인기 때문에 관계가 파괴될 때 상실은 다층적이다. 먼저 자기가 사랑하고 신뢰하는 사람에게 버림받는 것에서 오는 상실감이 존재한다. 이런 상실은 자기의 사회적 가치가 더 낮아진다는 신호다. 자존감이 낮아지고 스스로를 비난한다. 관계를 부정적인 시선으로 보거나 한낱 도구로 이해하는 법을 배운다. 공개적으로 버림받고 잔인한 따돌림이 뒤따르면 공공연한 놀림거리가 된다. 새로 인기를 얻은 소녀에게도 상실의 위험은 존재한다. "거품" 속으로 들어가면 자기를 상실하기 때문이다.

인기의 규칙은 인기를 얻으면 그 지위를 유지하기 위해 혹독하게 자기를 단속하고 관리해야 한다는 것이다. 인기 있는 소녀는 축복받은 소녀라는 생각은 잘못되어도 한참 잘못되었다. 인기의 중심에 다가갈수록 위험하다. "안전해 보일지 몰라도 세상에서 가장 불안한 곳이에요." 에린이 말했다. "거기서는 모든 것이 변하거든요. 날마다 그 다섯 명과 경쟁해야 해요. 누가 먼저 하는지, 누가 가장 뛰어난지 그런 것들이요. 고달프고, 경쟁이 심해요. 그렇게 불안정하고 그렇게 많이 싸우는 건 이기적이기 때문이에요."

8학년생 16명이 둥글게 앉아 편안한 자세로 대화를 나누고 있었다. 다른 아이들에게 평가를 받는 것이 대화의 주제였다. 레슬리는 깍지를 끼고 머리를 받친 채 누워서 말했다. 눈을 더 위로 치뜨면 갈색 눈동자가 사라질 것만 같았다. 레슬리가 벌떡 일어나 앉더니 씩씩거리며 말했다. "우리는 서로에 대해 말하지 않을 수 없어요. 아시겠어요? 중독됐다니까요. 이곳에서 나가자마자 모두들 누가 무슨 말을 했는지 쑥덕거릴 거예요."

인기 소녀인 브론윈은 반 시간 동안 묵묵히 앉아 있다가 마침내 손을 들었다. "이 애는 별로라는 식으로 서로 평가하지 않으면 좋겠어요. 가만히 앉아서 다른 아이가 입은 옷에 대해 흉보는 아이들이 많아요. 그 애들이 내 친구니까 가만히 듣고 있긴 해도 마음은 불편해요. 그 애들이 다른 아이에 대해 그런 말을 하는데, 나에 대해서는 뭐라고 할까요?"
 아무도 대답하지 않았다. 모두 생각에 잠겼다.

저항

어떤 소녀들에게는 침묵과 간접성은 선택도 아니고 내키는 것도 아니다. 오히려 나약함의 표시다. 내가 만난 소녀들 중에서 특히 삶이 억압으로 얼룩진 소녀들이 그랬다. 이들에게는 자기주장과 분노가 정신적 힘을 발휘하는 도구였다. 이들은 가족과 이웃의 여성혐오적 태도나 교사들의 인종주의, 폭력의 위협과 맞닥뜨릴 수 있다. 경제적 어려움과 권리 박탈이 팽배할 때 자기주장과 공격은 운동장이나 아이스크림 트럭 못지않게 사회적 풍경의 일부가 된다. 이런 사회에서 침묵은 존재감 상실과 위험을 의미할 수 있다.

린 미켈 브라운과 캐럴 길리건은 인종 때문이든 계급 때문이든 학교 사회의 주변부에 머물러야 하는 소녀들은 "자신들의 생각과 감정에 지속적으로 접촉하고, 가깝고 신뢰하는 관계를 형성할 가능성이 더 높다"고 말했다.[41] 노동자계층의 소녀들이나 유색인 소녀들의 자존감과 정서적 건강에 관심이 있는 연구자들은 백인 중산층 소녀들에게 만연해 있는 상실의 징후들과는 정반대되는 발견들을 보고한다.

미국여대생협회가 1990년에 발표한 보고서에 의하면, 흑인 여성들은 청소년기 동안 자존감 수치가 가장 높았다.⁴² 도시 청소년들과의 인터뷰에서 심리학자 니오베 웨이(Niobe Way)는 관계에 대한 "생각을 털어놓는" 특유한 경향성을 발견했다. 하지만 그녀가 인터뷰한 소녀들은 노동자계층 아프리카계 미국인 가족 출신이 압도적으로 많았는데, 갈등에 의해 힘을 얻게 된 관계를 기술했지 해소된 갈등 관계에 대한 내용은 없었다.⁴³

이 소녀들은 예외다. 이들의 저항은 그 핵심이 진실 말하기와 일치한다. 진실 말하기는 부정적인 감정을 잘 알아서 그것을 거리낌 없이 말하는 것이다. 소녀들이 자기 감정을 가치 있게 생각할 때, 스스로에 대해서도 가치 있게 생각한다. 이들이 진실을 말하는 까닭은 적대적인 문화에서는 자기 목소리를 내야 살아남을 수 있기 때문이다.

그렇다면 소녀들의 분노가 이처럼 다른 얼굴을 하는 이유는 무엇인가? 모든 소녀들이 부정적인 감정을 방출하는 주된 수단으로 대체공격을 쓰지는 않는다. 이 장에서는 침묵과 압제에 저항하는 수단으로 사용되는 진실 말하기에 대해 그 기원과 쓰임에 대해 이야기할 것이다. 끝부분에서는 따돌림의 희생자에 대한 이야기를 한 편 소개하려고 하는데, 희생자가 절망한 뒤에 오히려 맞서려는 의지가 강해진 경우다.

나는 백인 중산층 가정에서 자라났기 때문에 비특권층 소녀들과 이야기를 나누면서 문화의 차이를 더욱 잘 인식할 수 있었다. 때때로 일부 소녀들의 용기와 솔직함에 감탄했지만, 나 자신의 경험과는 아주 다르게 느껴졌다. 그럼에도 불구하고 나는 벨 훅스(bell hooks, 1952~,

미국의 저술가이자 페미니스트, 사회운동가인 글로리아 진 왓킨스(Gloria Jean Watkins)의 필명—옮긴이)의 말을 계속 중얼거렸고, 이제 이에 대한 이야기를 나누려고 한다. 그녀는 아프리카계 미국인 소녀들의 진실 말하기를 낭만적으로 보지 말라고 경고한다. 또한 진실 말하기와 자기주장에 대해 이렇게 역설한다. "그것은 자존감을 기르는 것과 반드시 연관되는 특성은 아니다. 솔직한 소녀도 피부가 충분히 희거나 매끄럽지 않다는 이유로 스스로 무가치하다고 느낄 수 있다."

훅스는 "흑인 소녀의 특성에 대한 이야기는 한 가지만 있는 것이 아니"라는 사실을 기억하라고 충고한다.[44] 연구의 주제가 백인 중산층의 경험에서 서서히 다른 계층으로 확산되는 상황에서 훅스의 말을 새겨듣는 것은 특히 중요하다. 소수민족 여성의 보편적인 경험에만 치중한다면 독단적인 연구 패턴을 반복하는 꼴이 될 것이다. 저마다 살아온 길이 다르듯이 소녀들도 저마다 다른 경험을 해왔다. 백인 중산층 소녀들이 모두 갈등을 회피하지는 않을 것이며, 그 밖의 계층과 인종의 소녀들이 모두 갈등과 직면하지는 않을 것이다. 아이들은 저마다 개성이 있고 고유한 삶의 환경이 있다.

사실 중산층 여성성의 지배적인 개념은 많은 백인 소녀들의 경험과 어긋난다. "나는 내가 어디서 왔는지 알고 있으며, 그곳은 그런 곳이 아니다."[45] 백인 작가이자 수필가인 도로시 앨리슨(Dorothy Allison)의 말이다. 어느 연구에 의하면, 노동자계층에 속하는 일부 백인 부모는 아이들에게 또래로부터 자기를 보호하려면 신체적 공격을 쓰라고 사회화한다. 린 미켈 브라운은 맨스필드의 중심지에서 노동자계층과 1년을 함께 보내면서, 소녀들이 중산층 여성성 표본의 어떤 측면을 거부하고 어떤 측면을 받아들이는지 주목했다.

이 소녀들은 양육자로 자라지만 종종 솔직하고 직접적인 자기 자신, 깊고 강렬한 분노를 알고 표현하는 자기 자신, 심지어 통제할 수 없는 분노에 빠지기 쉬운 자기 자신까지 당당하게 드러낸다. ……직접적인 경험과 관계에 대한 이들의 지각은 백인 중산층의 모성과 여성성을 특징으로 보여주는 이타성과 순수함과는 어긋나지만, 양육성과 반응성은 그들의 삶에서 중심적인 위치를 차지한다.

브라운 또한 많은 노동자계층 소녀들이 가까운 관계에서는 분노를 표현하지 않으려고 한다는 사실을 알아냈지만, 이렇게 결론짓는다. "소녀들이 그렇게 하는 것은, 분노가 문화적으로 부적절한 감정이기 때문이 아니라 친구가 필요하기 때문이다."[46] 맨스필드에 사는 소녀들은 분노를 인식하는 한편 회피하는데, 이는 소녀들과 공격에 있어서 대안적인 그림을 제시한다.

신체적으로 표현하기

● 2000년 새해가 밝고 며칠 뒤에 이메일 한 통이 도착했다. "나는 아프리카계 미국인과 멕시코계 미국인 여자들로부터 신체적 공격을 종종 경험한 코카시아계 백인입니다. 나는 공격자가 아니었어요. 나는 나 자신을 보호했고, 두 언니는 항상 나를 보살폈어요. 우리는 어떤 헛소리도 봐주지 않았고, 여자아이들을 꼼

짝 못하게 만들었어요. 오해는 하지 마세요. 나는 싸움을 좋아하지 않고, 싸울 생각도 없었어요."

보니는 스물여덟 살이고 중서부의 한 대학에서 사회복지 석사과정을 밟고 있었다. "싸움을 워낙 많이 해서 학군 전체에서 쫓겨났어요. 기본적으로 나는 고등학교 교육을 제대로 받지 못했어요. 1989년에 직업부대(무직 청소년을 위한 기술교육기관―옮긴이)에서 검정고시로 고등학교 과정을 마쳤어요." 1남 3녀 중 막내였던 그녀는 남부 캘리포니아 주의 시골에서 자랐다. 오빠가 죽자 식구들은 곧바로 새너제이에 있는 노동자계층 동네로 이사 갔다. "교외 도시였지만 전혀 그렇게 보이지 않았어요."

어머니가 그들을 부양했는데, 어머니는 보니와 언니들을 구타한 아버지를 포함하여 여러 남자들과의 폭력적인 관계를 버텨낸 사람이었다. 보니가 고등학교에 진학할 무렵 두 언니들은 이미 상급생이었다. 언니들은 보니에게 전부였다. 질풍노도의 시기에 보니가 진정 마음을 잡을 수 있었다면 이들 자매가 서로 거의 종교적인 헌신을 했기 때문일 것이다. "뭔가 위기가 생기면 우리는 항상 알았고, 서로 필요한 자리에 있었어요. ……우리는 매우 밀착되어 있었어요. 우리가 화가 많이 났을 때도요." 그녀는 한 언니를 수호천사로 기억한다. "내가 위험에 처했다 싶으면 어디선가 언니가 나타났어요."

보니의 새 학교는 여러 파벌과 1980년대 미국의 특징인 음악의 열띤 하부 문화들이 혼재한 곳이었다. 아프리카계 미국인 학생들은 힙합에 빠져 있었지만, 보니는 리타 포드(Lita Ford) 스타일의 로큰롤 문화에 빠져 있었다. 사진 속의 보니는 머리를 금발로 염색해서 빗어 넘겼고, 몸에 딱 붙고 아래로 내려갈수록 좁아지는 리바이스 청바지를 입고 있었다. 힘든 1학년을 보내고 1월이 되자 보니는 모든 과목에서 거의 낙제 점수를 받았다. 학교에 간 날보다 빠진 날이 더 많았다.

보니는 아프리카계 미국인 또래와 때때로 충돌했다. 복도에서 심술 궂은 표정을 교환했고, 서로의 옷차림과 스타일을 흉봤다. 보니는 그때의 적대감을 기억했고, 갈등의 상황에서 자기가 한 행동을 후회하지 않았다. 다른 사람의 분노를 자극한 것에 대한 책임도 거부했다. "내가 가해자라고 생각한 적은 없어요. 누구를 괴롭히거나 공격했다고 생각한 적도 없고요. 누가 나를 공격하면 나 자신과 내 명예를 지키려고 애썼을 뿐이에요."

보니는 스스로 사회적 기술이 뛰어나지 않다고 인정했지만, 자기가 무엇보다 우정을 중요시했다는 사실에는 주저함이 없었다. "우리가 스스로 자랑스러워한 것 중의 하나가 그거였어요. 친구 만들기. 다른 사람을 받아들이기." 그녀가 말했다. "나는 사람들을 다루는 법을 알고 있었고, 내가 맞을 일이 없으면 상대를 때려서는 안 된다는 사실도 잘 알고 있었어요."

어느 날 로큰롤과 헤비메탈을 좋아하는 무리가 학교 근처 그들의 구역에서 웅성거리고 있었다. 보니가 아는 아이가 숨을 헐떡이며 달려왔다. 보니는 얼마 전에 자기에게 관심을 보인 아프리카계 미국인 소년에게 퇴짜를 놓았고, 역시 아프리카계이면서 그 소년에게 관심이 있던 다른 소녀는 그 일로 화가 나 있었다.

20분 뒤에 아프리카계 미국인 소녀 한 무리가 엘름 가로 몰려왔다. "백인 쓰레기!" 그들이 소리쳤다. 그들 중 한 명이 보니에게 위협적으로 다가왔다. 보니는 누가 먼저 멱살을 잡았는지 기억나지 않는다고 했다.

"모두 동시에 덤빈 것 같아요. 우리는 그 애를 붙잡아 바닥에 패대기친 뒤에 올라탔어요." 금세 아수라장이 되었다. 보니가 고개를 들어보니 그녀의 언니 가운데 한 명이 세 여자에게 둘러싸여 있었다. 그중 하나가 주먹을 휘두르기 시작했다.

그 뒤로 무슨 일이 있었는지 보니는 기억하지 못했다. "정신이 하나도 없었어요. 버럭 소리를 지른 것 같아요. 친구가 그러는데 내가 그 애들을 번쩍 들어 담장 너머로 던져버렸대요."

보니는 그 학교에서 쫓겨나 다른 학교로 옮기게 되었다. 6개월 동안 싸우지 않으면 이전 학교로 다시 돌아갈 수 있었다. 보니는 언니들이 있는 학교로 돌아가려고 노력했지만 싸움이 또 일어났고, 결국 또 다른 학교로 옮기게 되었다. 보니의 말 그대로 "그곳에서 완전 엉망진창인" 문제아로 생활했다. 보니의 분노는 점점 커졌고, 학교에 가지 않는 날도 점점 많아졌다.

캣은 2년 동안 보니와 가장 친한 친구였다. 싸움을 일삼고 입이 험했으며 상습적으로 규칙을 어기는 아이였다. 캣은 주변 사람들의 신임을 얻지 못했다. 보니도 캣을 믿지 못해서, 처음으로 진지하게 남자친구를 사귀기 시작하면서 걱정이 되었다. "내가 말했어요. '원하는 건 뭐든 해도 좋아. 원하는 사람은 누구든 사귀어도 좋고. 하지만 나와 내 남자친구만큼은 엿 먹이지 마.' ……그리고 이렇게 말했지요. '내 말 잘 들어. 만약 내 남자친구랑 같이 자면 가만두지 않겠어. 너한테도 똑같이 갚아 줄 거야.'"

캣이 자신의 남자친구와 놀아났다는 이야기를 듣고 보니는 복도에서 캣에게 다가갔다. "그러고 싶지 않았지만 내가 무슨 말을 했는지 이미 아이들도 다 알고 있었고, 내 평판도 지켜야 했어요. 어쩔 수 없었어요. 손봐줄 수밖에. '도대체 네가 무슨 짓을 한 줄 알아? 네 엉덩이를 걷어찰 생각 같은 건 없었지만 이제는 어쩔 수 없군.'" 보니는 처벌을 받지 않기 위해 캣을 학교 밖으로 끌어냈다.

"그러지 않으면 내 평판이 떨어질 테니까요. 나를 위협하거나 무시하는 아이들이 많아지면 안 되니까요. 그래서 다짜고짜 쏘아붙였죠. '그런 짓을 한 대가가 바로 이거야.'" 보니는 한마디 덧붙였다. "나는 가해자가 되었지만, 본때를 보여줄 수밖에 없었어요."

캣과 싸우지 않으면 언니들의 평판까지 손상되는 셈이었고, 그것을 가슴에 담고 살 수는 없었다. "누가 뭐래도 우리는 당하고 살지 않았거든요. 내가 물러섰다면 모두 우리를 사정없이 짓밟았을 거예요." 보니는 캣을 마주 보며 협상의 조건이 무엇이었는지 마지막으로 말했다. 캣은 규칙을 깬 것이었다. 보니는 캣의 먹살을 잡고 가슴팍을 세게 쳤다. 캣은 움직이지 않았다. 보니는 캣의 팔과 배를 네다섯 번 더 쳤다. 캣은 맥없이 바닥에 쓰러졌고, 꼼짝 않고 드러누운 채 싸움을 거부했다.

"이제 알겠어?" 보니가 소리쳤다. "그런 짓을 하면 이런 꼴을 당한다고 내가 분명히 말했지!"

캣은 대답하지 않았다.

"그 애를 다치게 할 생각은 없었는데, 너무 깊이 들어간 것 같았어요." 보니가 회상했다.

많은 백인 중산층 소녀들은 숨어서 정의를 행사하지만, 보니는 학교 문화 속에 분노와 응징이 깊숙이 새겨진 또 다른 세계를 보여주었다. 여기서 공격은 무시되지도 회피되지도 않지만, 사회적 지위를 부여하고 유지하는 도구로 사용된다. 더욱이 보니와 언니들에게 갈등은 위엄을 유지하는 핵심이었다.

보니가 신체적 공격을 거부감 없이 받아들인 것은 투쟁적인 삶의 산물이며, 가족 폭력이 난무한 가정에서 유년기를 보냈기 때문이다. 여기서 여성적 규범에 저항한 것은 의식 있는 태도나 정치적인 문제와는 관련이 없었다. 보니의 거친 행동은, 신중하고 때로는 사회 회피적인 기질과 균형을 이루었다. "누가 필요할 때 아무도 없다는 건 힘든 일이에요. 나는 매우 독립적이고 강해요. 혼자서도 살아갈 수 있는 성격이에요. 나 자신을 알리지 않을 거예요. 내가 누구인지 보여주지 않을 거고, 솔직하지도 않을 거예요. ……때로는 사람들의 마음이 훤히 보여요. 내가 그렇게 살아왔기 때문에 누구를 보든 내 방식대로 봐요. 나는 적대적인 환경에서 살아왔고, 잠재적인 위협까지 알아챌 수 있어요."

보니가 스스로 떠안은 고립은 일부 노동자계층의 소녀들과 유색인 소녀들, 특히 감정과 취약성을 노출하는 것을 나약함의 표시로 여기는 소녀들에게서 관찰된다. 질 맥린 테일러(Jill McLean Taylor)와 그 동료들은 말한다. "분노와 권력, 성적 관심을 더 자유롭게 표현할 수 있다고 느끼는 사람들이라 해도 그들을 지배하는 생각은 '자기 자신에게 머무는 것', '아무에게도 말하지 않는 것', '감정을 병 속에 담아두는 것', '아무에게도 무엇에 대해서도 말하지 않는 것'이다."[47] 하지만 장기간의 고립은 인지적, 정서적 발달에 장애를 일으킬 수 있다.

진짜 친구

●　　　　　　　　　　리지우드 중고등학교 건물 밖에서 인터뷰 상대를 기다리는데, 키가 크고 마른 아프리카계 미국인 소녀가 정문 옆의 돌로 된 벤치에 꼿꼿이 앉아 있는 것이 보였다. 움직임이 거의 없어서 숨을 쉬는지조차 모를 정도였다. 노란색 학교버스가 마지막으로 주차장에서 빠져나가고 20분이 지난 뒤였다. 흰색 차가 다가와서 정문 앞에 멈추자 우유색이 도는 갈색 먼지구름이 일어났다. 나이가 지긋한 아프리카계 미국인 여성이 차에서 내렸다. 위엄 있고 머리가 희끗한, 왕족의 풍모를 지닌 여성이었다. 그 여자가 통통한 팔을 들며 벤치에 앉아 있는 소녀에게 성큼성큼 다가갔다.

"내가 늘 일렀잖니. 누가 때리면 너도 맞받아치라고! 운동화를 벗어서 그걸로 얼굴을 때려주란 말이다." 할머니가 학교 정문을 통과하는데도 소녀는 앞만 쳐다보고 있었다. 자동차 조수석 문이 열리더니 또 다른 소녀가 뛰어내렸다. 그 소녀가 벤치에 앉아 있는 소녀에게 달려가며 소리쳤다. "내가 혼내줄 거야. 내가 혼내줄 거야!"

"그럼 난 쫓겨난단 말이야!" 키 큰 소녀가 벌떡 일어나며 소리쳤다. "그걸 바라는 거니?"

"그러면 졸업하고 나서. 그때는 아무도 신경 쓰지 않을 테니까." 아이는 숨찬 목소리로 대꾸했다.

키 큰 소녀는 벤치에 등을 기대고 입을 꾹 다문 채 운동화로 바닥을 톡톡 찼다. 여자 축구부 아이들이 주차장으로 쏟아져 나왔다. 교감인 팸 뱅크가 어느새 내 옆에 와 있었다. 팸은 늦어서 미안하다고 말한 뒤 이제는 입을 다물고 있는 두 자매에게 고갯짓을 했다. "저 애가 자기 남동생을 괴롭히는 남학생의 누나를 때리려고 했어요. 그런데 되레 그 누나한테 맞아서 복수하고 싶은 거예요. 그러다간 셔츠가 찢어질 거라고 말했는데!"

다시 문이 열리고 얼굴이 하얗고 머리가 빗살처럼 성긴 이 학교 교장이 천천히 걸어 나왔고, 1학년 집단 토의에 활발하게 참여하는 케이샤가 뒤따라 나왔다. 가슴이 풍만하고 건강해 보였고, 검은색 카프리 팬츠에 자주색 버튼다운 셔츠를 입은 차림새였다. 옷차림에 어울리는 샌들을 신었는데, 한 짝은 손에 들고 있었다. 내 할머니가 귀에 못이 박히도록 말한, 가슴을 내밀고 어깨를 젖힌 당당한 자세였다.

"때린 여자애가 저 아이예요." 팸이 속삭였다.

케이샤는 교장의 뒤를 따라 세단 차로 갔고 익숙한 듯 조수석 문을 열었다.

팸이 한숨지었다. "교장선생님이 아이를 집에 데려다 주실 모양이에요."

리지우드에서 인터뷰를 시작한 첫 주에 케이샤를 만났다. 케이샤는 집단 토의가 마음에 드는지 웃음과 이야기들을 쏟아냈다. 집단에는 운전교육을 받거나 자율학습을 하던 아이들도 섞여 있었는데, 대체로 아프리카계 미국인이었다. "화날 때는 상대방에게 화났다고 말하니?" 내가 묻자 케이샤는 망설이지 않고 대답했다. "말해요. 슬프면 슬픈 것처럼 행동해요. 거짓 미소를 지으며 매일 아무 일 없다는 듯 돌아다니지는 않아요. 슬프면 슬프다고 알려줘야죠."

"맞아. 그러는 편이 낫지!" 친구 브리트니가 동의한 뒤 키득거리면서 겁먹은 시늉을 했다.

"화나면 상대가 어떻게 했는지 말해줘야죠." 케이샤는 말을 이었다. "가슴에 담고 있지 않을 거예요. 유치하잖아요. 무턱대고 화만 내고, 심지어⋯⋯ 아무튼, 모르겠어요." 상당수가 고개를 끄덕였다. 화나게 한 사람에게 맞서는 법을 어디서 배웠느냐고 묻자 거의 모두가 "엄마요" 하고 대답했다.

아프리카계 미국인 어머니들은 "흑인 여성의 가치를 낮게 보는 사회에서 딸을 전인적이고 자기실현적인 인간으로 만들겠다고" 결심한 것으로 잘 알려져 있다. 연구에 의하면 많은 부모들이 독립심과 자신감을, 딸의 삶에 막대한 영향을 미치는 억압에 저항하는 수단으로 사용하도록 딸을 사회화한다고 한다. 학자 재니 워드(Janie Ward)는 "부모가 자녀에게 생각하고 보고 행동하는 방법을 제시한다"고 주장했다. 그 방법이란 세대 간에 전수되고 자손에게 힘을 부여하는 "심리적 각본"이다. 소녀들은 힘을 얻기 위해 교육을 활용해야 한다고 배운다.[48]

이 어머니들은 "딸이 흑인 여성에게 주어지는 제한된 기회에 너무 잘 편입되면 자발적으로 종속적인 위치에 속하게 된다는 것을 잘 알고" 있다. 노동자계층의 소녀들처럼 흑인 여성들 또한 편입되기와 목소리 내기 사이의 아슬아슬한 경계를 따라 걷게 될 것이다. 워드는 또한 아프리카계 미국인 부모의 상당수가 자녀에게 인종 문제를 알려주기 위해서 개인적인 경험과 감정을 활용한다는 사실을 발견했다. 일례로 어느 어머니는 이렇게 말했다. "심지어 운동장에서도, 모든 인간은 평등하게 창조되었고 바르게 행동하면 공평하게 다루어진다고 가르치지는 않아요."[49]

아프리카계 미국인 가족은 전형적으로 친족망이 확장되어 있다. 이들 사회에는 "또 하나의 엄마"도 존재하는데, 양육 책임을 함께 지는 사람을 말한다. 이 여성들은 "흑인 여성들은 모든 흑인 아동들에게 책임감을 느껴야 한다는 좀 더 일반적인 양육 윤리"를 따르며 살아간다.[50] 클라라바턴 고등학교의 어느 1학년생은 자기를 괴롭히는 아이에 관한 문제를 애써 무시하지만, 사촌 타냐는 그런 문제는 신경도 쓰지 않는다고 했다. "사촌은 이렇게 말해요. '가서 말해!' 그러면 나는 이러죠. '아니, 그러고 싶지 않아. 그러기 싫어.' 그러면 또다시 가서 말하래요. 그리고 바싹 붙어서 말해요. '가서 말하지 않으면 네 엉덩이를 걷어차버릴 거야.'"

이 학생은 연장자 여성들이 어떻게 하는지 설명했다. "이건 이렇게, 저건 저렇게 하라고 가르쳐주세요. 바깥세상은 경쟁사회니까 우리를 가르치는 거예요. 대단한 게임이잖아요. 경쟁해야 하니까요. 게임에는 선수들이 있어요. 게임은 선수들이 하는 거잖아요."

양육 습관에 있어서 이처럼 뚜렷한 차이는, 적어도 두 가지 중요한 방식에서 일부 흑인 소녀들의 사회화와 많은 백인 중산층 소녀들의 사회화를 구분한다. 먼저 심리학자들은 소녀들의 자존감 위축이 이들의 '진정한 관계와 감정'의 회피와 연관된다고 보았다. 많은 아프리카계 미국인 부모들은 흑인 시민으로서 느낀 고달픔과 분노에 대해 매우 직설적이다. 결과적으로 딸은 어떤 측면에서 진정한 자기로부터의 소외를 의미하는 "이상화된 관계"의 위협에서 보호된다. 오히려 많은 흑인 소녀들은 인간의 행동, 특히 공격의 현실에 직면하도록 권고된다.

둘째, 인종주의와 억압의 일상적인 위협 때문에 일부 유색인 소녀들은 관계를 앞세우거나 모두에게 "상냥한" 것이 안전하지는 않다고 생각한다. 내가 만난 중산층과 노동자계층의 아프리카계 미국인 소녀들은 타인과의 경계를 설정하기 위해 그들만의 언어를 사용했고, 궁극에는 우정을 훼손하게 될 사회적 상황을 만들기를 거부했다. 집단 인터뷰 혹은 개인 인터뷰에서 그들은 "친구(friends)"와 "아는 아이(associates)"를 구분했다. 친구는 그들이 믿을 수 있는 또래를 말하며, 아는 아이는 그냥 아는 아이다. 여기서 믿을 수 있는 사람과 믿지 못할 사람을 뚜렷이 구분하는 단어를 쓴다는 사실을 알 수 있다. 한편 브라운과 길리건의 연구에 따르면, 백인 중산층 소녀들 역시 이와 비슷한 구분을 한다. "아주아주 좋은 친구'는 그들 뒤에서 쑥덕거리거나 흉보지 않을 거라고 믿는 친구들을 말하고, '그냥 친구'는 그럴 수도 있는 친구를 말한다.51

"아는 아이"라는 말은 소녀들이 진정한 친구로서 자신을 증명해야 할 필요성을 보여준다. 또한 이 말은 소녀들이란 모두의 친구이고 친절하며 모든 사람을 수용해야 한다는 기대를 거부한다. "아는 아이"는 관계를 추정하기보다 선택하게 함으로써 소녀들에게 권한을 부여한다.

더 나아가, 아프리카계 미국인 소녀들은 "아는 아이"와 양면적인 소녀들, 즉 거짓말을 하거나 이중적인 소녀들을 구분한다. 이들 아프리카계 미국인 소녀들 사이에서는 양면성이 폭로되면 직접적인 대면이 일어난다. 백인 소녀들은 잦은 쑥덕거림에 체념의 기분을 느끼지만("이곳에서 나가자마자 모두 누가 무슨 말을 했는지 쑥덕거릴 거예요.") 많은 아프리카계 미국인 소녀들은 그런 아이들과는 관계를 맺지 말아야 한다고, 어머니가 그렇게 가르쳐주었다고 분명히 말했다.

클라라바턴 고등학교 1학년생인 대니얼은 뒤에서 흉보는 아이들에게 맞서는 것이 중요하다고 말했다. "길에서 배운 거예요. 나는 두 곳의 주택단지에서 자랐는데, 두 곳 모두에서 자신을 지키는 법을 배웠어요. 얕보일 수 없잖아요. 내 기분을 사람들에게 말해야 하잖아요." 리지우드의 어느 5학년생 흑인 소녀는 누가 뒤에서 자기 이야기를 하면 이렇게 말할 거라고 했다. "할 말이 있으면 내 앞에서 해."

또 어떤 소녀들은 양면적인 행동을 우정의 협상을 파괴하는 것이라고 했다. 그것은 위험을 나타내는 붉은 깃발이다. 6학년생인 타미카가 말했다. "튀고 싶어서 두 가지 태도를 보인다면 친구라고 부를 수 없지요." 같은 반 친구 이블린도 동의했다. "더는 그 애랑 놀지 않을 거예요." 리지우드에서 고등학교 1학년생인 샤넬이 말했다. "누가 뒤에서 어떤 아이를 흉보면 당사자는 무슨 말을 하는지 모르잖아요. 그건 몰래 남자친구를 뺏거나 그 아이에게 정말 상처를 주는 것과 다름없어요."

마지막으로, 각기 다른 경제적 배경을 가진 아프리카계 미국인 소녀들이 공통적으로 하는 말은, "진짜" 친구는 믿을 수 있고 진실한 친구라는 것이다. 진짜인 사람은 결코 양면적이지 않고 항상 문제를 정직하게 해결하려고 한다.

인터뷰를 하면서 아프리카계 미국인 소녀들이 그들의 관계를 설명하기 위해 발달시킨 어휘의 효율성을 입증할 수 있었다. 이 소녀들을 보면서 어떤 대안적인 시나리오가 가능한지 생각할 수 있었는데, 이 시나리오에서는 소녀들이 관계를 선택할 수 있고 공격도 인정된다. 언어를 공유하면 점점 복잡해지는 관계를 해결할 때 도움이 되고, 암암리에 일어나는 배신에 대해서도 목소리를 낼 수 있다. 문화로부터 공개적인 공격을 허락받을 뿐 아니라, 표면적으로 갈등이 없는 그릇된 관계를 맺도록 강요하는 사회적 압력에 대해서도 한층 자유로워진다. 또한 자기 감정을 소통하는 수단이 되기 때문에 소녀들은 자기 감정에 머무를 수 있다.

일부 히스패닉과 흑인 사회에서도 관계에 대해 비슷한 어휘로 말한다. 갈등을 피하는 소녀는 "펑크(punk)"로 낙인이 찍히는데, 그 소녀는 공격에 더 많이 노출된다. "펑크"는 공격에 맞서지 않는 것을 선택한다는 의미이며, 그것은 "가만히 맞는다"는 것을 의미한다. 이는 어떤 가정에서는 심각한 죄다. 푸에르토리코계 고등학교 2학년생인 니디아가 말했다. "누가 나를 때리면 가만히 맞고 있지는 않을 거예요. 그러면 모두 나를 괴롭혀도 된다고 생각할걸요." 리지우드에 사는 6학년생인 흑인 소녀 로렌이 설명했다. "아이들이 나한테 '참 못생겼다'고 하는데도 태연히 '그래, 고마워' 할 수는 없잖아요. 받아쳐야죠. '그래, 네 엄마는 어찌나 뚱뚱한지 문에 끼여 차도 못 탄다면서?'"

이제 열다섯 살인 소저너트루스 학교의 푸에르토리코계 고등학부 1학년생인 재클린 루이스는 "펑크"에 대해 이렇게 말했다. "자기를 지키지 못하는 애예요. 그런 애는 생각이란 게 없어요. 자기방어도 못 해요. 누가 소리 지르거나 욕해도 가만히 듣고만 있을걸요." 재클린도 이따금 대면을 피하고 싶은 충동을 느끼지만 결국 직접 맞서는 것이 좋다는 결론을 내렸다. "경험으로 깨달은 건데, 따져야 해요. 따지는 방법은 여러 가지예요. 문제가 생기기 시작했을 때 공격하면 더 많은 문제들을 피할 수 있어요. 아무 말도 하지 않으면 사람들이 펑크라고 부를 거고, 혹은 상대에게 아무 말도 못 하는 자신에 대해 스스로 펑크라고 느낄걸요. 그러면 좋아지는 건 없어요. 더 악화될 뿐이죠."

문화가 충돌할 때

● 감정의 인식 능력, 각기 다른 관계를 구분하는 능력, 소리 내어 말하려는 의지만 있으면 흑인, 도시계층, 노동자계층 소녀들의 자존감이 안전하다는 말은 아니다. 그들이 대체 공격을 하지 않는 것도 아니다. 연구자들은 이렇게 지적한다. "어떤 상황에서 목소리를 낼 수 있다고 해서 모든 관계에서 목소리를 낼 수 있는 자신감이나 의지가 있다는 말은 아니다."[52] 예컨대 높은 성취를 이룬 아프리카계 미국인 소녀들은 백인들의 학문적 문화에 더 깊숙이 들어가려고 할 때, 자신의 성공에 대한 외부의 노여움을 피하기 위해 심리적으로 자신을 분리하고 침묵할 것이다. 또 어떤 흑인 소녀들은 자기 파괴적인 저항의 형태로 돌아서서 거침없는 행동을 할지 모르지만, 그렇게 할 때 오히려 그들의 미래는 위태로울 수 있다.[53]

인터뷰를 통해 만난 중산층 아프리카계 미국인 소녀들은 백인 사회에서 잘 살아내기가 힘들다고 말했다. 진실을 말하려고 하면 퇴짜를 맞거나 심지어 처벌된다며 이구동성으로 말했다. 미셸이 말했다. "진실을 말하려고 해봤죠. 하지만 그 애들은 내가 재수 없는 계집애라고 생각해요." 이 소녀들은 분노를 말하지 않는 "착한 소녀"와 "재수 없는 계집애" 사이의 사회적 사막에서 고투를 벌인다. "재수 없는 계집애"는 자기주장적인 태도와 진실 말하기를 여성적 정체성으로 받아들인다. 문화와 대부분의 소녀들은 이러한 정체성을 "비열하고" "고약하고" "구린 것"이라며 병리화한다.

인터뷰를 통해 만난 도시계층 라틴계 소녀들은 일부 히스패닉 사회에서 문제가 되는 갈등에 기꺼이 관여하겠다는 의사를 표명했다. 라틴계 소녀들의 사회화는 백인 중산층 소녀들의 사회화와 가장 비슷하다. 라틴아메리카 문화는 가족 중심이며, 부모들은 전통적인 성별의 구분에 따라 자녀를 사회화한다. 아내와 딸은 비공격적이고 남자들의 권위를 존중할 것이 기대된다. 여자들은 "전통적으로 성모마리아처럼 순수하고 자기희생적인 이미지로 이상화"되며, 소녀들의 행동 규칙에는 제약이 많다.54

내가 만난 도미니카계와 푸에르토리코계 소녀들은 대부분 노동자계층이나 가난한 1세대 미국인들이었다. 그들의 부모는 영어를 거의 할 줄 몰라서 소녀들은 가정통신문이나 성적표를 번역해서 보여준다. 이 소녀들은 두 개의 세계에 산다. 한 곳은 좀 더 전통적이며 보호받는 세계이고, 또 한 곳은 이와는 반대로 청춘의 특권과 유혹이 펼쳐지는 세계이다. 그들의 성격은 문화적으로 서로 다른 힘의 응집을 반영한다. 그 하나는 그들의 사회가 강요하는 복종의 유산이며, 또 하나는 저소득 사회에서 살아남기 위한 자기보호적인 갑옷이다.

열세 살의 재스민은 자기가 성장한 노동자계층의 세계와는 완전히 딴판인 특권적 세계에서 살게 되었다. 재스민은 전액 장학금을 받으며 아든컨트리데이 학교에 다니고 있으며, 내 옆에 앉아 열심히 손을 들며 참여했다. 재스민과 나는 여름방학이 시작되고 몇 주 뒤에 학교 근처의 피자집에서 따로 만났다. 재스민의 검은색 머리는 길고 곱슬곱슬했으며, 얼굴은 전체적으로 예쁘장했다. 날마다 전문가처럼 화장을 했다. 모두 흑인만 다니는 지역 공립학교에 7년을 다닌 뒤, 재스민은 아든 학교로 옮겨 7학년을 시작했다.

재스민의 어머니는 도미니카공화국에서 미국으로 이민 왔다. "우리

가족은요." 재스민이 안쓰러운 목소리로 말했다. "매듭으로 이어져 있긴 하지만 느슨하게 묶여 있었어요. 할머니가 그 매듭이었어요." 식구들은 주말마다 할머니의 작은 아파트에 모여 밥을 먹고 대화를 나누었다. 그러던 어느 날 할머니가 돌아가셨다. "끈들이 뿔뿔이 흩어져버렸어요. 해체된 거죠. 온 가족이." 재스민은 할머니가 사망할 즈음에 할머니와 더 가까워지고 있었고, 할머니가 세상을 떠나자 마음이 무척 아팠다.

재스민은 할머니가 가족을 이끌었던 방식에서 자신의 모습을 많이 발견했기 때문에 슬픔은 더욱 아프게 다가왔다. 재스민의 어머니는 "심약한" 사람이었다. 어머니의 "심약함"과 자신의 강인함이 대조되는 것이 재스민은 늘 불편했다. "엄마는 다른 사람들이 뭐라고 하든지 가만히 듣는 사람이었어요." 재스민은 어머니를 일관성 없는 사람으로 보았다. 허락했다가 이유도 없이 다시 금지하곤 했다. 두 사람이 싸우면 어머니는 재스민에게 지금 받는 혜택을 받을 가치도 없다고 말했다. 재스민은 맹렬히 항의했다.

"나는 충분히 가치 있다고 느끼거든요. 학교에 가려고 5시에 일어나요. 집에는 6시 반에 돌아와요. 숙제를 하고, 옷을 다리고, 샤워를 하고, 잠을 자요. 1시나 2시에 자서 5시에 일어나요." 재스민은 주말에 어머니가 청소를 너무 자주 시킨다고 불평했다. "엄마는 내가 겨우 열세 살이라는 걸 모르는 것 같아요. 내 나이보다 더 많은 줄 아는지, 내 나이에 비해 더 많은 책임과 일을 맡겨도 된다고 생각하는 것 같아요."

어머니가 스스로 결정할 능력이 없다는 사실 때문에 재스민은 더욱 좌절했다. 결정할 일이 많을 때에는 특히 더 그렇게 보였다. 어쩌면 그래서 재스민은 이렇게 말했을 것이다. "엄마는 내 친구들만큼도 나를 알지 못해요."

어떤 의미에서 재스민의 불만은 전형적인 사춘기 시절의 분노를 보여준다. 어머니가 자신을 이해하지 못하고, 어머니가 자신에게 너무 많은 것을 시킨다는 것이다. 하지만 재스민의 좌절은 더 깊고, 그 분노는 두 세계를 상징하는 인물인 어머니와 재스민 사이의 깊은 골을 보여준다. 어머니는 영어를 할 줄 모른다. 재스민은 조심스럽게 말했다. "엄마의 마음은 도미니카공화국에서 떠나지 않아요. 엄마는 현재의 상황을 이해하지 않아요." 재스민이 학교에서 배우는 가치들인 경쟁, 야심, 개인적 성공은 그녀를 상호의존적인 사람으로 사회화하려는 어머니의 시도와 갈등을 일으킨다. 이 혼란에서 버티기 위해 재스민은 자신을 향해 돌아서서 자기 목소리를 더욱 단단히 붙잡는다.

사립학교로 전학 간 첫날부터 재스민은 마음을 굳게 먹었다. "처음부터 다짐했어요. 이게 나라는 걸요. 나를 좋아하면 좋고, 나를 좋아하지 않으면 그것도 좋다고 말이에요. 다른 사람이 나를 좋아하지 않는다고 해서 나를 바꿀 마음은 없으니까요." 재스민은 예상보다 더 많은 친구들이 생겨서 놀랐지만 재스민을 못마땅하게 쳐다보는 소녀들도 있었다. "나를 좋아하게 만들려고 일부러 감동을 줄 생각은 없어요. 그건 오히려 위협적이고, 자칫하면 더 자기주장적이고 공격적이 될 수 있으니까요. 나는 심약하지 않아요. 스스로 아주 강하다고 생각해요. 그 애들은 그렇지 않으니까 두려운 거예요."

재스민은 공립학교를 "나약함을 보일 수 없는" 곳으로, 사립학교는 감정의 온상지로 묘사했다. 하지만 새 친구들의 이중성에 대해서는 혼란과 불안을 느끼고 있었다. "많은 아이들이 위선적이에요. 좋은 친구인 척, 늘 똑같은 척해요. 그게 더 나빠요." 재스민이 자기 감정을 말하면 아이들은 종종 재스민을 "비열"하다고 여겼다. 직설적이면 언짢아했다. "내가 하는 말을 그냥 그대로 받아들일 수 없나요? 멋대로 바꾸지 않고요. 내가 무슨 말을 하면, 그건 그 이상도 그 이하도 아니에요."

재스민은 좋아하는 친구들이 이유도 없이 자기를 버리거나 말을 하지 않는 것 때문에 괴로워하고 있었고, 친구들 사이에서 마찰이 일어나자 의문을 품게 되었다. 당혹스럽고 슬픈 마음으로 자기가 형성한 관계들을 보호하기 위해 애를 썼다. "내가 친구들과 멀어지는 이유가 뭘까요? 왜 친구를 사귀어도 자꾸 실패하게 될까요? 뭘 계속 잘못하는 걸까요? 뭔가 반복적으로 문제가 생기면 자기에게 문제가 있다는 말이잖아요." 결국 재스민은 노력하고 바라는 것만으로는 안 된다고 깨달았다. "우정이라는 이름으로 할 수 있는 것에는 한계가 있어요." 재스민이 간단하게 말했다. "상대가 5퍼센트를 주는데 나만 110퍼센트를 줄 수는 없잖아요." 결국 재스민에게 말을 걸지 않은 친구 몇몇은 질투 때문이었다고 털어놓았다.

재스민은 분개했다. "나는 지금까지 무슨 일에서든 죽기 살기로 노력해야 했어요. 그냥 주어진 건 아무것도 없어요. 이 학교에 다니는 대부분의 아이들은 안 그래요. 여긴 정말 비싼 학교예요. 나는 장학금을 받고 공부해요. 돈을 내고 학교에 다니는 게 아니에요. 그 애들은 뭔가를 얻으려면 노력해야 한다는 사실을 모르는 것 같아요. 필요하다고 항상 생기는 건 아니잖아요." 재스민은 나중에 이렇게 말했다. "나는 지금까지 많은 경험을 했어요. 어떤 상황에서는 좀 더 공격적이어야 한다는 걸 알아요. 그렇게 하지 않으면 사람들이 나를 이용하니까요."

재스민은 자신의 독립적인 면 때문에 친구들과의 관계가 더 복잡해졌다고 말했다. 여자아이들과의 경쟁은 짜증 나고, 남자아이들과의 우정이 더 좋다고 했다. 성적이 자기들보다 더 좋다는 이유로 화내는 소녀들에게는 경멸을 느낀다고 했다. "나는 좋은 성적을 받아야 해요!" 재스민이 항의했다. "반드시요! 아니면 이 학교나 이 비슷한 학교는 다닐 수도 없어요. 그 애들은 그걸 이해하지 못하는 거예요."

재스민은 소녀들이 서로 많이 의존하는 것을 보고 당황했고, 특히 자기들이 어떻게 보이는지, 무얼 해야 하는지 자꾸 물어보는 것에 당황했다. "친구들의 의견을 항상 따라야 하는 건 아니잖아요. 나도 의견을 존중해요. 늘 물어봐요. '어떻게 생각해?' 하지만 누가 싫어한다고 해서 내가 바꾸어야 한다는 말은 아니잖아요. 그래야 한다고 느끼면 바꾸겠지만요."

예전에 다녔던 공립학교와 아든 학교 모두에서 재스민은 항상 소수민족에 속했고, 대부분이 백인인 학교에서 자신의 정체성에서 특별한 위로를 찾았다. 하지만 다음의 사실을 깨달았다. "사람들은 자기가 누구인지 잊어버리는 것 같아요. 그리고 특정한 방식으로 행동하기 시작하거든요." 학교에서 소수민족 학생들은 유색인 학생들을 위한 회합에 거의 참여하지 않는다. "그거 아세요?" 재스민이 물었다. "그 애들은 민족의 유산을 잊은 거예요. 모든 것에서 길을 잃은 거나 같죠. 내 친구 레이는 도미니카계인데요, 스페인어를 할 줄 몰라요. 슬픈 일이죠." 재스민은 자기도 스페인어 쓰기는 잘 못한다며 부끄러워했다. "나중에 어떻게 되려는 걸까요?" 재스민이 혼잣말처럼 말했다. "자기가 누구인지 잊으면 안 되는데."

재스민은 백인 친구들이 반다나 같은 것을 머리에 두르는 등 "게토(미국에서 흑인이나 소수민족이 사는 빈민가를 말함—옮긴이)" 패션을 따라 하고, 재스민의 스페인어 속어나 도미니카 억양을 흉내 내는 것에 주목했다. 같은 반 친구는 재스민의 주소를 쓰면서 옆에 "게토에 산다"는 경고문을 달았고, 재스민은 그 애가 자기 동네에 왔을 때를 상상했다. 그 동네에서는 반다나를 두르는 것이 갱단의 표시였기 때문이다.

내가 도움이 필요하면 누구를 찾는지 묻자 재스민은 연구자들이 관찰한 많은 도시 소녀들처럼 말했다. "대체로 아무한테도 말하지 않아요. 가끔 털어놓기도 하지만 대부분 혼자 처리해요."

노동자계층의 라틴계 소녀 재스민은 중산층 백인 문화로 옮긴 뒤 양쪽 세계에서 모두 이방인 같았다. 양쪽 세계 사이에서 이러지도 저러지도 못한 채, 적응하기 위해, 혼재된 메시지의 과부하와 혼란을 피하기 위해, 이를 악물면서 할머니에 대한 기억에 매달렸다. 양쪽 세계에서 받는 메시지들이 충돌할 때 재스민은 자기 자신과 확실한 자기 목소리를 따르기로 했다.

자녀에게 힘을 부여하려는 부모의 노력은 도시 소녀들과의 토론에서 명백히 드러났다. 뜻밖에도 다수의 소녀들이 신체적으로 싸워서 자신을 방어하도록 사회화되어 있었다. 어떤 소녀들은 얻어맞고 돌아왔다는 이유로 부모에게 얻어맞았다. 도시에 사는 한 아프리카계 미국인 소녀는 친구들과의 주먹싸움에서는 졌지만 어머니의 인정은 받았다고 했다. "그래도 시도는 해봤으니 그걸로 됐다고요. 엄마는 내가 맞거나 당하고 다니는 걸 원하지 않아요." 중요한 것은, 대체로 이 소녀들이 적극적으로 공격할 것으로 기대되지는 않지만, 화가 나면 스스로 방어할 것으로 기대된다는 점이다. 이 소녀들의 말은, 위엄을 모욕하는 일에 맞서 싸우도록 부모가 자녀를 훈육한다는 연구자들의 관찰을 확증한다.[55]

마틴루서킹 초등학교는 대부분 아프리카계 미국인, 푸에르토리코계와 도미니카계 아이들로 구성되어 있다. 일주일에 두 번 집단 토의를 하러 오면, 1층의 열린 공간은 수업이 끝난 뒤의 어수선함과 체육관에서 사물함으로 가져가는 두꺼운 적갈색 공들이 튀는 소리와 아이들이 웃고 떠들며 방과 후 활동을 하러 가는 소리로 시끌벅적했다.

방과 후 활동을 담당하는 엔토자케는 가해자들과 피해자들로 구성된 집단을 내게 보냈다. 5학년과 6학년 여학생들이 회의용 탁자에 둘러앉았다. 블라인드를 통해 들어오는 희뿌연 햇빛 속에서 소녀들은 엔토자케를 불안스레 쳐다보며 큰 의자에 앉아 꼼지락거렸다.

엔토자케는 알 수 없는 일이라는 듯 고개를 흔들며 이 학교에서는 여자아이들이 남자아이들보다 더 많이 싸운다고 말했다. 우리가 처음 만난 날 회의실 문 앞에서 그녀는 짤막하게 질문했다. "왜 그렇게 많이 싸우는 걸까요?" 그녀가 눈살을 찌푸렸다. 나만큼 자기도 그 대답을 알고 싶다고 했고, 나는 그녀의 참여가 아이들을 진정시켜주어 참 고마웠다.

"우리가 많이 싸우는 건 아이들이 소문을 퍼뜨리기 때문이에요. 와서 직접 말하라고 하면 얼굴을 싹 바꾸어 엄마나 죽은 식구들 이야기를 해요." 로사가 말했다. "가끔 말하고 싶은 게 있으면 직접 말하라고 하는데, 그러다가 싸워요." 마리솔이 말을 받았다. "언니가 그랬어요. '누가 욕을 하면 너도 욕을 해. 상대가 무슨 말을 해도 사실이 아니니까 절대 받아들여서는 안 돼.'"

"엄마는 누가 때리면 같이 놀지 말래요." 티파니가 말했다.

"가만히 맞고 있을 수는 없잖아요." 라토야가 설명했다. "같이 때리지 않으면 이럴 거예요. '왜 때리지 않니? 핑크라서 그렇지?'"

로사가 엔토자케에게 손짓했다. "선생님들은 싸우지 말라고 하시지만 부모님은 가만히 맞고 있지 말라고 하시거든요."

"3학년 때 나는 핑크였어요." 제시카가 말을 시작했다. "남자애가 하나 있었는데요. 그 애가 나를 때렸지만 나는 그냥 참았어요. 집에 가서 펑펑 울었지요. 그랬더니 엄마가 물어보셨어요. '무슨 일이니?' 한번은 그 애가 내 입을 주먹으로 쳤어요. 엄마가 그러셨어요. '네가 그 애를 때리지 않으면 내가 직접 가서 혼내줘야겠다.'" 소녀들이 깔깔거리며 자기들의 집도 비슷하다고 했다.

나중에 토의가 끝난 뒤 학생들 몇 명만 남았을 때 로사가 다가왔다. "싸움 같은 건 하고 싶지 않아요. 하지만 싸워야 하나 봐요. 아빠가 엉덩이를 걷어차래요. 하지만 그러기 싫어요. 그런데 멍투성이가 돼서 돌아오면 아빠가 야단치시거든요. 그러니까 싸워야 해요."

소녀들 사이의 어떤 신체적 싸움은 '진실은 아파요' 장에서 다룬 비폭력적 동맹 결성과 매우 유사하다. 미시시피 주에 사는 9학년생인 아프리카계 미국인 소녀 티파니는 소녀들 사이의 주먹싸움은 흔히 아이들의 지지가 필요하므로 한 번에 끝나지 않고 이어지며, 이는 동맹 결성과 다르지 않다고 했다.

"자기편이 필요하니까요. 시간을 벌어야 하거든요. 자기편이 있으면 같이 뛰어들어 상대를 궁지에 몰 수 있어요." 북동부 지역과 미시시피 주에서 소녀들은 비록 아이들이 어떤 친구를 지지한다 해도 소동에 직접 뛰어드는 경우는 거의 없다고 했다.

티파니는 그럼에도 불구하고 그들의 존재는 "누가 진정한 친구인지 말해준다"고 하면서, 자기편이 생기면 "훨씬 강해진 느낌"이 든다고 덧붙였다. 티파니는 리듬앤드블루스 가수인 질 스콧의 〈Gettin' in the Way〉 뮤직비디오를 언급했다. 거기서 스콧은 남자친구의 옛 여자친구가 자꾸 방해하자 신체적 폭력을 쓰기로 결심한다. 스콧은 경멸스러운 그 여자의 집으로 돌진하고, 친한 친구들(대부분 이웃 사람들)이 그녀를 뒤따른다. 그녀가 그 여자의 가발을 홱 벗기자 모인 사람들은 즐거워한다.

재클린은 이렇게 설명했다. "친구들이 버티고 있으면 일종의 위협이 되는 거죠. 말로 해결하려고 하면 그 애도 그렇게 불안해하지 않고 하고 싶은 말을 다 할 거예요. 야단법석을 떨지 않을 수도 있겠죠. 하지만 친구가 있다는 건 자기편이 있다는 말이니까, 그 애를 제압할 수 있어요." 정서적 유대를 이용하는 중산층 소녀들처럼, 이 소녀들은 서로 신체적으로 방어하기 위해 협약을 맺는다.

내가 푸에르토리코계 사람들이 사는 동네에서 남자애들이 싸우는 것을 보면 어떤 생각이 드는지 묻자, 열네 살인 아만다는 흥미로운 통찰을 보여주었다. 아만다는 남자애들이 일대일로 싸워서 이기면 사회적 사다리에서 더 높이 올라간다고 했다. "이긴 아이가 진 아이보다 더 강한 거죠. ……이런 거예요. '내가 저 애를 눌렀어. 이제 함부로 덤비면 안 된다는 걸 알겠지.'" 남성성의 규칙에서는 어느 한쪽의 힘이 우세하다고 판가름 나면 된다. 아만다는 소녀들의 싸움은 목표가 다르다고 했다. "여자애들은 계속 말다툼을 해요. 여자애들은 대체로…… 누구한테 맞으면 혼자서는 두려우니까 다른 애들을 싸움에 끌어들여요. 남자애들은 싸워서 이기면 그걸로 끝이에요. 여자애들이 싸우면 끝이 없어요." 싸움에서 진 소녀들은 복수할 순간을 기다린다. "계속 왔다 갔다 하는 거예요."

첫번째 장에서 소개한 제니는 가해자에게 앙갚음하기 위해 몇 년을 기다렸다. 이처럼 원한은 복수할 날을 기다리며 몇 년 동안 지속될 수 있다. 티파니가 설명했다. "주먹싸움을 하면 싸움에서 진 아이는 복수할 기회를 노려요. 누가 이겼든 항상 조심해야 할걸요."

동맹 결성에서 중재자들이 싸움을 일으킬 위험이 있듯이, 신체적으로 싸우는 소녀들 또한 싸움을 부추기는 아이들이 있다고 했다. "자꾸 부추겨요. '저 애가 너에 대해 이런 말을 하더라'라는 식으로요. 그러면 그 애가 내게 와서 다짜고짜 싸움을 걸어요. 내 말은 듣지도 않아요."

케이샤가 설명했다. "그 애들이 싸움을 일으키는 거죠. 싸움은 그런 식으로 일어나요."

숨어 있던 저항의 힘

● 내면의 힘은 뜻밖의 순간에, 종종 우리가 밧줄의 끝에 매달려 있을 때 드러난다. 어떤 소녀들은 바닥까지 내려갔을 때 차고 올라갈 길이 보인다. 연속되는 따돌림은 희생자를 절망의 바닥으로 떨어뜨리지만, 그처럼 극단적인 상황에서는 기적 같은 힘이 생기기도 한다. 놀란 아버지가 차를 번쩍 들어 구덩이에 빠진 아이를 구하는 것과 비슷하다.

맞서기로 결심한 소녀들은 이러한 순간에 직면하는 듯하다. 경제적,

사회적 고통 속에 사는 소녀들처럼, 이들도 자기가 선택할 수 있는 것은 얼마 되지 않는다고 깨닫는다. 하지만 이 소녀들은 대체로 그들의 상대처럼 준비되어 있지 않다. 오히려 자기를 보호하고 온전히 지켜내야 한다는 본능에 따른다. 이는 절반만 의식적이며, 욕망보다는 절박함에서 비롯한 것이다.

예전에는 친구들을 통해 자존감과 힘을 충전했을지 모르지만, 고립은 새로운 전망과 자각의 전조가 된다. 내 친구 아스트리드는 회상했다. "그 일이 일어난 뒤로는 내 자신감을 지켜주던 외적 자원이 모두 사라져버렸어. 내적 자원이 전부였지. 그때 내 힘과 온전한 나 자신을 깨달았어." 셸리 맥컬로는 자신의 한계에 대해 배웠고, 특히 타인과의 관계에서 무엇이 필요한지 알게 되었다. 그 통찰이 현재의 우정에 큰 영향을 미쳤다. "이제는 어떻게 처신해야 하는지 알아요. 나 자신에 대해서도 더 많이 알게 됐어요. 문제를 다루는 방법에 대해서도 더 많이 배웠고요."

앨리자는 인기파 소녀들의 잔인한 행동이 그치지 않자 캘리포니아에서 뉴저지에 있는 아버지의 집으로 이사했다. 그중 한 명이 운동화 한 짝을 훔쳐서 돌려주지 않자 더는 견딜 수 없었다. 앨리자가 맞섰지만 그 아이는 버텼다. 앨리자가 그 아이를 사물함으로 떠밀었고, 그 아이는 앨리자가 칼을 들었다고 몰아붙였다. 정학을 당하자 앨리자는 분을 참을 수 없었고, 아무리 멀어도 어디로든 떠나고 싶었다.

뉴저지에서 앨리자는 다른 이미지로 보여야겠다고 결심했다. 그래서 다른 아이들과 비슷한 옷을 사서 입었다. 전학 간 첫날의 옷차림을 15년이 지난 지금, 셔츠 각도까지 기억했다. 앨리자가 카페테리아에서 줄을 서서 기다리는데 인기 소녀들이 몰려왔다. "신발이 왜 그 모양이야? 그런 신발은 우리 아빠가 신는데. 양말 살 돈이 없니? 엉덩이에는 무슨 삼각형 상표람? 게스가 뭐야? 셔츠에는 왜 말이 그려져 있지?"

앨리자가 말했다. "더 할 수 있는 것이 없었어요. 거기서 어떻게 더 노력을 해요. 여기서는 기회조차 없다고 생각했어요. 될 대로 되라지. 내가 하고 싶은 대로 할 거야. 내가 입고 싶은 옷을 입겠어." 다음 날 앨리자는 좋아하는 군복 무늬의 바지와 몸에 딱 붙는 검은색 민소매 티셔츠를 입고 스파이크 머리를 했다. "그 애들이 귀에 낚시 미끼를 달았느냐고 하기에 째려봤어요."

앨리자는 카페테리아에서 자기와 비슷한 여자애와 친구가 되었다. "애들 말로는 그 애가 죽을 작정을 하고 보온병에 표백제를 담아서 마신다고 했어요. 나는 앉아서 내 소개부터 했고, 우리는 그렇게 친구가 됐어요. 그 애도 나만큼 이방인처럼 느낄 테니 서로 친할 수 있을 거라고 생각했지요. 우리는 지금까지 가장 친해요."

무엇 때문에 변화가 일어났는지 묻자 앨리자가 설명했다. "신경 쓰지 않았기 때문이겠죠. 친구가 되려고 억지로 애쓰지 않을 거라고 생각했어요. 나랑 친구가 되고 싶으면 좋아, 하지만 굳이 나를 과하게 노출해서 비밀을 털어놓거나 나 자신을 빨랫줄에 내다 걸지는 않을 테야, 이렇게요."

앨리자는 캘리포니아에서 아이들의 관심을 얻으려고 지나치게 노력한 나머지 특별활동에도 거의 참여하지 않았다. 오로지 아이들의 애정을 얻고 싶은 욕구가 중심이었다. 그래서 변하기로 한 것이다. 앨리자는 자기 옷을 직접 만들어 입었고, 학교 신문이나 학년 앨범을 만드는 단체와 연극부에 가입했다. 그리고 고등학교 3학년생으로서는 최초로 학교 신문의 편집자가 되었다.

"나 자신이 된 거예요. 다시는 과거의 실수를 되풀이하지 않겠다고 마음을 굳게 먹었어요. 그런 고통은 싫었어요. 친구가 많지 않아도 부지런히 활동하고 내가 좋아하는 것을 하겠다고 생각했지요. 그렇게 하니까 친구가 생겼어요. 활동을 하면서요. 다른 애들을 쫓아다니고 그 애들이 하는 대로 하는 것이 아니라요."

어떤 소녀들은 버림받으면 진정한 자기인식을 할 수 있게 되므로 결국 그 사건은 축복이 된다. 이상한 소녀로 몰려 따돌림을 당한 뒤 나오미는 갈망과 실망의 쳇바퀴에서 빠져나왔다. "나는 아무것도 아닌 것 같았어요. 아무도 관심을 안 보이니까 무슨 일을 해도 제대로 되지 않을 것 같았어요. 하지만 어느 날 다른 사람들의 기준에 맞춰 살 필요가 없다는 생각이 들었어요. 인기 있는 아이들이나 그 아이들이 사귀는 남자친구들을 봤어요. 그런 아이들은 예뻐야 하는데 너무 야하게 보이면 안 돼요. 매력 있지만 너무 헤퍼 보여도 안 되고요. 이상적으로 보여야 하지만 쉽게 보이는 이상적인 여자가 되어서는 안 돼요. 비록 나는 아무것도 아닌 것 같았지만, 나 자신이 될 수 있는 자유가 있었어요. 아무도 내게 뭔가를 기대하지 않았으니까요."

열두 살 때 앨릭스에게 따돌림을 당한 뒤 루스는 관계에서 자신에 대한 존중을 요구하고 자기 자신이 되는 힘을 얻었다. "항상 나 자신이어야 한다는 깨달음을 얻었어요. 사람들이 나를 있는 그대로 존중해주면 좋겠어요. 꾸민 내 모습이 아니라요." 이제 20대가 된 루스는 말했다. "싸워야 쟁취할 수 있으니까 말투가 더 거칠어졌어요." 그녀가 덧붙였다. "그 과정에서 공감과 독립심을 배웠어요. 이제 혼자 있어도 불안하지 않아요."

따돌림에서 살아남은 소녀들은 그 경험을 극복하면서 새로운 힘을 얻는다. 그들은 올바른 관계를 선택하고 학대적인 관계를 피할 줄 아는 여성으로 성장한다. 그들에게 해를 끼칠 사람을 어떤 사건이 일어나기 전에 미리 알아보는 능력이 생긴다. 고통을 정당화하는 문화 속에서 고통을 헤치고 나아가는 소녀들이 존재한다면, 더 많은 소녀들이 희망을 품고 고통을 이겨낼 수 있을 것이다.

소녀들의 공격이 가시적으로 표현되면 여성적이지 않고 나쁜 것으로 여겨져 일종의 병으로 취급된다. 소수민족과 저소득 가정의 소녀들은 흔히 공격적이고 시끄럽고 파괴적이어서 전형적으로 "위험하다"고 인식된다. "저 시끄러운 흑인 계집애들"은 아프리카계 미국인 소녀들에 대해 천박하다고 트집 잡고 무시하기 위해 쓰는 표현이다. 질 맥린 테일러와 그녀의 동료들은 도시계층의 소녀들에게 설문지를 작성하게 했는데, 그들의 절반 이상이 "나를 곤란에 빠뜨리는 것은 무엇인가?"라는 질문에 "입" 또는 "거친 입"이라고 대답했다. 이들은 "어떤 권위적 인물이 주문을 외우게 한 것처럼" 천편일률적으로 대답했다.[56]

소년들의 실랑이는 즉시 처벌은 받지만 소년이라면 으레 예상되는 행동이다. 하지만 소녀들의 신체적 공격은 일탈의 표시다. 이 같은 이중 잣대는 더 큰 결과를 낳는데, 소녀들은 공격을 간접적으로 드러내거나 감출 때에만 용납된다. 더욱이 신체적으로 공격하는 소녀들은 노동자 계층의 소녀나 유색인 소녀들이 압도적으로 많다. 이들에 대한 처벌이

공평하지 않을 때, 학교는 이들에 대한 전형화된 관점을 영속시키고 이들은 규칙을 깬 사람이 된다. 따라서 당연하게도 유색인 소녀들을 대상으로 한 연구는 위험성이 큰 행동, 개인적인 일탈, 사회적 문제를 찾아내는 것이 되기 십상이다.

우리 문화는 오랫동안 흑인 여성을 고집이 센 '가모장(家母長)'으로 여기면서 병적으로 취급했다. 흑인 어머니는 자녀에게 복종하지 말라고 가르치는 엄격한 규율가로 묘사된다. 우리 문화가 흑인 여성에 대해 보이는 분노는 대체로 입에 대해서다. 흑인 여자들은 여성의 힘과 목소리와 공격에 대한 문화적 불편함이 집약된 존재다. 목소리를 높여 자기 자신을 공개적으로 방어하려는 의지, 남편이 있든 없든 가족을 부양하려는 의지, 솔직하게 자신의 생각과 마음을 피력하려는 의지, 이 모든 것이 우리 사회의 성적 질서와 사회적 질서를 파괴한다.

지금까지의 연구는 대체로 백인 중산층 소녀들에게 집중되어 있기 때문에 소녀들의 관계에 대한 우리의 이해는 제한적이다. 이 책에 나온 이야기도 대부분 마찬가지다. 다른 인종, 다른 민족, 다른 계층에서 발견되는 다양하고 풍부한 여성의 관계들은 자주 간과되어왔다.

갈등에 직접 관여하는 소녀들이 사회적 힘이 거의 없다는 사실이 참으로 서글프다. 일부 소수민족의 소녀들이 보이는 자기주장성은 사회 전체로 볼 때 자신감보다는 취약성을 반영한다. 이들의 목소리는 이 책에서 다룬 간접적인 공격 상황에 도전한다. 하지만 많은 예에서 알 수 있듯이 이들의 솔직함은 신체적 힘이나 거친 말을 사용해야 그들의 목소리가 들릴 거라는 느낌에서 비롯한 것이다. 이들의 주변적인 위치 때문에 이 같은 직접성이 소녀들의 무력감을 극복하는 본보기가 될 수는 없다.

  무력감을 효과적으로 다루는 것은 소녀들이 진짜 자기의 상실에 맞서 싸울 때 중요하다. 자기주장적인 소녀들이 우리에게 가르쳐준 것은 소녀들이 진짜 자기의 상실과 싸울 때 필요한 구체적인 전략 개발에 매우 유용하다. 이 소녀들에 대해 더 많이 알수록, 우리는 이들의 목소리를 더 존중하며 온갖 형태의 여성 따돌림을 물리칠 수 있는 구체적인 전략을 더욱 효과적으로 개발할 수 있을 것이다.

부모와 교사

수잰 코언은 여섯 살짜리 딸아이의 선생님이 소집한 긴급회의에 참석하려고 교실 문을 열다가 갑자기 마음이 불편해졌다. 같은 반 아이의 학대적인 행동을 논의하려고 준비하다가 문득 이런 생각이 든 것이다. "나는 그 아이가 굉장히 조종적이고 경쟁적이며 공정하지 않다고 말할 참이었어요. 여섯 살짜리에게 그런 말을 하다니, 미친 사람 같잖아요."

그녀의 말이 맞다. 간접적이고 사회적이며 관계적인 공격 행위를 순수한 공격으로 분류하지 않는 사회에서는 이런 불평이 이상하게 보일 것이다. 결과적으로 여학생 따돌림은 현재 따돌림을 당하고 있는 딸이 느끼듯이 그 부모에게도 화나는 경험이 될 것이다. 따돌림에 대해 말할 수 있는 공적인 언어가 없으면 "거짓말쟁이"나 "엉큼한 것", "조종자" 같은 선동적인 단어를 쓸 수밖에 없다. 딸들이 공개적으로 나서는 것과 보복을 당하는 것을 두려워하듯이 부모는 학교로부터 "신경질적"이거나 "간섭적"이라는 말을 들을까 두렵다. 소녀들이 낮은 사회적 지위에서 비롯되는 창피함을 극복해야 한다면, 부모는 자기들의 실수가 딸들의 경험에 미칠 영향력을 묵묵히 걱정할 것이다.

이 장에서는 교사에게 과도한 요구를 하지 않으려고 하는 학부모의 태도를 가장 비중 있게 다룰 것이다. 나는 워싱턴에 있는 어느 커피숍에서 정기적으로 만나 대화를 나눈다는 네 명의 어머니들과 함께 앉아 교사에게 요구하지 않는 이유를 알려달라고 했다.

"교사가 자녀의 삶에 미치는 놀라운 영향력을 부모는 잘 알고 있지요." 엘렌이 말했다. "그런 관계를 위태롭게 하고 싶지는 않아요." 다른 어머니들이 고개를 끄덕였다. 크리스틴이 덧붙였다. "부모 때문에 자녀가 교사의 분풀이 대상이 되지 않을까 그게 걱정인 거죠." 대체공격에 대해 불평하면 학교생활에 지나치게 간섭하는 것처럼 보일 수 있기 때문에 많은 어머니들이 "신경질적인 어머니"가 되는 것에 대한 두려움을 품는다. 차분하게, 흥분하지 않는 것이 핵심이라고 그들은 강조했다.

한 아이의 삶과 관련해서 어쩌면 부모들에게 그 어떤 사건보다 더 큰 질문을 던지는 것이 따돌림이다. 내 아이를 위해 얼마만큼 개입해야 하는가? 이 질문에 대한 답은 아이에 따라 달라지겠지만(아이가 자기방어를 할 수 있는가? 너무 일찍 위험에 노출된 것은 아닌가?) 그 대답은 예상되는 주변의 반응에 의해 결정되는 일이 허다하다(다른 부모가 화를 낼 것인가? 학교가 이 문제에 반응할 것인가? 혹은 처벌할 것인가?). 대부분의 학교가 기본적인 교과 밖 목표들을 달성하려고 정신이 없을 때, 바쁜 교사들에게서 무언가 끌어내려고 하는 것은 언덕 오르기 시합처럼 힘든 일이 될 수 있다.

딸들에게 사회적 정의를 찾아주고 싶은 부모들은 문화적, 개인적 장애에 직면한다. 가장 난감한 것은 대체공격이 아예 무시되거나 합법적인 사회문제로 간주되지 않는다는 사실이다. 학교에서 그 문제를 하찮게 여기거나 희생자를 탓하는 경우도 더러 있다. 많은 부모들이 딸은 아무 잘못이 없는데 상담을 받게 해야 하고, 실제로 도움이 필요한 사람은 가해자인데 딸에게 값비싼 사회기술훈련을 받게 하라는 충고를 듣는다. 가해자가 영악해서 문제를 축소해버리는 바람에 딸의 문제는 등한시된다. 당연하게도 많은 부모들이 차라리 침묵한다.

 수치심 또한 맞닥뜨려야 하는 현실이다. 딸이 사회적으로 힘들어한다는 사실은 고통스럽다. 비난받을 사람이 딸이 아니라 해도 별로 위안이 되지 않는다. 가족마다 그 문제를 처리하는 방법도 다르다. 린다가 화끈거리면서도 어리석은 수치심에 대해 털어놓기까지는 큰 용기가 필요했다. "그 일은 끈질기게 나를 괴롭혔어요. 그 뒤로 여기에는 발걸음도 안 했답니다." 그녀가 말했다. "이 말은 더 하기 힘들지만 가끔 이런 생각이 들었어요. 딸에게 말할 때는 속마음을 내비치지 않았지만 이런 생각이 떠나지 않았거든요. '내 아이가 인기가 없어?' 설사 아이의 인기를 바라지 않았더라도 말이지요. 하지만 자기 아이가 훌륭하기를 바라는 마음이 어느 부모인들 없겠어요." 수잰 코언이 그 사건 전체에 눈감아버리고 싶은 본능을 이겨내는 데는 큰 용기가 필요했다. 교사를 기다리면서 그녀는 생각했다. "누가 돌아보며 이렇게 말하는 환상을 은밀히 품었어요. '왜 한나가 혼자 맞서면 안 돼요? 한나에게 혼자 맞서는 법을 가르쳐주지 그래요? 왜 한나는 이 일이 일어나게 그냥 두는 거죠?'" 자녀의 불행에 대처하는 부모는 이런 감정을 공통으로 경험하지만, 대부분의 사람들이 이 문제를 발달상의 사소한 단계로 간주하기 때문에 수치심은 더 무겁다.

아이가 학습장애가 있을 때는 특수교사가 돕는다. 아이의 부모는 그 사실을 의심하고 여기저기 책을 뒤져보거나 학교의 결정에 우려를 표명한다. 부모는 이 상황이 자기 잘못도 아니고 특이하지도 않다는 사실을 확인한다. 얼마 뒤에 아이는 특별한 관심 속에 자신의 다른 필요들을 수용하고 자신의 능력을 최대한 발휘할 수 있는 도구를 제공받는다.

하지만 아이가 대체공격의 표적이 될 때는 도와줄 사람이 없다. 참고할 규칙이나 아이의 고통을 설명할 언어가 없으면 부모는 시작부터 불리한 상황이라고 깨닫는다. 수잰이 설명했다. "아이의 문제로 지나치게 소란을 피우면 이런 반응이 와요. '자기 문제도 해결하지 못하다니 아이에게 무슨 문제가 있나요? 왜 그냥 훌훌 털어버리지 못하죠?' 나는 수치스러웠어요. 내가 수치스러워하는 모습이 또 수치스러웠고요."

침묵은 미국 가정에서 아주 익숙한 일이다. 고통의 시기에 우리는 있는 힘을 다해 한 걸음 내디딘 뒤에 커튼을 쳐버린다. 저만치에서는 아이의 곤경에 대해 부모를 비난한다. 중산층 가정에서는 특히 자녀의 사회, 정서, 학습과 관련된 문제는 숨겨야 한다고 굳게 믿고, 심리적 고통에 대해서는 더욱 그렇다. 한 어머니는 딸의 문제를 입 밖에 내면 안 된다는 심리적 압박에 대해 털어놓으면서 간단히 말했다. "아이들이 완벽하지 않아서 속상해요. 엄마의 양육 능력이 부족하다는 뜻이니까요. 우리가 집에 너무 붙어 있거나 집을 너무 많이 비운다는 말이거든요. 아이의 상태는 우리 자신을 반영해요."

자식을 공개할 기회는 점점 더 생기고 부모는 사회적 축복과 건강한 이미지를 과시하기 위해 열심히 경쟁한다. 트로피를 쌓아놓고 화려한 생일파티를 연다. 그렇지만 따돌림으로 말미암은 절망을 나누는 것은 많은 부모들에게 불가능한 일이다. 마거릿 캐플런이 설명했다. "내가 누군가에게 이런 일이 있었다고 말하면 그들은 어떻게 할까요? 얼마나 많은 사람이 알게 될까요? 얼마나 왜곡되어 알려질까요? 아마 이럴 거예요. '오, 캐플런 가족에게 문제가 있군. 우리는 없어. 우리 가족은 완벽해. 우리의 삶의 방식은 이상적이야.'" 부모들의 모임을 능숙하게 조직하여 특별 미술 수업을 요구한 수전 서스먼도 내가 대체공격을 방지하는 모임을 만들라고 제안하자 쓴웃음을 지으며 말했다. "내 딸이 경험한 따돌림을 중심으로 모임을 만들 수는 없지요."

수전 패터슨은 리지우드에서는 아주 사소한 사건도 점심을 먹을 때 대화의 주제가 된다고 말했다. 마흔한 살인 그녀는 딸이 친한 친구에게 따돌림을 당하자 아예 그 지역 사람들을 외면하기로 결심했다. 그녀는 평생의 실망을 다 담은 듯한 쓸쓸함으로 무뚝뚝하게 말했다. "이 동네에서는 모르는 일이 없죠. 아침에 일어나자마자 누가 이혼했는지, 누가 누구랑 잤는지 말하기 바빠요. 여기서는 다들 평생 그렇게 살아요." 그녀는 따돌림 문제를 혼자 해결하라고 딸을 몹시 다그쳤다. "나는 그 애가 독립적인 여자가 되길 바랐어요. 지금으로서도 그다지 나쁘지 않다고 계속 생각했어요. 그 정도로 나쁜 상황이라고 생각하기 싫었어요. 하지만 정말로, 정말로 나빴어요."

전국적으로 일어나는 따돌림에 대한 논의에서 부모는 조역에 불과하다. 우리의 관심은 가해자와 희생자, 침묵하는 방관자들에게 고정된다. 비평가들은 또래 폭력 문화를 부추기는 텔레비전과 영화를 트집 잡는다. 부모의 역할은 쓸쓸한 재앙의 종결부에서나 찾아볼 수 있다. 부모는 너무 적게, 너무 늦게 행동한다. 혹은 아무 역할도 하지 못한다.

이 장에서 나는 딸의 따돌림 경험을 말하는 다섯 명의 어머니를 소개하고, 교사들이 이들에게 반응하면서 어떤 문제에 직면하는지 탐색할 것이다. 저마다 이야기가 다르고, 어머니들은 그들의 딸처럼 개인적인 기억과 그 사건에 대한 자신의 믿음을 털어놓는다. 이 이야기들을 통해 딸의 사회적 선택에 미치는 부모의 영향력을 알아볼 수 있다. 또한 이들은 여성 공격을 억제하고 타당하지 않은 것으로 만드는 문화에서 부모가 자녀의 고통에 반응하는 방식이 어떻게 다른지 보여준다.

비난

● 파트리샤는 리지우드에서 작은 보육 시설을 운영한다. 내가 그녀를 방문한 것은 하루가 마무리될 무렵이었다. 파트리샤는 구겨진 카키색 바지에 칼라가 있는 긴 셔츠를 밖으로 내어 입고 있었다. 키가 크고 몸이 탄탄해서 구두끈에서 잔디 깎는 기계까지 뭐든 고칠 수 있는 사람 같았다. 목소리는 의외로 부드럽고 잔잔했으며, 시선은 아이가 혼자 엄마를 기다리며 놀고 있는 방으로 자꾸 돌아갔다. 우리는 둘 다 키가 커서 둥근 테이블 주위에 놓인 작은 의자에 앉자 무릎이 가슴까지 닿을 것 같았다. 그녀는 싱긋 웃고 어깨를 으쓱한 뒤 살짝 얼굴을 붉혔다.

파트리샤는 남편 벤과 딸 호프와 함께 이곳으로 이사한 것이 4년 전인데도, 여전히 방금 이사트럭에서 짐을 내린 사람 취급을 받을 거라고는 예상하지 못했다. 벤이 일찍 승진하여 리지우드에 수석 제약사로 오게 되자 그들은 호프가 3학년에 다니고 있는 상태에서 즉시 이곳으로 이사했다.

겨울방학이 끝나고 호프가 학교에 나타나자 반 친구들은 호프의 갑작스러운 출현이 탐탁지 않았다. 아이들은 호프를 곱지 않은 시선으로 보았고 무리에 위협이 되는 존재로 여겼다. 잠시 동안의 따돌림으로 여겼던 것이 1년 동안의 괴롭힘이 되었다. 호프는 자기가 이곳에서 자라지 않아서 그렇다고 생각했지만, 리지우드에서 보낸 기간이 길어지자 점점 자기 탓을 하게 되었다.

5학년이 되자 호프는 성가대와 주일학교에 다니는 여자아이들과 어울렸다. 무리의 우두머리는 학교에서는 호프에게 다른 데로 가라고 윽박지르거나 호프의 외모나 성격을 흉봤다. 파트리샤가 그 애들과 친구로 지내는 이유를 묻자 호프는 교회에서는 잘해준다고 대답했다.

그리고 6학년이 되었다. 어느 날 무리 중 하나가 호프에게 이제 자기들은 호프와 친구로 지내지 않기로 했다고 통보했다. 그 뒤로 몇 주 동안 그들은 호프의 존재를 아예 무시했다. "버림받은 거예요." 파트리샤가 눈물을 글썽였다. "날마다 학교가 끝나면 돌아와서 서럽게 울었어요. '오늘 그 애들이 나를 따돌렸어. 나랑 친구 하기 싫대. 어떡해? 그 애들이 왜 나를 미워하지? 내가 뭘 잘못했어? 왜 나는 친구가 될 수 없지? 왜 나랑 친구 하기 싫다고 하지?' 아이가 이러면 뭐라고 하겠어요?" 그녀가 간절한 눈빛으로 물었다.

"어떻게 하셨어요?" 내가 물었다.

"아주 감정적인 시간이었어요." 파트리샤가 헛기침을 해서 떨리는 목소리를 가다듬었다. 그리고 의자에 기대며 긴 다리를 뻗었다. "많은 부분이 아이의 성장과 관련된 것 같아요. 생리가 시작됐고 그런 변화들이 생기니까 많은 감정들이 뒤따른 거고요." 그녀의 말을 들으면서 나는 파트리샤가 고통의 핵심에서 멀어지는 것은 아닌지, 그 탓을 아동 발달에 영향을 미치는 "합당한" 요인들에 돌리는 것은 아닌지 궁금했다.

파트리샤는 딸에게 그 무리가 했던 말이 조금이라도 진실인지 물었다. "딸아이에게 뭐가 바꾸고 싶은 점이 있는지 물었어요." 호프는 몇 가지를 생각해냈지만 곧 자기가 달리 어떻게 할 수 있었을지 모르겠다고 반박했다. 나는 파트리샤에게 호프가 변해야 한다고 생각하는지 물었다.

"호프는 매우 외향적인 성격이에요." 파트리샤는 거의 사과하는 목소리로 설명했다. "매우 활발한 아이예요. 그래서 어리석을 수 있어요. 딸아이의 성격에 딱 맞는 단어를 모르겠네요. 하지만 그런 점이 못마땅하게 보일 수도 있겠죠. 사람들이 당혹스러울지 모르거든요. 어쩌면 그래서 딸아이에게 지치는지도 모르고요. 딸아이도 조금은 얌전해져야 할 것 같아요. 너무 소란스럽거나 너무 솔직하지 않게 말이에요." 딸의 고통에 대한 설명이 부재하므로, 파트리샤는 호프의 잘못을 의심하는 것 외에는 별로 할 것이 없었다. 그녀는 호프에게 다른 친구들을 찾아보라고 간청했다. 호프는 거부했다. 그 아이들이 유일한 친구들이라고 했다.

파트리샤는 호프에게 기도를 해보는 것이 어떻겠냐고 했다. "지금은 몹시 힘들겠지만 하느님이 이 경험을 언젠가 좋게 쓰실 거야. 당장은 아니더라도." 그녀가 말을 멈추었다. "울음이 자꾸 나와서요."

침묵이 흘렀다.

"그 애들한테 가서 따지고 싶었어요. '너희들이 무슨 짓을 하고 있는지 아니?' 그 애들의 엄마를 찾아가 따지고 싶었어요. 하지만 다시 생각하죠. '아니, 나는 한쪽 이야기만 들은 거야.' 나는 호프를 믿고 호프가 솔직하다고 믿지만, 내 자식에게 전혀 잘못이 없다고 생각할 수는 없잖아요. 그 일로 호프가 몹시 고통스러워하거나 우울증에 걸렸다면, 혹 신체적 질병까지 생겼다면 나도 아마 다르게 행동했겠지요." 파트리샤가 말했다. "그 일은 그냥 삶의 일부 같아요. 자기를 정당하게 대하지 않는 사람들을 다루는 법도 배워야지요." 지금 여기 파트리샤는 내 앞에서 작은 의자에 어깨를 숙인 채 앉아 눈물을 훔치며, 자기 말에 의문을 가지면서도 자신의 양육 철학에 의거해서 따돌림에 대한 사회적 접근을 표명하고 있었다.

어떻게 다르게 행동했을지 물어보자 그녀는 한숨지으며 나를 똑바로 쳐다보았다. "그 애들의 엄마들을 모아놓고 커피를 마시며 말했겠지요. 위협적이지 않은 방법으로요. 내 아이가 괜찮은 아이라고 알리는 자리는 단연코 아니에요. 우리가 힘을 합했다면 지금쯤은 도움을 줄 수 있었을 거예요. 튼튼한 지지체계가 생겼을 테니까요."

파트리샤는 다른 부모들이 화낼까 두려워서 호프를 방어하지 못했고 호프의 고통마저 합리화했다. 내가 대화를 나눈 어머니들 대부분이 다른 부모의 분노가 두려워서 반응을 조정했다. 누가 글로 발표하지는 않았지만, 양육에 있어 알아두어야 할 첫 번째 규칙은 자식을 어떻게 키워야 한다는 말을 듣기 좋아하는 부모는 없다는 것이다. 두 번째는 다른 사람의 자식을 비난하면 위험에 처할 수 있다는 것이다. 많은 사람들이 자식의 행동에 대한 비판을 그들의 양육에 대한 공격으로 느끼고,

그래서 방어적이 된다. 비이성적일 만큼 방어적이 되기도 한다. 희생자의 부모들 대부분은 "그럴 생각은 하지도 않는다"고 간단히 말한다.

어머니들은 특히 직접적인 갈등에 개입하는 것에 두려움을 품고 있을지도 모른다. 작은 지역사회에서는 직접적인 대면에 사회적 대가가 뒤따른다. 어머니들은 같이 일하거나 학교와 교회에서 같이 자원봉사를 하고 종종 서로 마주치며 심지어 친구가 된다. 아버지들은 현재 혹은 미래의 고객이 될지도 모른다. 다른 부모에게 접근하는 데서 오는 위험은 딸의 세계에만 국한되는 것이 아니다.

가해자와 희생자가 느끼는 심리는 싸우는 소녀들의 어머니들에게까지 이어질 수 있다. 간접적인 공격과 분노가 또 다른 국면으로 확산되는 것이다. 가해자들의 부모는 당연히 그들의 딸을 보호하는데, 그들의 딸이 은밀히 공격하며 비난을 거부할 때 특히 더 그렇다. 희생자의 어머니는 소심해져서 말도 못 하고 자기가 자기를 따돌리는 꼴이 된다.

질의 따돌림 경험은 어머니 페이에게 기억의 홍수를 일으켰다. 페이는 고등학교 때 친한 친구들에게 느닷없이 버림받았다. 질에게 일어난 일을 지켜보면서 페이는 비열한 소녀는 보편적인 현상이며 이들을 피할 수 없다는 자신의 이론을 확인했다. 질의 가장 친한 친구는 질을 무시하고 잘해주기를 반복했고, 그 과정에서 질의 성격은 완전히 달라졌다. 페이가 말했다. "아주 밝고 명랑한 아이였어요. 가끔 공중에 떠다니는 것처럼 보일 정도였는데, 굉장히 즐거워 보였어요." 리지우드에서의 첫 학년이 끝나갈 무렵 질은 수줍음이 많아졌다. 가장 친한 친구가 "벽돌을 쏟아붓듯" 자기를 버리자 질의 자존감은 위축되었다. 질이 5학년 때, 새로 사귄 친구가 둘이 있을 때에만 질에게 잘해준 일이 있었다. 페이는 개입할 의사가 없었다. 자기 자식을 보호해봤자 소용없다는 것이 그녀의 결론이었다. 그런 일은 비일비재했다.

이번의 가해자는 친구의 딸이었다. 페이는 그 아이의 어머니가 권력 지향적이고 조종적이며 아는 사람이 많다고 했다. 그 딸도 친구가 많았다. "우리는 아이들의 우정에 대해 대화를 나눴어요. 하지만 누군가에게 당신의 딸은 형편없는 계집애라고 말할 수는 없잖아요." 이전에도 질은 친구 문제가 있었기 때문에 페이는 질이 자꾸 희생양이 되는 이유를 자존감이 낮아서라고 생각했다. "자기를 좋게 생각하지 않으면 다른 사람들도 결국 알게 되잖아요. 어떤 사람이 자기를 좋아하지 않는다는 게 알려지면 결국에는 아무도 자기를 좋아하지 않을 테고요."

딸의 곤경에 대해 학교에 말했는지 묻자 페이는 반박했다. "다른 엄마들이 내게 전화해서 물어볼 거예요. '무슨 일이에요?' 학교에 물어볼 생각은 전혀 하지 않았어요. 하지만 이제는 생각이 좀 달라요. '전화를 했어야 하나?' 우리 어머니는 전혀 개입하지 않았겠지만, 나는 무슨 일인지 알아봤어야 할까요? 우리 어머니는 몹시 바빠서 이런 일은 문제 삼지 않았어요. 생각해보면, 척도를 1에서 10까지 둔다고 했을 때 암으로 죽어가는 사람들은 10에 가깝겠지요. 거기에 비하면 이런 건 문제도 아니에요. 더 자라면 좋은 친구가 생기겠지요. 그러면 괜찮아질 거예요."

몇 분 동안 딸의 시련을 하찮은 것으로 만들다가 페이는 문득 절망감에 빠져들었다. "딸아이는 평생 이 문제를 떠안고 살아야 할 거예요. 우리 모두 그러니까요." 그녀가 말했다.

두려움

● 　　　　　　　　　　매섭게 추운 2월의 어느 아침, 나는 조심조심 차를 몰아 워싱턴 D.C.로 향했다. 수년간 만나지 못한 친구의 아내 멜리사와 점심 인터뷰 약속이 잡혀 있었다. 지하 주차장에 차를 세우려고 자리를 찾다가 나는 멜리사가 어머니와 동행한다는 사실을 떠올렸다.

레스토랑에 들어가자 멜리사는 쇼핑백을 한가득 안고 카운터 옆에 서 있었다. 대략 내 나이쯤이었는데, 윤기가 흐르는 곱슬곱슬한 검은 머리였고 어깨는 좁은 편이었다. 그녀는 기분 좋은 환한 미소를 머금고 있었다. 바로 뒤에 나이가 지긋한 바버라가 서 있었다. 땅딸막한 체구에 희끗희끗한 곱슬머리였다. 두 사람 다 나를 따뜻이 반겼다. 자리에 앉자 바버라는 메뉴를 읽기 시작했다.

다이어트콜라와 샐러드를 주문한 뒤에 멜리사가 입을 열었다.

"인기는 내게 매우 중요했다는 걸 먼저 인정해야겠어요." 그녀는 부끄러운 사실을 고백하듯이 말했다. "나는 언제나 인기파에 속했어요. 겉보기에는 내가 이 친구들과 아주 친해 보였을 거예요. 항상 그 무리와 같이 있었으니까요." 하지만 실상은 달랐다고 얼른 덧붙였다.

카밀은 가장 친한 친구였다. 이웃에 살았고, 방과 후 활동에 카풀을 해서 같이 가곤 했다. 수영, 체조, 발레, 축구, 히브리어를 같이 배웠다. 딱히 같이 할 것이 없어도 수업이 끝나면 멜리사는 카밀의 집에 가서 함께 놀았다.

카밀은 귀여웠고 자석 같은 매력이 있었다. 카밀이 들어오면 방 안이 꽉 차는 것 같았다. 아무리 같이 놀 친구가 많아도, 카밀의 그림자 속에서 멜리사는 작게 느껴지는 것을 어쩔 수 없었다. 멜리사는 몸집이 너무 크고, 너무 소박하고, 매력이 너무 부족하다는 소리를 끊임없이 들었다. 멜리사가 어떤 남자애에게 반하면 그 남자애는 항상 카밀을 좋아했다. 카밀은 남자애들이 옆에 있으면 일부러 바보같이 굴면서 멜리사는 거들떠보지도 않았다. 히브리어 학교에 가면 다른 학교에 다니는 인기 있는 여자아이와 어울리느라 멜리사는 본체만체했다. 멜리사는 종종 질투와 수치심을 느꼈다.

카밀은 니콜라와 가장 친했다. 니콜라는 길 건너편에 살았는데, 둘은 같이 놀 때마다 멜리사에게 거짓말을 했다. 특별한 계획이 없는 척했고, 멜리사가 카밀에게 뭐 하고 놀 거냐고 물어보면 항상 "아직 잘 모르겠는데"나 그 비슷한 대답을 했다. 그럼에도 불구하고 멜리사는 카밀에게 계속 전화했다. 어느 날 멜리사는 자전거를 타고 카밀의 집 앞을 지나가다가 둘이 집 앞에서 분필로 낙서하는 것을 보았다. "다 모였네!" 카밀은 억지로 끼어들었다. "네가 여기 오고 싶어 한 줄은 몰랐는걸." 멜리사는 카밀의 말이 묘하게 기분 나빴다고 말했다. "그 치사하고 구역질 나는 일을 교묘하게 둘러대서 자기를 욕하지 못하게 만들더군요."

7학년 때 멜리사의 반은 둘로 갈라졌고, 멜리사는 친한 친구들과 다 헤어지고 카밀과 니콜라와 한 반이 되었다. 그 뒤로 상황이 완전히 바뀌었다. 10월이 되자 카밀과 니콜라는 멜리사를 따돌렸다.

"나는 버림받았는데, 아주 교묘하게 버려졌어요." 멜리사가 음료수를 흔들며 말했다. "그 애들은 나를 끼워주지 않았어요. 수업이 끝난 뒤에 같이 놀자고 하지 않았고, 뭘 하든 나는 빼놓고 했어요. 정말 지독했어요. 내 삶은 지옥이 돼버렸지요."

하지만 우정의 환상은 지속되었고 멜리사는 환상에서 벗어나지 못했다. 예리한 눈에는 진실이 보였을 것이다. "카밀은 본능적으로 아무에게나 친절했고 비열한 말은 절대 하지 않았어요. 정말이지 교활하고 영악했어요." 자기에게 말을 걸지 않아도 멜리사는 여전히 그들과 함께 점심을 먹었다. 한번은 카밀이 확 돌아서서 "멜리사, 이제 그만 졸졸 쫓아다닐래?" 하고 말했다. 그래도 멜리사는 화장실에 같이 갔다. 극장에서 그들이 함께 있는 것을 보면 멜리사는 의자 밑으로 사라지고 싶었다.

"나는 매우 사교적이고 외향적인 성격이에요. 그래서 상처를 많이 받았어요. 집에 오면 밤마다 울었어요. 하지만 그 무리의 일부로 남아야 한다는 생각을 떨칠 수가 없었어요." 멜리사가 기억을 떠올렸다.

멜리사는 자기를 무시하는 소녀들 주위를 서성이곤 했다. "대화를 엿듣는 데 아주 익숙해졌어요. 이해하기 위해서는 뭐든, 염탐이라도 했던 기억이 나요. 그 애들 뒤에 가서 무슨 말을 하는지 들어봤어요. 그런 행동에 아주 익숙해졌거든요."

"큼큼." 바버라가 목을 풀었다. 나는 그녀의 존재를 잊고 있다가 그쪽을 쳐다보았다. 그녀는 기다란 음료수 잔 바닥에서 레몬 알갱이가 떠다니는 것을 지켜보며 잔 아래 놓인 냅킨을 찢어서 꼬고 있었다. 얼굴이 굳어 있었다.

"음. 솔직하게 말해야겠군요." 그녀가 시선을 내리깐 채 말했다. "내가 멜리사에게 카밀과 친하게 지내라고 했어요. 유대인 아이와 어울려 놀면 좋을 거라고 생각했거든요."

멜리사가 어머니를 '그거 참 멋지군요' 하는 표정으로 흘끗 바라보았다. 그리고 말했다. "혼자 집으로 걸어오던 기억이 나요. 몹시 외로웠어요. 불안했고 내가 못생긴 것 같았어요. 속이 답답하고 우울했어요. 침대에 누워 끔찍한 생각들을 떠올렸지요. 사람들은 내가……." 말꼬리가 흐려졌다.

"친구들이 나를 미워하는 건 끔찍한 일이라고 생각했어요." 그녀가 고개를 흔들며 말을 이었다. "정말 한심했어요. 내게는 좋은 점이 하나도 없는 것 같았어요. 그 애들은 내가 짜증 난다고 생각했으니까요. 내가 그해에 가장 짜증 나는 아이로 뽑혔어요. 나 자신에 대해 부정적인 생각뿐이었어요."

"아주 잘 이겨냈어." 바버라가 말했다. "내가 눈물이 다 나는구나." 내가 멜리사의 반응을 보려고 고개를 돌리자 어느새 바버라가 일어나서 흐느껴 우는 딸을 안아주고 있었다. 바버라도 눈물범벅이 되었다.

"괜찮아요." 멜리사가 테이블에서 손바닥을 가볍게 들어 올리며 코를 훌쩍였다. "좀 감정적이라서 그래요. 그 경험은 나를 훨씬 괜찮은 사람으로 만들어주었어요. 교훈을 얻었거든요. 정말 알아야 할 것을 배웠어요."

"인기 있는 무리의 친구들을 사귀는 것이 가장 중요하다고 생각했어요. 그들과 친구가 될 수 있다면 무슨 일이든 했을 거예요. 이유는 모르겠지만."

바버라가 자기 자리로 돌아왔다. 주문한 음식이 도착했고 멜리사는 눈물을 훔쳤다. 나는 기다렸다. 아무렇지 않은 척하려고 애썼다. 멜리사가 겸연쩍어하지 않기를 바랐다. 그때 바버라가 한숨처럼 크게 숨을 내쉬며 칼칼한 기침을 했다. 이번에는 나를 똑바로 쳐다보며 말했다. "멜리사가 이 문제를 끄집어내니 내가 정말 힘드네요. 나 스스로 그 문제를 차단해버리는 것 같군요. 내 감정이 뭔지 잘 모르겠어요." 레스토랑에서 소음이 나자 그녀가 잠시 말을 멈추었다. "내가 가해자가 된 기분이 들어요."

바버라는 성장기에 뚱뚱했고 친구도 많지 않았다. 그녀 역시 따돌림을 당했다. 가냘픈 소녀들 사이에서 혼자 우람한 덩치로 서 있던 순간을 아직 기억했고, 여전히 위축감을 느꼈다. 그녀가 멜리사를 안타깝게 바라보았다. "내 아이는 그런 고통을 몰랐으면 했어요." 멜리사가 태어나자 바버라는 멜리사를 인기 있는 아이로 만들겠다고 결심했다. "멜리사에게 동네 아이들과 친하게 지내라고 했지요." 그녀가 잠시 말을 멈추었다. "내가 멜리사를 그 애들에게 떠민 거예요."

나는 불편하지만 피할 수 없는 질문을 했다. "멜리사가 어떤 경험을 했는지 알고 있었나요?"

"알고 있었어요." 그녀가 말했다. 멜리사의 고개가 어머니 쪽으로 홱 돌아갔다. "나 자신이 인간으로서 불충분하다고 느꼈지요." 바버라의 눈이 반짝였다. "나는 뚱뚱하고 못생긴 것 같았으니까요. 아이를 낳자 두려움과 불안이 터져 나왔어요. 계속 되뇌었어요. '멜리사는 내가 아니야. 멜리사는 내가 아니야.' 어린 시절의 기억이 떠올랐지요. 내 고통을 그 애는 모르기를 바랐어요. 딸아이가 행복하기를 바랐어요. 인기 있는 아이가 되기를 바랐어요."

아이들이 어렸을 때 바버라는 동네 수영장에서 카밀의 어머니 아이리스를 만났다. 아이리스는 자식이 넷이었는데 하나같이 매력이 넘쳤고, 아이리스에게는 바버라가 늘 동경해온 여유와 자신감이 있었다. 하지만 바버라는 기억하고 있었다. "아이리스는 사람을 조종하려고 드는 성격이었어요." 그러나 바버라는 아이리스가 적응력이 뛰어난 아이들을 길러낸 것에 감탄했고, 그런 것을 조금이라도 배우고 싶었다. "멜리사가 카밀과 함께 어울릴 수 있다면 카밀이 좋은 영향력을 미칠 거라고 생각했죠." 그녀가 자기 생각을 정리했다. "물론 멜리사는 좋은 영향력을 미칠 사람 같은 건 필요하지 않았어요."

나는 계속해서 물었다. "카밀이 어떻게 멜리사를 다루는지 아이리스에게 말한 적이 있나요?"

"말하려고 해봤죠." 바버라가 중얼거렸다. "아이리스는 더없이 상냥하지만 뒤에서는 남을 흉보는 사람 같았어요." 그리고 잠시 뒤에 덧붙였다. "그때는 내가 좋은 엄마가 되려면 아이리스의 도움이 필요하다고 느꼈어요. 하지만 내가 지금 서른 살이라면, 다시 그때로 돌아갈 수 있다면 그러지 않을 거예요. 멜리사를 그런 식으로 몰아붙이지 말았어야 했는데……." 오히려 바버라는 상담교사를 찾아갔고, 멜리사는 치료를 권유받았다. 치료사는 멜리사에게 아무 문제가 없다고 했다.

"부분적으로는 맞는 말이에요." 멜리사가 말했다. "엄마 탓은 하지 않아요. 하지만 엄마는 이렇게 묻곤 하셨어요. '넌 오늘 뭘 할 거니? 카밀과 니콜라는 뭘 하니? 왜 그 애들이랑 같이 놀지 않니?'" 멜리사가 나를 돌아보았다. "엄마는 항상 그러셨어요." 그리고 다시 바버라를 쳐다보며 말했다. "엄마가 기분 나빠하지 않았으면 좋겠어요." 바버라를 쳐다보며 멜리사가 말을 이었다. "하지만 그건 사실이에요."

"나는 괜찮아." 바버라가 말했다.

"엄마 탓은 하지 않아요." 멜리사가 다시 말했다. "하지만 엄마가 하도 그러시니까 내가 비교되는 것 같고, 나는 별로인 것처럼 느낀 적도 있었어요." 한번은 멜리사와 바버라가 카페에 갔다가 카밀이 머리를 새로 자른 것을 보았다. "엄마는 나를 미장원에 데려가서 그 애처럼 머리를 자르게 하셨어요." 멜리사가 어머니에게 말했다.

"네가 자르고 싶어 했잖아." 바버라가 말했다.

"아니요." 멜리사가 말했다. "그건 우리가 그 애를 본 직후였어요."

이날 우리가 워싱턴에서 만나기 전에는 바버라와 멜리사가 그때의 시련에 대해 터놓고 이야기한 적이 없었다. 그들을 지켜보면서 나는 이것이 큰 선물이라는 것을 깨달았다. 부모가 따돌림에 대해 반응할 때 흔히 본능적으로 분노와 책임을 가해자에게 집중시킨다. 이 시련에 얽힌 감정들을 따로 떼어 생각하기는 매우 어렵지만, 바버라의 이야기는 딸의 사회적 선택에 있어서 부모가 자신들의 역할에 유념할 필요가 있다는 사실을 강조한다.

바버라와 멜리사는 또한 부모와 자녀의 솔직한 대화가 어떤 이점이 있는지를 보여준다. 이들을 보면서 나는 부모의 역할이 눈물을 닦아주거나 등을 토닥이는 것에 머물러서는 안 된다는 것을 깨달았다. 바버라는 자신의 나약함과 고통 때문에 멜리사에게 인기 있는 아이가 되라고 강요했지만, 만약 자신의 나약함과 고통을 딸과 함께 나누었다면 멜리사의 삶은 아주 많이 달라졌을 것이다. 멜리사가 보기에 바버라는 끄떡도 하지 않는 것 같았다. 멜리사는 자기가 잘못했다는 느낌만 더 강하게 받았다.

물론 무슨 일이 있어도 멜리사를 인기 있는 아이로 만들겠다는 것은 바버라의 의식적인 선택이었지만, 모든 선택이 다 그렇지는 않았다. 우리는 인식하지 못하면서 실수를 반복하고 그것을 가보처럼 사랑하는 사람에게 전수한다. 참으로 인간 본성의 축복이자 저주가 아닌가 하는 생각이 든다.

어머니와 딸

● 나는 대학 친구의 소개로 도나 우드와 트레이시 우드를 알게 되었다. 그들 모녀는 노스캐롤라이나에 사는데, 나는 그들과 각각 통화했다. 트레이시가 따돌림을 당하고 15년 뒤, 두 사람은 비로소 솔직하게 마음을 열고 이야기했다.

트레이시는 태어나서 몇 년 동안 롤리 근처의 큰 농장에서 살았고, 대부분 오빠와 함께 조랑말을 타며 놀았다. 도나는 이혼한 뒤에 양육권을 얻어 아이들과 함께 타운으로 이사했다. 새로 이사 간 집에서는 수다스러운 아줌마들이 치유적이고 보호적인 환경을 만들어 집안 분위기를 따뜻하게 했고, 모두 트레이시를 예뻐했다. 트레이시의 아버지는 애정이 일관되지 않았다. 트레이시가 찾아가면 때로는 눈에 넣어도 안 아플 것처럼 대했고, 때로는 존재하지도 않는 것처럼 대했다. 아버지와 만나는 시간이 트레이시에게는 매우 힘들었다.

4학년이 되고 첫 주 동안 트레이시가 수학 문제집을 다 풀자 교사들은 깜짝 놀랐다. 트레이시는 월반해서 5학년에 들어가게 되었다. 그 반은 비열함으로 악명 높은 반이었다. 여자아이들은 첫날 트레이시더러 5학년도 아닌데 왜 왔느냐면서 점심시간에 같은 테이블에 앉지도 못하게 했다. 그리고 혼자 점심을 먹으라고 했다. 며칠 동안 혼자 점심을 먹은 뒤에 트레이시는 혼자 놀려고 매니큐어를 가져왔다. 한 명이 지켜보다가 트레이시를 비난하며 또 혼자 점심을 먹게 했다.

점심시간에 트레이시를 따돌리는 것은 인기 소녀들에게 곧 심심풀이가 되었다. 그들은 중학교 때까지 트레이시를 따돌렸다. 멍청한 데다 농담도 어설프고 차림새도 촌스럽다고 했다. 열 살인데도 브래지어를 하지 않는다고, 가슴이 합판처럼 납작하다고 놀렸다. 어느 날 트레이시는 따돌림의 주모자가 화장실 칸막이 안에서 트레이시의 유일한 친구에게 같이 놀지 말라고 경고하는 소리를 들었다. 그 뒤 그 아이는 트레이시와 마주치자 석상처럼 얼어붙었다. 어느 여름에 트레이시는 그 지역에서 말을 타고 놀던 인기 소녀와 친구가 되었다. 하지만 9월이 되자 그 애 역시 트레이시를 모른 척했다.

트레이시는 몇 년 동안 조용히 참았다. "하루하루가 다 생각나요." 트레이시가 말했다. "끔찍했어요. 아무도 나를 좋아하지 않았거든요. 아무것도 제대로 할 수 없었어요. 무슨 일을 해도 그 애들이 걸고넘어졌어요. 이건 아니야, 그만두렴, 이렇게 말해줄 만큼 성숙하거나 공감적인 사람은 아무도 없었어요. 선생님도 마찬가지였고요."

5학년에 올라가고 3년이 지난 뒤, 트레이시는 소파에 앉아 어머니와 함께 용기가 무엇인지에 대해 말하다가 고개를 들었다. "매일 학교에 가면서 얼마나 큰 용기를 내야 하는지 엄마는 몰라요."

도나는 무슨 뜻인지 물었다. 트레이시가 대답했다. "아이들이 나랑 같이 앉기 싫어해요." 도나는 충격을 받았다. 그녀는 딸의 학업 문제로 수년간 학교와 연락을 주고받고 있었다. "이 작은 사립학교에서는 아이가 쉬는 시간이나 점심시간에 혼자 놀더라고 말하는 수고조차 하지 않은 거죠. 깜짝 놀랐어요. 세상이 무너지는 것 같았어요." 도나는 거의 20년이나 지난 지금까지 분이 풀리지 않는 것 같았다.

이제 비밀이 밝혀졌고, 도나는 딸이 학교를 옮기면 당연히 괜찮아질 거라고 생각했다.

하지만 그렇지 않았다.

인기 소녀들은 잔인한 행동 속에 조금씩 친절함을 섞어 트레이시를 혼란스럽게 했고, 트레이시는 가해자들의 환심을 사려고 애쓰는 반복적인 순환에 붙들리고 말았다. 어떤 날은 희망의 빛이 반짝이는 것 같았다. 친절한 표정, 트집 잡지도 괴롭히지도 않는 하루, 분수에서 나누는 웃음 등, 트레이시에게는 그것이면 충분한 것 같았다. "원래 그런가 보다 싶기도 했지만 바꾸고 싶었어요. 언젠가 이 시련을 이기고 아이들이 나를 좋아하게 되면, 나도 또래 친구들이 원하는 것을 전부 얻을 수 있을 거라고 생각했어요." 트레이시는 스쳐 지나가는 친절한 순간들과 우정의 파편들로 학교생활을 지탱했고, 도나는 절대로 포기하지 않겠다는 딸과 열심히 씨름해야 했다. 도나는 교사들의 기분이 상하지 않게 조심하면서 그들을 회유하려고 노력했다. 딸이 존중받는 유일한 공간이 집이라는 사실이 한편으로는 두려웠지만, 도나는 트레이시의 말에 귀를 기울였고 딸의 요구를 들어주려고 애썼다.

하지만 트레이시의 저항은 결국 우울증으로 변했다. 편두통 때문에 일주일에 평균 사흘은 결석했고, 통증 때문에 데메롤 주사를 맞아야 했다. 어느 날 트레이시는 역사책의 같은 부분을 자꾸 읽고 있다는 사실을 발견했다. 석 달 동안 트레이시는 의식이 왔다 갔다 했다.

일요일 밤이 오면 월요일에는 학교에 가야 한다는 생각에 괴로웠다.

"학교에 가느니 차라리 죽겠다고 생각했어요." 트레이시가 말했다.

트레이시는 자정으로 자명종을 맞춰놓고 그 시각에 일어나서 아래층으로 내려갔다. 부엌칼 몇 개를 꺼냈다. "아플 것 같았어요. 앉아서 잠이 들었는데, 아침에 깨니까 나는 이것도 제대로 못 하는구나 싶었어요." 트레이시는 어머니의 침실로 갔고, 어머니는 학교에 갈 필요가 없다고 안심시켜 주었다. 트레이시는 몇 주 동안 입원했다. 친구에게서 전화는 오지 않았다.

도나는 딸의 깊은 우울감에 대해 이렇게 말했다. "엄청난 절망감을 봤어요. 완전히 상심해 있었어요. 누구라도 알 수 있을 정도였죠. 우리 애는 영악하면서도 톡톡 튀는 유머감각이 있었는데, 거의 다 없어졌어요. 귀여운 내 아이에게 무슨 일이 생긴 걸까 생각했지요. 우리 애가 사라진 것 같았어요. 얼마나 우울감에 빠져 있었는지 우리 애가 아닌 것 같았어요. 내가 사랑한다며 토닥여줬지만 아이는 나더러 아무것도 모른다며, 자기는 영리하지도 예쁘지도 훌륭하지도 않다고 하더군요." 딸의 마음을 바꿀 수 없다는 것을 알자 도나는 좌절감에 빠졌다. "딸아이의 생각을 바꾸려고 한 적도 있었어요. 하지만 꼼짝하지 않더군요. 입을 열려고 하지도 않았어요. 말없이 자기 감정에 빠져 있는 게 다였죠."

몇 년 동안 심리치료를 받은 끝에 트레이시는 자신의 완고함이 아버지와 연관된다는 사실을 깨달았다. "나를 한없이 귀여워하다가 돌연 무심하게 변해버리는 아빠 때문에, 내게 마음을 주지 않는 사람의 마음을 얻으려는 행동이 고착된 거예요." 트레이시가 설명했다. "그래서 내가 착하게 행동하거나 제대로 옷을 입으면 다시 괜찮아질 거라고 생각한 거죠." 세월이 지나 트레이시는 자신의 따돌림에 자기가 참여한 꼴이라는 사실에 깜짝 놀랐다. "맙소사, 이렇게 엉망진창인 걸 몰랐던 거예요!" 목소리에 놀란 기색이 묻어 있었다.

당시에 도나는 자각하지 못했겠지만, 남편의 학대에도 꾹 참던 그녀의 모습이 트레이시에게 아무리 고통스러워도 노력하면 어떤 상황에든 적응할 수 있다는 메시지를 전달한 게 아닌가 싶다. "트레이시는 학대적인 관계에 붙잡혀 있으면서도 떠나기를 거부한 거죠." 도나가 말했다. 이혼한 뒤로 도나는 많은 친구들에게 버림받았고, 어린 두 자식과 얼마 안 되는 돈과 술로 버티면서 정신적 외상을 극복하느라 몇 년을 보냈다. 그러다 문득 현실이 보이면서 상황을 깨달았다. "여전히 내게 일어난 일과 내 자식들에게 일어난 일 때문에 비틀거리고 있었어요. 나 자신의 문제도 어쩌지 못하고 있었던 거예요." 그녀는 자기 경험에 의해 촉발된 분노와 좌절과 불안을 극복하지 못한 채 트레이시를 대했던 것이다.

이따금 가족은 그들의 관계 역동을 딸에게 전수한다. 딸들이 어머니의 양육 방법을 따르면 보통 칭찬을 받는다. 하지만 앞에서 살펴보았듯 관계가 삶의 거래 수단이 되는 곳에서는 큰 위험이 뒤따를 수 있다. 어떤 대가를 치르더라도 학대적인 우정을 놓지 않는 소녀들은 관계 폭력에서 살아남은 도나와 놀랄 만큼 유사하다(따돌림과 관계 폭력의 연결성은 뒤에서 더 다룰 것이다). 딸들이 어머니처럼 사랑하는 법을 배운다면 위험한 관계를 끝내지 못하는 것까지 배울 수 있다는 점을 유념해야 한다.

무력감

● 일레인은 딸 조애나와 함께 앉아 있었고, 우리는 조애나와 에이미 사이의 문제에 대해 이야기하고 있었다. 일레인이 말했다. "이 말을 해야겠어요." 그녀는 팔꿈치를 무릎에 대고 몸을 앞으로 숙였다. "두 번째로 이런 일을 겪으니 정말 힘들군요. 나는 친한 친구에게 심한 배신을 당했어요. 그 애는 정말로 가장 친한 친구였어요. 조애나가 어떻게 느끼는지 알고 있지만 내가 할 수 있는 일은 많지 않아요. 직접 경험하는 것도 끔찍하지만, 자기 자식이 그런 감정을 경험하는 걸 지켜보는 건 세상에서 가장 고통스러운 일이에요."

그녀는 딸을 쳐다보며 회상에서 돌아왔다. "조애나의 경험을 지켜보면서 나는 아주 방어적이 되었고 스스로 무력하다는 생각이 들었어요. 가슴이 많이 아팠지요. 도움이 될 만한 말이 나오지 않았어요. 가슴 밑바닥에서는 어떻게든 자식을 보호하고 싶고, 최선을 다하려고 노력해요. 먹이고 보살피고 사랑하고, 줄 수 있는 것은 다 주고 싶어요. 아기를 품에 안은 순간은 정말이지 경이롭기 그지없지요. 아이는 사랑 그 자체예요."

일레인은 딸을 도울 수 없다는 사실에 가슴이 찢어지는 것 같았다. "엄마라면 모든 것을 해결할 수 있어야 할 것 같은 생각이 자꾸 들어요. 머리로는 그렇지 않다는 것을 알지만 감정이 그래요. 그때가 아마 내가 아이를 보살필 수 없다고 진심으로 느낀 최초의 순간이었을 거예요." 눈물이 뺨을 타고 흘렀다. 일레인은 조애나가 예방주사를 맞았을 때 아파하는 딸을 보며 자기도 모르게 눈물을 흘렸다고 했다. 에이미 때문에 조애나가 괴로워하는 것을 보면서 일레인은 딸아이가 가슴에서 느끼는 감정은 어떤 것인지 궁금했다. "이런 순간들이 자기를 정의하는 데 결정적인 역할을 할 거예요." 일레인은 감정이 북받쳤다.

슬픔은 어머니와 자식을 묶는 힘이고, 단언컨대 자식이 밖에서 다쳤을 때 보이는 가장 본능적인 반응일 것이다. 하지만 희생자가 된 소녀들의 부모는 딸에 대해 분노와 좌절을 포함하여 다양한 감정을 느낀다고 한다.

어머니는 궁금하다. 내 아이가 어떻게 한 주 내내 친한 친구의 잔인한 행동을 견디다가 금요일 저녁이 되면 그 친구의 집으로 신나게 걸어가서 같이 놀 수 있는지. 어떻게 내 아이가 내 무릎에 엎드려 내 스웨터가 흠뻑 젖을 만큼 서럽게 울다가 컴퓨터 앞에서 메신저로 비밀을 속삭이며 깔깔거리는지. 내 아이의 고통에 나는 가슴이 찢어지고, 어둠 속에서 며칠 밤을 근심하며 지새우고, 내 아이를 괴롭힌 아이에 대해 잔인한 상상을 하고, 심지어 그 아이 엄마의 목을 조르고 싶은데, 어째서 내 아이는 오늘 나를 미치고 불안정하고 비합리적이고 용서할 줄 모르는 사람처럼 보는지.

특히 친한 친구로부터 괴롭힘을 당하는 소녀들이 그들의 감정적 롤러코스터에 부모들을 태운다. 힘든 시기 동안 부모는 딸의 슬픔이 요구하는 것을 받아주느라 지친다. 얼마 뒤에 어머니는 자기 눈이 이상한 건 아닌지 확인하기 위해 눈을 비빈다. 아이는 함박웃음을 짓고 아무런 문제가 없다는 듯 행동한다. 당연히 아이의 목덜미를 잡고 뻔한 잔소리를 퍼붓고 싶은 충동이 올라온다. 하지만 딸은 종종 엄마가 미쳤다고 생각한다.

딸은 성장하고, 점점 자립심이 생기면서 미로 같은 사회를 통과한다.

그리고 어머니와 딸 사이의 간격은 더욱 넓어진다. 어머니는 딸의 사회적 선택을 이해하기 위해 애쓴다. 소녀들이 가해자들에게 자꾸 되돌아가고 비열한 행위를 참으려는 경향은 분명 문제가 있지만, 소녀들에게는 논리적으로 보인다. 어머니들에게는 그 비열함이 명백히 어리석어 보인다. 하지만 어떤 소녀들에게는 부모가 아무리 간곡하게 말려도 혼자 노는 것보다 훨씬 낫다.

어머니는 그 논리를 이해할 수 없지만 딸에게는 더없이 명백하다. 열세 살짜리 소녀 셸리는 엄마더러 아무것도 모른다며 실제로 테이블을 주먹으로 내리쳤다. "가서 다짜고짜 '네가 나한테 어떻게 이런 치사한 짓을 할 수 있니?' 하고 말할 수 없다는 걸 엄마는 몰라요. 그런 식은 아니에요!" '진실은 아파요' 장에서 이야기했던 에린이 친구들과 화해했을 때 에린의 어머니는 어안이 벙벙했다고 했다. "정말 걱정됐거든요. 그 아이들에게 정말 화가 났어요. 그 애들이 우리 애 가까이에 있는 게 싫었어요. 믿을 수 없는 애들이니까요. 그 애들이 우리 애를 다시 그런 상황으로 몰아가지 않을까 두려웠어요." 그녀가 덧붙였다. "사람들은 이러더군요. '용서해야죠.' 심지어 내가 존경하는 사람들까지도 용서하래요! 하지만 나는 달랐죠. '잠깐, 그쪽이 당한 일이 아니잖아요! 그 애들의 눈동자에서 뿜어져 나오는 증오를, 공기를 칼로 자르는 듯한 그 증오를 한번 느껴보고 말씀하세요!'"

딸에 대해 린다는 이런 심정을 털어놓았다. "아이가 충고를 받아들이지 않아서 힘들었어요. 나는 세게 밀어붙였고 아이는 수동적이었지요. 나는 아이가 뭔가 하기를 바랐는데, 아무것도 하지 않는 게 더 싫었어요. 누가 내 아이를 다치게 하는데, 정작 아이는 자기를 돌보지 않는 거예요. 그러니 그 애를 위해 내가 뭘 더 할 수 있겠어요."

  어떤 어머니들은 딸이 학대에 굴복하는 모습이 나약해 보여서 화가 난다. 한 어머니는 딸의 비합리적인 행동에 깜짝 놀랐다. 딸을 괴롭히는 두 가해자는 같은 날 같은 병실에서 태어났다고 우겼다. "레베카는 그 두 아이의 생일이 다르다는 것을 알고 있었지만 자기가 잘못 안 건 아닌지 계속 의심했어요!" 그녀가 말했다. 특히 딸에게 자기주장적인 행동의 본보기를 보이려고 애쓰면 애쓸수록 어머니의 좌절은 더 커졌다. 매기의 어머니인 안드레아가 설명했다. "내가 다그치니까 딸아이는 무력하게 '못 해요, 못 해요'라는 말만 하더군요. 나는 솔직히 털어놓는 성격이라 아이한테 더러 화도 냈어요. 내가 하고 싶은 말을 참은 적은 거의 없는 것 같아요. 그래서 딸아이도 그러기를 바랐거든요. 어떻게 말하면 되는지 그것까지 다 일러줬어요. 그런데 왜 못 하는 걸까요?" 이 힘든 시기에 어머니와 아이의 관계는 점점 서먹서먹해지고, 따돌림 해결은 더욱 어려워진다.

숙명

●   여성과 공격에 대한 전형화된 생각은 어머니들이 딸의 시련에 접근할 때 매우 강력히 작용한다. 가혹한 경험을 한 소녀가 성장해서 어머니가 되면, 딸의 친구들에 대해 의심하고 걱정하고 분노한다. 이런 어머니는 자기 고통에 비추어 딸의 고통을 본다. 딸이 희생자가 되었을 때 그것을 문제 삼지 않기로 결정한 것에 대해 메리는 이렇게 설명했다. "아이가 힘든 상황에 처했다고 해서 내

가 기다리고 있다가 뛰어들어 아이를 구할 수 있는 게 아니잖아요. 어른이 돼도 마찬가지예요. 꼬마들처럼 뒤에서 흉보는 어른들이 있다니까." 내가 자꾸 다그쳐 묻자 그녀는 나중에 불만을 표시했고, 딸이 수수방관하자 결국 감정이 폭발했다. "여자들이란, 그러니까…… 난 여자 친구가 많지 않아요. 일단 믿을 수 있어야 하잖아요. 여자는 결국 남자처럼 잘해주지 않아요. 딸아이도 친구를 선택하는 법을 배워야 해요."

어느 일요일 아침, 내 허리만큼 키가 자란 아이들 한 무리가 내 쪽으로 몰려오더니, 양말을 신은 채 우르르 미끄러진 뒤 꽥꽥거리며 계단을 올라갔다. 마거릿이 아이들 무리를 헤치며 나를 이끌었다. "좀 어수선하죠." 그녀가 주위를 훑어보며 따뜻하게 웃었다. "어디 조용한 데가 있을 거예요." 우리는 1년에 두 번씩 쓴다는 교실로 들어갔다. 마거릿은 여기서 자신의 딸 클로이에 대해 말하고 싶다고 했다. 자리에 앉자 그녀는 얼굴이 어두워졌다.

"그게 뭔지 모르겠어요." 마거릿은 무릎 위에서 주먹을 쥐며 말했다. "그 애는 찰랑거리는 물 같아요. 깨끗한 석판 같다고 할까요. 하루하루가 아름다워요. 그 애는 세상을 바라보고 사람들을 사랑해요. 그런데 다른 여자애들이랑 아주 이상한 행동을 하는 거예요. ……흉보기나 질투나, 내가 잘 모르는 그 뭔가를 말이에요."

마거릿은 딸아이의 아름다움과 뻔뻔스러움을 낯설어하는 만큼 감탄하고 있었다. "나는 달랐거든요." 그녀가 말했다. 거의 30년 전에 그녀가 어울리던 무리는 매주 한 명씩 골라 괴롭혔는데, 당하는 것은 거의 언제나 마거릿이었다. 그들은 이따금 그녀가 존재하지도 않는 것처럼 행동했고, 마거릿은 도서관에서 몰래 점심을 먹어야 했다. 그때의 아픔은 지금도 생생하다. "친구를 사귀는 건 인정받고 싶고 내가 정상이라는 것을 확인하기 위해서예요. 그런데 어느 날 그 애들 때문에 사람을 어떻게 믿을지, 심지어 믿을지 말지에 대한 생각이 바뀌게 돼요." 그때부터 그녀는 사람들과 새로운 관계를 맺는 것이 망설여졌다. 사람도 잘 믿지 않게 되었다. 여자들보다 남자들이 더 편했다. "누가 내 편이고 누가 내 편이 아닌지 어떻게 알겠어요." 마거릿은 무리 속에서 가장 외로움을 타는 사람이 자기라고 말했다. 친구들이 저녁을 먹으러 집에 와도 혼자 설거지를 할 때가 많았다.

"나는 겉도는 사람이었어요." 그녀가 말했다. "사람을 믿지 못했고, 행복하지 않았어요. 내 아이는 사람들에게 편견을 갖지 않았으면 좋겠어요." 하지만 쉽지 않다. 오늘날의 소녀들의 규칙은 더 모호하다. 클로이는 쉬는 시간에 남학생들과 축구를 했다는 이유로 따돌림을 당했다. "2년 뒤라면 축구를 하거나 말거나 상관없겠죠." 마거릿이 말했다. "기회를 놓친 걸까요? 규칙은 늘 변하잖아요. 뭐가 옳고 뭐가 그른지 어떻게 알겠어요. 누가 따돌림을 당하고 누가 당하지 않는지, 뭐가 좋고 뭐가 좋지 않은지 어떻게 알까요."

그녀는 클로이의 임박한 신체적 성숙이 반갑지 않았다. "매력이 넘치는 아이가 될 거예요. 그 애의 당당함은 감탄스러워요. 어깨를 쫙 펴고 고개를 꼿꼿이 들고 걷는 걸 보면, 정말 자기를 사랑하는 것처럼 보인다니까요. 나는 그런 자신감이 없었어요." 그녀가 덧붙였다. 마거릿은 클로이의 자신감과 아름다움에 다른 아이들이 위협을 느낄 거라고 확신했다. 나는 그 이유를 물었다.

마거릿은 딸의 장래를 고민하면서 이 시대를 사는 자신의 여성적 경험만 참조했고, 어려서 직접 경험한 시련에 큰 영향을 받았다. 가장 떨쳐버릴 수 없는 것이 다른 여자들에게 평가받는 느낌이었다. "우리는 항상 누가 잘나고 누가 못났는지 비교해요. '저 애는 머리 모양이 왜 저래. 저 애는 점점 뚱뚱해지는데.' 우리는 거울을 우리 쪽으로 들고 늘 평가하려고 해요. 그 애의 문제가 보여요. 그럼 내 문제도 보일까? 내 문제를 보고 아이들이 내 이야기를 할까?"

딸의 사회생활도 마찬가지였다고 그녀는 말했다. "아이가 학교에서 학습장애가 있다고 쳐요." 그녀가 속삭이듯 목소리를 낮추었다. "그건 가족이 쉬쉬하는 비밀이 돼요. 만약 교사들과 문제가 있다면, 그 문제는 당신만 알아요. 아무한테도 말하지 않을걸요." 나중에 그녀가 다시 말했다. "우리는 모두 다른 사람들을 평가하니까요."

마거릿은 여성운동이 여자들을 단합하게 하는 데 실패했다고 믿었고, 전업주부인 자신을 일하는 어머니들이 깔보는 느낌을 받았다. 사교 모임에 가면 종종 창피한 느낌이 들었다. 어떤 어머니는 그녀를 보자 놀라면서 이렇게 물었다. "하루 종일 뭘 하세요?" 그녀가 얼굴을 찡그렸다. "존중은 찾아볼 수 없어요. 왜 자꾸 문제만 보는 거죠? 이 힘든 시기를 함께 헤쳐 나가려면 서로 도와야 하잖아요. 일하는 엄마가 내 도움을 필요로 한다면 도와줄 수 있어요! 우리는 아직 남자들과 경쟁하고 있으니까요. 그런데 왜 우리끼리 경쟁해야 하죠?"

부모와 따돌림 문제에 대해 생각하면 비행기에서 듣는 안전 수칙이 떠오른다. 기내의 기압이 떨어지면 어른은 아이보다 먼저 산소마스크를 쓰고 아이를 돌보아야 한다. 오늘날의 부모는 딸이 사회적 위기를 극복하도록 도우면서 어쩔 수 없는 장벽과 마주친다. 소녀들의 공격에 대해 말할 언어가 부족한 것이다. 학교와 접촉하고 관계의 진실을 표현할 언어가 생기면 부모도 통제력의 일부를 되찾게 될 것이다. 아이도 비슷한 경험을 하는 아이들이 많다는 사실에 힘입어 자기 목소리를 높일 수 있다. 부모는 딸을 더 강하게 키울 수 있으며, 딸은 자기 경험을 공통의 것으로 이해하고 다른 여자들을 소중히 여기는 사람으로 성장할 수 있을 것이다.

교사

● 소녀들의 은밀한 공격 문화에 변화를 일으키려고 할 때 가장 큰 희망은 바로 교사다. 교사는 소녀들의 다양한 공격을 이해하고, 그 문제에 관심을 쏟고, 그 문제에 대해 소녀들과 사적 또는 공적으로 토론하고, 가능할 때마다 해결책을 찾는 교실 문화를 형성할 수 있다. 소녀들이 자기주장적이지 않은 행위로서의 대체공격을 의식하도록 사회화되는 공간이 바로 교실이다. 교사는 간접성과 조종성이 부정적인 감정의 표출에 적당하지 않다고 알려줄 수 있다.

하지만 교실 안팎에서 대체공격을 해결하려는 노력은 소녀들과 부모들에게 그런 것처럼 교사들에게도 쉬운 일이 아니다. 교사는 학부모와 교장 사이에서 이리저리 떠밀리고, 터무니없이 높은 교과 기준을 맞춰야 한다. 지치고 제대로 보상받지 못하는 교사들은 수업에 지장을 주지 않고 눈에 띄지도 않는 학생의 행동에 신경 쓸 여유가 없다. 페기 오렌스타인이《여학생》에서 지적하듯이, 교사들은 수업 중에 질서가 유지되는 몇몇 순간에 대해 여학생들에게 감사한다. 남학생들은 떠들고 소란을 피우지만 여학생들은 수업 태도가 바르다. 미국여대생협회는 남학생들의 떠들썩함 때문에 여학생들의 목소리가 묻히는 것에 대해 조사했는데, 이 같은 소녀들의 얌전함은 숨은 공격자들을 완벽히 은폐하고 교사들의 눈을 피해 마음대로 행동할 수 있는 기회를 준다.[57]

더 복잡한 것은 소녀들의 싸움에는 소년들의 싸움에서 보이는 과감하게 그어진 선이 없다는 사실이다. 소녀들의 갈등은 고목의 뿌리처럼 땅속 깊이 들어간다. 소녀들의 이러한 행동 특성에 대한 인식이 필요함에도 불구하고 제도적 지원이 부족하기 때문에, 많은 성인들이 소녀들의 관계 갈등을 더욱 불안하게 바라본다. "여자아이들의 관계를 보면 불안해요. 내가 심리적인 도움을 줄 만한 자격은 안 되지만." 어느 교사가 말했다.

도움을 주고 싶어 하는 많은 교사들이 규율의 기반이 허술하기 때문에 표류한다. 20년 넘게 초등학교에서 가르친 메릴린이 말했다. "어떻게 부모에게 말하죠? 당신 아이가 고질적인 거짓말쟁이라고 할까요? 그들은 그런 말을 듣고 싶어 하지 않아요!" 새로운 언어를 개발하면 아이의 행동이 덜 자극적으로 전달될 것이다. 소문내기나 동맹 결성, 비언어적 제스처 같은 관계적, 간접적, 사회적 공격 행위에 대해 부모도 편하게 언급할 수 있을 것이다. 그렇게 하면 교사도 학부모에 대해 두려움을 덜 느낄지 모른다.

교사가 이렇게 흔들리는 땅에 서 있는 것은, 한편으로는 소녀들의 공격이 보이지 않기 때문이다. 많은 교사들이 자기 눈으로 직접 보지 않은 행동은 훈육하지 않으려고 한다. 메릴린이 설명했다. "신체적인 것은 눈에 보이니까 통제하기 쉬워요. 지나가다가 누가 발을 내미는 것이

나 치고받고 싸우는 것, 누가 의자에 앉으려는데 그 의자를 빼내는 것, 그런 건 야단치기 쉬워요. 눈앞에서 벌어지니까요. 빈정대거나 무시하는 말도 그 자리에서 직접 들어야 해요. 그래야 알지요."

교실에 카메라가 설치되지 않으면 교사들은 알 수가 없다. 오리무중인 행동은 여전히 오리무중이다. "비빌 언덕이 있으면 나도 어떻게 해보겠어요. 하지만 무슨 일이 벌어지는지 모르는데 괜히 스스로 곤란한 상황에 들어갈 수는 없잖아요." 나중에 메릴린이 덧붙였다. "부모들이 항상 지켜보고 있어요. 그들은 최고의 동맹이 될 수도 있지만 최악의 적이 될 수도 있지요."

정말 그렇다. 교사는 부모가 놓고 간 편지를 읽고 기겁할 수도 있다. 어느 초등학교 교사는 아이 문제로 부모와 대면할 때 강한 불안을 느낀다고 했다. "편지를 받고 불안한 마음으로 집에 돌아오면 밤새 남편을 붙잡고 말해요. 이런 일이 생기면 교사들은 학교 건물을 나오면서 울고 싶어져요." 메릴린은 부모에게 자녀의 문제에 대해 알려주어도 소용없다고 결론지었다. "말이 안 통해요. 지적인 반응은 찾아볼 수 없어요. 암사자와 새끼 사자 같다고 할까요. 무슨 일이 생기면 자식만 싸고돌걸요. 괜히 건드리고 싶지 않아요." 그녀가 다시 말했다. "나는 적이 아닌 데다가, 어떤 지점에 이르면 후퇴해야지 더 전진할 수는 없어요."

오늘날의 사회는 점점 빠른 학업 속도를 요구하고, 교사는 학생들이 뒤처지지 않도록 노력을 기울인다. 일류 공립학교에서 근무하는 어느 교사가 설명했다. "여학생 따돌림은 우리 교사들에게는 가장 관심 없는 문제예요. 미안하지만 나는 흥미가 없군요. 50분 수업 시간 동안 그런 일은 일어나지 않으니까요. 눈에 띄지 않아요. 신경을 쓰지도 않고요.

가르치는 데 열중하니까요. 거기까지 신경 쓸 시간이 없어요."

"우리는 그런 훈련은 받지 않았어요." 그녀가 덧붙였다. "교과서를 잘 가르치는 훈련을 받은 거죠." 교사가 학생들의 신체언어에 민감해야 한다는 생각이 그녀는 짜증스럽다. "항상 신경을 곤두세우고 있을 수는 없잖아요. 무엇보다 끊임없이 공격이 일어날 테고요. 게다가 아이들의 상황을 잘 알고 있어야 하고요. 신체언어도 잘 알아야 하고, 할 일이 너무 많잖아요!"

문제가 생겼을 때 교사가 잘못 해석하는 것도 당연하다. 20여 년 동안 교직 생활을 한 메릴린은 이따금 여자애들이 서로 "오해한다"고 말했다. "두 아이가 비밀을 나눠요. 좋은 이야기일 수도 있고 나쁜 이야기일 수도 있지만, 둘이서만 간직하고 싶은 비밀이겠지요." 그녀는 어느 3학년생의 이야기를 해주었다. 그 아이는 자기가 다가갈 때마다 친한 친구들이 입을 다물자 "신경질"을 부렸다.

"두 아이가 그 애의 감정을 상하게 하지 않고 (빠져달라고) 어떻게 말할 수 있었을까요. 그 둘이 '이건 우리끼리 비밀로 해야 하는 이야기야' 하고 말했대도 그 애는 여전히 혼자 버림받은 기분이 들었을 텐데요." 메릴린은 세 소녀를 데리고 밖으로 나갔고, 버림받은 소녀에게 사람들은 비밀이 있다는 것을 이해시키려고 애썼다.

내가 그렇게 한 이유를 묻자, 메릴린은 자기는 그 비밀을 몰랐고 아이들이 비밀을 지킬 권리를 존중한다고 말했다. "개인적인 일이라고 했거든요." 그녀가 설명했다. 하지만 두 사람이 비밀을 나누는 것과 비밀을 나눈다는 사실 자체를 가시적으로 드러내는 것 사이에는 차이가 있다. 이 구분은 소녀들끼리의 공격이 얼마나 미묘할 수 있는지 이해하는

데 결정적이다.

교사와 학생 사이에는 더 깊은 오해가 있고, 이 부분에 대한 탐색이 필요하다. 교사는 소녀들의 공격을 중립적으로 설명해줄 언어를 모르고, 그들 대부분은 억압된 분노가 미치는 사회적, 심리적 여파를 인식하지 못한다. 그 결과 소녀들의 행동에 분개하지만, 그 전형화된 잔인함에 더 쉽게 굴복한다. 어린 시절 내 선생님 중 한 분은 간단히 말했다. "차라리 남자들을 상대하겠어. 남자들은 대체로 직설적이고 솔직하거든. 남자들과 함께 있으면 내 위치를 알게 되니까." 이 비슷한 말을 나는 수도 없이 들었다. 그런데 이런 태도가 교실에서 교사에게 미치는 영향에 대해서는 잘 알려져 있지 않다.

교사들이 차라리 모르기를 바란다는 말은 아니다. 3학년 때 애비가 괴롭혔을 때 나는 상담교사 린에게 가서 울곤 했었다. 내가 린을 다시 찾아가자 그녀는 매우 기뻐했다. 파마를 한 갈색 머리에 얼굴에는 주근깨가 박힌 가냘픈 체구의 그녀가 나를 끌어안고 오빠 안부를 물었다(오빠도 상담실에 자주 들락날락했다). 그녀는 다시 의자에 앉아 다리를 꼬고 얼굴을 찡그리며 말했다. "지금까지 가장 힘든, 가장 해결하기 어려웠던 문제가 여학생들끼리의 따돌림이었어. 25년 동안 그 문제를 설명할 사람이 나타나기를 기다렸지."

린처럼 어떤 교사들은 여학생 따돌림 문제에 대한 주위의 침묵에도 불구하고 대체공격에 맞선다. 앰버가 이런 마음을 먹은 것은 자신이 희생자가 되었던 기억 때문이었다. 미시시피 주에서 초등학교 교사로 일하고 있는 앰버는 어느 날 교실에서 그 이야기를 들려주었다. "나는 키도 작았고 뻐드렁니에 안경을 썼었어요. 그 기분이 어떤 건지 아직 생생해요. 20년 동안 사라지지 않았는걸요. 어쩌면 내가 이 세상에서 가장 불안정한 사람일지 몰라요. 교실에서 가르칠 때는, 우리는 뭐든 이룰 수 있다고 말하니까, 아무도 모를 거예요. 그 아이들이 나를 욕하는 소리가 아직까지 들려요. 내 생김새와 외모가 이상하다며 나를 받아주지 않았어요."

앰버는 아이들이 잔인한 말싸움을 하면 무섭게 야단친다. 한 남학생과 한 여학생이 서로 욕하며 싸우자 그 아이들을 데리고 나가서 옛날의 자기 경험을 솔직하게 들려주었다. "마음이 아프지, 그렇지? 나도 그런 적이 있었어. 뻐드렁니였었거든. 지금은 아니지만, 그 일을 생각하면 아직도 마음이 아파." 그녀는 여학생들을 밖으로 데리고 나와 종종 그들의 이야기를 하게 한다.

교사가 대체공격을 인식하고 훈육하도록 훈련하는 데는 큰 노력이 필요하지 않다. 문제는 우리가 원하는지 그렇지 않은지의 여부이다. 내가 켄드라에게 교실에서 그런 일이 생기면 어떻게 알 수 있는지 묻자 대답은 명백했다. "당하는 아이가 갑자기 위축되고 성격이 바뀌어요. 얼굴 표정도 달라지고요. 슬픔이나 위협 같은 것이 느껴져요. ……심지어 자세까지 달라져요. 말도 꼭 바보같이 하지요. 교사들이나 친구들 앞에서 위축돼요. ……보기만 해도 알아요. 아이들은 웃어야 아이들이지요. 나는 웃으라고 자주 말해요. 그래도 웃지 않으면 뭔가 잘못된 거죠."

물론 관심이 많은 교사들도 종종 은밀한 공격을 보지 못한다. 켄드라가 주의를 주었다. "누가 안 볼 때 괴롭히니까, 누가 버림받았고 무슨 일이 일어났는지 알려면 얼굴을 봐야 해요." 교사이자 따돌림의 희생자였던 내 룸메이트 제니조차 아이들이 힘없는 누군가를 심리적으로 때려

눕히는 때가 언제인지 모르겠다며 상심한다. 이런 상황에서는 당한 아이만 설명할 수 있다. 자기 고통을 교사가 하찮게 여기거나 무시한다고 생각되면, 혹은 그 문제를 무감각하게 다루면 아이는 침묵할 것이다.

이런 현상에 대항하기 위해 공감의 순간이나 개인적인 경험에만 의존해서는 안 된다. 강제적인 공적 규칙이 절대적으로 필요하다. 대체공격이 학교의 명백한 책임이 되지 않으면 아이들은 따돌림과 학대에 계속 무방비로 노출될 수밖에 없다.

앞으로 나아갈 길

이 책에서 나는 여학생 따돌림의 실상을 조금이나마 보여주고 그것을 이해하려는 노력을 시작하고 싶었다. 나는 소녀들이 가담하는 대체공격이 의사소통의 만족스럽지 않은 형태라는 사실과, 분노를 표출해야 하는 인간의 보편적인 욕구를 충족시키지 못한다는 사실과, 그것이 소녀들에게 허용되는 유일한 표현 방식이어서는 안 된다는 사실을 깨달았다.

소녀들은 갈등을 편하게 받아들여야 하고, 그러기 위해서는 우리의 도움이 필요하다. 그렇게 함으로써 공격에 있어서 더 건강한 관계가 허락될 뿐 아니라, 분노와 갈등에 선행하는 불편한 감정을 미리 표출할 수 있게 된다. 조종하는 행위를 칭찬해서는 안 된다. 소녀들에게 존중받을 수 있는 자기주장 행위를 하도록 격려하고, 자극적이지도 공상적이지도 않은 여성적 공격 표현의 형태를 제시해야 한다. 그 책임은 사회화의 순간에 시작되고, 학부모, 교사, 소녀 모두에게 책임이 있다.

이 장에서 나는 정책 입안과 교수법에 대한 새로운 방향을 포함하여 대체공격을 물리칠 수 있는 전략을 제시할 것이다. 대부분은 내가 이 책을 쓰기 위해 만난 학부모, 학교 당국, 따돌림의 생존자들이 직접 제안한 것이다.

부모에게

● 나는 나이에 관계없이 인터뷰한 모든 여성에게 시련에 대해 부모가 어떻게 반응하는 것이 좋은지 물어보았다. 압도적으로 많은 대답이, 가장 좋은 부모는 적극적으로 경청하는 부모라는 것이었다. 이들은 딸에게 학교생활이 어떤지 날마다 물어보았다. 딸이 울면 품에 안아주었고, 여러 가지 특별한 요구들, 예컨대 학교에 일찍 가기 싫다, 수업이 끝나면 곧장 데려가달라, 특별한 저녁을 차려달라는 등의 요구를 들어주었다. '인기를 얻는 법' 장에서 소개한 엘리자베스는 이렇게 말했다. "엄마가 없었다면 난 미쳐버렸을지 몰라요. 엄마는 아무것도 묻지 말고 곁에 있어달라는 요구를 존중해주었어요. 내가 필요한 건 엄마가 안아주는 거였거든요." 인정하고 싶지 않지만 문제를 해결하기 위해 할 수 있는 일은 많지 않다. 그들이 인터뷰를 쉽게 허락한 것도 스스로는 수동적이라고 느낄지 모르지만 지금까지 했던 가장 의미 있는 노력이었다.

위기가 지나가고 세월이 흐르면, 소녀들은 과거에 살아남을 수 있었던 이유를 가정에서 얻은 안식에서 찾는다. 그러니 가정이 딸에게 성역이 되게 하라. 딸이 무조건적인 사랑과 지지로 자기를 충전하여 고달픈

하루가 끝난 뒤에 잃은 기력을 채울 수 있게 하라. 언니나 여동생이 있는 경우라면, 그 아이들에게 도울 방법을 조용히 일러주라.

손 놓고 쳐다보라는 말이 아니다. 당신이 해야 할 일이 있고, 딸에게 물어야 할 것이 있다. 기자처럼 정보를 수집하라. 누가 괴롭히는지, 얼마나 오래 그랬는지, 어떤 식으로 괴롭히는지, 교사가 그 사실을 알고 있는지 물어보라. 아이와 같이, 그리고 당신 스스로 전략을 짜라.

가해자가 같은 반 친구라면 자리를 바꾸고 싶은지, 반을 바꾸면 어떻겠는지 물어보라. 초등학생이라면 앉는 분단에 따라 무리가 형성된다. 분단을 바꾸면 적어도 그 상황을 버티거나 다른 아이들과 서로 지지하는 관계를 만들 수 있다.

학교를 옮기고 싶어 하지는 않는가? 내가 만난 여자들 몇몇은 학교를 옮긴 뒤에 두 번 다시 과거를 돌아보지 않았다고 한다. 변화는 문제를 일으킬 것 같지만 오히려 긍정적인 변화가 일어날 수도 있다. 여학생 따돌림은 특정한 토양에만 폭풍처럼 몰아치는 사회적 소용돌이다. 토네이도가 캘리포니아보다 캔자스에 더 강하게 몰아치는 데는 이유가 있고, 소녀들 사이의 사회적 화학작용도 마찬가지다. 특정한 환경에서 위축된 아이들이 다른 환경으로 옮겨서 훌륭히 살아남은 경우도 많이 있다.

전학이 경제적 부담이 된다면 대안이 있다. 엘리자베스는 8학년 때 참을 수 없을 만큼 힘든 시기가 오자 일주일 동안 진행된 청소년 프로그램에 참여했다. 당시에는 방어적인 데다 분노와 의심이 가득해서 사실 부모의 손에 끌려온 것이나 다름없었다. 엘리자베스는 그때를 놀라운 경험이었다고 기억한다. "생전 처음 보는 아이들이 다가오더니 나를 끌어안으면서 말하는 거예요. '만나서 반가워. 나는 누구누구야.' 이런 기분이었어요. '세상에. 정말? 진심이야?' 일주일이 지나자 나 자신을 되찾을 수 있었어요. ……그 애들은 나를 알고 싶어 했고 나를 궁지에 몰아넣지도 않았어요. 뒤에서 흉보지도 않았고요."

그녀는 이렇게 기억했다. "그런 경험은 내가 세상을 보는 관점을 완전히 바꾸어놓았어요." 그해 가을 엘리자베스가 고등학교에 진학하자 생채기도 나았고 상처도 치유되기 시작했다. "다들 잘 받아줬어요. 그 아이들은 나를 있는 그대로 좋아했거든요. 아무런 문제도 없었어요."

말할 것도 없이, 추방된 아이에게 새로운 활동은 새로운 세상이나 다름없다. 이상적으로 생각할 때 아이들은 입는 것, 말하는 것, 보는 것이 아니라 어떤 기여를 하는지에 따라 자기 가치를 인정받는 활동을 선택해야 한다. 인기를 얻게 하는 것보다 훌륭한 운동선수나 작가, 승마선수, 베이비시터에 더 관심을 가지면 변화가 일어날 것이다. 딸에게 다른 활동을 시켜보라. 신문 편집부에 참여하거나 방과 후 글짓기 수업을 듣도록 하는 것도 좋다. 노래 부르기, 춤추기, 도자기 만들기, 조립체조, 자원봉사 등 여러 기회를 활용하라. 딸의 불행한 사건과 관련이 없는 아이들과 어울리게 하라.

신중하게 생각해야 한다. 발놀림이 익숙하지 않으면 축구부는 곤란하다. 면도날같이 무서운 아이들이 있다면, 그런 체조반도 곤란하다. 다른 학교 아이들이 대부분인 워크숍도 곤란하다. 담당자나 다른 학부모와 상의하여 미리 그 활동의 사회적 체온을 재라. 아이가 성공할 수 있거나, 적어도 어울리고 즐길 수 있는 활동을 선택하라.

특별활동은 아동기 열정을 발휘할 수 있는 흥미로운 출구이며, 사랑에 빠지는 것처럼, 열정은 때때로 남은 나날을 견디게 한다. 아무리 힘든 하루를 보내도 농구 코트에 서면 집중과 몰입뿐이다. 아무도 나를 건드릴 수 없다.

심리학자인 엘렌은 위기의 시기에 딸 로마를 돕는 데 역할극이 굉장히 효과적이라는 사실을 발견했다. 엘렌은 로마와 로마의 친구가 자신들을 따돌린 가해자 제인에게 따지는 시나리오를 몇 가지 만들게 해서 둘이 실제로 해보게 했다. "아이들에게 진실을 말하라고 북돋워줬어요. 제인이 무슨 말을 퍼뜨릴지 두려워하지도, 휘둘리지도 말라고 했지요. 어려운 문제는 같이 고민하면서 매우 구체적으로 접근했어요. '내가 이러면 그 애는 이럴 거야!' 그런 식으로 아이들이 제인의 말을 어떻게 받아칠지 준비하게 했지요. 상황을 다루는 방법을 연구했다고 할까요."

우리는 아이들에게 수직적으로 충고할 때가 많다. "이렇게 말해!" "돌아서서 가버렸어야지." 역할극은 좀 더 수평적이고 상호작용을 중시한다. 딸이 쓰게 될 전략은 삼차원적이고 현실적인 것이 되고 당신은 딸의 사회에서 존재감을 가지게 되어 당신과 딸 모두 위로를 얻는다. 역할극에 다른 아이를 참여시키면 아이는 도덕적 지지를 얻은 것처럼 느낄 것이며 고립의 두려움도 감소할 것이다.

또한 아이의 하루 일과를 꼼꼼히 살피고 어떤 심적 부담을 가볍게 해줄지 찾아보라. 아이가 점심시간이나 쉬는 시간에 무엇을 하는지 알아보라. 혼자라면 어디에 있는가? 일주일에 두 번 도서관이나 미술실, 체육관에서 시간을 보내게 할 수 있는가? 이것은 영원한 해결책이 아니고 날마다 숨는 습관을 들여서도 안 되지만, 아이가 몹시 힘들어한다면 숨쉴 장소를 찾아주어야 한다.

낮에 같이 놀 다른 친구들이 있는가? 그 아이들과 같은 식탁에서 점심을 먹고 쉬는 시간에 같이 어울리라고 격려하라. 당신의 친구에게 딸이 있어서 같이 놀게 할 수 있다면 그 친구에게 이야기해서 서로 어울릴 자리를 만들어주라. 하지만 조심하라. 우정을 강요하는 느낌이 들어서는 안 된다. 당신의 아이와 어울리면 어떤 점이 좋은지 친구에게 반드시 알려주라. 딸이 아무리 힘든 상황에 처했다고 해도 딸을 돕는 것이 다른 아이의 책임인 것처럼 생각해서는 안 된다. 다른 아이의 욕구를 희생하고 당신의 딸에게 공감하라고 말하는 것은 배려와 자기희생을 우위에 두어야 한다는 메시지를 강화할 위험이 있다. 하루 동안 같이 놀았다면 결정은 두 아이의 몫이다.

학교를 공략하기 전에 당신이 활용할 수 있는 모든 자원을 살펴보라. 유능한 부모는 학교가 그 문제를 가족에게로 돌리는 것을 막을 수 있다. 아이의 발달 상태에 대해서 되도록 많이 알고 있어야 한다. 교실 밖에서 아이의 사회적 관계는 어떤가. 코치나 다른 강사들과 이야기해보았는가? 또래나 친구들 사이에서 딸의 성격이 어떤 것 같은가. 어떤 아이도 따돌림을 당해서는 안 되겠지만, 딸이 지금까지 또래와 문제가 없었던 명랑한 아이라면 학교에 더 강력히 요구할 수 있다.

딸이 따돌림을 당하면 부모는 자포자기와 분노, 슬픔의 감정에 사로잡히기 쉽다. 하지만 그런 감정이 아이의 시련에 대처하는 당신의 행동을 압도하고 지배하게 내버려둔다면, 심각한 실수를 저지르는 것이다. 딸에게 "너를 질투해서 그런 거야" 혹은 "따돌리는 아이의 문제라고 생각하자"라고 말하면서 가해자의 문제로 돌리는 것은 위험하다. 아무튼 당신의 아이는 누군가의 먹이가 된 것이다. 한 가지는 확실하다. 아이가 더 강해지고 더 자기를 사랑하는 사람이 되려면 당신의 도움이 필요하다는 것이다.

일반적으로 가해자의 부모에게는 전화하지 않는 것이 좋다. 안타깝지만 이런 대화는 즉시 틀어진다. 희생자의 부모는 분노와 불쾌감을 감추지 못하고, 가해자의 부모는 딸이 공격적이라는 소식에 당황한다. 딸이 착하지 않다는 것은 성 역할을 잘 따르지 못한다는 표시이기 때문이다. 아들이 다른 동성 친구들이 시키는 대로 한다는 사실을 알게 되는 것과 비슷하다. 무엇보다 부모는 자녀에 대한 외부의 평가를 자신들의 양육 기술, 더 나쁘게는 개인적인 모욕으로 여긴다. 그 결과 화를 내거나 방어적인 태도를 보이는 경향이 있고, 문제를 전면 부인하는 경우도 허다하다.

부모끼리 친할 때도 문제가 생길 수 있다. 한 부모가 다른 부모에게 의무감을 느끼면 부모들 사이에, 그리고 딸들 사이에 억울함이 쌓인다. 또한 어떤 부모의 딸이 가해자라는 비난을 받으면 부모들의 관계 속에 억압된 긴장이 폭발한다. 혹은 한쪽 부모에게 불안이 일어나면 관계 자체가 위협받을 수 있다. 부모는 종종 다른 부모와 직접 문제를 처리하려고 하는데, 학교가 부모들을 중재할 기반이 부족하기 때문이다. 부모가 학교에서 자식의 안전이 보장된다는 것을 알게 되면 그 상황을 직접 해결해야 한다는 부담은 줄어든다.

하루를 마쳤을 때 딸이 당신의 어떤 모습을 보는지에 주의하라. 딸에게 당신이 어떻게 '보이는지' 항상 의식하라. 따돌림을 당하는 딸을 보면서 당신이 본능적으로 반응하게 된다면 조심해야 한다. 딸의 경험을 통해 자신의 경험을 다시 겪고 있지는 않은가? 딸의 강렬한 고통 속에 자기가 빠져 있지는 않은가?

　감정이입이 지나칠 우려도 있다. 부모가 딸의 상황과 말에서 헤어날 수 없다면 위험한 영역에 들어간 것이다. 딸에게 가장 힘이 필요한 순간에 어머니가 울거나 기력을 잃으면 아이는 굉장히 불편하다. 딸이 보호받는다는 메시지가 전달되어야 한다. 가장 염려되는 것은 당신의 반응 때문에 아이가 당신에게 털어놓고 싶은 마음을 참을 수도 있다는 것이다. 엉망진창인 자기 감정을 당신에게 알리지 않는 것이 당신을 위해 더 좋다고 생각할지 모르고, 한편으로는 그 감정을 당신과 나누는 것이 허용되지 않는다고 느낄지도 모른다. 딸이 걷는 법을 배울 때를 떠올려 보라. 아이가 미끄러지거나 넘어졌을 때 당신이 깜짝 놀라서 겁을 집어먹었다면 아이는 그것을 대번에 알아채고 서럽게 울었을 것이다. 당신이 깔깔거리며 "저런, 얼른 일어나야지!" 하면서 아이를 침착하게 일으켜 세웠다면 아이는 아마 계속 놀았을 것이다.

　수잰 코언은 자신의 감정과 딸 한나의 감정을 분리해서 생각하려고 애썼지만, 한나의 고통이 시작되자 무력감 때문에 어쩔 줄을 몰랐다. "내 감정은 어느새 사라지고 아이의 감정이 시작되더군요. 그 반대일 수도 있고요." 치료사의 도움으로 그녀는 자신의 삶을 딸을 통해 살 수 없다는 것과 그녀의 행동이 은연중에 한나에게 그녀의 보살핌을 받아야 할 필요성을 부추긴 것을 깨달았다. "제대로 할 수 있기를 바랐어요." 그녀가 말했다. "어떤 시점에 깨달았는데, 누가 뭘 해주는 게 중요한 게 아니라 우선은 들어줘야 해요. 아이가 기댈 어깨를 내주고, 숨을 쉬게 하고, 그 상황에서 벗어나게 도와주는 거예요. 내가 엄마니까요. 내 전쟁으로 만들지 말고, 아이를 오로지 사랑으로 대해야 해요." 결국 수잰은 딸이 따돌림을 당했을 때 자신의 역할을 배웠다. 아이의 환경은 개선하고 자신은 행위의 주체로서 능동적인 존재가 되는 것이다. 그렇게 하는 것은 생각보다 더 힘들다고 그녀는 말했다.

그러므로 부모는 자기 감정의 체온을 재야 한다. 앞 장에서 소개한 어머니들처럼 대부분의 부모들은 딸의 따돌림에 대해 딸만큼 많은 기억을 풀어놓는다. 딸에 대한 반응은 당신에게 각인된 기억과 분노, 유년기를 포함하고 있다. 린다는 딸에 대한 자기 반응을 어느 정도 후회하고 있었다. "(맞서 싸우라고) 밀어붙이지 말았어야 해요. ……듣고 지지하고 어떻게 해보라고 제안하는 것은 괜찮지만, 밀어붙이는 건 좋지 않아요. 가슴속에서 느껴야 시도할 수 있잖아요. 안 그러면 아이가 아니라 내가 원하는 것이 돼버려요. 지켜보기 안쓰러워서 실수하게 되는 거지요." 생각해보라. '내 전략', '내 감정' 이면의 속마음은 어떤 것인가? 아이에게 가장 좋은 것과 당신이 원하는 것은 같지 않을 수 있다.

"내 딸이 강해졌으면 좋겠어요." 한 어머니가 말했다. "아이의 나약한 모습은 보고 싶지 않아요. 아이들이 과거의 우리보다 더 강했으면 좋겠어요." 그럼에도 불구하고, 저마다 경험한 특유한 따돌림에도 불구하고 대부분의 부모가 오래된 질문의 문간에서 서성인다. "어느 시점부터 아이를 스스로 싸우게 내버려둘 것인가?" 부모가 어떻게 하는 것이 옳은지 내게 물을 때, 나는 아무것도 하지 않으면 어떻게 될지 상상해보라고 한다. "교사는 지금 어떤 일이 일어나고 있는지 아는가? 상황이 도를 넘을 때 교사는 개입할 것인가? 학교는 이런 행위를 처벌할 것인가?" 학교에서 대체공격이 폭력의 실제로 인식될 때까지 부모는 지나치다고 느껴질 만큼 적극적으로 개입해야 한다. 학교가 싸워줄 거라고 혹은 아이가 싸울 능력이 있다고 가정해서는 안 된다. 문제를 바로잡는 것만큼 문제를 인식시키는 것이 중요하다.

딸에게 다가가는 좋은 방법과 나쁜 방법

마지막 종이 울리기 10분 전에 나는 런던 학교에서 9학년생들과 토론을 마무리하고 있었다. 공책이 나뭇잎처럼 바스락거렸고 아이들은 몸을 비틀고 꼼지락거렸다. "좋아!" 생각보다 내 목소리가 컸다. "한 가지만 더." 나는 자기가 따돌림을 당한다고, 혹은 누가 자기를 괴롭힌다고 부모님에게 말하는지 물었다.

"절대 안 하죠!" "네, 말해요." 두 가지 대답이 잔물결처럼 퍼졌다. 콧방귀 소리, 중얼거리는 소리, 음료수가 입에서 튀어나오는 소리가 섞여 들었다.

"그렇구나." 내가 동요하지 않은 것처럼 보이려고 애쓰며 말했다. "이유가 뭘까? 말해줄래?" 내가 쾌활하게 말했다.

몰리가 목소리를 높였다. "친구가 없는 걸 알면 부모님이 실망하시니까요."

"나는 괜찮은데 부모님이 친구를 나쁘게 생각하는 게 싫어요." 리디아가 말했다. "친구를 보면 나를 알 수 있는 거니까, 친구를 지켜줘야 해요."

"맞아요!" 리나가 깔깔거렸다. "엄마가 이러실 거예요. '나는 처음부터 그 애가 마음에 안 들었단다.'"

"맞아요." 구석에서 중얼거리는 소리가 들렸다.

"엄마는 바보예요. 이러시거든요. '내가 친구가 되어줄게.'" 로렌이 말했다.

"엄마는 내가 잘못했다고 생각하실지 몰라요. 그래서 말하기 싫어요. 엄마가 내 편을 안 들면 많이 실망스러울 거예요. 부모는 자식 편을 들어야 하잖아요."

"친구들과 부모님이 내 편이 아닌 건 싫어요."

이야기는 그렇게 이어졌다.

대부분의 소녀들이 따돌림을 당할 때 부모에게 말하지 않는다. 남녀의 차이는 없다. 따돌림은 남녀를 불문하고 모든 아이에게 매우 수치스러운 경험이다. 대체공격은 누가 관여되는지 공개적으로 드러나지 않기 때문에 침묵은 더 무겁게 다가온다. 어떤 소녀들은 자신이 경험한 것이 뭔가 잘못되었고 처벌도 할 수 있다는 생각은 하지 못한다. 오히려 문제를 자신들의 잘못으로 받아들이고 결코 입 밖에 내지 않는다.

그 행위를 금지하는 규칙이 없기 때문에, 그 행위가 교사의 눈을 피해 일어나기 때문에, 그 행위를 언급하거나 파헤칠 가치가 없다고 생각하기 때문에 아이는 그렇게 느낄 수 있다. 리지우드에서 8학년생인 페이스는 친구에게 버림받았을 때 자살 시도까지 했는데도, 너무 창피해서 무슨 일이 있었는지 어머니에게는 말하지 못했다. "엄마가 그런 이야기는 전혀 하지 않았기 때문에 엄마도 그런 일을 겪었다는 걸 몰랐어요. 내가 따돌림을 당하고 있다는 걸 엄마에게 말하기가 너무 창피해서 엄마가 몰랐으면 했어요."

자녀들과 함께 대체공격에 대해 말하는 것은 굉장히 중요하다. 당신이 이러쿵저러쿵 판단하려 들지 않고 학교에서 어떤 일이 생기는지, 소녀들의 은밀한 공격 문화는 어떤 것인지 대충 안다고 말하면, 아이는 가장 아픈 고통까지 구석구석 당신에게 보여주면서 스스로 안전하다고 느낄 것이다. 이런 질문으로 시작하면 도움이 된다.

- 반에서 여자아이들은 어떤 식으로 괴롭히니?
- 무슨 일이 일어나는지 선생님이 아시니? 그 이유는 뭘까? 어떤 반응을 보이시니?
- 여자아이들이 몰래 괴롭히니? 어떻게?
- 친구들끼리 서로 괴롭힐 수 있을까? 어떻게?

질문은 3인칭이 좋다. 그러면 더 쉽게 이야기를 꺼낼 수 있을 것이다. 소녀들은 타인을 보살피도록 사회화되므로, 다른 사람이 고통의 무게를 느끼지 않도록 배려하면서 자신들의 부정적인 감정은 숨긴다. 따라서 청소년기의 자존감 상실에 수반되는 우울, 자해, 거식증이 급증한다. 스테파니는 말을 참다가 위궤양이 생겼다고 했다. "부모님이 걱정하시는 게 싫었어요. 내가 기준에 미치지 못하는 못난이라고 생각하실지 모르잖아요." 아이가 관계의 복잡함과 상호성을 이해하도록 도와주면 다른 부분에서도 정서적으로 더 솔직해질 수 있다. 자녀와 더불어 솔직하게 생활하고 자기 감정과 두려움을 적절히 나누기까지는, 앞으로 가야 할 길이 멀다.

일단 말문이 터지자 개인 혹은 집단으로 만난 300명이 넘는 소녀들은 부모들이 그 문제를 다루면서 잘못한 점을 진지하게 털어놓았다. 딸들의 시련에 부모가 보인 반응 중 가장 공통적인 것과, 이어서 많은 소녀들이 어떤 반응을 더 선호하는지 소개해본다(추가로 내 의견도 두 가지 포함했다).

잘못된 반응 : "다 지나갈 거야." "누구나 다 겪는 일이란다."

이런 말은 달래는 것이 목적이지만 딸의 고통은 사소한 것이 되고 만다. "누구에게나 일어나는 일이야"라는 뜻이지만 아이는 정반대로 느낀다. 이런 고통은 처음이고, 이렇게 강하게 느낀 적도 처음이다. 이렇게 끔찍한 일을 견디는 것도 자기가 유일하다. 정말로 지나가는 시기일 수 있지만 아이는 모른다. 이런 말은 아이가 겪는 문제를 당신이 얼마나 이해하지 못하는지 드러낼 뿐이다.

따돌림을 둘러싼 부모와 자녀 간의 대화는 아이들이 하는 오퍼레이터 게임(아이들이 둥그렇게 둘러앉아 옆 사람에게 귓속말로 메시지를 전달하는 게임—옮긴이)과 닮은 데가 많다. "누구나 다 겪는 일이란다"라는 말은 아이들의 귀에 "너 같은 실패자에게만 일어나는 일이란다"라고 들린다. 소녀들이 침묵하는 가장 공통된 이유 중 하나는 사회적 수행에 실패했다는 수치심이다. 소녀들의 정체성이 관계적 기술에 의해 만들어진다면 고립은 재앙이나 다름없다. 그들이 경험하는 것을 대수롭지 않게 여기면 좌절감은 오히려 커지게 된다.

더 나은 반응 : "그렇구나. 정말 속상하겠다. 안타깝구나."

딸아이가 그런 고통을 경험한 첫 번째 사람인 것처럼 인정해주라. 또한 대체공격에 대해 알려주라. 많은 부모들이 잘 알고 있듯이, 부모가 아이에게 무슨 말을 하면 아이는 무시할지 모르지만, 다른 사람이 말하면 호들갑스레 고개를 끄덕일 것이다. 학자들의 연구 결과를 말해주라. 혼자 당하는 일이 아니라고 말해주라.

덧붙이는 반응 : "엄마한테도 그런 일이 있었단다."

그런 일이 있었는가? 기억나는가? 가장 효율적인 듣기는 공감에 있다. 자신의 경험을 말함으로써 상대의 취약성을 존중하고 연관성을 찾는다. 청소년기에 느낀 감정과 연관 지을 수 있다면 딸은 귀 기울여 들을 것이고, 어쩌면 당신을 믿어줄 것이다. 하지만 지나치면 곤란하다. 어떤 소녀들은 어머니가 자기 느낌을 정확히 안다고 해서 싫었다고 한다. "엄마가 '어떤 기분인지 안단다' 하고 말씀하세요. 하지만 모르시는 것 같아요. 지금은 세상이 달라졌는걸요."

잘못된 반응 : "어쨌든 나는 처음부터 그 아이가 마음에 안 들었단다." "왜 그런 친구들이랑 노는 거니?" "내가 ~하라고 얼마나 타일렀니?"

당신은 친구들이 탐탁지 않아 하는 상대와 데이트 해본 적이 있는가? 그 사람이 무례하고 미숙하고 둔감하다고 친구들이 말했을 때 기분이 어땠는가? "그래, 맞아! 그렇게 말해줘서 고마워!" 하면서 그를 차버렸는가? 딸의 경우도 마찬가지다. 물론 당신이 보기에 딸과 어울리는 친구들이 탐탁지 않을 수도 있지만 아이는 마음의 준비가 될 때까지 그런 생각은 하지 못한다. 아이가 그 친구들과 놀겠다고 하면 별수 없다. 이 시점에서는 아이가 관계의 상실을 두려워한다는 것과, 관계를 끝내는 법이 아니라 치유하는 법을 찾는다는 사실을 기억하는 것이 현명하다. 심각한 정서적 학대를 받는 것이 아니라면, 아이더러 그 친구와 놀지 말라고 말하는 것은 아이에게 끔찍한 악몽을 환기하는 것이며, 아이는 다른 친구들뿐 아니라 당신도 자기편이 아니라고 생각하게 된다.

더 나은 반응 : "정말 안타깝구나. 그 친구랑 이야기는 해봤어?" "다음에는 어떻게 하고 싶니?"

공감하라, 공감하라, 공감하라. 앨리자는 자기 문제에 어머니가 딱딱한 반응을 보이자 상심했다. 자기가 어머니였다면 이렇게 했을 거라고 했다. "먼저 아이와 같이 울어줄 거예요. 너무 끔찍한 일이니까요." 말문이 트이게 해주라. 아이가 바라는 것은 다른 어떤 것보다 들어주는 것이다. 할 수만 있다면 고민을 털어놓은 친구처럼 딸을 대하라. 가정은 성역이어야 하며, 아마도 아이가 진정한 사랑과 존중을 받는다고 느끼는 유일한 장소일 것이다. 질문과 평가는 평화와 긍정과 사랑이 담겨 있어야 하고, 비난이나 판단이 개입되어서는 안 된다. 그런 것은 이미 학교에서 충분히 받는다.

잘못된 반응 : "네가 어떻게 행동했기에 그렇게 됐니?"

딸이 따돌림을 당하고 있거나 친구들의 무리에서 쫓겨났다면 행동이나 옷차림을 바꾸어도 변화를 기대하기 어렵다. 한 소녀가 혹은 무리가 누구를 따돌리거나 용서하기로 결정하는 데는 특별한 논리가 없다. 더욱이 딸은 이미 성능 좋은 컴퓨터처럼 자기 잘못을 분류하고 있을지 모른다. 당신의 의도와는 무관하게 문제는 또 생긴다. "너의 어떤 점을 바꾸고 싶니?" 하고 물으면 아이는 그것을 '엄마는 이게 나 때문이라고 생각하고, 내가 뭔가 잘못됐다고 생각하는구나' 하고 해석한다. 나오미는 자기가 당한 고통을 사회적 기술이 부족해서라고 어머니가 해석했을 때 또 한 번 상처를 받았다고 했다. "엄마 사자처럼 보호해주고 나를 문제가 있는 아이가 아니라 위험에 처한 아이로 봐주었면 했어요. 엄마 눈에 내가 더 무섭고 더 즉각적인 위험에 빠진 걸로 비쳤으면 했어요."

더 나은 반응 : "어떻게 이렇게 되었는지 같이 생각해볼까?"
당신이나 딸이 희생양이 되는 것을 감수해야 한다는 말이 아니다. 이것은 발달상의 문제가 아니다. 에린을 기억하는가? 에린의 친구들은 문제를 억눌렀고, 그들의 분노는 수년간 억눌린 채 부글거리다가 마침내 폭발했다. 그렇게 지속된 분노가 마침내 폭발하게 되기까지의 과정을 생각하다가 에린은 친구들의 분노가 왜 그렇게 컸는지 이해하게 되었다. 에린은 자기의 어떤 점이 친구들의 분노와 경쟁심과 질투심을 불러일으켰는지, 무엇 때문에 친구들이 말하기를 두려워했는지 혹은 차마 분노를 표현하지 못했는지 이해했다. 딸을 데리고 그런 긴장의 순간을 되짚어보는 것도 효과가 있을 것이다.

또 다른 반응 : 교사나 상담교사와 상의하라
사회적 기술이 부족해서 그런 것일 수도 있다. 딸이 또래 특유의 신호에 제대로 반응하지 못해서 노여움을 사는 것인지도 모른다. 아이가 매우 어리면 직접 그런 말은 하지 못하므로, 교사나 상담교사에게 평가를 받아라. 가족이 도움을 줄 수 있다. 딸의 사회적 기술이 발달하면 상황이 개선될 수 있다. 아이에게 따돌림이 왜 일어나는지 묻는 것은 잘못된 것은 아니지만, 내 어머니가 말했듯이, 문제는 항상 "무엇을 말하

는지가 아니라 어떻게 말하는지"다. 편파적이지 않고 존중하는 태도로 다정하게 접근하여, 아이의 고통에 공감하고 아이의 사회적 성공을 지지하라.

잘못된 반응 : "학교에 당장 전화해야겠다."

학교에 큰 액수의 기부금을 내지 않는다면 "내가 당장 가서"라는 접근은 별로 효율적이지 않다. 신경질적인 부모로 꼬리표가 붙는 것은 치명적인 실수이며, 가장 좋은 방법은 마음을 단단히 먹고 학교에서는 따돌림에 대해 전혀 모르는 상황인 것처럼 접촉하는 것이다. 학교는 그 일을 전혀 모를 뿐 아니라 그런 행위를 금지하는 규칙도 없고 어떻게 해결할지에 대해서도 아무 대책이 없을 것이다. 당신이 다짜고짜 화를 내면 학교는 방어적이거나 무관심한 태도로 일관할 것이다.

하지만 더 중요한 것은 딸의 생각이다. 당신이 학교에 전화하는 것을 딸이 원하는가? 아이의 삶이 정말 위험한 것이 아니라면 딸의 바람을 무시하고 부모의 권위를 내세우는 것은 용서받기 힘들다. 아이의 자율성을 지켜야 한다. 더욱이 교실에서 하루에 8시간을 버텨야 하는 것은 당신이 아니다. 나오미는 자기가 걷잡을 수 없을 정도가 되자 오히려 부모가 겁에 질렸던 것을 기억했다.

"뭐랄까, 내게 정말 큰일이 난 것 같았어요. 스트레스가 엄청났어요. 부모님은 나더러 학교에 가지 말라면서 학교에 전화하겠다고 했어요. 나는, 전화하지 마세요, 나를 가만두지 않을 거예요, 엄마는 이해 못 해요, 이런 일로 소란을 피우지 마세요, 이렇게 대꾸했죠. 영원히 끝나지 않을 것 같았어요. 그 끔찍한 상황을 어떻게 말로 할 수 있겠어요. 그건 아이들 문제예요. 어른은 힘이 없어요. 어른은 속수무책이고 늘 아이들 뜻대로 되던걸요."

교사에게 비밀에 부쳐달라고 부탁해도 앞일을 예측할 수 없다. 어떤 희생자의 선생님은 교실에서 따돌림에 대해 말하지 않겠다고 약속한 뒤, 가해자 무리를 복도로 불러 희생자에게 잘해주겠다는 다짐을 받았다. 가해자들은 남은 한 해 동안 과하게 잘해주는 척하면서 희생자를 놀렸는데, 정말 괴로운 일이었다.

물론 예외도 있다. 아이의 안녕이 심각한 위험에 처하면 아이에게 가장 이익이 되는 방향으로 단호한 결정을 내려야 한다. 반이나 학교를 옮기는 것도 한 방법이다.

더 나은 반응 : "엄마가 선생님이랑 이야기해볼까?"

아이가 동의하면 차분한 태도를 유지해야 한다. 앞서 말했듯이 목소리를 높이고 눈을 부릅뜨면 사람들은 듣지 않을 것이다. 운이 나쁘면 듣는 사람이 당신을 무시하거나 스스로 잘난 체할지도 모른다. 감정은 효과적인 전달 수단이 아니다. 대체공격에 대한 사실적인 정보가 필요하다. 정보를 정확하고 조직적으로 제시하고, 학교에서 이 문제를 잘 처리하면 큰 이득이 있을 거라고 설득해야 한다. 과거에 성교육이나 고등학교에서의 대학 준비 수업이 필요하다고 주장하던 방식과 다르지 않다.

마지막으로 다른 학부모의 도움이 필요하다. 마거릿은 네 명의 어머니들과 일주일에 한 번씩 만나 커피를 마셨지만 딸의 문제가 밝혀질까 봐 두려워했다. 마거릿이 말했다. "두 달 뒤 우리는 서로 무슨 말을 해도 괜찮다는 것을 알게 됐어요." 1년이 지나자 그들은 그 문제를 꺼냈고 모두 같이 눈물을 흘렸다. 마거릿이 딸 클로이의 시련에 대해 말했다. "우리는 서로를 지지하게 되었어요."

소녀들의 은밀한 공격 문화는 침묵과 고립 위에서 지속된다. 메리 파이퍼(Mary Pipher)[58]가 썼듯이 "우리는 가족을 병리화하는 것이 아니라 정치화할 필요가 있다". 부분적으로 이 말은 집 밖에서 아이들을 괴롭히는 힘과 싸우기 위해서는 먼저 우리 자신의 의문과 두려움을 공개적으로 인정해야 한다는 뜻이다. 딸이 따돌림을 당할 때 고통은 딸만 경험하는 것이 아니다. 부모도 경험한다. 집안끼리 서로 대화하지 않으면 부모는 다른 부모에게서 배우지 못하고, 아이의 문제를 자신들의 탓으로 여기기 쉽다. 부모의 탓으로 돌리다 보면 그만큼 딸의 또래 문화에 대한 관심이 줄어든다. 거부하고 바로잡아야 할 사회적 패턴이 존재한다는 사실을 사회적 문제로 깨닫지 못한다.

따돌림의 경험을 중심으로 위원회를 조직하는 대신, 대체공격에 대한 정책을 개발하는 위원회를 만드는 것은 어떤가? 교사와 학생의 참여를 유도하라. 가능하면 딸의 따돌림과 직접적인 관련이 없는 어머니들에게 물어보라. 당신에 대한 신뢰는 높아지고 "신경질적인 어머니"로 보일 가능성은 줄어든다. 중요한 것은 당신의 아이에 대한 관심이 아니라, 학교에 공식적인 인식과 규칙을 요구하는 것이다. 뒤에서 더 자세히 다루겠지만, 아동의 자기주장 기술에 관심이 있는 사람의 참여도 고려해야 한다.

잘못된 반응 : "여자아이들은 다 그래. 너도 익숙해질 거야."
무슨 문제든 사람들을 일반화하는 것은 긍정적이지 않다. 다른 여자

들을 두려워하고 미워하라고 가르치는 것은 잘못이다. 한때 따돌림의 희생자였던 어머니들이 종종 이런 감상적인 태도를 보인다. 부모의 경험이 아동의 경험을 압도하는 또 다른 예다.

더 나은 반응 : "여자아이들이 화날 때 이런 식으로 행동하는 이유를 설명한 연구 자료가 있는 것은 아니?"

딸에게 자기인식의 여행을 유도하라. 소녀들의 사회화는 어떤 것인지, "여성적"이라는 말은 어떤 의미인지, 여성들에게 기대되는 양육 기능은 무엇인지 가르쳐라.

"착한 소녀"는 분노와 공격의 직접적인 형태나 경쟁심과 질투심을 표현하지 않도록 사회화된다는 사실과, 그것이 소녀들이 분노를 드러내는 구체적인 방식에 영향을 미친다고 말해주라. 혼자 겪는 일이 아님을 알게 하는 수단을 제공하라. 그렇게 함으로써 아이는 모든 여자가 다 같지 않다는 사실을 이해하고, 분노와 싸움을 가로막는 여성성의 규칙이 관계에 어떤 영향을 미치는지 탐구한다. 또한 갈등 회피가 사이가 나쁜 관계뿐 아니라 모든 관계에서 어떤 결과를 낳는지 이해한다. 갈등에 대한 자신의 두려움을 알도록 도와주라. 대체공격 행위에 대해서도 마찬가지다. 희생양이 되는 데서 비롯되는 당혹감과 공격 자체에서 느끼는 당혹감의 차이를 구분할 수 있어야 한다. "착함"에 대한 전형화된 모습을 간접적으로 강화하지 않게 주의하라.

잘못된 반응 : "하지만 너희는 아주 좋은 친구였잖아!"

기억하라. 겉으로는 모른다. 소녀들은 따돌림을 쉽게 우정 속에 감추어 거의 눈에 띄지 않게 공격한다. 아이가 지나가듯 던진 한마디가 당신이 받은 유일한 경고일 수 있다. 페이스는 겉모습만으로 가해자의 실제 모습을 알 수는 없다고 말했다. "리즈는 줄곧 A만 받았고 두루 사이가 좋은 줄 알았기 때문에 그런 일은 생각도 하지 못했어요. 그 애가 친구들에게 어떻게 하는지 아무도 몰랐어요." 딸과 그 문제로 다투게 되었다면 그 이유를 혼자 곰곰이 생각해보는 편이 좋다. 결국 우리는 우리가 보고 싶은 것을 보기 때문이다. 딸이 어떤 아이와 친구 관계를 끊는다면 당신이 얻거나 잃을 것은 무엇인가?

더 나은 반응 : "언제부터 그랬니? 언제 그런 일이 일어나니? 그만두게 할 방법이 있을까?"

인터뷰하는 느낌으로 아이가 우정 때문에 얼마나 괴로워하는지 알아내라. 문제가 그것 하나인가, 아니면 아이의 상호작용 전체에 퍼져 있는가? 그런 일이 친구들과 같이 있을 때에만 생기는가? 축구할 때에만 생기는가? 그런 일이 촉발되는 상황이나 순간을 알아내고 역할극이나 상담사의 도움을 받을 수 있는지 알아보라.

문제가 심각하거나 가해자가 요지부동이라면 부모의 역할이 필요한 매우 중요한 순간이다. 여기서 문제는 소녀들이 우정과 학대를 혼동한다는 사실이다. 맞고 사는 사람과 다르지 않다. 과잉 반응을 보이면 안 되며, 상황을 있는 그대로 알게 하라. 새로운 시각에서 관계를 보게 해서 우정이 얼마나 잘못됐는지 보여주라. 학대에 대해 판단하려는 마음을 버리고 사랑을 담아 말하라. 당신의 능력을 넘어서는 일이면 전문적인 도움을 구하라.

잘못된 반응 : "네가 너무 예민해서 그래. 진심은 아닐 거야."

내 할머니가 입버릇처럼 말했듯이 "이런 참!" 싶다. 어쩌면 딸을 강하게 키우고 딸에게 감정을 참는 법을 가르친다고 생각할지 모르지만, 딸은 이 말을 자기 감정에 대한 명백한 거부로 여길 것이다.

나오미가 자란 가정에서는, 나오미가 넘어지면 할머니는 웃으며 "마루가 부서지지나 않았는지 모르겠구나!" 하고 말했다. 아이들이 자기를 깔본다고 하자, 부모님은 그런 일이 일어나지 않은 것처럼 행동하라고 말했다. 나오미가 회상했다. "그런 일이 일어났다고 울 수도 없었어요. 도움을 구할 수도 없었고요. 맞서 싸울 수도 없었어요. 나 자신을 방어할 권리가 없었어요. 힘들다고 말할 수 없었어요. 누가 정말 나쁜 행동을 해도 내색을 못 해요. 오로지 침묵이지, 말은 못 하는 거예요. 나 자신의 감정을 제외하면 무엇에 대한 권리도 없는 것 같았어요. ……우리는 스스로를 방어하기 위해 뭐든 할 권리가 있고, 자신의 위엄을 느낄 권리도 있잖아요. 내가 빼앗긴 것 중에서 그게 가장 큰 것 같아요. 이제야 되찾는 중이에요."

딸이 말하는 사건의 현장에 당신이 없었다면 아이더러 지나치게 예민하다고 말하는 것은 부당하다. 당신이 아이를 이해하지 못한다고 노골적으로 알려주는 셈이다. 또한 그렇게 함으로써 소녀들의 공격을 묵과하거나 인정하지 않는 태도가 영속된다.

더 나은 반응 : "장난으로 그러지 않은 걸 어떻게 아니? 그 애들이 정말로 너를 괴롭히려고 그러는 게 확실해?"

아이가 어떤 상황에 대해 친구들이 "장난"이었다고 하더라는 말을 하면 주의해야 한다. 앞에서 말했듯이 소녀들은 부정적인 감정을 간접적으로 전달하는 장치로 유머를 사용하고, 당신의 딸은 본능적으로 숨은 뜻을 파악할 것이다.

소녀들의 분노와 비열함을 부인하는 문화에서 아이가 경험한 사건을 아이의 입장에서 듣고 인정하는 것은 부모의 의무다. 그렇게 할 수 있는 유일한 사람이 아마 당신일 것이다. 고통스러운 고백을 들으면서 과잉 반응하거나 과잉 동일시하라는 말은 아니다. 하지만 아이가 말한 대로 믿어주어야 한다. 그러지 않으면 아이는 입을 다물 것이다.

앞으로 나아갈 길

● 자기주장 훈련은 참신한 프로그램이며, 보통 여력이 되는 학교에서 시행한다. 이런 프로그램은 신체적 자기방어와 언어적 자기방어 사이의 연결 지점에 초점을 맞춘다. 하지만 거대한 마시멜로처럼 보일 만큼 겹겹이 자기를 보호한 가해자에게 주먹을 날리도록 소녀들을 훈련시킨다면, 이는 대체공격 문제의 핵심에서 벗어나는 것이다. 누구라도 베개에 주먹을 휘두를 수 있다. 소문이나 집단 따돌림, 친한 친구와 맞서는 것은 훨씬 더 힘들다. 진정 효율적인 프로그램은 용기 있는 행위를 가르치되 소녀들의 일상적인 관계에 기반을 두어야 한다. 역할극은 소녀들의 핵심적인 두려움을 붙잡기 위해 생생한 사회적 순간을 불러와야 한다. 관계와 고립이 여자들의 생활에 미치는 강력한 영향력을 다루어야 하고, 그것을 인식하여 자기방어 전략으로 활용할 수 있도록 해야 한다.

소녀들의 대체공격과 그것에 가담하는 동기는 대인 관계 문제보다 더 크며, 청소년기의 불운으로 치부할 수 없다. 소녀들의 사회화 과정에서 보이는 이 같은 중독 요소들을 변화시키려면 자기주장 훈련만으로는 부족하다. 우선 규정과 교육을 주된 구성 요소로 삼는 사회 기반을 마련해야 한다.

규정

작년 늦여름에 교사인 룸메이트 제니를 따라 새 학기 물품 구입을 도우러 브루클린으로 갔다. 그곳에는 게시판, 스티커, 글귀들이 사방에 붙어 있었다. 금전등록기 근처에는 여러 교실을 꾸미게 될 커다란 장식 글자판들이 붙어 있었다. "다른 사람을 존중하세요"라고 쓰인 글자판에는 마멋이 코를 대고 있는 그림을 그려놓았고, "사이좋게 지내세요"라는 글귀 위에는 푸른 하늘을 배경으로 나비들이 날갯짓하고 있었다. 이런 장식판들이 빈 교실 벽을 아름답게 꾸미고 아이들에게 좋은 자극을 준다는 말은 틀리지 않을 것이다. 하지만 한편으로는 아이들에게 예의를 가르치는 진부하고 모호한 책략으로 보인다. 서로 존중하라는 말만으로는 충분하지 않다. 무엇을 참고 무엇을 참지 말아야 할지 분명히 밝혀주어야 한다.

첫 단계는 규칙을 바꾸는 것이다. 정책적으로 학교는 따돌림을 방지하는 새롭고 더 포괄적인 언어를 사용해야 한다. 현재로서는 대체공격에 대한 규정에 일관성이 없고 심지어 규정이 존재하지 않는 곳도 있다. 교육 당국에서 규정하는 지침은 광범위해서, 어떤 학교는 엄격하고 구체적인 따돌림 방지 정책을 세우지만, 어떤 학교는 "따돌림"이라는 말 자체를 기피한다.

소녀들의 대체공격을 부인하는 문화에서 단순히 괴롭힘과 따돌림을 금지하는 것만으로는 충분하지 않다. 학교의 따돌림 방지 정책과 지침서는 대체공격에 대한 연구를 반영하여 개정해야 한다. 학교는 모든 학생들이 알 수 있게 대체공격이 무엇인지 분명히 정의해야 한다. 소문내기, 동맹 결성, 비밀 말하기, 비언어적 공격의 심각한 사례들을 구체적으로 금지하는 내용이 들어가야 한다. 가족, 사회적 지위, 인종, 성별과 상관없이 일관되게 적용할 수 있는 합리적인 규칙이 필요하다.

2001년에 워싱턴 주 법률가들은 학교에 따돌림 방지 정책을 채택할 것을 요구하는 법을 도입했다. 정책 입안 과정에 학생들과 학교 사회 구성원들을 포함시켰고, 학교에 '따돌림 방지 대책 위원회'를 구성할 것을 권장했다. 또한 학교 교직원들에게 특별 연수를 실시하라고 요구했다. 현재까지는 학교가 따돌림에 대한 훈육 방침을 정의하는 것이 법적 요구 사항은 아니지만, 오리건 주는 새로운 따돌림 방지법에 그 내용을 법규로서 포함시켰다. 하지만 오리건 주는 따돌림을 "글과 말과 신체 행위"로 규정했는데, 이는 신체적이고 직접적인 형태의 공격은 강조하는 한편, 소녀들의 따돌림에 비일비재한 비언어적이고 관계적인 공격은 배제했음을 의미한다.

학교에 대한 이런 요구를 법제화하는 것이 적절한지에 대해서는 논란이 있다. 그럼에도 불구하고 문화적 추진력은 명백히 강력하다. 따돌림이 사회적 관심의 무대 중심으로 옮겨감에 따라, 이제 소녀들을 지지하는 사람들이 대화에 적극 참여해야 한다.

교육

교사가 대체공격과 직접공격이 동등하게 취급되는 교실 문화를 형성하려면 어떻게 해야 하는가? 유치원에서부터 줄 서는 법, 수업 시간에 조용히 하기, 애완용 기니피그 돌보기, 차례 기다리기 등을 배우듯이 대체공격이 바람직하지 않다는 것을 아이들이 배우도록 해야 한다. 원하는 것을 얻기 위해 주먹질을 하는 것이 폭력이라고 배우듯이 친구가 되지 않겠다고 협박하는 것 또한 폭력임을 배우도록 해야 한다. 이 같은 가르침은 일찍 시작되고 해마다 계속되어야 한다. 대체공격자들이 소리치거나 주먹으로 치기보다 흉보고 코웃음을 치고 눈을 흘긴다는 이유로 처벌을 면해서는 안 된다.

이런 행동을 금지하고 그러지 않도록 소녀들을 사회화하는 것은 도덕 교육에 있어서 다른 어떤 가르침만큼이나 중요하다. 여학생 따돌림에 대한 우리의 무지는 희생자에게만큼이나 가해자에게도 영향을 미친다는 사실을 명심해야 한다. 그들이 한 일을 가볍게 여기면서 '별것 아니야'라고 생각하는 아이들도 있을 것이고, 돌아서서 흉보는 것을 '괜찮은' 일로 생각하는 아이들도 있을 것이다.

다시 말하지만, 소녀들이 분노를 지워야 한다는 말은 아니다. 오히려 부정적인 감정의 표현에 침묵과 간접성이 허용된다고 잘못 생각해서는 안 된다는 말이다. 소녀들의 공격 행위도 소년들과 같은 기준을 적용받아야 하며, 교실에서 동등하게 보호받을 권리가 있다. 하지만 무엇보다 공격 자체에 대한 정의가 확장되어야 한다.

대체공격을 잘 알아차리는 교실을 만들려면 교사가 공격의 여러 형태를 공개적으로 토론하는 분위기를 형성해야 한다. 통합적인 접근을 하는 것이 매우 중요하다. 대체공격을 경험한 아이들의 이야기를 수업에 활용할 수도 있고, 교사가 직접 경험한 따돌림을 공개적으로 토론할 수도 있다. 교실 역동에 대해 말하는 시간을 가질 수도 있다. 다른 교사들과 효율적인 훈육 전략을 공유하는 시간을 가져도 좋다. 진실 말하기와 자기주장 행위를 칭찬하는 시간도 좋다.

대체공격을 중심으로 따돌림 방지 커리큘럼을 짜는 것도 반드시 고려해야 한다. 예컨대 동맹 결성의 이유를 소녀들과 함께 탐색하고 그들과 함께 이를 방지하는 전략을 개발해야 한다. 여학생 따돌림을 일으키는 많은 갈등이 관계적이며, 교사들은 소녀들에게 문제를 말하게 하는 것이 분노를 가라앉게 하는 데 도움이 된다고 흔히 말한다. 따돌림 방지 프로그램을 운영하는 차원에서, 갈등 해소를 목적으로 관계적 위기를 다루는 정기적인 시간을 만들 수도 있다. 무엇보다 중요한 것은 소녀들이 모든 과정에 참여하면서 우리를 그들의 세계로 데려가야 한다는 것이다. 그렇지 않으면 우리가 그곳에 이를 방법이 없다.

교장이나 장학사의 지지 없이 교사 혼자 할 수는 없다. 교사는 여기에 쏟은 시간이 낭비한 시간도 빼앗긴 시간도 아니며, 이 시간이 학생들의 삶과 발달에 중요하다고 느껴야 한다.

소녀들의 따돌림이 은밀하기 때문에 교사의 개입은 선택 사항이 된다. 앞 장에서 보았듯이 많은 교사들이 직접 목격하지 않은 행동을 지목하기 두려워한다. 소녀들의 공격은 대개 드러나지 않으므로 대체공격의 가해자를 찾아내기도 쉽지 않다. 바로잡으려면 소녀들이 이를 알리는 새로운 기준이 마련되어야 한다. 마찬가지로 교사들은 논란을 일으키는 사건에서 지지를 받을 수 있어야 한다. 관료적으로 제공되는 지지가 교사에게는 종종 가장 큰 위로가 된다.

'오필리아 프로젝트(Ophelia Project)'는 메리 파이퍼의 획기적인 책의 이름을 딴 것이며, 관계적 공격에 대한 연구를 기초로 따돌림 방지 커리큘럼을 개발한 미국 최초의 단체이다. 이 단체의 본부인 펜실베이니아 주의 이리 기구에서는, 대체공격에 대한 연구를 개척한 심리학자들과 함께 "소녀들은 어떻게 서로 상처를 주는가"라는 이름의 획기적인 개입 방법을 개발했다. 이 프로그램은 고등학교 교사들을 훈련시켜, 어린 소녀들에게 관계적 공격을 방지하거나 거기에 맞서는 방법을 가르치게 한다. 오필리아 프로젝트의 학교 훈련 프로그램은 "학교에서 안전한 사회 풍토를 조성하는 것"을 목표로, 교사, 행정가, 학생이 힘을 합쳐 학교가 관계적 공격을 인식할 수 있도록 노력한다. 오필리아 프로젝트는 또한 학교에서 안전한 사회 풍토를 조성하기 위해 부모들이 영향력을 더 발휘할 수 있도록 한다.[59]

워싱턴 D.C.에 기반을 둔 '임파워 프로그램(Empower Program)'은 소년 소녀들을 위한 첨단 프로그램을 개발했는데, 대인 관계적 경계 설정과 갈등 관리, 관계 폭력에 초점을 두는 프로그램이다. 두 기구 모두 교육과 규제라는 매우 중요한 과제를 맡았는데, 이를 본보기로 삼아 더욱 분발하고 지지해야 한다.

소녀들에게

● 우정의 문화나 무리 문화를 바꾸는 데 있어서 소녀들의 역할 또한 중요하다. 무수히 많은 소녀들이 무

시당하고 정신적으로 얻어맞는 것보다 주먹으로 얻어맞는 것이 더 낫다고 말했다. 정신적 괴롭힘이 어쩔 수 없는 자연스러운 현상이라는 믿음을 버려야 한다. 사실이 아니다. 얼마든지 바꿀 수 있다.

어렸을 때 자동차 조수석에 타는 경험과 비슷하다. 길에는 전혀 주의를 기울이지 않는다. 그럴 필요가 없다. 하지만 어느 날 운전 교습생용 임시면허증을 받아 같은 길을 달린다. 이번에는 길의 각 부분을 다시 익혀야 한다. 예전에는 직접 할 필요가 없었지만 이제는 스스로 해야 한다. 바퀴가 인도에 부딪쳐 쿵쿵거려서도 안 되고, 차를 세울 때는 완전히 세워야 하고, 사각지대를 확인해야 한다.

관계도 마찬가지다. 직접 차를 몰며 험난한 길을 더 건강하게 갈 수 있는 방법을 익혀야 한다. 화나게 한 장본인이 아닌 엉뚱한 사람에게 화났다고 말하려는 충동에 굴복하면 안 된다.

서로 말을 삼가는 가장 큰 이유는 우정을 잃을까 두렵기 때문이다. 말을 하면 상대가 뒤에서 흉볼까 두려워서다. 그런 두려움 때문에 우리는 속마음을 말하지 못한다. 그러면 무수히 많은 소문과 분노가 생기고, 이는 또 다른 소문과 분노를 부른다.

소녀들에게 제안하는 훈련 : 문화를 반전시켜라

"이런 일들을 경험해야 한다는 사실이 끔찍해요." 어느 날 오후 스타벅스에서 셸리가 말했다. "화나도 말하지 못하고, 어떤 때는 영문도 모른 채 당하고, 뭐가 뭔지 모르겠고, 처음에는 한 사람이랑 문제가 있었는데 나중에는 여섯 명으로 늘어나고, 이런 모든 것들이요."

꼭 이래야 할 필요가 있는가. 관계의 상실에 대한 두려움에 대해 친구들과 공개적으로 말하면서 우리는 종종 서로의 감정이 일치한다는 것을 알게 된다. 인터뷰 과정에서 알게 된 한 가지는, 소녀들이 서로 같은 감정을 느낀다는 것을 알았을 때 그들의 얼굴에 놀라움과 안도감이 동시에 어린다는 것이다. 3년 동안 이 책을 쓰면서 나는 한 인간으로서 큰 변화를 경험했다. 내가 분노의 감정을 얼마나 억누르는지, 얼마나 많은 것을 가슴에 품기만 했는지, 커가는 분노와는 달리 행동은 얼마나 냉정하고 차분했는지 인식하게 되었다. 제니와 싸웠을 때에는 질투와 경쟁의 감정을 친구에게 털어놓으면 어떤 긍정적인 변화가 생기는지도 알게 되었다. 비록 내가 전문가는 아니지만, 다음과 같은 제안이 도움이 될지 모르니 한번 시도해보자.

1. 한 명이든 여러 명이든 친구와 대화하는 시간을 가져라. 어떤 방식이든 괜찮지만 조용한 공간에서 편안함을 느낄 수 있어야 한다.

2. 갈등의 두려움에 대해 말하라. 서로 확인하라. "나 때문에 화나거나 속상하면 말해줄 거니?"라고. 말하지 않겠다고 하면 어떻게 할 것인지 물어보라.

3. 감정을 가슴속에 담아두거나 숨기면 어떻게 되는지 말해보라. 감정을 쌓아두는 것이 일어난 일을 직접 다루는 것보다 더 나은가? 상황을 구체적으로 탐색하라. 이미 해결된 상황이든 현재 진행 중인 상황이든, 말을 꺼내기 두려운 시간에 대해 생각하라. 조애나는 반바지가 이상하다고 놀리면서 농담이라고 했지만 나는 농담이 아닌 게 확실한 것 같

아 두려웠는가? 자기가 좋아하는 남자아이 앞에서 나를 본체만체했는가? 서로 터놓고 말하겠다고, 서로의 화를 존중하며 우정의 일부로 받아들이겠다고 약속하라.

4. 공격하는 자기 얼굴을 상상하라. 분노, 비열함, 경쟁, 질투를 느낀 순간에 대해 말하라. 살면서 느낀 감정이나 서로 느낀 감정들이 포함될 것이다. 룸메이트 제니와 내가 그런 것처럼 문제를 터놓고 말하라. 자기가 가진 카드를 보여주라. 자기 감정을 감추지 않고 존중하면 상처를 얼마나 적게 입는지 확인하라. 완벽하지 않은 것이 얼마나 위안이 되는지 확인하라.

5. 친구들이 친구를 잃기 싫고 집단 따돌림이 두렵다고 말하면 몇 가지를 약속하라. 그런 일은 없을 거라고, 어떤 일이 있어도 버리지 않겠다고 말하라. 노력하겠다고 하라. 친구들과 같은 느낌이면 나도 그렇다고 말하라. 이것은 우정을 지키겠다는 약속과 같은 것이다. 비밀을 지키고, 좋은 친구가 되고, 자리를 맡아주겠다고 약속하는 것과 크게 다르지 않다. 우리는 모두 이런 것에 익숙하다.

소녀들이 어떻게 서로 화내거나 공격하지 않도록, 혹은 진실을 말하지 않도록 사회화되는지 말해보라. 소녀들이 행사하는 권력에 관심이 있다면 바로 여기가 출발점이다. 이렇게 하면 자신과 친구들을 갈라놓은 힘들을 물리치고 자신의 목소리를, 자신의 관계를 되찾을 수 있다. 소녀들이 서로 문을 닫아버릴 때 그와 같은 사회화는 고착되고 만다. 그렇게 되면 분노를 느끼는 것 자체가 잘못이며 그래서는 안 된다고 말할 것이다.

6. 서로 격려하라. 자기 감정이 중요하며 갈등은 두 사람을 가깝게 한다고, 서로 터놓고 말하고 싶다고 친구들에게 밝혀라. 분노와 화를 가슴에 담아두는 것이 얼마나 좋지 않은지 우리는 잘 알고 있다.

건강한 면역 체계를 가진 몸은 생존에 필요한 세포와 생명을 위협하는 세포를 구별할 수 있다. 면역 체계가 제 기능을 못할 때, 몸은 건강한 세포를 위험한 것으로 오해하여 공격한다. 결과적으로 몸은 약해진다. 슬픈 일이지만 우리는 갈등에도 이런 식으로 접근한다. 갈등을 우리의 존재를 위협하는 이질적인 사건으로 여긴다. 하지만 그런 두려움은 터무니없이 잘못된 것이며 우리를 와해시킨다. 서로 미워하게 되고, 싸움이 악화된다. 더 강한 사람이 되려면 공격을 관계와 삶의 건강한 일부로 인식하고 그것을 통해 더 강하고 정직한 개인으로 성장할 수 있어야 한다.

한 집단과 몇 주에 걸쳐 직접적인 대면의 두려움에 대해 토의한 뒤에 한 소녀는 친구를 향한 분노를 털어놓았다. "가서 직접 말해야겠다고 생각했지만 실제로 말할 때는 큰 용기가 필요했어요. '흥, 너랑 친하게 지낼 마음은 없는데, 하면서 나를 미워하면 어쩌지? 친한 친구 한 명을 잃게 될 거야.' 이런 심정이었거든요. 하지만 가서 말하니까 그 애는 내가 자기를 괴롭혔다고 했어요. 결국 우리는 화해했고 여전히 가장 친한 친구예요. 꼭 예상한 대로 일이 진행되지는 않았어요."

따돌림의 고통을 견딜 수 없을 때

"시간을 되돌려서 지금이 가장 당혹스러웠던 그 순간이라면 어떻게 할 것 같아요?" 나는 따돌림을 당한 모든 소녀들과 여자들에게 물어봤다. 내가 한때 어두컴컴한 지역주민센터의 극장에서 혼자 우두커니 서서 멀어지는 웃음소리와 발소리를 듣는 여덟 살짜리 소녀가 아니었다면, 나는 이 책을 쓰지 못했을 것이다. 그때 나는 무엇을 할 수 있었을까, 다른 사람이 내게 무슨 말을 해줄 수 있었을까, 나는 그런 것들이 궁금했다. 그래서 물어보았던 것이다.

1. 도움을 청하라

혼자 노력하지 마라. 도와줄 사람을 찾아라. 열한 살짜리 디나가 충고했다. "뭔가 문제가 생기고 혼자 해결할 수 없으면 믿을 수 있고 자기편이 되어줄 사람과 친구가 되어야 해요. 친구가 없다면 부모님에게 말해야 하는데, 부모님도 무슨 일인지 알아야 하니까요. 어쩌면 부모님도 그런 일이 있었는지 모르니까 혹시 도움을 줄 수도 있잖아요. 학교에 전화할 수도 있고요. 구석에 처박혀서 혼자 끙끙 앓으면 안 돼요."

수지 존스턴도 열한 살이다. 수지는 자기가 얼마나 힘들었는지 좀 더 일찍 부모에게 말하지 않은 것을 후회한다. "엄마가 그 애들 엄마들에게 전화하면 더 힘들어질까 봐 두려웠어요. 그래서 부모님에게 털어놓지 않았어요. 이따금 후회스러워요. 그랬다면 더 일찍 학교를 옮길 수 있었을 테니까요." 학교를 옮기자 수지는 생각한 것보다 훨씬 많은 친구를 사귈 수 있었다.

교사에게 말하라. 힘든 상황을 이해하는 교사도 있을 것이다. 수업이 끝난 뒤에 혹은 점심시간에 불러서 무슨 일인지 물어볼지도 모른다. 점심시간에 미술실이나 도서관에 가 있도록 도와줄지도 모른다.

헤일리가 말했다. "이런 경험이 있는 친구나 진정한 친구에게 말하면 굉장히 도움이 돼요." 따돌림 경험에서 가장 싫은 것 중 하나가 외로움이다. 나 혼자 이런 경험을 한다는 기분이 종종 들 것이다. 하지만 이 책의 어디를 펼쳐봐도 그렇지 않다는 것을 알 수 있을 것이다. 하지만 잘 아는 사람 중에 따돌림을 이해하고 그것을 견딜 수 있게 도와주는 사람이 있다면 틀림없이 도움이 될 것이다.

2. 마음을 접어라

인기를 얻으려고 애쓰다가 비참해지면, 친구에게 따돌림을 당하면 마음을 접어라. 인기가 행복을 준다고 생각한다면 그건 잘못된 생각이다. '자기가 최고인 줄 아는 아이' 장에서 소개한 스테파니가 말했다. "따돌림을 극복하려면 자기를 좋아해주는 사람이 필요해요. 학교에서 유명해서가 아니라, 예쁘거나 남학생들 사이에서 인기가 많아서가 아니라, 그냥 좋아서 좋은 거요. 같이 놀면 재미있는 친구, 관심사가 비슷한 친구가 필요해요." 아이들이 나를 따돌리거나 무시하고, 가장 나쁜 자리에 앉히고, 자기들끼리만 속닥거리면, 혹은 자기를 과시하려고 나를 이용하면 그것을 단서로 삼아라. 그 애들과 함께하는 매 순간 정서적 위험이 도사리고 있다.

3. 내어놓아라

일기에 감정을 기록하라. 그림을 그리고 춤을 춰라. 킥복싱을 배워라.

빗속에서 달려라. 샌드백을 쳐라. 작곡을 하거나 드럼을 쳐라. 가슴속에 담아두지 마라. 문화는 우리더러 숨이 막힐 때까지 고통을 참으라고 한다. 맞서 싸우는 방법은 내어놓는 것이다.

"문제를 꺼내면 큰 도움이 돼요." 열한 살짜리 소녀 질이 말했다. "누가 못되게 굴었는지 어떻게 못되게 굴었는지 글로 쓰면 도움이 되는 것 같아요. 문제를 해결하기 위한 방안도 옆에 써보고요."

4. 활동에 참여하라

학교 신문사에 들어가라. 워크숍에 참여하라. 동아리에 들어가라. 미술 수업을 들어라. 자원봉사를 하라. 일을 구하라. 온라인 대화방에 들어가라. 담요를 뒤집어쓴 채 처박혀 있지는 마라. 날마다 하루 종일 그런다면 정말 곤란하다. 새로운 단체에 속하면 확실한 변화가 생긴다. 하고 싶은 것을 찾아라.

사람들과 꼭 어울릴 필요는 없다. 자기가 좋아하는 것을 찾을 때, 자기 자신을 더 잘 찾을 수 있다. 사람들의 마음을 움직이고 열정을 발휘할 수 있다. 앨리자의 경우가 그런 예로, 고등학교 때 의미 있는 변화가 일어났다. "혼자 힘으로 자기가 하고 싶은 것을 찾아 나가는 거예요. 힘은 거기에서 나온다고 생각해요. 자기 안에서요. 사람들이 있는 그대로의 나를 보고 다가올 거예요. 우리 모두 그런 재능이 있다고 생각하거든요."

5. 언젠가 끝날 것이다

울며불며 엄마를 찾는 세 살짜리 아이에게 5분 뒤에 엄마가 올 거라고 말해본 적이 있는가? '5분 뒤'가 무슨 뜻인지 묻던 아이가 몇 년 뒤에는 미국의 역대 대통령 이름을 줄줄 외울 것이다. 누가 우리 삶이 파멸하는 것을 목표로 삼는 것 같을 때도 마찬가지의 일이 일어난다. 믿어도 좋다. 언젠가는 이 모든 괴로움이 끝난다. 아침에 일어나서 학교에 갔는데 나를 따돌리던 아이들이 전부 어디론가 사라지고 없다.

"내 말을 믿어야 할 이유는 없겠지요." 나오미가 말했다. "하지만 넓게 보고 이곳이 세상의 전부는 아니라고 믿어보세요. 여기는 단지 학교예요. 이런 조직에 또 들어갈 일은 없고, 이런 일도 또 일어나지 않을 거예요. ……한 무리의 사람들이 나를 정의할 수는 없는 거잖아요. 상황은 더 좋아지게 돼 있어요."

세상이 끝날 것 같다. 하지만 그렇지 않다. 로마가 말했다. "점점 나아져. 지금은 이 아이들과 지내야 하고 이 아이들의 생각이 가장 중요하지만, 끝까지 그렇지는 않아. 자기에게 가장 중요한 소리에 귀를 기울여야 해. 내 앞에는 온갖 가능성과 흥미 있는 것들로 가득한 세상이 펼쳐져 있고, 나는 나 자신을 위해 살아간다는 사실을 기억해야 돼. 이 사실을 잊어서는 안 돼. 자기에게 가장 중요한 사람은 자기이니까, 가장 중요한 것들을 붙잡아야 해."

따돌림이 아닐 때

● 사회적으로 거부되었다고 느끼는 매 순간이 희생양이 되는 순간일까? 한 소녀가 "이상한 아이가 되어 따돌림을 당하는 일"은 왜 생기는 걸까?

따돌림이 없는 세상에서도 배제는 늘 존재했다. 관계가 친밀해지면 배제는 자연스레 발생한다. 배제와 따돌림은 다른 말이며, 대체공격과도 다른 말이다. 그러니까 내 말을 배제를 막아야 된다는 주장으로 오해하면 곤란하다.

배제의 각 사례는 문제를 경험하는 아이만큼 특유하며, 그 자체로 평가되어야 한다. 한 아이가 여기에서 혹은 어떤 집단에서 버림받고, 저기에서 혹은 또 다른 집단에서 버림받는다 해도, 그 이상도 그 이하도 아니다. 한 아이가 친구들과 가까운 관계를 형성하지 못할 때 따돌림을 당한다고 결론 내리기 전에 더 조사해보아야 한다. 한 소녀가 배제되었다고 당사자나 부모가 괴로워하면 그 이유를 조사해보라. 인기를 얻겠다는 욕망 때문에 아이가 세상을 보는 눈이 흐려져서 우정의 일상적인 변화를 다르게 해석하는지도 모른다. 아이의 사회적 기술이 부족하면 개발해야 하지만, 부족한 부분을 다른 아이들이 보상할 책임은 없다.

소녀들이 이따금 관계를 무기로 이용한다는 것이, 관계에서 제외될 때마다 소녀들이 공격적으로 행동한다는 말은 아니다. 우리는 아이들의 의도적인 야비함과 아이들의 실제적인 사회적 질서를 구분해야 한다. 인기 자체는, 배제처럼, 인간보다 수명이 길기 때문에 그것이 부당하다고 외치는 부모는 과잉되거나 무지하게 보일 것이다.

소녀들이 모든 친구들과 잘 놀 거라고 기대한다면 그것은 우리가 지양해야 하는 것, "친절함과 상냥함의 폭압"을 강요하는 꼴이다.[60] 이런 폭압이 소녀들의 목소리를 억누르고, 소녀들을 이상적이면서도 소외적인 관계로 몰아넣고, 소녀들에게 자신의 욕구를 희생하고 다른 사람들의 욕구를 들어주어야 한다는 믿음을 주입한다. 일반적인 상황은 한 소녀가 다른 소녀로부터 자기가 독립적으로 취할 수 없는 것을 삼투현상처럼 빨아들이면서 그 다른 소녀의 행동과 외모를 모방하고 조용히 추종하는 것이다. 추종되는 다른 소녀는 자기를 맴도는 것 말고는 아무것도 하지 않는 추종자와 시간을 보내야 하는가? 그건 아니다.

아이가 대부분의 또래 친구들에게 따돌림을 당하거나 친하게 지내던 친구들에게 갑자기 버림받을 때 배제는 사회적 질서의 차원보다는 관계적 공격으로 보인다. 그렇더라도 훈육은 적절하지 않다. 한 아이가 인기를 위해 우정을 버릴 때, 그 아이가 비열하지 않다는 말은 아니다. 비열한 것은 맞다. 하지만 누가 나더러 앤에게 말을 걸라고 억지로 시켰다면 과연 나는 그랬을까? 그러지 못했을 것이다. 우리는 소녀들이 스스로 사회적 삶을 결정하도록 도와야 하는 때가 있다. 그때 우리가 할 수 있는 것은 되도록 많은 정서적 지지를 해주고, 삶은 더 쉬워질 수 있다고 알려주는 것이다.

마치며

이 책을 쓰는 동안 내 삶의 어두운 구석들이 환히 밝혀졌다. 대체공격을 정의하면서 나 자신과 내가 맺은 관계들을 완전히 새로운 방식으로 보게 되었다. 다른 사람과 대화하는 방법, 과거의 기억이나 오늘날에도 계속 경험하고 있는 일과 화해하는 방법을 알게 되었다.

지금 우리의 과제는 모든 소녀, 모든 부모, 모든 교사가 소녀들의 갈등과 관계를 말할 수 있는 공적이며 공유된 언어를 갖는 것이라고 생각한다. 소녀들의 은밀한 공격 문화를 인정하는 세상은 소녀들에게 갈등을 협상하고 관계를 더 건강한 방식으로 정의하는 힘을 부여한다. 소녀들은 관계가 선택이지 권력이 아니라는 것을 배운다. 또한 관계를 배려와 갈등이 편안하게 교환되는 선택적인 동반자 관계로 이해할 것이다.

소녀들이 관계는 선택적이고 갈등은 자연스러운 것이라고 이해할 때, 그들의 사회적 정체성도 이상적인 관계를 많이 만들어야 한다는 집착에서 자유로울 것이다. 갈등이 우정의 위반으로 느껴지지 않고 오히려 관계의 부산물로, 심지어 가치 있는 기술로 느껴질 것이다. 갈등은 관계 밖으로 쫓겨나야 할 대상이 아니다. 갈등은, 카르멘 페랄타에게 그랬던 것처럼, 폭탄이나 회복 불가능한 우정의 파편처럼 느껴지지는 않을 것이다.

 부모는 딸들에게 갈등이 없는 관계는 존재하지 않는다고 말할 수 있다. 소녀들은 갈등이 관계를 끝낸다고 믿는 대신 '갈등 없이 지속되는 관계는 없다'고 배울 수 있다. 소녀들은 두려움에 휘둘리지 않는 법을 배울 것이며, 관계는 오기도 가기도 하는 거라고 배울 것이다.

 은밀한 공격 문화를 인식하는 사회에서는 소녀들도 상실을 예상하며 미리 두려워하는 것을 그만둘 것이다. 갈등은 계속 일어난다는 사실과 갈등보다 관계가 더 오래 살아남는다는 사실을 알게 되면, 우정을 번번이 파괴하는 억압과 모함과 집단 따돌림에 가담하는 경향이 줄어들 것이다. 비언어적 제스처, 집단 따돌림, 뒤에서 흉보기, 소문내기, 〈서바이버〉 프로그램에서처럼 무리에서 추방하기, 쪽지 돌리기, 말하지 않기, 둘이 있을 때는 잘해주고 여럿이 있을 때는 괴롭히기 등, 이 책에서 다룬 대부분의 행동은 서로 직접 대면하지 않기 때문에 더 과열된다. 소녀들이 자신들의 분노와 당혹감을 인식할 수 있다면 보복의 강도와 범위도 당연히 줄어들 것이다.

 은밀한 공격 문화를 인식하는 사회에서, 희생자가 된 소녀들은 그들이 혼자가 아니라는 것을 알게 될 것이다. 그들에게 일어난 일에 의미를 부여할 수 있게 될 것이며, 학교의 보호를 받게 될 것이다. 따돌림은 고통스럽지만 세상이 무너지는 사건으로 여기지는 않을 것이다. 학교는 광범위한 대체공격을 다루는 자원과 연구 결과와 전략을 가지게 될 것이다. 부모는 학교와 접촉할 자신감을 갖고 자녀를 적절히 보호하게 될 것이다.

대체공격의 대가

● 이 책을 쓰면서 대체공격과 갈등 회피가 소녀들의 삶의 세 가지 영역에서 교차한다는 사실을 알게 되었다. 그 세 가지는 리더십, 관계 폭력, 그리고 청소년기에 일어난다고 하는 자존감 상실이다.

좋은 리더와 착한 소녀

20명의 중산층 10대 소녀를 대상으로 개최한 리더십 워크숍에서, 우리는 리더십에 대해 불편한 점은 무엇인지, 우리가 "위험 지대"라고 부르는 것은 무엇인지에 대해 토의했다. 참가자의 3분의 1은 유색인이었다. 두려움에 대한 토의가 시작되자 걱정의 대부분이 그들의 말과 행동에 대한 다른 사람들의 반응과 관련된다는 사실에 나는 깜짝 놀랐다.

아이들은 어리석거나 못된 아이로 보이는 것이 가장 두렵다고 거듭 말했다. 그것을 "평가받는다"고 표현했다. 새 친구를 만나든, 공개적으로 말하든, 암송하든, 토론하든, 소녀들은 어떤 상황에서든 "문이 닫히는 것"을 두려워했다. 자기 입장을 해명할 기회가 주어지지 않으면 어떻게 할지, 다른 사람들이 자신감을 손상하면 어떻게 할지 걱정했다. 결과적으로 사람들이 자기를 좋아하지 않으면 어떻게 할지, 친구로 삼지 않으면 어떻게 할지, 자기를 배신하면 어떻게 할지 걱정했다.

사회학자 앤 캠벨은 말했다. "소녀들의 경우, 공격의 사회화에서 가장 두드러진 점은 공격의 부재다. 소녀들은 공격을 표출할 올바른 방법을 배우지 않는다. 표출하지 않는 법을 배울 뿐이다."[61]

워크숍에 참가한 많은 소녀들이, 예컨대 동의나 지지를 받는 것을 관계가 좋다는 표시로, 반대의 의견을 듣는 것을 관계의 상실로 지각했다. 흥미롭게도 참가한 소녀들이 리더십의 일부 관행에 대해 느낀 두려움은 많은 소녀들이 개인적 갈등에 대해 털어놓은 두려움과 같았다. 참가한 소녀들은 "좋은" 공격(자신감, 경쟁, 자기주장)에 대해, 많은 소녀들이 "나쁜" 공격(직접 대면, 분노, 노골적인 비열함)에 대해 느낀 만큼 불안을 느꼈다. 친구를 잃을까 두려워서 화난 이유를 말하려고 하지 않는 소녀처럼, 워크숍 참가자들도 자기가 리더가 된다면 비슷한 관계적 상실이 일어날 거라고 예견했다.

워크숍을 하면서 더 많은 부분을 비교할 수 있었다. 참가한 소녀들은 과외활동에서 성인이 되어 벤처사업을 하는 것까지, 다양한 분야에서 자신들이 일하는 모습을 상상했다. 가장 두드러진 두려움 중에는 자부심이 강한 여자로 비치는 것에 대한 두려움이 있었다. 자부심이 강하면 직장 동료들이 좋아하지 않을 거라고 믿었다. 남자친구에게 "자기가 최고인 줄 아는" 아이로 비치지 않기 위해 뭐든 하겠다는 소녀들은 미래에 직장을 가진 모습을 그려보았을 때도 비슷했다. 이들은 직장에서 얼마나 성취할 수 있는지가 아니라, 어떻게 하면 성취하지 않으려는 것처럼 보일지, 어떻게 하면 성취할 필요가 없다고 생각하는 것처럼 보일지 고민했다.

경쟁과 욕망에 대해서도 마찬가지였다. 참가한 많은 소녀들이 직장에서 경쟁적이고 지배적으로 보인다는 말을 듣는 것이 두렵다고 했다. 직장생활에 있어서도, 원하는 것이나 원하는 것을 얻는 방법에 대해서가 아니라, 목표를 추구하면서 그런 일에 신경 쓰지 않는 것처럼 보이려면 어떻게 해야 할지 걱정했다.

마지막으로 워크숍 참가자들은 말실수로 상황을 "엉망"으로 만들거나 통제력을 잃는 상황에 대한 두려움을 털어놓았다. 이런 불안 때문에 그들은 사소한 것에 집착했고, 사회적 성공을 추구할 때 매우 중요한 요소인 위험을 무릅쓰는 태도와 과감한 사고에서 멀어졌다.

　그다음 해에 열린 워크숍에는 30명 정도의 중산층 10대들이 참가했다. 모두 레크리에이션실에서 방석을 깔고 둥글게 앉았는데, 4분의 1이 유색인이었다. 우리는 좋은 리더의 자질에 대해 토의했다. 아이들에게 좋은 리더와 연관된 단어를 말하라고 한 뒤 앞쪽 이젤에 놓인 종이에 옮겨 썼다. 다 쓴 뒤에는 물러서서 목록을 바라보았다.

좋은 리더는……

정이 많다	헌신적이다	외향적이다
시끄럽다	예민하다	조직적이다
경청한다	협동적이다	존중한다
도움을 준다	창의적이다	개방적이다
낙관적이다	독특하다	이해심이 많다
유연하다	표현적이다	성숙하다
자부심이 강하다	재능이 많다	보살핀다
단호하다	의지가 있다	인내심이 있다
전념한다	대담하다	책임감이 있다
사려 깊다	정직하다	친절하다
지지적이다	믿을 수 있다	마음이 따뜻하다
균형적이다	열려 있다	매너가 좋다

마치며　365

독립적이다   **긍정적이다**   통찰력이 있다

  수동성, 양보성, 보살핌의 성격과 관련된 단어들(진하게 표시된 단어)이 압도적으로 많은 것을 알 수 있다. 네 단어, 혹은 전체의 10퍼센트(밑줄 표시)만 상냥하게 보이려고 하지 않는 사람의 특성을 보여준다.
  이 소녀들에게 좋은 리더는 착한 소녀를 의미했다.
  책임을 맡거나 아니라고 말하거나 갈등에 뛰어드는 것은 좋은 리더의 자질이 아니었다. 소녀들에게 리더는 사람들과 잘 지내는 사람이었다. 착한 사람, 배려하는 사람, 친구로 삼고 싶은 사람이었다. 하루 전에 만든 "반감을 일으키는 소녀" 목록(4장 참조)을 보면서 나는 아이들이 생각하는 반감을 일으키는 소녀의 특성에 충격을 받았다. "똑똑하다", "고집이 세다", "요구적이다", "야비하다", "전문적이다", "진지하다", "강인하다", "독립적이다", "자기중심적이다", "거리낌이 없다", "예술적 조예가 깊은 척한다". 여기서 알 수 있듯이 강한 리더의 자질은 반감을 일으키는 소녀의 특성과 같았다.
  불행하게도 이것은 지나가는 단계가 아니다. 《남자처럼 일하고 여자처럼 승리하라(Play Like a Man, Win Like a Woman)》에서 전 CNN의 부사장 게일 에번스(Gail Evans)는 여자들이 기업 세계에서 평등을 얻기 위해 투쟁하는 이유를 탐색한다. 여자들은 10년 동안 유리천장을 두드리는 꼴이었고, 에번스는 개인적인 관계에 초점을 잘못 맞춘 것에서 그 이유를 찾는다.
  에번스는 여자들이 동료나 상사에게서 '아니'라는 말을 들으면 대인 갈등의 신호로 해석한다고 주장한다. 그렇기 때문에 여자들은 '아니'라

는 대답이 예상되는 질문은 피하고, 그런 대답은 "상사들과의 관계가 실패한 표시"로 여긴다. 많은 여자들이 실제로 아는 만큼보다 더 많이 아는 것처럼 행동하는 상황, 즉 허세를 부리는 상황을 두려워하기 때문에 굳이 위험을 무릅쓰지 않는다. "자기가 최고인 줄 아는" 아이로 보이는 것을 두려워하는 소녀들처럼, 여성 직장인들은 자기가 다른 사람들보다 더 잘한다고 생각하는 여자로 비칠까 두려워한다.

또한 에번스는 "데이트 신청을 받기를, 수업에서 지명되기를" 기다리는 소녀들은 성장해서 프로젝트를 직접 진행하는 사람보다는 거기에 동참해달라는 요청을 기다리는 사람이 된다고 한다. '진실은 아파요' 장에서 소개한 7학년 때의 릴리 카터처럼 "단서"를 통해서만 친구들과 의사소통하는 소녀들은 훗날 어른이 되어 그들의 업무 능력이 뛰어나다고 상사가 알아줄 거라고 "지레짐작하는" 여자가 된다.

에번스는 여자들이 싸움을 스포츠라든지 허용되는 사건으로 보는 법을 배우지 않았기 때문에 "공정한 싸움이라는 말은 모순어법"이라고 설명한다. "싸움이 일어나서는 안 된다. 일어나면 규칙을 어긴 것이다." 또 에번스가 보기에, 남자들은 직장에서 갈등이 일어나면 서로 술을 사주며 해결하지만 여자들은 종종 개인적인 문제로 받아들인다. 여자들은 화를 내며 뛰쳐나가는데, 이는 갈등을 관계의 상실로 받아들인다는 사실과 평생 유지한 그들의 사고방식을 반영한다. 어렸을 때 갈등에 편안해지는 법을 배우지 못한 여자들은 성인이 되어서도 정상적이고 일상적인 불화와 개인적인 공격을 서로 구분하지 못한다.[62]

에번스의 관찰은 그다지 놀랍지는 않다. 소녀들이 자기주장을 간접적으로 표현하는 법을 배우거나 전혀 배우지 않는다면, 성인이 되어도 그 정도의 힘밖에 발휘하지 못한다. 리더 대신 조력자가 되고, 무대 중심보다는 무대 뒤에서 일한다. 사장이나 회장이 되기보다 부사장이나 부회장이 된다.

확실히 말해, 기업 문화는 이런 견해를 없애려고 하지 않는다. 자신감 있고 목소리가 크고, 자기주장이 강하고 싸울 줄 아는 여자는 종종 "남자답다", "독하다", "냉정하다", "여자가 아니다" 혹은 "공격적이다"라는 말을 듣는다. 용기는 자산이 아니며, 부적절한 것으로 여겨진다. 캘리포니아에 기반을 둔 "불리 브로드(Bully Broads)" 프로그램이 그 증거다. 여기서는 강사가 여성 간부들에게 자기주장적이지 않게 보이는 법을 가르치며, 이미지를 "부드럽게" 하기 위해 공적인 자리에서 말을 더 듣거나 눈물을 보이라고 충고한다.[63] 무리에 휩쓸리면서 편안함을 느낀 소녀들이 미래에 부당한 취급을 받는 것은 어쩌면 당연한 일인지도 모른다.

따돌림과 관계 폭력

'친밀한 적' 장에서 소개한 바네사, 나탈리, 애니의 이야기를 들으면서 나는 "따돌림"이라는 단어가 공허하게 느껴졌다. 이 소녀들은 가장 친한 친구들에게 오랜 기간 동안 정서적 학대를 당했다. 우정을 포기하지 못하고 어떤 희생을 치르더라도 가해자들과의 관계를 유지하고 싶어 했다. 그들과 이야기를 나누면서 나는 그토록 학대적인 관계를 어떻게 유지하는지 묻지 않을 수 없었다. 그들의 반응은 매 맞는 아내의 반응과 흡사했다.

한 소녀는 가해자인 친구에게서 벗어나고 싶지만 점심시간이나 쉬는 시간에 혼자 있는 것이 두렵다고 했다. 또 다른 소녀는 다음 날이나 다음 주에는 잘해줄 거라고 억지를 부렸다. 매 맞는 여자가 학대하는 배우자를 떠나지 못하는 이유를 혼자 사는 것이 두려워서, "남편이 미안하다고 말해서"라고 말한 것이 기억났다. 학교에서는 따돌림의 가해자와 희생자를 친구가 아니라고 가정하지만 이런 상황에서 그런 관습화된 관점은 부적절하다. 소녀들의 관계적 공격에서는 친밀감이 핵심 요소이기 때문에, 이런 상황에 처한 소녀들을 돕는 데는 관계 폭력의 전문가들이 쓰는 전략이 더 적절할 것이다.

관계 폭력의 위험 신호는 친한 친구들끼리의 따돌림과 아주 비슷하다. '인기를 얻는 법' 장에서 소개한 루시아처럼 학대자들은 "당신이 세상에서 가장 특별한 사람인 것처럼 느끼게 할 수 있다". 관계 폭력의 희생자가 아무리 열심히 노력해도 학대자의 기대는 만족되지 않는다. 리즈와 나탈리의 관계에서 그런 역동이 두드러졌다. 애니와 사만사의 우정이 그랬듯이, 학대자는 희생자의 주변에 친구, 가족 등 학대적인 관계를 벗어나도록 돕는 누군가가 머물지 못하도록 막을 수 있다. 학대자는 이들에 대해 "믿을 수 없다거나 학대자를 좋아하지 않는다"고 주장할 것이다.

소녀들에게 건강한 관계를 선택하도록 가르칠 때에는, 소녀들의 관계에서 복종적이고 공격적인 행동이 어떤 것인지 반드시 인식하게 해야 한다. 학대적인 관계가 어떤 것인지 정확히 모를 때, 분노가 적절한 목소리를 얻지 못할 때 소녀들은 자기에게 일어난 일을 말할 능력을 개발하지 못하거나 파괴적인 상황에서 벗어나지 못한다. 그 결과 소녀들은 복종하는 행동을 배우고, 아무런 제재 없이 그 행동을 친밀한 성인 관계까지 가져간다. 즉, 학대를 인식하지 못하는 것은 소녀 시절에 국한되지 않는다. 이런 행동을 인식하는 것은 아주 어린 시기부터 학대에 희생되지 않기 위해서 절대적으로 중요하다.

버뮤다 삼각지대를 다시 가다

중학교 시절은 소녀들에게 있어 위기의 핵심이라고 한다. 이 시기의 위기를 다룬 이야기는 종종 대담하고 솔직한 소녀들에 대한 추도사로 읽힌다. 심리학자 메리 파이퍼의 《오필리아 되살리기(Reviving Ophelia)》와 캐럴 길리건과 린 미켈 브라운의 《교차로에서의 만남(Meeting at the Crossroads)》이 유명한데, 이 시기는 각각 "버뮤다 삼각지대"와 "교차로"로 그려진다. 버뮤다 삼각지대에서 "소녀들의 자아(selves)는 떼 지어 몰려가며", 교차로에서 소녀들은 문화에 의해 여자로 성숙하는 두 번째 사회화 과정을 겪는다.

세월이 흘러 주변 문화를 의식하게 되면서, 소녀들은 자기 자신과의 갑작스러운 단절을 경험한다. 진실한 목소리, 자기 마음을 말하는 용기, 음식과 놀이와 진실에 대한 맹렬한 욕망은 더 이상 허용되지 않는다. 성공하고 사회적으로 인정받기 위해 소녀들은 성적, 사회적, 언어적, 육체적 억제라는 여성적인 태도를 취해야 한다. 직접 보고 알고 느끼는 것을 부인해야 한다. 거부되지 않으려면 세뇌된 관계를 수용하고, 공개적인 갈등을 피하며, 자신의 진실, 자신의 몸, 자신의 감정에 따르지 못하게 구속하는 문화적 규칙이라는 족쇄를 차야 한다. 소녀들의 자존감이 위축되는 곳이 바로 여기, 소녀들이 진실이라고 알고 있는 것과 관계 속에서 느끼거나 아는 척해야 하는 것 사이의 간격이 벌어지는 이

지점이다.

  소녀들의 경우 청소년기의 위기는 주로 개인의 관점에서 기술되어왔고, 대인 관계에서 일어나는 일들은 대체로 무시되었다.[64] 하지만 상실이 일어나면 그것은 단순한 자기의 상실이 아니라 또래와 관계를 맺는 자기의 상실이 된다. 브라운과 길리건이 보고하는 위기는 근본적으로 관계적이다. 자신들의 진실이 강제로 거부되면 소녀들은 서로 진지하게 의사소통할 능력을 빼앗긴다. 결국 소녀들은 파우스트식 홍정을 시작하고, 진실한 자기를 희생하여 손상되고 거짓된 관계를 맺는다. 내면이 와해되었으므로 대인 관계의 어려움을 경험하고, 갈등과 분노를 억압한다. "착하고 공손한" 겉모습을 받아들이고, 인간관계의 현실을 부인하는 방식으로 힘겨운 상호작용을 한다. "관계적 위반이 무엇인지" 말하는 능력과 자신의 상처와 분노를 강력하게 전달하는 능력을 상실한다. "감정도 고스란히 느끼고, 생각도 여과 없이 한다." 하지만 이제 그들은 "관계라는 공기와 빛에 더 노출되지 않고" 오히려 "지하"에 격리된다.

  위기가 대체공격이 강화되는 순간이라면 소녀들의 자존감 상실도 새로운 시각에서 볼 수 있다. 시각을 조정해서 소녀들의 삶을 바라보면 "지하"는 소녀들이 진정한 감정을 저장하는 정서적 종착점일 뿐 아니라 그 자체가 갈등, 특히 대체공격을 전달하는 적극적인 수단이 된다. 이 부분을 더 연구하면 고난의 시기에 소녀들을 도울 수 있는 방법들에 대해 새로운 깨달음을 얻을 수 있을 것이다. 대체공격이 소녀들의 자존감 상실의 주된 증상이라면, 소녀들의 대인 관계에 더 많은 자원과 연구를 집중함으로써 우리는 위기에 대항하는 우리의 힘을 더욱 강화할 수 있다. 소녀들이 대체공격을 하지 못하게 막고, 그 대신 진실 말하기와 직접적인 공격이라는 자기주장적 행위를 더 많이 하도록 이끌 수 있다.

그렇다면 소녀들에게 공격적이 되라고 가르치라는 말인가? 그렇다. 소녀들의 자존감 상실에 대해 다시 살펴보면, 그 주요 증상은 이상화되고 갈등 없는 관계이다. 소녀들이 질투, 경쟁, 분노 같은 "복잡한" 감정에 더 편안해지면 다른 사람들과의 관계에서 그런 감정을 배제하지 않을 것이다. 강렬한 감정도 자유롭게 털어놓을 것이며 자신에게 더 솔직해질 것이다. 서서히 끓어오르다가 분노 행위로 폭발할지 모르는 감정을 더는 억압하지 않게 될 것이다.

영문도 모른 채 일어나는 공격과 상실의 사건은 소녀들에게 영원한 상처를 남긴다. "착해" 보이지만 겉모습 이면에 항상 숨은 진실이 있을 거라는 걱정 때문에 소녀들은 타인에 대해, 자기 자신에 대해 무엇을 믿을지 늘 불확실하다. 이런 이야기들은 특히 내 마음에서 떠나지 않는다. 결국 이런 소녀들이 다른 소녀들과 멀어져서 친구들을 불신하고 지지하지 않는 여자, 심지어 증오하는 여자로 성장하는 듯하다.

마시는 내가 처음으로 인터뷰한 성인 여자들 중 하나였다. 초등학교와 중학교에서 종종 따돌림을 당했던 그녀는 오늘날 다른 여자들과 맺는 관계가 달콤씁쓸하다고 말했다. 지금은 20대 후반이 된 그녀가 말했다. "사람들과 잘 어울리지 못하는 것이 내 문제라고 느낄 때가 많아요. 그건 나 자신의 문제라는 걸 알아요. 여전히 다른 사람들을 믿지 못하는 내가 있다는 것도 알고요. 내 일부는 그들이 어느 순간 등을 돌릴지 모른다고 믿거든요."

마시의 말은 나중에 만난 많은 소녀들과 여자들의 목소리로도 들을 수 있었다. 마시처럼 어려서 또래에게 상처를 입은 여자들은 여전히 소녀의 목소리에 머물러 있다. 상처는 세월이 한참 지난 지금도 여전히 생생하고 어리둥절하다. 이들은 왜 주변 사람들이, 가까운 친구들이 분노를 간접적으로, 더러는 경고도 없이 표출해서 그들을 망연히 혼자 자기비난에 빠지게 하는지 묻는다.

상냥한 여자들이 화낼 수 있고 착한 여자들이 못될 수 있다고 동의할 때 우리는 "착함"과 "못됨" 사이에 놓인 사회적 사막을 일굴 수 있다. 소녀들이 서로 진실을 말할 수 있는 긍정적인 어휘가 더 많이 생길 때 더 많은 소녀들이 목소리를 높일 것이다. 자신의 문제에 답하며 자신의 관계 미스터리를 해결할 것이다.

소녀들에게 자기의 진실을 말하고 또래의 진실을 존중하는 능력보다 더 큰 선물이 어디 있겠는가? 소녀들의 감정 전부를 가치 있게 여기는 사회가 되면 그들도 솔직한 관계에서 우러나오는 자유를 만끽할 수 있을 것이다. 버림받는 것에 대한 두려움 없이 살 수 있을 것이다. 내가 바라는 것은, 따돌림을 당한 적이 있는 여자가 이렇게 말할 수 있는 것이다. "가장 후회되는 건 그때 말하지 않은 거야. 도대체 뭐가 그렇게 두려웠을까?"[65]

주석

1. Lyn Mikel Brown and Carol Gilligan, *Meeting at the Crossroads: Women's Psychology and Girls' Development* (Cambridge, MA: Harvard University Press, 1992).

2. Adrienne Rich, "From Women and Honor: Some Notes on Lying," in *On Lies, Secrets, and Silence: Selected Prose, 1966-1978* (New York: W. W. Norton, 1979).

3. Anne Campbell, *Men, Women and Aggression* (New York: BasicBooks, 1993).

4. Lyn Mikel Brown and Carol Gilligan, *Meeting at the Crossroads*.

5. Peggy Orenstein, *Schoolgirls: Young Women, Self-Esteem, and the Confidence Gap* (New York: Doubleday, 1994). 이 인용문의 첫 부분에서 Orenstein은 Lyn Mikel Brown과 Carol Gilligan의 "The Psychology of Women and the Development of Girls"를 인용한다. 이 논문은 1990년 4월 오하이오 주 클리블랜드에서 열린 Laurel-Harvard Conference on the Psychology of Women and the Education of Girls에서 발표된 것이다. Orenstein은 또한 독자들에게 Lyn Mikel Brown과 Carol Gilligan의 *Meeting at the Crossroads*를 보라고 권한다.

6. 다른 예로 Beverly I. Fagot and Richard Hagan, "Aggression in Toddlers: Responses to the Assertive Acts of Boys and Girls," *Sex Roles* 12 (1985): 341-51; David G. Perry, Louise C. Perry, and Robert J. Weiss, "Sex Differences in the Consequences that Children

Anticipate for Aggression," *Developmental Psychology* 25 (1989): 312–19.

7. Kaj Bjoerkqvist and Pirkko Niemela, "New Trends in the Study of Female Aggression," in *Of Mice and Women: Aspects of Female Aggression*, ed. K. Bjoerkqvist and P. Niemela (San Diego: Academic Press, 1992).

8. Kaj Bjoerkqvist, Kirsti M. J. Lagerspetz, and Ari Kaukiainen, "Do Girls Manipulate and Boys Fight? Developmental Trends in Regard to Direct and Indirect Aggression," *Aggressive Behavior* 18 (1992): 117–27.

9. Lyn Mikel Brown and Carol Gilligan, *Meeting at the Crossroads*.

10. Carol Gilligan, *In a Different Voice: Psychological Theory and Women's Development* (Cambridge, MA: Harvard University Press, 1982).

11. Adrienne Rich, "Compulsory Heterosexuality and Lesbian Existence," in *Blood, Bread, and Poetry: Selected Prose, 1979–1985* (New York: W. W. Norton, 1986).

12. Anne Campbell, *Men, Women, and Aggression*.

13. 예컨대 Patricia A. Adler and Peter Adler, *Peer Power: Preadolescent Culture and Identity* (New Brunswick, NJ: Rutgers University Press, 1998).

14. Nicki R. Crick, Maureen A. Bigbee, and Cynthia Howes, "Gender Differences in Children's Normative Beliefs about Aggression: How Do I Hurt Thee? Let Me Count the Ways," *Child Development* 67 (1996): 1003–14.

15. 관계적 공격에 대한 가장 잘된 연구는 Nicki R. Crick, et al., "Childhood Aggression and Gender: A New Look at an Old Problem,"

in *Gender and Motivation*, ed. Dan Bernstein (Lincoln: University of Nebraska Press, 1999)이다.

16. Nicki R. Crick, "The Role of Overt Aggression, Relational Aggression, and Prosocial Behavior in the Prediction of Children's Future Social Adjustment," *Child Development* 67 (1996): 2317–27; Nicki R. Crick and Jennifer K. Grotpeter, "Relational Aggression, Gender, and Social-Psychological Adjustment," *Child Development* 66 (1995): 710–22; Nicki R. Crick, Maureen A. Bigbee, and Cynthia Howes, "Gender Differences in Children's Normative Beliefs about Aggression: How Do I Hurt Thee? Let Me Count the Ways."

17. Lyn Mikel Brown and Carol Gilligan, *Meeting at the Crossroads*.

18. 같은 책.

19. 같은 책.

20. Lynn Smith, "Hey, Poo-Poo Head, Let's Be Friends: Childhood Teasing Needn't Be Traumatic," *Los Angeles Times*, 6 December 2000, sec. E, p. 1.

21. Alice H. Eagly and Valerie J. Steffen, "Gender and Aggressive Behavior: A Meta-Analytic Review of the Social Psychological Literature," *Psychological Bulletin* 100 (1986): 309–30; Ann Frodi, Jacqueline Macaulay, and Pauline R. Thorne, "Are Women Always Less Aggressive Than Men? A Review of the Experimental Literature," *Psychological Bulletin* 84 (1977): 634–60.

22. Don E. Merten, "The Meaning of Meanness: Popularity, Competition, and Conflict among Junior High School Girls," *Sociology of Education* 70 (1997): 175–91.

23. Erica Goode, "Scientists Find a Particularly Female Response to Stress," *New York Times*, 19 May 2000, sec. A, p. 20.

24. 예컨대 Jean Kilbourne, *Deadly Persuasion: Why Women and Girls Must Fight the Addictive Power of Advertising* (New York: Free Press, 1999); Deborah L. Tolman and Elizabeth Debold, "Conflicts of Body and Image: Female Adolescents, Desire, and the No-Body Body," in *Feminist Perspectives on Eating Disorders*, eds. Melanie Katzman, Patricia Fallon, and S. Wooley (New York: Guilford Press, 1994).

25. Peggy Orenstein, *Schoolgirls*.

26. Patrick Welsh, "Bully-Boy Focus Overlooks Vicious Acts by Girls," *USA Today*, 12 June 2001, sec. A, p. 15.

27. Elizabeth Wurtzel, *Bitch: In Praise of Difficult Women* (New York: Doubleday, 1998).

28. 이 규칙의 예외로 환영받는 것은 운동인 듯하다. 운동에 있어서는 소녀들 사이의 경쟁이 인정되고 장려된다. 하지만 공개적으로 경쟁할 자유가 운동장에 국한되어서는 안 된다.

29. Lyn Mikel Brown, *Raising Their Voices: The Politics of Girls' Anger* (Cambridge, MA: Harvard University Press, 1998).

30. Deborah L. Tolman, "Daring to Desire," in *Sexual Cultures and the Construction of Adolescent Identities*, ed. Janice Irvine (Philadelphia: Temple University Press, 1994).

31. Mimi Nichter and Nancy Vuckovic, "Fat Talk: Body Image among Adolescent Girls," in *Many Mirrors: Body Image and Social Relations*, ed. Nicole Salut (New Brunswick, NJ: Rutgers University Press, 1994).

32. Jill McLean Taylor, Carol Gilligan, and Amy M. Sullivan, *Between Voice and Silence: Women and Girls, Race and Relationship* (Cambridge, MA: Harvard University Press, 1995).

33. Nicki R. Crick, et al., "Childhood Aggression and Gender."

34. 어쩌면 이들은 희생자가 되었던 기억을 완충장치처럼 이용하여 다른 아이들이 차마 하지 못한 이야기를 할 수 있었을 것이다.

35. Adrienne Rich, "From Women and Honor: Some Notes on Lying."

36. Wiseman's Empower Program group in Washington DC는 10대가 일으키는 모든 폭력을 방지하기 위해 노력하는 단체다.

37. Lyn Mikel Brown and Carol Gilligan, *Meeting at the Crossroads*.

38. Patricia A. Adler and Peter Adler, *Peer Power*.

39. Carolyn G. Heilbrun, *Writing a Woman's Life* (New York: Ballantine, 1988).

40. Lyn Mikel Brown and Carol Gilligan, *Meeting at the Crossroads*.

41. 같은 책.

42. American Association of University Women, *Shortchanging Girls, Shortchanging America: A Call to Action* (Washington, DC: American Association of University Women, 1991).

43. Niobe Way, "Between Experiences of Betrayal and Desire," in *Urban Girls: Resisting Stereotypes, Creating Identities*, ed. Bonnie J. Ross Leadbeater and Niobe Way (New York: New York University Press, 1996).

44. bell hooks, *Bone Black: Memories of Girlhood* (New York: Henry Holt & Co., 1996).

45. Dorothy Allison, *Two or Three Things I Know for Sure* (New York: Dutton, 1995).

46. Lyn Mikel Brown, *Raising Their Voices*.

47. Jill McLean Taylor, Carol Gilligan, and Amy M. Sullivan, *Between*

Voice and Silence.

48. Janie Victoria Ward, "Raising Resisters: The Role of Truth Telling in the Psychological Development of African-American Girls," in *Urban Girls: Resisting Stereotypes, Creating Identities*, ed. Bonnie J. Ross Leadbeater and Niobe Way (New York: New York University Press, 1996).

49. 같은 책.

50. Patricia Hill Collins, "The Meaning of Motherhood in Black Culture and Black Mother-Daughter Relationships," in *Double Stitch: Black Women Write about Mothers and Daughters*, ed. Patricia Bell-Scott, et al. (Boston: Beacon Press, 1991).

51. Lyn Mikel Brown and Carol Gilligan, *Meeting at the Crossroads*.

52. Jill McLean Taylor, Carol Gilligan, and Amy M. Sullivan, *Between Voice and Silence*.

53. Tracy Robinson and Janie Victoria Ward, "'A Belief in Self Far Greater Than Anyone's Disbelief': Cultivating Resistance among African American Female Adolescents," in *Women, Girls, and Psychotherapy: Reframing Resistance*, ed. Carol Gilligan, Annie Rogers, and Deborah Tolman (New York: Harrington Park Press, 1991).

54. Ena Vazquez-Nuttall, Zoila Avila-Vivas, and Gisela Morales-Barreto, "Working with Latin American Families," in *Family Therapy with School Related Problems*, ed. James Hansen and Barbara Okun (Rockville, MD: Aspen Systems Corp., 1984).

55. Janie Victoria Ward, "Raising Resisters: The Role of Truth Telling in the Psychological Development of African-American Girls."

56. Jill McLean Taylor, Carol Gilligan, and Amy M. Sullivan, *Between*

Voice and Silence.

57. Peggy Orenstein, *Schoolgirls*.

58. Mary Pipher, *Reviving Ophelia: Saving the Selves of Adolescent Girls* (New York: Ballantine, 1995).

59. The Ophelia Project는 펜실베이니아 주 이리에 본부가 있다. www.opheliaproject.org를 참조하라.

60. Lyn Mikel Brown and Carol Gilligan, *Meeting at the Crossroads*.

61. Anne Campbell, *Men, Women, and Aggression*.

62. Gail Evans, *Play Like a Man, Win Like a Woman* (New York: Broadway Books, 2000).

63. Neela Banerjee, "Some 'Bullies' Seek Ways to Soften Up; Toughness Has Risks for Women Executives," *New York Times*, 10 August 2001, sec. C, p. 1.

64. 예컨대 Lyn Mikel Brown and Carol Gilligan, *Meeting at the Crossroads*; Mary Pipher, *Reviving Ophelia*.

65. Audre Lorde, "The Transformation of Silence into Language and Action," in *Sister Outsider: Essays and Speeches* (Trumansburg, NY: Crossing Press, 1984).